Corporate Insolvency Law

제2판

기업도산법

김주학 지음

法 文 社

제2판 서문

1,900년 전 유벤티우스 켈수스(Publius Juventius Celsus)는 법이란 선(善)과 공평(公平)을 창조하는 예술(藝術)이라고(ars boni et atequi) 정의하였다. 만약 어떤 사회에 법이 존재하더라도 선과 공평이라는 본질적인 목적에 이바지하지 못한다면 그것은 예술이 아니라 사술(邪術)에 불과하다.

기업도산법의 선은

첫째, 기업의 흩어진 재산을 최대한 찾아내어 그 가치가 채권자에게 돌아가도록 해주는 일이다. 기업이 도산하면 어떤 채권자도 원래 받아야 할 몫을 그대로 받아가지는 못한다. 재산으로 채무를 갚지 못하는 상태가 도산이기 때문이다. 그렇다면, 다른 이해관계인보다는 가장 큰 피해자인 채권자를 배려하도록 힘써야 한다. 이는 재산가치최대화론(creditor wealth maximization approach)을 현실의 도산절차에서 구현하는 작업이다.

둘째, 담보채권자가 가치를 독점하지 못하도록 막고 무담보채권자의 몫으로 일정한 부분을 남겨 더불어 살아가는 길을 찾는 일이다. 담보채권자는 금융기관 · 사채업자 · 프랜차이즈 본부이고, 무담보채권자는 소액 상거래채권자 · 협력업체 · 납품업자 · 가맹점이라는 사실을 직시하면 해답은 쉽게 나온다. 이것이 바로 현대 도산법의 새 과제로 등장한 무담보채권자의 보호 문제이다.

나아가 공평을 실현하려면

첫째, 도산기업의 처리방향을 채권자가 결정하여야 한다. 기업을 도산시킨 채무자가 경영을 계속하여 맡으면서 청산 · 회생 또는 자력회생 · M&A와 같은 처리방향까지 스스로 결정한다면 채무자와 채권자 사이의 절차상 공평이 깨어져 버린다. 기업이 도산하면 그 처분권은 종전의 경영자로부터 채권자에게 이전하므로 채권자 자치의 원칙에 따라 그 처리방향도 결정하도록 하여야 이치에 맞다.

둘째, 사법적 판단과 행정적 업무를 구분하여 행정권은 별도의 기관에 맡겨야 한다. 도산절차는 이해관계인 사이의 치열한 투쟁과 갈등, 타협과 양보를 통하여 진행된다. 운동경기에 비유하자면 우리 법원은 심판과 수석코치(채무자 측)를 겸하고 있다. 제도적으로 절차의 공평한 진행을 꾀하려면 수석코치를 새로 영입하고, 심판은 그 역할에 집중하게 할 필요가 있다. 새 코치의 이름은 연방관재관(US Trustee)이다.

셋째, 채권자를 기업가치 평가에 참여하게 하고, 채무자에게는 회생계획안 작성권을 실질적으로 보장하여야 한다. 회계법인이 채권자의 참여 없이 가치평가에 지나치게 큰 권한을 행사하고, 회생계획안 내용까지 사실상 결정하여서는 사건의 공평한 처리를 기대하기 어렵기 때문이다.

초판 발간 직후에 베비라 유아복의 법정관리인을 맡아 바쁘게 일하다가 사건을 마무리하고 잠시 쉬는 여가에 책을 가다듬고, 부족한 부분은 보충하였다. 이 책의 문장 안에는 멀리 로마 시대로부터 가까이 이웃 일본에 이르기까지 수많은 연구자의 고민과 탄식, 그리고 소망이 스며들어 있다. 특히 우리 도산법 발전에 크게 이바지하신 이화여대 오수근 교수님과 중앙대 전병서 교수님께 감사를 드린다. 두 분의 단단한 기초공사가 없었더라면 이 책은 나오지 못하였을 것이다.

이 책은 절차개시로부터 종결이라는 동적(動的)인 흐름에 따라 서술된 동시에 추상적 · 일반적 개관에서 출발하여 구체적 · 전문적 지식으로 점점 깊이 들어가도록 구성되었다. 이 책이 기업을 살려내려는 예술가와 그 지망생에게 시야(視野)를 넓혀주기를 기대한다.

2012년 4월

김 주 학

서 문

이 책은 도산채권자의 보호라는 제목의 박사학위논문을 교과서로 수정 · 보완한 것이다. 도산절차의 흐름에 맞추어 편제를 개편하였고, 빠진 부분을 보충하였으며, 불필요한 부분은 삭제하였다. 그러다 보니 결과적으로 원래의 논문과는 전혀 다른 책이 되어버렸다. 이 책의 특징은 다음 세 가지이다.

첫째, 관재인(또는 관리인)의 관점에서 기업도산절차를 살펴보았다. 1998년부터 도산업체 20여 곳의 관재인과 관리인을 맡아 현장에서 도산기업을 관리한 경험을 바탕으로 대학에서 학생들을 가르치면서 기업도산법을 체계적으로 연구하게 되었다. 관재인의 임무는 채권자를 위한 배당재원을 최대한 확보하는 데 있기 때문에 관재인의 관점은 결국 채권자를 어떻게 보호하느냐와 연결된다.

둘째, 도산이념의 탐구와 비교법적 고찰에 중점을 두었다. 미국의 학계에서는 기업도산법의 이념이 무엇이냐를 놓고 활발한 토론이 벌어지고 있다. 즉 그 이념이 채권자를 위하여 도산기업의 재산가치를 최대화하는 데 있느냐 아니면 기업도산으로 야기된 사회문제에도 눈을 돌려 가치 재분배를 실현하는 데 있느냐는 논쟁이 그것이다. 이 책은 각자의 세계관에 따라 이념적 기초를 다질 수 있게 이념론을 상세히 소개하였다. 그리고 선진국의 제도를 책의 앞부분에서 간략하게 정리하였고, 구체적 논점을 다루면서 필요할 때마다 관련제도를 소개하였다. 비교법적 고찰은 연구자에게는 사물을 보는 시각을 넓혀주고, 실무자에게는 원하는 결론을 도출할 근거를 제공하기 때문이다.

셋째, 파산절차와 회생절차를 별도로 분리하지 않고 기업도산이라는 하나의 틀 안에서 서술하였다. 두 절차를 비교하면 다른 점보다는 공통점이 훨씬 더 많으므로 공통분모를 중심으로 일괄하여 서술하되, 각자에 특유한 제도는 따로 설명하였다. 이렇게 해서 책의 분량을 크게 줄일 수 있었다.

이 책을 내는 데에는 임재호 부산대 교수님, 전원배 국회사무처 산업경제법제과장님, 安武雄一郎 변호사님의 도움이 컸다. 감사드린다.

2009년 8월

김 주 학

차 례

Ⅰ. 선진국의 법제

Ⅱ. 도산이념

Ⅲ. 절차의 유형과 선택

Ⅳ. 절차의 개시

Ⅴ. 절차의 기관

Ⅵ. 채권과 담보권

Ⅶ. 법률관계의 조정

Ⅷ. 회생계획과 가치의 분배

I

P·A·R·T

선진국의 법제

1 서 론

자본주의 경제사회에서는 기업이 시장경제 원리에 따라 스스로 자본을 조달하고 경제활동의 방침을 결정하며 투자방향과 거래처를 선택한다. 그렇지만, 경제적 자유를 바탕으로 경제주체가 결정권을 행사하는 체제에는 예상치 못한 장애로 정상적 경제활동이 중단될 위험이 언제나 잠재되어 있다. 이러한 경제활동 중단의 원인은 방만한 기업경영(내부적 요인)[1]과 예기치 못한 경제여건 변화(외부적 요인)로 크게 나눌 수 있다. 기업도산절차(企業倒産節次)는 기업실패의 내부적 요인을 바로 잡아 외부적 요인을 극복하게 하거나(회생) 또는 기업재산을 처분하여 채권자[2]에게 배당하는(파산) 절차이다. 이러한 의미에서 도산절차는 창조적 파괴를 통하여 자본주의 경제체제의 건전성을 유지하는 필수 불가결한 기능을 발휘한다.[3] 특히 청산(清算)할 기업은 조속히 시장에서 퇴출해 공급과잉으로 말미암은 유사업종의 연쇄도산을 막고, 반대로 회생가능성 있는 기업은 철저한 구조조정을 거친 후 회생(回生)[4]하게 하

---

1) Vanessa Finch, 「Corporate Insolvency Law」, Cambridge University Press, 2002, at 129는 영국에서 시행된 실태조사에 의하면 1996-1997년 사이에 도산한 기업 중 방만한 경영이 일차적 도산원인인 경우는 26%, 이차적 원인인 경우는 36%라고 한다.

2) 파산절차에서 담보권자는 별제권을 가지므로 절차에 구속당하지 않고, 무담보채권자가 그 주인공인데 이는 흔히 파산채권자라고 불리며, 회생절차에서는 회생채권자 · 회생담보권자가 모두 채권자에 포함된다. 또 담보채권자 · 무담보채권자, 금융기관채권자 · 상거래채권자, 특정채권자 · 일반채권자, 개별채권자 · 총채권자라는 구분이 종종 사용되기도 한다. 한편 잭슨(Thomas H. Jackson)의 채권자 개념에는 좁은 의미의 채권자 이외에 주주까지 포함된다. 재단 · 공익채권자는 절차에 참가하지 않지만, 넓은 의미에서는 채권자라고 할 수 있다. 이처럼 도산절차의 채권자 개념은 일의적으로 명쾌하게 정하기 어려우므로 문맥에 따라 그 의미를 주의 깊게 파악하여야 한다.

3) 伊藤眞, 「破産法 · 民事再生法」, 有斐閣, 2007, 1頁은 이론적으로 사회주의 국가에는 도산이 있을 수 없지만, 러시아나 중국에서도 경제의 건전성을 유지하는 수단으로 도산제도를 도입하였다고 설명한다.

4) 나라에 따라 회생 이외에도 재건 · 재기 · 재생 · 갱생 · reconstruction · rehabilitation · reorganization 등의 용어가 다양하게 사용되는데 이 책에서는 '회생'과

여 기업의 사회적 가치를 유지하는 도산제도가 요망된다.[5)] 이때 청산과 회생이라는 서로 모순되는 목표를 합목적적으로 통합하는 일은 채무자[6)]를 둘러싼 사회 · 경제적 환경을 체계적으로 파악하여야 가능한데 이는 마치 환자의 상태와 질병의 원인을 종합적으로 분석하여야 적합한 처방이 가능함과 같다.[7)]

역사적으로 도산제도는 채권자에게 재산을 분배하는 집단적 절차에 채무자를 강제로 참가시키고, 채무자를 형사처벌할 필요에 따라 발전하였다.[8)] 집단적 분배절차를 통하여 혼란과 불평등을 방지할 필요성은 오늘날에도 변함없지만, 형사처벌은 채무자에 대한 관점이 징계주의[9)]에서 채무자 갱생주의[10)]로 변화함에 따라 경제적 재건(fresh start)으로

'재건'이라는 용어를 주로 사용한다. 우리나라의 채무자 회생 및 파산에 관한 법률(이하에서는 '회생파산법'으로 약칭한다. '채무자 회생 및 파산에 관한 법률'을 '통합도산법'이라고 부르기도 하는데 이 용어는 우리 도산법제가 마치 통합된 절차를 가지는 것처럼 오해를 불러일으킬 소지가 있어 그저 '회생파산법'으로 생략하여 일컫는다.)에는 관련된 제도가 회생절차로 명명되어 있고, 재건은 가장 보편적으로 사용되는 용어이기 때문이다.

5) 기업회생과 종전의 기업지배구조 유지는 별개 문제이다. 회생절차의 기본적 목표는 계속기업으로서의 기업가치를 유지하는 데 있고, 지배주주나 경영진을 보호하는 데 있지 않다.

6) 재정적 위기에 빠진 기업을 지칭하는 사회적 용어는 부실기업이지만, 도산절차에서는 기업이 채무를 일반적 · 계속적으로 변제할 수 있느냐가 문제이므로 이 책에서는 앞으로 채무자 · 채무자 회사 · 도산기업 · 파산자라는 용어를 그때그때 필요에 따라 혼용한다. 도산법에서 일반적으로 사용되는 용어는 채무자이고, 그 점은 이 책에서도 마찬가지이다.

7) 挑尾重明, "手續の選擇と申立て準備", 「新しい會社更生法」, 有斐閣, 2004, 42頁.

8) Epstein, Markell, Nickles, Perris, 「Bankruptcy: 21st Century Debtor-Creditor Law(2nd Ed.)」, Thomson/West, 2006, at 5-6은 고대 로마에서는 재산이 채권변제에 부족하면 채무자의 신체를 절단하여 채권액에 비례하여 분배하였고, 중세 이탈리아에서는 채무를 변제하지 못한 자는 나체로 공개된 장소에서 등을 기둥에 부딪치면서 파산자라고 외쳐야 하였으며, 프랑스에서는 파산자는 누구라도 한눈에 알아보게 녹색 모자를 언제나 착용하였다고 한다.

9) 山本和彦, 「倒産處理法入門(第2版)」, 有斐閣, 2005, 4頁은 파산자를 의미하는 bankrupt는 중세 이탈리아의 banco rotta 즉 파괴된 판매대라는 말에 유래하는데 이는 분노한 채권자들이 파산자의 가게를 파괴한 데 기인한다고 한다. 경제활동이 활발하였던 이탈리아 도시국가에서는 경제적 파탄상태에 빠진 채무자는 경제질서를 파괴한 자로서 취급되었고, 질서파괴자를 처벌할 필요로 파산절차가 형성되었다. 이러한 사고방식은 대륙법계의 여러 나라에서 뿌리를 내렸는데 이를 징계주의라고 한다. 현재는 대륙법계 국가도 채무자 갱생주의의 영향을 많이 받아 대륙법계와 영미법계의 절차가 서로 접근해가고 있다.

10) 특히 미국에서는 경제적으로 파탄한 채무자를 처벌대상이 아니라 오히려 경제활동

바뀌게 되었다.

첫째, 도산제도는 혼란과 불평등을 방지하는 데 필요하다. 기업이 경제적으로 파탄하면 모든 채권자가 만족을 얻을 수 있는 재산이 존재하지 않기 때문에 일부 채권자(예컨대 기업과 매우 가까운 채권자)만 변제를 받는다. 이처럼 채권자의 만족이 우연한 사정에 의하여 좌우되므로 집행할 재산을 서로 확보하려고 경쟁하는 과정에서 혼란과 무질서가 야기된다. 도산절차는 이러한 사태를 해결하려고 채권자의 개별적 권리행사를 금지하면서 집단적 회수를 통하여 모든 채권자에게 채무자 재산을 안분배당(按分配當//pari passu distribution)하는 시스템이다.[11] 따라서 채권자의 개별적 권리행사에 대한 제한은 절차를 통하여 실질적 배당재원이 확보될 때 정당화된다. 재단부족으로 배당이 근소한 액수에 그치거나, 도산재단[12]이 절차비용을 충당하기에도 부족할 때에는 도산사건은 법원과 관재인 사이에 형식적 사무를 정리하는 절차로 전

의 소용돌이에 희생된 피해자로 본다. 따라서 도산절차를 채무자에게 새 출발(fresh start) 기회를 주고, 정상적 경제활동에 다시 편입시키려는 제도로 인식한다. 이는 19세기 미국이 서부개척을 위하여 많은 인재를 필요로 하여 이민자가 경제활동에 한번 실패하더라도 곧바로 그를 배제할 여유가 없기도 하였지만, 근본적으로는 미국이라는 나라가 유럽대륙에서 실패한 사람들의 패자부활전(敗者復活戰) 무대라는 특성이 반영되었기 때문이다. 이러한 사고방식을 채무자 갱생주의라고 한다. 미국 연방도산법 제525조는 인 · 허가, 고용에서 정부기관 또는 고용주가 채무자를 차별 대우하는 행위를 금지하여 징계주의와는 큰 차이를 보인다. 회생파산법 제32조의2도 도산절차 중에 있는 사람은 취업제한 · 해고 등 불이익한 처우를 받지 않는다고 규정한다. 그러나 도산기업의 활동을 실질적으로 보호하려면 미국처럼 정부기관의 조달계약 갱신 · 경쟁입찰 참가자격까지 보장하여야 하는데 회생파산법은 그 수준에는 미치지 못한다.

11) 기업도산과 달리 개인도산에서는 채무자의 입장이 더 중시된다. 개인파산의 궁극적 목표는 경쟁의 패배자로 하여금 경제적으로 새 출발 (fresh start)하도록 하려는 데 있다.

12) 도산재단(倒産財團)은 절차개시 당시 채무자에게 속하는 총재산이고(회생파산법 제382조), 구체적으로는 절차개시 시점의 법정재단(法定財團) · 절차 진행 중의 현유재단(現有財團) · 절차종료 시점의 배당재단(配當財團)으로 구분된다. 법정재단은 법률상 당연히 있어야 할 모습의 획일적 · 관념적인 개념이고, 현유재단(Istmasse)은 현실적으로 도산재단에 편입된 재산의 총체를 의미하며, 배당재단은 총재산에서 별제권 · 상계권 · 재단채권 등을 공제한 금액 즉 채권자에게 배당할 수 있는 재원을 말한다. (加藤哲夫, 「破産法(第四版補正版)」, 弘文堂, 2006, 117-122頁.) 이 책에서 단순히 '재단'이라고 표기할 때에는 도산재단을 의미한다.

락한다.

둘째, 도산절차는 채무자의 경제적 재건을 도모하는 데 필요하다. 가망성 있는 기업은 청산하지 말고 재건하여 장래에 새로이 창출될 수익으로 채무를 변제하는 편이 바람직하다. 도산제도는 기본적으로 채권자의 이익을 보호하려는 절차이므로 기업재건으로 보장되는 이익[13]이 기업의 해체 · 청산으로 배당되는 금액[14] 이상이 된다면 굳이 청산을 고집할 이유는 없다.

우리나라에서도 1997년 외환위기로 말미암은 기업의 도산사태를 계기로 도산을 한시적 현상으로 여기지 않고, 시장경쟁에서 뒤처진 기업에 발생하는 일반적 현상으로 받아들이기 시작하였다. 즉 자금난에 처한 기업은 증자 · 신규차입 · 사업규모의 축소 이외에도 도산절차 이용을 문제 해결책의 하나로 고려하고, 일반 상거래에서는 계약서에 도산해제조항(ipso facto clause)[15]을 포함하며, 투자자는 기업도산을 M&A · DIP금융[16]을 통한 적극적 투자기회로 여기게 되었다. 이처럼 도산에 대한 사회적 인식이 변화하였으므로 그 실체적 · 절차적 이론도 평상시의 법률관계와 더욱 밀접한 관련성을 가지고 구성할 필요가 생겼다.[17]

---

13) 이를 계속기업가치(繼續企業價値//going concern value)라고 한다. 이태희 · 임홍근, 「법률영어사전」, 법문사, 2007, 869면은 계속기업가치는 기업의 조직과 자산이 완전하게 남아 미래의 소득과 현금 유출입을 발생시키는 데 이용된다고 가정하는 기업 가치라고 설명한다. 계속기업가치는 장래의 사업수익으로서 청산가치에 대응하는 개념이지만 산정기준의 불명확성이 문제점으로 지적된다. 계속기업가치와 청산가치에 대하여 상세한 내용은 '가치평가'에서 후술한다.

14) 이를 청산가치(清算價値//liquidation value)라고 한다. 청산가치는 일정 시점에 기업을 청산한다고 가정하고, 채무자의 자산을 모두 처분한 금액에서 처분비용 · 관재업무처리비용 · 우선채권을 뺀 배당 가능액이다. 회생절차에서는 청산가치를 산정할 필요가 생기지만, 파산절차에서는 실제로 청산이 시행되므로 이를 산정하지 않는다.

15) 채무불이행이 없어도 일방 당사자에게 지급정지(支給停止)나 도산사유가 발생할 때 상대방에게 계약의 해제 · 해지권을 부여하는 조항이다.

16) 도산기업의 종전 경영자가 사업을 계속하면서 재건 방안을 모색하는 과정에서 긴급한 운영자금을 마련하려고 금융기관 또는 거래처로부터 신규신용을 공여받는 것을 말한다.

도산이라 함은 채무자가 채무를 일반적 · 계속적으로 변제할 수 없는 상태(지급불능)를 말하는데, 이 책에서는 이러한 좁은 의미의 지급불능(支給不能) 외에 널리 지급불능의 염려가 있는 때까지 도산의 개념에 포함한다.[18] 또 도산에는 법인도산과 개인도산이 포함되나, 이 책은 법인도산 그중에서도 기업도산에 집중한다.

기업도산이 국가 경제에 미치는 영향이 점점 커짐에 따라 이에 어떻게 대처하느냐가 현대 도산법의 중심과제가 되었다. 1978년 미국 연방도산법이 개정된 이후 일본 · 영국 · 프랑스 · 독일도 법 개정을 통하여 현대적 도산법 체계를 수립하려고 애쓰고 있다. 이하에서는 선진국의 도산법제와 개정 동향을 나라별로 살펴본다.

17) 田頭章一, 「企業倒産處理法の理論的課題」, 有斐閣, 2005, 2頁.

18) 회생파산법 제34조는 ① 사업계속에 현저한 지장을 가져오지 않고는 채무를 변제할 수 없는 때 ② 파산원인인 사실이 생길 염려가 있는 때를 회생절차 개시원인으로 규정하고, 1999년 독일 도산법도 지급불능의 염려(drohende Zahlungsunfähigkeit)를 도산원인에 추가하였으며, 2005년 프랑스 도산법도 지급정지의 염려를 사업구제절차 개시원인으로 하였다. 이렇게 넓게 정의하는 편이 청산과 재건을 포함한 절차 전반에 공통된 법리를 모색하는 데 도움이 된다.

2 미 국

가. 연혁

미국법의 조상인 영국에서는 헨리 8세 시대인 1542년에 '파산자에 대한 법'(An act against such persons as do make bankrupts)이라는 이름으로 최초의 파산법이 제정되었다. 이는 파산행위(acts of bankruptcy)에서 채권을 회수하는 준형사적(quasi-criminal) 법률로서 악질적 채무자는 사형에 처하도록 규정하였다. 채권자만 파산을 신청할 수 있고, 상인에게 적용되며, 채무자 재산을 압류 · 환가하여 평등하게 분배하는 내용이었다.

1787년 미합중국 헌법 제1장 제8조 제4항은 연방의회에 도산에 관한 통일법(uniform laws on the subject of bankruptcies throughout the United States)을 제정하는 권한을 부여하였다. 연방의회는 1800년 당시의 영국법을 계수하여 최초의 파산법을 제정하였고,[19] 1837년 공황이 계기가 된 1841년 개정 · 남북전쟁 후의 공황을 겪은 뒤인 1867년 개정 · 1873년 공황 직후인 1874년 개정 · 1884년과 1893년의 두 차례 공황 이후인 1898년 개정 · 1938년 개정을 거쳐 드디어 1978년 현행 연방도산법(Federal Bankruptcy Code)을 제정하기에 이르렀다.[20] 이 법은 그 후 1984년 · 1986년 · 1988년 · 1990년 · 1994년 · 2005년에 몇 가지 점을 보완하려고 개정되었으나, 골격은 그대로 유지되고 있다. 1984년 6월의 '도산법 개정 및 연방법관직법'(Bankruptcy Amendments

19) Martin A. Frey, Phyllis H. Frey, Sidney K. Swinson, 「Introduction to Bankruptcy Law(Fifth Edition)」, Thomson, 2006, at 2-3은 부동산 투기 등으로 말미암은 파산자가 교도소에 지나치게 많이 수용되자 이 사태를 해결하려고 1800년 도산법을 제정하였다고 한다.

20) 高木 新二郎, 「アメリカ連邦倒産法」, 商事法務研究會, 1996, 1-8頁.

and Federal Judgeship Act)은 도산법관의 신분상 위헌성 문제와 단체협약 파기 문제를 해결하였고, 1986년 10월의 '도산법관 · 연방관재관 · 가족적 농업자 도산법'(Bankruptcy Judges, United States Trustees and Family Farmers Bankruptcy Act)은 연방관재관 제도를 전국적으로 시행하고 제12장의 가족적 농업 · 어업종사자의 채무정리절차를 신설하였다. 그리고 1988년 개정은 지적재산권 보호를 위한 규정을 연방도산법 제365조로 신설하였고, 1990년 개정은 SWAP 거래 및 선물거래에 관한 것이며, 1994년 도산법 개정법(The Bankruptcy Reform Act of 1994)은 전국 도산법 조사위원회(National Bankruptcy Review Commission)를 설치하고, 소기업에 대한 제11장 재건절차의 특칙을 규정하였으며, 도산사건에서도 배심재판을 허용하고, 석면사건에서 발령된 금지명령을 추인하였다. 마지막으로 2005년의 개정법(The Bankruptcy Abuse Prevention and Consumer Protection Act of 2005)은 소기업에 대한 재건절차의 특칙을 재개정하고, 소비자파산의 남용을 억제하고자 면책의 반복을 방지하였다.

연방도산법은 ① 채권자에게는 질서 있고 형평에 맞는 배당을 시행하고, ② 정직하지만, 불운한 채무자에게는 경제적으로 새 출발 할(fresh start) 기회를 부여한다는 두 가지 목적을 가진다.[21] 미국 연방도산법은 우리나라만 아니라 일본 · 독일 · 프랑스에 이르기까지 여러 나라의 입법 모델로서 큰 영향력을 행사하고 있다.

나. 1978년 연방도산법의 특징

1978년 연방도산법은 ① 법원을 절차의 행정적 감독자 겸 사법적 판단자라는 이중적 역할에서 해방하여 사법적 판단에 집중하게 하였

21) 福岡 眞之介, 「アメリカ連邦倒産法概說」, 商事法務, 2008, 1頁.

다.[22] 구법시대에는 법원이 관재인을 선임하고, 관재인이 고용하는 변호사 · 회계사 등의 전문직을 승인하였다. 게다가 법관은 관재인의 업무를 일상적으로 감독하는 역할도 맡았으므로 관재업무 보고와 재건사건의 사업경영 보고를 받고, 관재인과 비공식적으로 면담하는 일이 잦았다. 그러면서도 법관은 관재인이 한쪽 당사자가 되는 쟁송을 판단하였다. 신법은 이러한 이중적 역할 문제를 해결하려고 연방관재관(United States Trustee) 제도를 창설하여 법무부 소속직원인 연방관재관에게 관재인의 선임 · 감독 기타 여러 가지 도산사건 관리를 위한 행정적 역할을 담당하도록 하였다.[23]

② 재건절차를 통일하고 개선하였다. 1938년 구연방도산법의 재건절차는 기업재건(Corporate Reorganization) · 화의(Arrangements) · 부동산화의(Real Property Arrangements by Persons Other Than Corporations)의 세 가지가 있었으나, 신법은 이들을 제11장 재건절차(Reorganization) 한 가지로 통일하였다. 미국에서는 제11장 재건절차가 기업 경영전략의 하나로 이용되는 경향이 있는데 그 이유는 구조조정 · 사업재편 · 사업양도를 시도할 때 재건절차를 이용하는 편이 여러 가지로 유리하기 때문이다. 예컨대 채무자(구회사)가 재건계획에 따라 모든 재산을 신회사(취득법인)에 이전하고 신회사가 발행한 주식을 대가로 받아 이를 구회사의 채권자에게 분배하면 신회사는 구회사의 결손금(net operating loss)을 인수하여 그만큼 자신의 소득금액에서 공제할 수 있다.[24] 또 연방도산법 제505조에 의하여 법원이 채무자와 관련된

22) Martin A. Frey, Phyllis H. Frey, Sidney K. Swinson, supra note 19, at 4-5는 도산법관의 이중적 역할을 1898년 구연방도산법의 가장 큰 문제점으로 지적한다.

23) 高木 新二郎, 前掲書, 8-9頁.

24) 加藤哲夫, 「企業倒産處理法制における基本的諸相」, 成文堂, 2007, 66-67頁은 이것이 1980년 연방도산세법(the Bankruptcy Tax Act of 1980)이 규정한 G형 조직변경으로서 기업재건을 세제 면에서 지원하려는 취지라고 한다. 우리나라의 회생계획이 대부분 존속형으로 작성되는 이유도 회생절차에 대한 세제상 지원이 없는 점과 관련이 있다.

조세사건을 직접 재판하는 점도 도산기업이 제11장 재건절차를 선호하는 이유 중의 하나이다.[25)]

채무자가 절차를 신청할 때에는 개시요건이 필요 없어 신청만으로 절차가 바로 개시된다. 재건절차에서 하나의 조만 재건계획안에 찬성하면 다른 조가 반대하더라도 강제인가(cram down)를 할 수 있으나, 계획안의 내용이 이를 반대한 조의 채권자를 불공평하게(unfairly) 차별하지 않고 공정 · 형평(fair and equitable)하게 대우하여야 한다. 또 다수결에 의하여 계획안이 통과된 때에도 소수채권자(each holder of a claim or interest)에게 청산가치를 보장한다. (best interest rule)

③ DIP 제도를 신설하였다. 제11장 재건절차에서 채무자는 절차개시 후에도 사업의 경영권을 잃지 않고, 점유를 계속하는 채무자(Debtor in Possession: DIP, 이하 DIP라고 약칭한다.)로서 관재인과 마찬가지의 강력한 권한을 부여받는다. 그 대신 보호의 균형을 위하여 광범위한 권한을 가지는 채권자위원회가 구성되어 중요사항에 대하여 동의권을 행사함으로써 채권자에게 절차 진행의 실질적 주도권을 보장한다. 즉 DIP는 채권자위원회와 협의하면서 절차를 진행하고, 법원은 당사자 사이에 다툼이 있을 때 중립적으로 결정을 내리는 역할을 맡는다.

④ 자동중지(automatic stay)제도를 채택하였다. 절차신청이 있으면 자동으로 채무자와 재단에 대한 채권추심 · 담보권 실행 · 담보권 설정 · 대항요건 구비행위 등이 중지되어 채무자의 재산이 보전된다. 이는 도산사건의 개시신청 자체가 금지명령(injunction)이 된다는 사고방식이다. 금지되는 행위는 채권자가 채권을 회수하려는 모든 법률상 · 사실상 행위로서 상계를 포함하고 금지되지 않는 행위가 거의 없다고 할 정도로 광범위하다. 담보권자는 자동중지로 말미암아 가장 큰 영향

25) Scarberry, Klee, Newton, Nickles, 「Business Reorganization in Bankruptcy」, Thomson/West, 2006, at 730.

을 받는데 연방도산법은 자동중지에 대한 구제방안(relief from stay)을 마련하여 담보권자를 보호하고, 재건절차 진행 중에도 담보가치는 보장되며, 만약 가치가 하락하면 보상한다.[26)]

⑤ 도산법원(Bankruptcy Court)의 재판관할을 확대하였다. 구법시대의 도산법원 재판관할은 약식재판권(summary jurisdiction)에 해당하였는데 그 범위는 절차에 관한 사항(proceedings in bankruptcy)과 절차에서 발생한 쟁송(controversies arising in proceedings in bankruptcy)에 한정되었고, 범위를 정하는 기준은 판례에 의하여 형성되었지만, 구체적 사안이 과연 도산법원의 권한사항이냐 아니냐는 판단이 곤란한 경우가 잦았다. 그래서 신법은 도산법원이 도산사건 및 도산사건과 관련하여 발생하는 모든 사항에 대하여 재판관할을 갖도록 그 권한을 확대하여 문제를 해결하였다.

구법시대의 재판관할권 문제는 원래 연방지방법원 판사의 행정적 역할을 보조하던 도산심리인(referees in bankruptcy)을 쟁송에 대한 판단까지 담당하는 도산법관(bankruptcy judges)으로 변경하면서 그 권한을 확대한 데 기인한다. 도산법관은 신법에 따라 확대된 권한을 행사하게 되었으나, 다른 연방법관과 마찬가지로 연방헌법 제3장에 따라 종신토록 그 지위를 보장받고 보수를 감액할 수 없게 할지 아니면 구법시대와 같이 연방지방법원 판사에 종속하게 할지를 놓고 견해가 대립하였다. 연방하원은 전자를, 상원은 후자를 고집하여 이를 절충한 결과 도산법관은 14년을 임기로 대통령이 임명하기로 결정되었다.[27)] (구법시대 도산법관은 6년을 임기로 연방지방법원 판사가 임명하였다.)

26) 高木 新二郎, 前揭書, 60頁.
27) 前揭書, 267-268頁.

3 일 본

가. 연혁

일본 최초의 도산절차는 1890년 공포된 구상법 제3편 파산편과 가자분산법(家資分散法)인데 구상법은 상인 파산절차를 규율하였고, 가자분산법은 일반인의 파산을 별도로 규정하였다. 프랑스법을 모델로 한 구상법 파산편의 특징은 ① 상인에게만 파산능력을 인정하는 상인파산주의를 채택한 점[28) ② 지급정지를 파산원인으로 정한 점[29) ③ 관재인이 절차 진행의 책임을 지고, 법관 중에서 파산주임관을 정하여 관재인을 감독하게 한 점 ④ 절차종료 후의 면책을 인정하지 않은 점 ⑤ 파산자의 자격을 제한하는 징계주의를 취한 점 등이다.

1890년 구상법 파산편에 대해서는 여러 가지 비판이 있어 1922년 독일 파산법을 참고하여 구파산법을 공포하였다. 그 특징은 ① 상인이 아닌 자도 신용거래를 할 가능성이 있으므로 일반파산주의로 전환한 점 ② 파산절차의 진행에 관한 절차규정과 관계인의 권리에 관한 실체규정을 구분한 점 ③ 별제권 · 파산채권 · 재단채권 · 부인권 등에 관한 규정을 정비한 점 ④ 지급정지에 대신하여 지급불능을 파산원인으로 한 점 ⑤ 파산주임관 제도를 폐지하고 감사위원 제도를 신설한 점 ⑥ 징계주의를 완화한 점 등이다.[30) 구파산법 제정과 함께 당시 최신입법이던 오스트리아의 제도를 참고하여 구화의법이 제정되어 파산과 화의

28) 宗田親彦, 「破産法概說(新訂第三版)」, 慶應義塾大學出版會株式會社, 2006, 88頁에 의하면 상인파산주의는 상인에게만 도산법을 적용하고 비상인에게는 별도의 절차를 둔다고 한다. 이에 비하여 일반파산주의는 상인 · 비상인 구별 없이 도산법을 적용하고, 절충주의는 도산법을 공통으로 적용하면서도 상인과 비상인에게 적용상 차이를 둔다.

29) 지급정지는 프랑스의 전통적 절차개시 원인이다.

30) 伊藤眞, 前揭書, 46-47頁.

라는 양대 제도가 성립되었다. 그 후 1938년 상법 개정으로 특별청산과 회사정리 제도가 도입되었는데 특별청산은 청산형, 회사정리는 재건형 절차로서 각각 파산과 화의를 간소화한 것이다. 또 패전 후인 1952년 회사갱생법(會社更生法)이 제정되었고, 파산법 개정으로 면책제도가 도입되면서 일본 도산법제는 미국의 영향을 강하게 받기 시작하였다.

이러한 경과를 거쳐 일본의 도산처리절차는 구파산법 · 구화의법 · 회사정리 · 특별청산 · 회사갱생으로 구성되었는데(이를 도산5법이라고 부른다.) 1996년부터 각 절차를 정비하여 현대적 도산제도를 만드는 작업이 시작되었다. 이는 1995년에 발생한 민간 비금융기관인 주택금융전문회사의 문제가 금융기관에까지 영향을 미치자 공적자금을 투입하여 재판 외에서 특수한 형태로 처리한 사례가 계기가 되었다. 민간기업의 파탄처리는 도산절차를 이용하여야 한다는 주장과 재판상 절차는 기간이 지나치게 소요되어 금융시스템의 붕괴를 가져온다는 반론이 제기된 끝에 도산제도의 개혁작업이 시작되었다.[31] 그 결과 민사재생법(民事再生法) 제정과 화의법 폐지 · 신회사갱생법의 제정 · 신파산법의 제정 · 신회사법에서 특별청산절차의 존치와 회사정리절차의 폐지로 일본의 도산처리절차는 파산 · 민사재생 · 회사갱생 · 특별청산의 4대 절차로 새롭게 구성되었다. 일본법제는 독일 · 프랑스와 같이 단일절차(창구일원화형)나 미국 · 영국과 같이 통일법전을 채택하지 않고 복수절차 · 복수법전형을 채택하되 절차 사이의 이행 등 관계규정을 정비하여 체계화를 도모하였다.

편제상의 특징을 들면, 구파산법은 독일법을 모범으로 하여 실체편 · 절차편을 규정하였으나, 신파산법은 민사재생법 · 회사갱생법과 마찬가지로 절차의 개시부터 종결까지의 과정을 축으로 하고 그 사이

31) 山本和彦, 前揭書, 10-11頁.

에 실체규정을 두어 절차법적 편찬방식을 채택하였다. 또 민사재생법은 종래의 회사갱생법의 제반규정을 참조하였고, 반대로 신회사갱생법은 민사재생법의 제반규정을 참조하였으며, 신파산법은 민사재생법 · 회사갱생법의 절차규정을 참조하여 각 절차에 공통되는 도산실체법의 정비가 이루어졌다. 일본의 절차는 비록 복수의 법률로 분산되어 있지만, 실질적 통일성을 가진다.[32)]

나. 새로운 도산법제의 특징

① 포괄적 금지명령을 신설하였다. 개시신청 후 개시결정 전의 보전단계에서 법원은 여러 절차의 중지를 명할 수 있다. 그런데 채무자 재산이 전국에 흩어져 있는 때에는 강제집행이 여러 개의 법원에서 신청될 가능성이 있지만, 그때마다 개별적으로 중지명령을 신청하여서는 절차에 지장을 가져올 우려가 있다. 그래서 개별 중지명령으로는 절차의 목적을 달성할 수 없을 때에는 포괄적 금지명령을 발할 수 있게 하였다. 여기에서 포괄적이라 함은 채무자의 모든 재산(목적재산의 포괄성) · 모든 채권자(채권자의 포괄성) · 강제집행 등 모든 절차(절차의 포괄성) · 이미 계속 중인 절차와 장래 신청될 절차(시기의 포괄성)를 일률적으로 대상으로 한다는 의미이다. 포괄적 금지명령으로 채권자가 부당한 손해를 입을 우려가 있을 때에는 신청에 의하여 이를 해제할 수 있다. 실무상 포괄적 금지명령이 발령되는 사례는 그다지 많지 않다고 한다.[33)]

② 채권자의 문서열람권을 정비하였다. 채권자 · 종업원 등 법률상 이해관계를 가지는 자는 법원에 제출되었거나 또는 법원이 작성한 문

---

32) 櫻井孝一, "倒産處理法制概觀-旧倒産處理法制から倒産處理法制へ",「倒産處理法制の理論と實務」, 經濟法令研究會, 2006, 13頁.

33) 三木浩一, "諸手續きの中止命令 · 包括的禁止命令", 「倒産處理法制の理論と實務」, 經濟法令研究會, 2006, 62-63頁.

서를 열람할 수 있다. 다만, 채무자 이외의 이해관계인은 보전처분, 중지명령 또는 개시결정이 있기 전까지는 문서열람권을 행사할 수 없다. 또 사업계속의 허가신청서나 재단의 관리 · 처분 상황에 관한 보고서를 이해관계인이 열람하면 관리 · 처분에 현저한 지장을 가져올 우려가 있는 때에는 파산관재인 등의 신청에 따라 법원이 그 부분의 열람을 제한할 수 있다.[34)]

③ 담보권 소멸제도를 신설하였다. 그 요건은 파산 · 민사재생 · 회사갱생에서 각각 다르지만, 담보권자의 우선변제권을 존중하면서 합리적 목적을 실현하고자 그 의사에 기하지 않고 담보권을 소멸시키고, 피담보채권 전액이 변제되어야 담보권이 소멸한다는 담보권의 불가분성을 제한하는 제도이다. 파산절차에서는 목적물 가치의 일부를 파산재단에 편입하려고 소멸청구를 이용하고, 재생절차에서는 목적물이 사업계속에 불가결하여 이를 사용 · 수익하려고 소멸제도를 이용하며, 갱생절차에서는 회사갱생에 담보권 소멸이 필요한 경우 이용한다.[35)]

④ 법원 재량으로 채권자집회를 개최하도록 하여 채권자집회의 비중을 축소하고, 채권자위원회를 설치하였다. 구파산법 시대에 채권자집회가 형식적으로 운영되어 절차 진행에 걸림돌이 되었다는 반성에서 위와 같이 개정되었는데 신법 시행 후에도 실무에서는 여전히 집회를 개최하고 있다. 또 구법의 감사위원 제도를 폐지하고 대신 채권자위원회를 설치하여 채권자 의사를 절차에 실질적으로 반영하게 하였다. 관재인은 파산재단에 속한 재산을 관리 · 처분할 때 위원회 의견을 들어야 하고, 위원회는 파산자에게 필요한 설명을 청구하며, 채권자집회 소집을 신청할 수 있다. 또 관재인이 재산목록 · 대차대조표 등을 법원에

34) 淺井弘章, "各種倒産手續における情報開示", 「倒産處理法制の理論と實務」, 經濟法令研究會, 2006, 106頁.

35) 笠井正俊, "擔保權の處理", 「論点解說 新破産法 上」, 金融財政事情研究會, 2005, 33頁.

제출할 때에는 채권자위원회에도 제출하여야 한다.

민사재생과 회사갱생 절차에서도 마찬가지로 법원 재량으로 채권자집회 또는 관계인집회를 개최하게 하였다. 원래 채권자집회는 의사결정과 정보제공이라는 두 가지 기능을 하는데 의사결정은 서면투표 제도를 도입하고, 정보제공은 채권자의 문서열람권 · 채무자의 정보제공의무 · 채권자설명회 제도를 신설하여 보완하였다. 재생절차와 갱생절차에서도 채권자위원회(갱생절차에서는 갱생채권자위원회 · 갱생담보권자위원회 · 주주위원회)가 설치되는데 위원회가 의견진술권 · 보고요구권 · 집회 소집신청권 · 재생계획 이행감독권 등을 행사하고 비용상환청구권을 가지는 점은 파산절차와 대동소이하다.[36)]

⑤ 신파산법은 조세채권과 노동채권의 우선순위를 조정하였다. 파산재단의 규모가 작은 사건에서는 파산재단의 관리 · 환가비용과 재단채권을 지급하면 일반채권에 배당할 채원이 남지 않는데 만약 조세채권 전액에 우선권을 부여하면 특히 노동채권에 불리한 영향을 미친다. 왜냐하면, 구파산법은 절차개시 전의 노동채권을 세금 등 재단채권보다 후순위인 우선적 파산채권으로 취급하였기 때문이다. 신파산법은 조세채권에 대한 조건 없는 우선권 부여를 지양하고, 조세채권 중 일부(절차개시 1년 이상 전에 납기가 도래한 것)를 우선적 파산채권으로 변경하였다. 또 노동채권은 절차개시 전 3개월간 발생한 급료청구권을 재단채권으로 인정하였다.[37)] 그러나 재건형 절차인 민사재생과 회사갱생에서는 조세채권은 우선채권이 되고, 노동채권도 민사재생에서는 우선채권, 회사갱생에서는 공익채권으로 취급된다.

---

36) 伊藤眞, 前揭書, 623, 630頁.

37) 西口 元, "清算型倒産手續の槪要", 「倒産處理法制の理論と實務」, 經濟法令硏究會, 2006, 23頁.

다. 민사재생과 회사갱생

일본은 재건형 절차가 민사재생과 회사갱생의 두 가지로 나누어져 있는 점이 특징이다.

(1) 민사재생

민사재생은 중소기업을 위한 재건형 절차로서 1999년 민사재생법을 제정하여 구화의법의 장점을 살리고 단점을 바로잡은 것이다. 화의절차의 문제점은 ① 개시원인이 파산원인과 같으므로 개시가 지연되어 기업재건에 나쁜 영향을 미치는 점 ② 개시신청과 동시에 재건계획안(화의조건)의 제시가 필요하기 때문에 시간이 촉박하여 적절한 조건제시가 어려운 점 ③ 변제금지 등 보전처분을 받아 채권자의 집행을 모면하고 자산을 처분 · 은닉한 후 화의신청을 취하하는 절차남용 ④ 사업에 필수 불가결한 재산에 담보권이 설정된 때 담보권 실행을 제한할 방법이 없는 점 ⑤ 채무자의 부적절한 사업수행을 바로잡을 수단이 없는 점 ⑥ 채무자 회사의 경영자나 주주의 책임을 추궁할 수단이 불충분한 점 ⑦ 화의조건의 이행을 확보할 장치가 불충분하여 조건이 이행되지 않는 사례가 많은 점 등이다. 민사재생법은 중소기업을 주된 적용대상으로 하여 제정되었으나 대기업이나 소비자도 이용 가능한 재건형 절차의 일반법으로 위와 같은 문제점을 바로잡았다. 즉 ① 개시원인을 완화하여 파산원인이 생기기 전 조기에 재건에 착수하는 점 ② 개시신청과 동시에 재건계획안을 제출하지 않고 절차개시 후 법원이 정하는 기간 내에 제출하는 점 ③ 보전처분 발령 후 신청을 취하하려면 법원의 허가를 요하게 하여 신청 남용을 방지한 점 ④ 일정한 경우 담보권 실행중지가 가능하고, 목적물 가액의 지급에 의한 담보권 소멸청구 제도를 둔 점 ⑤ 채무자의 사업경영이 적절하지 않으면 관리명령에 따라 경영권을 박탈하는 방법이 인정된 점 ⑥ 주주의 책임을 추궁하는 수단으로 재생계획에 의한 감자를 인정하고, 경영자의 책임을 추궁하는 수단으로 손해배상의 사정을 인정한 점 ⑦ 재생계획의 이행을 확보하는 장치로 인가 후에도 감독위원에 의한 계속적인 감독을 인정한 점이다.[38)]

재생절차의 특징은 다음의 두 가지를 들 수 있다. ① DIP형의 절차를 채택하였다. 이는 미국 연방도산법 제11장 절차를 모델로 한 것으로 관재인을 선임하지 않고 채무자 자신이 주체가 되어 재생절차를 진행하는 대신 감독위원이 재생채무자(DIP)를 후견한다. 감독위원의 직무는 채무자의 일정한 행위에 대한 동의 · 업무와 재산관리 상황보고 · 부인권 행사 · 인가 후 계획수행 감독 등이다.[39)] 민사재생은 DIP형이나 회사갱생은 관재인이 선임된다.

② 절차의 간이 · 신속성이다. 종래 일본에서는 절차 진행에 상당한 기간이 소요되어 절차가 진행되는 사이에 우수한 인적자원과 우량 거래처를 상실함으로 인하여 재건 가능한 기업이 재건에 실패하는 폐단이 있었다. 재생절차에서는 절차의 간이 · 신속한 진행을 위하여 재생채권의 범위를 축소하여 담보권과 일반우선채권은 재생절차에 편입하지 않았고, 재생계획안도 서면결의가 가능하도록 하였으며, 간이재생 · 동의재생[40)] 등의 제도를 두었다.[41)] 민사재생은 담보권자가 별제권을 가지나, 회사갱생은 담보권자도 절차에 편입되어 권리 행사가 금지되는 점이 다르다.

(2) 회사갱생

회사갱생은 재건형 절차에 속하고 민사재생의 특별절차이다. 주식회

38) 山本和彦, 前揭書, 114頁.

39) 多比羅 誠, "再生手續における再生債務者の地位と監督委員の職務 · 權限", 「倒産處理法制の理論と實務」, 經濟法令硏究會, 2006, 118頁.

40) 간이재생은 사전에 일정다수의 채권자가 동의한 것을 전제로 결의절차를 간략화한 제도이고, 동의재생은 모든 채권자가 동의한 것을 전제로 결의를 생략하는 제도이다.

41) 도쿄지방법원의 예를 들면, 재생절차 개시신청 후 절차개시까지 2주간 정도, 재생계획 인가까지 6개월 정도가 소요된다고 한다.

사만을 적용대상으로 하고, 여러 가지 점에서 엄격 · 강력한 절차이다. 재생절차와 비교한 특징은 다음의 네 가지를 들 수 있다. ① 재생절차는 DIP형을 원칙으로 하나, 갱생절차는 관재인이 선임되는 관리형의 절차이다. 외부의 제삼자(변호사 등)가 회사의 내부로 들어감으로 인하여 절차운영의 투명성이 확보된다. ② 재생절차에서는 담보권자가 별제권자로서 절차 외에서 권리를 행사하나, 갱생절차에서는 담보권자도 갱생담보권자로서 절차에 편입되어 권리 행사가 금지된다. ③ 재생절차에서 회사의 조직변경을 하려면 상법상 절차에 따라야 하나, 갱생절차에서는 갱생계획의 내용으로 회사분할 · 합병 · 주식교환 · 주식이전 등 다양한 방법의 조직변경이 가능하다. 따라서 사업조직의 재편과 M&A에 의한 재건이 쉬워 100% 감자와 스폰서의 증자를 배합한 갱생계획이 일반적인 형태로 되었다. ④ 재생절차에서는 재생계획 인가 또는 그 3년 후까지 절차가 계속되나, 갱생절차에서는 계획수행이 확실할 때까지 절차가 계속되므로 계획수행이 더욱 확실히 보장된다.

이처럼 회사갱생은 재건형 절차로서 완비된 제도이지만 절차의 엄격성 때문에 시간과 경비가 많이 소요되므로 대규모의 주식회사에 대한 적용을 전제로 한다. 특히 핵심자산에 담보권이 설정된 사안에서 담보권자와 합의가 되지 않을 때 회사갱생이 위력을 발휘한다. 이 경우 재생절차의 담보권 소멸청구를 이용하려면 목적물 가액을 일괄지급하여야 하는 난점이 있는데 갱생절차에서는 담보채권도 갱생계획에 따른 분할변제가 가능하기 때문이다. 또 재건을 위하여 조직재편과 M&A가 불가결한 사안에서도 회사갱생이 효율적이다. 재생절차에서는 회사분할 · 합병을 위하여는 주주총회 결의 등 상법상 절차가 필요하여 그 실행이 곤란하나, 갱생절차에서는 갱생계획에 의하여 조직변경이 가능하므로 기동적 조직재편과 M&A가 가능하다.

민사재생과 회사갱생 중 어느 쪽을 선택하느냐라는 문제는 채무자가 처한 상황에 달렸다. 즉 경영자의 능력에 대하여 의문이 있는 때, 경영자가 재건의욕을 상실한 때, 담보권자 사이에 첨예한 대립이 있는 때, 회사에 내분이 있는 때는 회사갱생이 적합하다. 민사재생에는 없지만, 회사갱생에는 존재하는 제도적 장치를 통하여 그 해결이 가능하기 때문이다. 두 절차 사이에는 회사갱생 우선의 원칙이 적용되어 갱생절차 개시신청이 있으면 재생절차가 중지되고, 갱생절차 개시결정이 있으면 재생절차 개시신청을 할 수 없고 이미 진행 중인 재생절차는 당연히 중지된다.[42]

---

42) 加藤哲夫, "牽連破産・他の手續きへの移行・その相互關係", 「倒産處理法制の理論と實務」, 經濟法令研究會, 2006, 402面.

4 영 국

가. 연혁

영국 보통법(common law)에는 원래 도산제도가 존재하지 않았지만, 1542년에 채권자가 채무자 재산을 압류 · 매각하여 안분배당하는 법규가 제정되었다는 사실은 미국 도산법제의 연혁에서 전술하였다. 사해행위 부인에 관한 규정은 그보다 이른 1377년 만들어졌고, 채권자에게 협조한 채무자를 면책하는 규정은 1705년 제정되었다. 그러나 영국 도산법은 상인에게만 적용되어 상인이 아닌 채무자는 투옥될 수도 있었는데 1813년 파산자 구제 법원(Court for the Relief of Insolvent Debtors)이 설립된 이후에는 비상인 채무자의 고통이 어느 정도 경감되었고, 1861년 도산법은 상인과 비상인의 구분을 철폐하였다. 그 후 여러 차례 법 개정이 있었으나 1883년 도산법(the Bankruptcy Act 1883)이 근대적 도산제도를 확립하였다. 영국법은 개인과 기업을 달리 규율하고, 도산법(the Bankruptcy Acts)은 기업에는 적용되지 않았다. 1844년 주식회사법(the Joint Stock Companies Act 1844)이 법인 설립을 가능하게 하고, 1855년 유한책임법(the Limited Liability Act 1855)이 유한책임 개념을 도입하였으며, 1862년 회사법(the Companies Act 1862)에서 회사 청산에 관한 상세한 규정을 둠으로써 비로소 근대적 기업도산제도가 성립하였다.[43)]

1977년 코크(Kenneth Cork)를 위원장으로 하는 영국 도산법 개정위원회(Insolvency Law Review Committee)가 구성되어 1982년에는 검토보고서[44)]를 공표하였다. 개정위원회는 여러 곳에 흩어져 있는 도산관

---

43) Robert Stevens, "National Report for England", 「Principles of European Insolvency Law」, Kluwer Legal Publishers, 2003, at 199–200.

련 법규를 단일화하여 모든 채무자를 간편하고 통일적으로 취급하는 단일한 파산절차를 채택하고, 단일한 도산법원(the insolvency court)을 통하여 절차를 진행하도록 제안하였다. 또 위원회는 재단의 관리기준을 개선하고 재단의 권리남용을 예방하며 일반채권자에게 실질적 절차참여권을 보장하라고 요구하였다. 이는 실무적으로 도산실무가(insolvency practitioner)를 직업적으로 규제하여 능력과 성실성을 확보하고, 청산인(liquidator) 선정에 관한 채권자의 권한을 강화하며, 도산기업의 이사에 대한 처벌과 취업제한을 두는 내용이다. 위원회는 도산기업의 재건가능성을 높이고 회사를 재건하여 수익을 낼 수 있도록 관리인(administrator)이 사업을 수행하는 제도를 제안하였다. 나아가 채권자의 절차참여를 위하여 채권자위원회의 권한을 확대하고, 정보요구권을 강화하자고 주장하였다. 기업도산에 관한 코크보고서의 철학은 기업을 도산에 이르게 한 이사에 대한 엄격한 통제와 기업 자체의 재건에 관한 호의적 시각이다.[45)]

코크보고서는 시대의 변화에 부응한 기업도산제도를 제시하였으나, 체계적으로 법률화되지는 못하고 제안내용 가운데 일부가 1986년 도산법(the Insolvency Act 1986)과 2002년 기업법(the Enterprise Act 2002)에 반영되는 데 그쳤다.

나. 2002년 기업법의 특징

코크보고서는 통일적 단일법 제정을 제안하였지만, 영국 도산법은 아직 단일한 법 체계를 구축하지 못하였다. 영국 도산법의 특징은 개인파산과 기업도산을 구분하고, 각자 목적과 원칙이 다른 여러 가지의 제도가 존재하며, 이러한 절차들은 동시에 함께 진행되거나 연속하여 진

44) 개정위원회의 보고서는 위원장의 이름을 따서 코크보고서(Cork Report)라고 불린다.
45) Vanessa Finch, *supra* note 1, at 12-13.

행될 수 있고, 법원이 절차를 주도하지 않는다는 데 있다.[46)]

2002년 기업법은 ① 재단을 충실히 하려는 목적으로 국왕의 우선권(crown preference)을 폐지하고, 부동담보[47)](floating charge) 목적재산의 일정비율을 무담보채권자를 위한 배당재원으로 사용하게 하였다. 일찍이 코크보고서는 담보권자가 채무자의 재산 가치를 독점한 나머지 무담보채권자는 절차를 거치더라도 아무런 배당도 받지 못하게 되는 실정에 큰 우려를 나타내었다. 그 대책으로 위 보고서는 절차에서 우선채권을 모두 폐지하는 방안 및 부동담보 목적재산의 환가금액(net realizations of assets subject to a floating charge) 가운데 10%를 떼어 일반 무담보채권자에게 배당하는 방안을 제시하였다.[48)] 2001년 영국 통산성(Department of Trade and Industry)의 백서(2001 White Paper)도 무담보채권자를 보호하는 방안으로 국왕의 우선권 폐지를 제안하였다. 그리고 우선채권과 무담보채권 사이에 부동담보권이 존재할 때 국왕의 우선권 폐지가 무담보채권자의 이익으로 확실히 귀결되도록 그 목적재산의 일정비율을 무담보채권자를 위한 기금으로 사용하자고 코크보고서의 위 제안을 재확인하였다.

이에 따라 2002년 기업법 제251조는 국왕의 우선권(조세채권의 우선권)을 폐지하였고, 같은 법 제252조는 도산절차가 개시된 기업에 부동담보가 설정된 때에는 그 순재산(純財産)[49)]의 일정비율을 무담보채권자에게 배당하도록 청산인 등에게 배당의무를 부과하였다.[50)]

② 부동담보권자로부터 재산보전관리인(administrative receiver) 지명

46) Robert Stevens, *supra* note 43, at 200–201.

47) 그 개요는 '영미법의 부동담보 제도'에서 후술한다.

48) Vanessa Finch, *supra* note 1, at 13. 또 코크보고서는 위 재원이 직무를 게을리한 도산기업 이사의 책임을 추궁할 때 청산인(liquidator)이 기업 활동 전반을 조사하는 비용으로도 사용될 수 있다고 제안한다.

49) 이때 순재산이란 부동담보권자가 집행할 수 있는 모든 재산을 말한다.

50) 高田賢治, "Priority", 「英米倒産法 キーワード」, 弘文堂, 2003, 147–148, 151–152頁.

권을 박탈하여 재산보전관리제도(administrative receivership)의 이용을 대폭 제한하였다. 재산보전관리인은 원래 기업재산의 전부 또는 실질적 전부에 대하여 부동담보권을 가지는 자가 지명하는데 주거래은행이 도산기업의 의사에 반하여 갑자기 지명하는 경우가 잦다. 이때 채권자 은행은 회계법인으로 하여금 기업의 영업실적과 장래 전망을 조사하게 한 다음 그 권고에 따라 회계법인의 구성원을 관리인으로 지명한다. 재산보전관리인의 주된 의무는 지명자(부동담보권자)의 이익을 보호하는 것이지만, 직무수행 과정에서 기업에 불필요한 손실을 입히지 않을 주의의무를 진다.[51] 그러나 재산보전관리는 일반채권자에 대한 배당이 없고, 기업이 처분한 재산을 되찾는 수단도 없어 진정한 의미의 도산절차가 아니고[52] 담보권자의 집행수단에 불과하다. 또 관리인이 담보권자의 이익만 고려하여 업무를 수행하는 데에도 문제가 있어 2002년 기업법은 법시행 이후 부동담보를 취득한 자에게는 재산보전관리인 지명권을 부여하지 않았다.[53] 그러나 법시행 전에 설정된 부동담보권자는 여전히 관리인 지명권을 가지고, 기업법 자체에 담보권자가 관리인을 지명할 수 있는 예외가 규정되어 있으므로 재산보전관리제도가 완전히 폐지되지는 않았다.

③ 관리인(administrator)의 지위를 법원의 감독을 받는 사법관(officer of the court)으로 규정하였다. 종전의 회사관리에서는 법원이 관리인을 선임하느냐 아니면 부동담보권자가 선임하느냐에 따라 지위가 달라져 법원이 선임한 관리인만 사법관으로 취급하였다. 그러나 개정법은 담보권자에 의하여 선임된 관리인도 전체 채권자의 이익을 위하여(in the

51) Vanessa Finch, *supra* note 1, at 241-243.

52) 재산보전관리는 EU 도산조약 제1조 제1항의 일반집행절차에 속하지 않는다. 그 내용은 다음과 같다. "This Convention shall apply to collective insolvency proceedings which entail the partial or total divestment of a debtor and the appointment of a liquidator."

53) Robert Stevens, *supra* note 43, at 204-205.

interests of the company's creditors as a whole) 직무를 수행하고, 중립 의무를 부담한다고 규정하였다.[54] 따라서 관리인은 모두 사법관으로 취급되므로 이 점에서는 독일, 프랑스의 제도와 차이가 없어졌다.[55]

④ 회사관리절차(administration) 개시 후 1년이 지나면 자동으로 절차가 종료하도록 규정하였다. 따라서 관리인은 채권자집회에서 신속히 제안을 승인받아야 하고, 필요하면 결의내용도 적절히 변경하여야 한다. 법원은 재량으로 이 기간을 연장할 수 있고, 담보채권자 전원과 무담보채권자의 일정 다수가 동의하면 6개월간 연장된다.[56] 또 개정법은 관리인이 채권자에게 계획안을 제시하고 채권자집회를 소집하는 기간을 단축하였다.[57]

54) *Id*. at 211.
55) 이상영, 「외국파산법」, 동국대학교 출판부, 2007, 177면.
56) Robert Stevens, *supra* note 43, at 227.
57) 이상영, 전게서, 179면.

5 프랑스

가. 연혁

프랑스 도산법은 중세 정기시(定期市)에서 시행된 상인의 채무불이행에 대한 엄격한 규율을 토대로 하고, 1673년 상사왕령(商事王令)을 직접적 기원으로 하는데 시대와 사회상황에 따라 개정을 거듭하였다. 예컨대 1807년 상법 파산편은 혁명 후 혼란기에 상인의 불성실한 행동에 대한 징벌적 성격을 강조하였고, 1985년 도산법은 사회당 정권하에서 사회주의 이념에 따라 채무자 보호를 강화하였다. 그렇지만, 개정의 필요성과 이념은 그때그때 바뀔지라도 프랑스 도산법은 과거와 단절 없이 꾸준히 발전하고 변화하였다. 2005. 7. 제정되어 2006년부터 시행 중인 신도산법은 경제의 세계화 추세에 발맞추어 여러 나라의 입법례를 참고하였다.[58]

세계적으로 보편적인 도산원인은 지급불능(支給不能)이지만, 프랑스는 전통적으로 지급정지(支給停止)를 도산원인으로 하였다. 1419년 리용정기시의 관습에 따르면 채무자가 며칠 동안 나타나지 않거나, 용무 있는 자가 연락할 수 없거나 또는 점포에서 상거래가 명백히 정지된 때에는 왕국검사가 도산을 선고하게 되어 있었다. 이 관습은 1673년 상사왕령에 계승되어 파산은 채무자가 물러난 날(se retirer) 또는 재산이 봉인된 날 개시된다고 규정되었는데 물러남이란 집행조치로부터 신체 · 재산을 지키려고 채무자가 도망함(prendre la fuite)을 의미한다. 1807년 상법 파산편에서는 지급정지는 채무자의 물러남(retrait) · 점포의 폐쇄 또는 상사채무의 지급거절에 의하여 발생하고, 지급을 정지한

58) 미국 · 독일 · 스위스 · 폴란드 · 핀란드 · 일본 · 벨기에 등의 도산법을 참고하였다고 한다.

상인은 3일 이내에 도산사실을 상사법원(tribunal de commerce)에 신고하도록 규정하였다. 그러나 1967년 개정법까지는 법률에서 지급정지의 명시적 정의를 내리지 않고, 판례 · 학설에 일임하였는데 판례는 채무자가 처분 가능한 자산으로 변제기가 도래한 채무에 대처할 수 없는 상태를 지급정지라고 정의하였다. 1985년 도산법은 판례의 취지를 명문으로 받아들였고 이는 2005년 도산법에도 그대로 계승되었다.[59]

1985년 도산법은 지급정지 후 15일 이내에 절차개시를 신청할 의무를 채무자에게 부과하였는데, 기간이 지나도록 조치를 하지 않으면 사업주는 개인파산을 선고받아 최대 5년간 회사경영이 금지되고 법인 의결권을 상실하는 제재를 받았다. 2005년 개정법은 유예기간을 지급정지 후 45일로 대폭 연장하였다. 만약 채무자가 유예기간 내에 조정절차 · 재건절차 가운데 어느 것도 신청하지 않으면 종래와 마찬가지로 개인파산의 제재를 받는다.

나. 2005년 도산법의 특징

프랑스의 절차는 ① 사업도산주의를 취하고 사업과 채무자를 엄격히 구별한다. 프랑스의 도산제도는 배당을 목적으로 한 포괄집행 및 채무불이행자에 대한 제재라는 양면성을 가진다. 전자는 집행절차이고, 후자는 제재절차인데 1967년 도산법은 제재를 배당에서 독립시켜 채무자(débiteur)와 사업(entreprise)을 분리시켰다. 이는 재판상 정리절차, 청산절차 외에 회사경영자 본인에 대한 제재로서의 개인파산절차를 둔 것을 말한다. 따라서 절차의 대상은 채무자 자신이 아니고 채무자가 행하는 사업이지만, 현실적으로 구분이 명백하지는 않다. 채무자가 자연인일 때에는 사업의 운명과 채무자의 운명이 구별되고, 재건절차는 사

---

59) 小梁吉章, 「フランス倒産法」, 信山社, 2005, 138頁. 따라서 지금은 프랑스의 지급정지 개념과 다른 나라의 지급불능 개념이 상당히 근접하였다.

업만을 대상으로 하지만 사업에는 고유재산(patrimoine)이 없어 채무자의 자산(biens) 전체가 포괄절차에 속하게 된다.[60] 또 채무자가 기업일 때에도 절차의 대상은 기업이 아니라 기업이 행하는 사업(entreprises)이다. 2005년 도산법은 재건 · 청산 이외에 사업의 계속가능성을 모색하는 절차를 도입하였는데 이것이 사업구제절차(sauvegarde des entreprises)로서 개인영업자도 그 대상에 포함되지만, 사업과 채무자의 구별은 그대로 유지된다.

② 일원화된 절차를 유지하고 재건우선주의를 채택한다. 프랑스에서는 기업유지를 통한 고용확보와 실업방지를 위하여 우선 재건절차를 개시하고 절차 진행 중 재건이 불가능하다고 판명되면 청산절차를 개시한다. 실무상으로는 청산으로 종결되는 사건이 많았지만, 절차상 기본원칙은 어디까지나 재건절차가 우선이고 청산은 최악의 선택으로 생각한다.[61] 1985년 도산법은 절차개시 신청이 있으면 관찰기간(période d'observation)을 설정하여 그동안에 사업계속 · 영업양도 · 청산 가운데 하나를 선택하되, 재건할 수 없는 경우에는 청산(liquidation judiciaire)이 개시된다고 규정하였다. 즉 청산이건 재건이건 절차로 들어오는 입구는 하나뿐이다.

1994년 개정법은 사업활동이 정지되거나, 재건할 수 없음이 명백한 때에는 법원 재량으로 관찰기간을 거치지 않고 청산을 명할 수 있게 규정하였고,[62] 2005년 도산법은 재건 · 청산절차와 별도로 사업구제절차를 신설하였으나, 원칙은 어디까지나 관찰기간을 설정하여 사업계속 · 영업양도 · 청산 중 하나를 법원이 선택하는 절차이다.

---

60) 前揭書, 123頁.

61) Marie-Danielle Schödermeier and Françoise Pérochon, "National Report for France", 「Principles of European Insolvency Law」, Kluwer Legal Publishers, 2003, at 241.

62) 小梁吉章, 前揭書, 8頁에 의하면 2003년 도산사건 44,699건 가운데 관찰기간을 거치지 않고 청산한 사건은 30,355건이라고 한다.

③ 모회사와 자회사 사이의 자산혼동(confusion de patrimoine)이 인정된다.[63] 자산혼동은 구법 시대에 학설상으로 논의되었는데 2005년 도산법은 채무자 또는 허위적 성격의 법인 자산이 혼동되는 경우 도산절차가 다른 법인격에까지 확장된다고 명문으로 규정하였다. 자산혼동은 채권자를 사해할(fraude) 목적으로 도산회사로부터 다른 계열회사에 자산이 양도된 때 적용되는 법리로서 도산회사와 계열회사의 자산을 혼동하여 채권변제에 충당한다. 또 자산혼동은 채권자의 집단적 이익 침해에 대한 제재이고, 모회사는 자산혼동 책임 이외에 민사책임을 부담할 수도 있다.[64] 자산혼동은 다른 계열회사에 대한 도산회사의 독립성이 인정될 때 적용되는 법리이고, 독립성이 인정되지 않는 자회사에는 법인격 부인의 법리(absence de personnalité morale)가 적용된다.

④ 사해적 지원 법리의 적용이 제한된다. 프랑스 금융계는 2005년 도산법 개정을 앞두고 판례에 의하여 형성된 사해적 지원(soutien abusif)의 법리를 폐지하여 달라고 요구하였다. 이는 청산하여야 할 기업에 대하여 금융기관이 융자를 계속하여 마치 그 기업이 건전한 것 같은 외관(apparence)을 형성한 때 이를 신뢰한 제삼자가 채무자에게 신규 신용을 제공하면 금융기관의 책임을 묻는 법리이다. 2005년 도산법은 DIP금융의 길을 터놓을 목적으로 금융계의 요구를 수용하여 신규로 신용을 제공한 자 특히 금융기관에는 사해적 지원의 법리가 적용되지 않음을 명시하였다.[65]

다. 재분배 정책의 실패

프랑스에서는 1967년 도산법이 기업보호와 채권자보호라는 두 가지

63) 한 회사가 다른 회사 자본의 과반을 소유하면 모회사 · 자회사 관계가 된다.
64) 小梁吉章, 前掲書, 142-143頁.
65) 前掲書, 149-152頁.

상반되는 목적을 동시에 추구하면서 결과적으로는 어느 한 쪽에도 충실하지 못하여 기업의 해체 · 청산을 증가시켰다고 평가하고 기업청산을 줄이려는 목적으로 도산법 개정을 추진하였다. 이에 따라 1985년 도산법은 기업의 장래운명이 과거의 채무지급보다 더 중요하고, 경제 · 사회적 고려가 법적 고려보다 우선한다는 구호 아래 기업의 재정상태가 악화할수록 법원이 더욱 깊이 관여하는 점진적 시스템을 채택하였다.[66] 또 재건절차에서 기업보호를 최우선으로 지향하였지만, 기업보호 그 자체가 목적이라기보다는 이를 사업 · 고용의 유지수단으로 파악하였다. 1985년 도산법은 기업보호를 우선하면 해체 · 청산을 감소시킬 수 있다는 가설에 근거하여 채권자의 권리를 대폭 후퇴시키고 노동자 · 거래처 · 공동체에 가치의 재분배를 시행하였다.[67]

프랑스 도산법에서는 채권자에게 자치권이 부여되지 않기 때문에 채권자가 청산을 선택하여도 법원은 도산기업의 노동자 · 거래처 · 공동체의 이해관계를 고려하여 청산을 연기하거나 또는 회피할 수 있다. 이는 청산으로 채권자가 회수할 수 있는 투하자본을 기업에 강제로 재투자시켜 노동자의 이익을 보호하므로 절차적 재분배에 해당한다. 프랑스 절차에서 채권자는 재건계획안에 대한 결정권조차 가지지 못한다. 또 절차개시 후의 채권과 일정한 노동채권을 담보권에 우선하게 하여 담보권의 우선순위를 낮추고, 기업재건에 필요한 자산을 확보할 목적으로 소유권유보 매도인의 환취권 성립요건을 엄격하게 제한하는 등 실체적 재분배도 시행하였다.[68]

그러나 1985년 도산법을 시행한 이후 기대와는 달리 기업도산이 1987년 25,566건에서 1993년 68,111건으로 급증하였고, 개시된 절차

---

66) Marie-Danielle Schödermeier and Françoise Pérochon, supra note 61, at 238.
67) 水元宏典, 「倒産法における一般實體法の規制原理」, 有斐閣, 2002, 135頁.
68) 前揭書, 135-136頁.

의 95%가 청산절차로 이행하였는데 배당률은 담보채권자는 60%, 무담보채권자는 5%에도 미치지 못하였으며,[69] 1992년 한해에만 300,000명의 노동자가 기업도산의 영향을 받았다. 담보권자의 우선순위를 낮춤으로 말미암아 금융기관이 대출을 주저하게 되었고, 기업보호를 위한 여러 규정이 채권자 기업을 쇠약하게 만들어 연쇄도산을 일으키고 실업자를 증가시켰다.[70] 이는 도산절차에서 재분배 정책을 시행하면 얼마나 불합리한 결과를 가져오는지 잘 보여주는 사례이다. 1985년 도산법의 이러한 문제점을 보완하고 노동자와 채권자의 균형을 회복시키려는 취지로 1994년에 법이 개정되었으나,[71] 그 내용은 청산절차에서 담보 우선권이 회복되고 소유권유보 매도인의 환취권 요건이 완화된 정도에 그쳐 재분배 정책의 큰 틀은 그대로 유지되고 있다.

69) 小梁吉章, 前揭書, 7頁.
70) 水元宏典, 前揭書, 137頁.
71) Marie-Danielle Schödermeier and Françoise Pérochon, supra note 61, at 242.

6 독 일

가. 연혁

독일에서는 1855년에 파산법(Konkursordnung)[72]이 제정되고, 1935년에는 화의법(Vergleichsordnung)이 제정되어 시행되었다. 일찍이 1955년 베르게스(Berges)가 파산과 화의를 포괄하는 도산법제의 필요성을 제창하고, 1959년 쾰른에서 개최된 도산 · 중재전문회의(Fachkongreß für Insolvenz und Schiedsgerichtswesen)에서 베버(Weber)가 파산법의 포괄적 개정을 주장하면서 담보권과 우선권의 제한 필요성을 강조하여 선진국 가운데 가장 먼저 도산법 개정논의가 시작되었다. 그 후 고도의 경제성장으로 기업경영 환경이 좋아지자 논의가 잠잠해졌으나, 1973년 석유 파동(oil shock)을 겪으면서 경기가 침체하여 도산사건이 증가하고 재단부족으로 절차가 기능을 제대로 발휘하지 못하자 다시 개정논의가 활발하여졌다.[73] 1978년에 도산법 · 노동법 학자와 실무자, 제조업 · 상업 · 은행업 등 경제단체 관계자, 노동조합 대표자로 구성되어 설치된 도산법위원회[74]는 ① 도산처리절차의 시장적합성 ② 개시요건의 간이화와 적시성 ③ 배당의 적정성 ④ 개인도산의 면책제도 도입 ⑤ 일반채권자의 지위 향상을 5대 개혁과제로 선정하였고, 특히 도산처리절차의 시장적합성(Marktkonformität)에 중점을 두었다.[75] 이는 가능한 한 절차의 법적 규제를 완화하고 채권자 자치

72) 이 법은 당시의 입법기술을 집약하여 제국 사법법(司法法)의 진주라는 별명을 얻었다.

73) 三上威彦,「ドイツ倒産法改正の軌跡」, 成文堂, 1995, 19-20頁.

74) 정식 명칭은 도산법 전문가위원회(die Sachverständigenkommission für Insolvenzrecht)인데 줄여서 도산법위원회(die Kommission für Insolvenzrecht)라고 한다.

75) 吉野正三朗,「ドイツ倒産法入門」, 成文堂, 2007, 2-3頁.

(Gläubigerautonomie)의 원칙에 따라 청산 또는 재건이라는 기본방향 결정을 채권자의 손에 맡김을 의미한다.

나. 1994년 도산법의 특징

1994년 제정되어 1999년부터 시행된 독일 신도산법(Insolvenzordnung)의 특징은 ① 절차를 일원화하였다. 신도산법은 종래의 파산 · 화의라는 양대절차를 폐지하고 단일한 절차를 창설하여 신청단계에서는 청산형 · 재건형이 구분되지 않는다. 따라서 채무자가 구체적 도산처리 방법을 선택할 수 없고 채권자가 채무자를 청산하느냐 아니면 재건하느냐를 결정한다. 제1회 채권자집회 즉 보고기일(Berichtstermin)에서 관재인이 채무자의 재정상태 · 도산원인 · 재건가능성 · 배당내용 · 청산과 재건 중 어느 쪽이 채권자 만족에 유리한지 보고하면 채권자집회가 기업의 존속 여부를 결정한다. 이처럼 채권자집회는 어떤 절차가 채권자의 만족에 더욱 적합하냐는 관점에서(신도산법 제1조는 '도산절차는 채무자 재산을 환가 · 배당하거나 또는 기업존속을 위한 도산계획을 이 법의 규정과 달리 정하여 채권자에게 공동 만족을 부여함을 목적으로 한다.'라고 규정하여 절차의 목적이 채권자의 만족에 있음을 명백히 밝혔다.) 진행되고, 찬성한 채권자의 총채권액이 투표한 채권자의 총채권액의 2분의 1을 초과하면 결의가 성립한다. 채권자가 구체적 도산처리방법을 선택하는 것이야말로 독일 신도산법의 가장 큰 특징이다.

② 도산원인을 확대하였다. 신도산법은 종전의 도산원인인 지급불능 · 지급정지 · 채무초과 이외에 지급불능의 염려(drohende Zahlungsunfähigkeit)를 새로운 도산원인으로 추가하였다. 지급불능의 염려라 함은 채무자가 이행기에 지급의무를 이행하지 못할 것으로 예상되는 경우를 말하고, 채무자 신청사건에서만 도산원인이 된다. 이는 채무자

가 재정적으로 파탄할 것이 명확한 때에는 가능한 한 절차개시를 앞당기려는 취지이다.[76] 그러나 구체적 사건에서 지급불능의 염려가 있는지를 판단하기는 어려워 법원에 부담으로 작용할 수 있으므로 채무자 신청사건에는 아예 도산원인을 요구하지 않아야 한다는 견해도 있다.[77] 기업에 지급불능 · 채무초과가 발생하면 대표자가 3주 이내에 절차개시 신청을 하여야 하고, 특히 주식회사에는 지급불능 · 채무초과 발생 즉시 개시신청할 의무를 부과하여 채권자를 보호한다. 이때 지급불능에는 소액채무를 지급하지 못한 경우도 포함된다.[78]

③ 채권자위원회(Gläubigerausschuss)의 권한을 강화하였다. 위원은 채권자 중에서 선출하는데 채권자집회에서 위원회 설치 여부를 결정하고, 법원이 제1회 채권자집회 전에 채권자위원회를 미리 설치한 때에는 설치된 위원회의 존치 여부를 채권자집회가 결정한다. 채권자위원회는 관재인의 업무수행을 감독하고, 업무처리에 대한 정보를 수집하며, 회계장부 열람 · 금전 수지와 잔고 검사 등을 행할 수 있다. 또 관재인이 중요한 법률적 행위(Rechtshandlungen)를 할 때에는 채권자위원회의 동의를 얻어야 하고, 위원회가 설치되지 않은 때에는 채권자집회의 동의를 얻어야 한다. 동의가 필요한 행위는 첫째, 기업 · 사업조직체 · 재고상품의 전부 또는 자유거래가 가능한 부동산의 양도 둘째, 재단에 현저한 부담을 주는 차입행위 셋째, 고액 소송의 제기 · 수계 · 수계거절 · 화해 · 중재계약의 체결 등이다.[79]

④ 미국 연방도산법 제11장 재건절차를 모델로 하여 도산계획(Insolvenzplan)을 도입하였다. 신도산법의 핵심인 도산계획은 채무자

76) 김경욱, "독일 도산법제의 동향과 시사점", 「비교사법 제9권 4호」, 한국비교사법학회, 2002, 49면. 이 논문은 http://www.dbpia.co.kr에서 인용하였다.

77) 三上威彦, 前揭書, 74-75頁.

78) 이상영, "유럽 기업회생법제의 특색과 시사점", 「비교사법 제14권 2호」, 한국비교사법학회, 2007, 386-387면. 이 논문은 http://www.dbpia.co.kr에서 인용하였다.

79) 吉野正三朗, 前揭書, 13頁.

와 채권자 사이의 계약이 아니고, 모든 이해관계인의 이익을 고려한 법제도이다. 도산계획안 제출권은 관재인과 채무자에게 있는데 특히 채무자는 개시신청과 동시에 계획안을 제출할 수 있다. 도산계획은 청산계획(Liquidation) · 양도재건(die übertragende Sanierung) · 자주재건(Sanierung des Schuldners)의 세 종류로 크게 구분된다.[80] 다만, 이는 어디까지나 전형적 모델이고 법률상 실현 가능한 내용이라면 채권자 자치 원칙에 따라 얼마든지 자유롭게 도산계획을 정할 수 있다. 도산계획은 설명부분(der darstellende Teil)과 권리변경부분(der gestaltende Teil)으로 구성되는데 설명부분에는 채권자와 법원의 판단기초가 되는 내용을 기재하고, 권리변경부분에는 이해관계인의 법적 지위가 어떻게 변경되는지를 기재한다.

다. 시장적합적(Marktkonformität) 도산이론

독일 신도산법은 시장적합적 도산처리를 지향하고 있다. 이하에서는 1992년 정부 초안(Der Regierungsentwurf eines Einführungsgesetzes zur Insolvenzordnung)의 이유서(Allgemeine Begründung)를 중심으로 시장적합적 이론을 살펴본다.[81]

(1) 신도산법의 제정 필요성

이유서는 구도산법의 기능상실을 신도산법을 제정하여야 할 첫째 이유로 든다. 1985-1990년 사이에 파산신청 중 75%가 재단부족으로 기각되어 파산사건 대부분이 사적으로 처리되고 질서 있는 평등 변제가 실현되지 못하였다.[82] 가령 파산절차가 개시되어도 일반채권자에 대한

80) 前揭書, 3頁.

81) 水元宏典, 前揭書, 25-38頁.

82) 木川裕一郎, 「ドイツ倒産法研究序說」, 成文堂, 1999, 5頁은 재단부족으로 기각된 파산사건의 비율은 1970년 44%, 1975년 64%, 1977년 72%로 점차 증가하였고, 1970년대

배당률이 5%에 불과하여 채권자는 절차참가에 관심을 잃고, 파산절차는 담보권자 · 우선채권자 · 일부 다액 채권자의 개별적 이익추구수단으로 변질하고 말았다. 또 1983년 이후 화의 인가건수는 도산사건의 1%에도 미치지 못하고, 강제화의의 인가건수도 개시된 파산사건의 8% 정도에 불과하여 법원 감독하에 합의에 기하여 채무자 재산을 활용한다는 화의절차의 기능을 달성하지 못하였다. 이러한 파산법의 기능부전 즉 배당재원 부족의 원인은 소유권유보 · 양도담보와 같은 무점유동산담보권(無占有動産擔保權)[83]의 보급 · 확대로 말미암아 채무자 재산의 5분의 4가 별제권 또는 환취권의 대상이 되었고,[84] 임금채권 · 조세채권이 재단채권으로 되었으며, 그 밖에 다양한 우선채권이 창설되어 배분적 정의의 실현이 방해된 데 있다. 또 화의법이 기능을 상실하여 절차가 기업의 해체 · 청산 쪽으로 편향한 원인은 담보권자가 기업활동에 필수적인 재산에 담보권을 실행하였고, 채권액의 35%라는 최저변제율이 너무 높았기 때문이다.[85]

이어서 이유서는 신법 제정이 필요한 다른 한 가지 이유로 구도산법의 경제정책적 결함을 지적한다. 도산법은 자유와 경쟁을 본질로 하는 시장경제(市場經濟) 원리에 근거하여야 한다. 그런데 구법제는 채권자 만족의 최대화가 목적인 파산절차와 성실한 채무자의 보호가 목적인 화의절차를 병행하여 운영하면서 화의를 파산에 우선하였으나 이는 부당하다. 즉 재건은 해체 · 청산보다 선(善)이고, 재건될 때에도 종전 소

의 평균 배당률은 무담보채권자 4-6%, 우선채권자 18% 정도였다고 한다. 학자와 실무자들은 이 현상을 '파산의 파산' 또는 '도산법의 위기'라고 명명하였다.

83) 소유권유보부 매매 · 양도담보 · 금융리스 등은 실무상 많이 이용되지만, 공시방법이 확실하지 않아 도산절차에서 변제 우선권을 부여할지를 놓고 다툼이 있다. 채권자가 담보물인 동산을 현실적으로 점유하지 않으므로 이를 무점유동산담보라고 부른다.

84) 三上威彦, 前揭書, 21頁은 1978년 독일에서 공표된 조사에 의하면 파산자 재산의 87%가 담보 목적물이고, 그 중 50.8%는 동산과 채권을 목적으로 하는 담보권이라고 한다.

85) 前揭書, 3頁은 독일 화의절차의 평균 배당률은 1950년대 30%, 1960년대 12%, 1970년대 8%를 거쳐 1980년대에는 1% 이하로 떨어졌다고 한다.

유자가 기업을 유지하는 편이 새로운 기업 소유자에게 양도되는 것보다 선이라는 사고방식에는 문제가 있다. 청산이냐 재건이냐, 자주재건이냐 양도재건이냐는 국가(법원)의 판단이 아니라 자유로운 경쟁 하에서 관계인의 투자판단(投資判斷)에 맡겨야 한다.

이유서는 구도산법의 기능상실과 경제정책적 결함을 개정 필요성으로 언급한 다음 신도산법의 이념을 제시한다.[86] 도산법은 시장경제에서 중요한 의의를 가지고, 비효율적 경제주체를 시장에서 퇴출하거나 또는 그 재무구조를 재편하는 데 관여한다. 경제사법의 중심에 자리한 도산법을 개정할 때에는 경제동향과 경제구조에 일정한 방향을 부여하고 질서를 형성하는 영향력에 주의할 필요가 있다. 왜냐하면, 도산하는 채무자의 숫자는 적지만, 시장에서 거래 상대방은 도산법 규범에 맞추어 경제행위를 하기 때문이다. 도산은 시장의 실패가 아니므로 국가가 시장원리를 배제할 수 없고, 긴급사태도 아니므로 국가가 사법 질서에 긴급체제를 시행하여서도 안 된다.[87] 평상시와 마찬가지로 도산 시에도 사회정책이나 제삼자의 판단에 따라 이해관계인의 미시경제적 판단을 뒤집을 수는 없다.

(2) 절차적 측면

이유서는 청산이냐 재건이냐, 재건의 경우에도 자주재건이냐 양도재건이냐는 시장원리가 결정하여야 하고, 도산법은 고용확보와 같은 국가의 시장개입에 속박되지 말아야 한다고 하면서 그렇게 하여야만 국민경제에서 자원이 효율적으로 배분된다고 설명한다.[88] 독과점(獨寡占)

86) Vanessa Finch, supra note 1, at 29는 채권자의 집단적 회수를 최대화하려는 사고방식이 독일 신도산법 제정에 큰 영향을 미쳤다고 한다.

87) 木川裕一郎, 前掲書, 64頁은 도산법위원회의 최초 제안에는 재단의 충실을 꾀하려고 실체법상 권리에 큰 제한을 가하는 내용이 포함되었으나 시장적합성이 없어 채택되지 않았다고 한다.

88) Manfred Balz, "Market Conformity of Insolvency Proceedings: Policy Issues of the German Insolvency Law", 「23 Brooklyn Journal of International Law」, Brooklyn

이라는 시장의 실패는 독점금지법이 대처할 과제이고, 건전한 기업과 도산기업과의 경쟁을 도산법이 도산기업에 유리하게 왜곡하면 안 된다고 한다. 도산법 개정의 목적은 국가가 이해관계인의 재산을 몰수하여 도산기업에 자금을 원조하는 것이 아니다. 국민경제에서 자원배분의 효율성이 침해당하면 안 되고, 국민경제의 구조전환은 방해받지 않아야 한다. 생존능력 없는 기업을 시장에서 퇴출하여 그 생산수단을 다른 기업이 이용하게 하는 일은 존속가치 있는 기업을 재건하는 일과 마찬가지로 의의가 있다. 또 투자자와 기업을 위한 시장은 발전하여야 하고, 만약 도산법이 종전의 기업소유자를 존속시켜 시장을 무력화하면 시장경제는 기능을 발휘하지 못한다. 시장에서는 가장 우수하고 적합한 기업만 살아남으므로, 대기업이라고 할지라도, 시장원리를 위반하면서까지 관철할 공적이익은 존재하지 않는다. 그리고 도산법은 공업정책 · 지역정책 · 노동시장정책 · 안정화정책 등 거시경제적 역할을 담당할 수 없고, 특히 수익률의 관점에 반하여 노동자의 일자리를 보전하면 안 된다. 절차에서 사적정리나 기타 투자판단을 결정하는 요소 이외의 것이 판단기준이 된다면 설득력이 없다.

다음으로, 이유서는 해체 · 청산이냐 재건이냐는 투하자본을 바로 회수하느냐 아니면 채무자에게 재투자하느냐의 투자판단이기 때문에 자본투하자(Geldgeber)의 이익 계산, 즉 사적자치와 교섭으로 가장 적당한 방법이 선택될 수 있다고 한다.[89] 즉 청산이냐 재건이냐의 판단은 미시경제적인 판단이고, 투자자가 환가방법을 선택할 때에는 회수액의

Law School, 1997, at 172–173은 독일 신도산법에서는 프랑스처럼 재건이 우선하지 않고, 해체 · 청산보다 계속기업적 청산이 우선하지도 않으며, 오로지 채권자가 자신에게 이익이 되는 해결책을 선택한다고 한다. Balz는 신도산법 제정과정에서 담당참사관으로 큰 역할을 하였다. 각주에 인용하는 영미 논문 중 Law Journal 또는 Law Review에 실린 것은 모두 http://web2.westlaw.com에서 인용하였다.

89) 三上威彦, 前揭書, 80–81頁은 관재인에게 절차선택권을 부여하자는 견해도 있지만, 채권자의 공동만족이 절차의 목적인 이상 당연히 채권자집회가 주도권을 행사하여야 하고, 만약 선택한 절차가 실패로 돌아가더라도 이는 채권자가 부담할 몫이라고 한다.

다과뿐만 아니라 거래관계의 유지 · 상실과 같은 적극 · 소극적 영향도 고려한다. 따라서 감정(鑑定)의견에 따라 재건가능성을 사전에 판정하고, 투자자의 반대를 강압적으로 눌러가면서 절차를 진행하는 것은 법원의 임무가 아니다. 오히려 채권자가 교섭과정을 통하여 가장 적합한 환가방법을 발견하여 이를 실현할 수 있도록 사적자치가 보장되어야 한다. 도산법은 채무자가 모든 채권자에게 완전한 만족을 부여할 수 없게 되었을 때 채무자의 재산 가치를 실현하는 방법으로 개별 집행법을 보완한다.

(3) 실체적 측면

이유서는 도산법이 시장원리의 기초인 사법질서(私法秩序)를 존중함으로써 관계인에게 재산적 희생을 강요하지 말고, 사법상 재산질서에 대하여 재화의 이전을 수반한 개입을 하면 안 된다고 촉구한다.[90] 이는 채권자 각 조의 상호관계뿐만 아니라 채권자와 채무자의 관계 · 채권자와 주주의 관계 · 주주 사이의 상호관계에 모두 적용된다. 성질이 다른 권리가 국가의 규제에 의하여 획일화(동질화)되어서는 안 된다. 이유서는 다음의 세 가지를 사법질서를 존중하는 구체적 원리로 든다.

① 일반 실체법에 존재하지 않는 도산법 고유의 우선권을 폐지한다.[91] 도산절차에 고유한 우선적 지위는 경제정책적으로도 용인되지 않고, 개별집행절차와 마찬가지로 사법상 책임질서에서의 위치에 따라 채권자의 권리가 평가되어야 한다.[92] 현재와 같은 기업의 자기자본비율과 부채비율하에서 우선권을 승인하면 우선권 있는 채권자는 전액

90) Manfred Balz, *supra* note 88, at 171은 도산법의 역할은 채무자의 재산가치를 최대화하여 이해관계인의 만족을 증가시키는 데 있고, 비효율적 기업을 유지하거나 또는 막연한 사법적 형평으로 실체법 질서를 대체하는 것은 아니라고 한다.

91) 1982년 영국의 코크보고서는 무담보채권자를 위한 배당재원을 마련할 목적으로 모든 우선권을 철폐하자고 권고하였다. Vanessa Finch, supra note 1, at 13.

92) Manfred Balz, *supra* note 88, at 174는 도산절차에서 실체적 권리를 완전히 승인하고, 이를 재평가하는 것을 금지하는 조치와 함께 우선권이 폐지되었다고 한다.

또는 대부분 만족을 얻지만, 우선권 없는 채권자는 배당에서 제외된다. 구파산법의 우선적 파산채권이 폐지되면 배분적 정의가 실현되고, 일반채권자가 더욱 많은 배당을 받게 되므로 절차관여에 흥미를 느껴 채권자 자치기능도 강화된다. 신도산법은 이러한 사고방식에 근거하여 우선적 파산채권과 격지자간 매매에서 매도인의 환취권을 폐지하였다.

② 도산법위원회가 제안한 절차분담금을 채용하지 않았다.[93] 절차분담금은 무점유동산담보권의 목적물 매각대금 중 25%를 무담보채권자의 배당재원으로 사용하는 제도이다. 이유서는 시장적합적 절차에서는 도산으로 가치가 하락한 무담보채권의 배당재원을 확보하려고 담보권자의 권리를 침식할 수 없다고 강조한다.

③ 청산과 재건에서 권리자를 동등하게 취급하였다. 민사상 권리의 상호관계는 채무자 재산을 어떤 형식(파산적 환가 또는 도산계획)으로 처분하느냐와 관계없이 사법상 책임질서를 기준으로 하여야 한다. 그렇게 하여야만 해체 · 청산이냐 재건이냐는 판단이 특별한 이익을 획득할 목적으로 이용되지 않고,[94] 경제적으로 정당한 목적에서 일탈하지 않는다. 요컨대 채무자 재산의 환가방법에 따라 권리의 우선순위가 달라지면 투자판단이 그 영향을 받아 자유경쟁이 침해된다는 논리이다. 독일 신도산법은 이러한 사고방식에 따라 절차관계인의 범위와 권리 내용을 일원적으로 파악하고, 도산계획에 절대우선 원칙(absolute priority rule)과 청산가치보장 원칙(best interest rule)을 채용하였다.

93) 영국에서는 부동담보 목적재산의 일정비율(fixed-fraction)을 무담보채권자를 위한 배당재원으로 사용한다. 상세한 내용은 '영국 기업법의 고정부분(fixed-fraction) 제외'에서 후술한다.

94) 법정쇼핑(forum shopping)을 방지하려는 취지이다.

Ⅱ

P · A · R · T

도산이념

1 전통적 지도원리

도산절차의 전통적 지도원리는 이해관계의 공평한 조정과 이해관계인의 절차참여 보장이다.

첫째, 이해관계의 공평한 조정이다. 도산절차는 부족한 자산을 어떻게 이해관계인에게 배분하느냐는 점에서 제로섬(zero-sum) 게임이고,[95] 도산법의 목적은 채무자와 채권자 · 주주의 법률관계를 조정하는 데 있다. 회생파산법 제1조도 '이 법은 재정적 어려움으로 인하여 파탄에 직면해 있는 채무자에 대하여 채권자 · 주주 · 지분권자 등 이해관계인의 법률관계를 조정하여 채무자 또는 그 사업의 효율적인 회생을 도모하거나, 회생이 어려운 채무자의 재산을 공정하게 환가 · 배당하는 것을 목적으로 한다.'라고 규정한다. 이때 실체법상 같은 성질을 가진 권리자는 절차에서 평등하게 취급하고(equality of distribution), 다른 성질을 가진 권리자는 그 차이에 상응하게 취급하여야 한다. 즉 실체법상 같은 성질의 권리를 절차에서 불평등하게 취급하면 실체법 질서에 어긋나고 권리자의 기대에도 반한다.

둘째, 이해관계인의 절차참여 보장이다. 절차의 목적은 채권자 · 채무자 사이의 권리 · 의무확정이 아니라 책임재산의 공평한 분배와 채무자의 경제적 재건이지만, 그 목적 실현을 위하여 관계인의 권리에 여러 가지 제한이나 변경이 가하여진다. 이러한 제한이나 변경은 절차 안에서 행하여지는 재판의 효과로 발생하므로 도산절차에서도 판결절차와 마찬가지로 재판으로 불이익을 입는 자의 절차참여가 보장되어야 한다. 도산절차는 민사소송 절차 중에서도 추상적 법규를 적용하여 분쟁을 해결하는 소송사건이 아니고 국가가 사인 사이의 생활관계에 개입

95) Epstein, Markell, Nickles, Perris, supra note 8, at 125.

하여 명령 · 처분을 행하는 비송사건(非訟事件)에 속하지만,[96] 비송사건의 이해관계인에게도 헌법상의 재판을 받을 권리가 있다는 점은 두말할 나위 없다.[97] 일반적으로 청산형 절차의 채권자는 청산가치의 배분을 받는다는 수동적 입장에 서기 때문에 재건형 절차의 채권자에 비하여 절차참여의 의욕이 낮지만, 청산절차에서도 대규모 사건에서는 채권자의 참여의지가 강하므로 청산방향이나 환가 방침에 대하여 정보를 적시에 제공할 필요가 있다.[98]

위의 두 가지 지도원리는 지금도 변함없이 절차 진행자의 행동기준으로서 역할을 담당하고 있으나, 최근에는 도산제도의 이념을 둘러싸고 활발한 논의가 시작되었다.

96) 소송사건과 비송사건은 당사자 대립구조의 여부 · 당사자주의인가 직권주의인가 · 재판공개의 유무 · 구두변론인가 심문인가 · 판결인가 결정인가 · 재판의 자기구속력 유무 등에서 큰 차이가 있고, 비송사건에 적합한 유형은 ① 신속한 처리가 필요한 사건 ② 법관의 재량이 필요한 사건 ③ 공익적 요소가 큰 사건 ④ 프라이버시의 보호 필요성이 큰 사건 ⑤ 계속적 법률관계로서 사정에 따라 재판의 취소 · 변경이 필요한 사건 등이다.

97) 青山善充, "倒産手續と憲法的保障(1)", 「倒産判例百選(第4版)」, 有斐閣, 2006, 5頁.

98) 伊藤眞, 前揭書, 17頁.

2 재산가치최대화론 (creditor wealth maximization approach)

미국의 도산법 학자 가운데 상당수는 경제학 방법론을 통하여 법을 설명하려는 법경제학[99] 운동(law and economics movement)의 영향을 받아 도산법의 기능은 채권자의 집단적 회수를 최대화하는 데 있다고 주장한다. 이를 재산가치최대화론이라고 부르는데 이를 대표하는 학자인 잭슨(Thomas H. Jackson)은 도산법을 한정된 재원의 공동이용문제(common pool problem)를 해결하는 집단적 채권회수제도로 본다. 잭슨은 1980년대 초에 가상적 채권자협정론(hypothetical creditors' bargain)을 제시하여 도산법학에 대변혁을 일으켰는데[100] 이는 도산법을 사전에 채권자들이 교섭할 기회가 있었다면 채권자 사이에 이루어졌을 집단적 채권회수제도로 파악하는 이론이다. 독일 신도산법이 추구하는 시장적합적(Marktkonformität) 도산이론은 재산권에 대한 개입을 최소화하면서 재단을 최대화하려는 잭슨의 이론으로부터 큰 영향을 받았다.[101] 이하에서는 잭슨의 이론을 살펴본다.

가. 도산법의 역할

잭슨은 먼저 도산법의 목적을 규정한다. 도산법의 목적은 채무자의 사업계속에 있다는 견해도 있고, 도산법은 노동법 · 환경법 · 재산권과

99) 법경제학 영역은 날로 성장하고 있으나, 정의를 추구하는 법학과 효율을 추구하는 경제학을 함께 엮는 것은 바람직하지 않다는 비판도 있다. 이 설명은 위키백과(http://ko.wikipedia.org)에서 인용하였다.

100) Barry E. Adler, 「Foundations of Bankruptcy Law」, Foundation Press, 2005, at 111.

101) 水元宏典, 前揭書, 38頁.

조화를 이루어야 한다는 주장도 있다. 그러나 이러한 사고방식은 도산법의 역사적 기능을 외면한 생각이고, 도산법과 관계없는 정책을 절차에 편입함으로 말미암아 생기는 부작용을 고려하지 않았다. 잭슨은 향료를 지나치게 많이 넣으면 수프의 맛을 망치는 것처럼 도산법에 너무 많은 요소를 편입하면 기본적 사명을 감당할 수 없게 된다고 한다.[102] 비록 절차의 이해관계인은 도산법의 영향을 받지만, 그렇다고 해서 도산법에 실체적 권리의 조정권이 포함되어야 하는 것은 아니다. 이어서 잭슨은 도산정책이 다른 정책과 조화를 이루어야 한다고 성급하게 결론 내리기 전에 도산법이 담당할 수 있는 일, 담당하여야 할 일과 담당할 수 없는 일, 담당하면 안 되는 일을 명백히 구분하자고 제안한다.[103]

지금까지 도산법 운용에 문제점이 나타나면 법원 · 입법자 · 연구자는 모두 도산법이 다른 사회 · 경제적 목표와 충돌한다고 보고 임시방편적인 해결책을 구하였는데, 그러한 방법론은 틀렸다.[104] 역사적으로 도산법은 개인 채무자에게 새 출발을 허용하고, 채권자에게 채권회수(debt-collection)를 위한 집단적 · 강제적 법정(compulsory and collective forum)을 제공하는 역할을 하였다. 그런데 기업에 도산절차가 개시되면 기업재산을 효율적으로 이용하는 방법이 요구될 뿐이고 가상적 법인(fictional legal being)에 새 출발 기회를 줄 필요는 없다.[105] 따라서 기업도산에서는 도산법이 집단적 채권회수제도의 역할만을 담당하는데 바로 이것이 그 본질적 기능이다.[106] 절차가 개시되면 채무자

102) 잭슨의 견해와는 달리 영국의 코크보고서는 도산법이 상도덕의 확립과 채무청산의 촉진이라는 두 가지 역할을 담당하여야 한다고 강조한다.

103) Thomas H. Jackson, 「The Logic and Limits of Bankruptcy Law」, Harvard University Press, 1986, at 1-2.

104) Vanessa Finch, supra note 1, at 29는 잭슨의 방법론은 경제적 접근방법(economic approach)으로 오로지 경제적 가치만을 논증하고, 도덕적 · 정치적 · 사회적 · 개인적 배려와 같은 비경제적 가치는 인정하지 않는다고 비판한다.

105) 잭슨의 가상적 채권자협정론은 기업도산을 염두에 두고 구성한 이론이다.

106) Thomas H. Jackson, 「The Logic and Limits of Bankruptcy Law」, supra note

의 재산을 정리하여 배당재원을 확보하고, 채권신고와 조사를 거쳐 배당 참가자를 확정한 다음 권리의 우선순위에 따라 배당순위와 배당액을 정한다. 잭슨은 이처럼 도산절차에서는 채권자에 대한 분배기준이 중요한데도 채권자 사이에 적용되는 도산법 원리[107]가 아직 수립되지 않았다고 지적한다.[108]

나. 집단적 채권회수제도의 장점

개별적 채권회수제도를 이용하면 회수금액이 불확실한데다가 채권자 사이에서 경쟁에 뒤처지면 채권을 전혀 회수하지 못하는 수도 있지만, 집단적 채권회수제도는 같은 순위에 있는 채권자를 동등하게 취급하므로 회수금액을 확실히 예측할 수 있다. 잭슨은 집단적 채권회수제도에는 ① 채권자들이 먼저 개별집행을 하려고 경쟁하지 아니하므로 전략적 비용이 감소하고(reduction of strategic costs) ② 채무자 재산을 해체 · 청산하지 않고 일체로서 유지하여 총재산 가치를 증대하며(increased aggregate pool of assets) ③ 절차비용의 중복 지출을 막아 행정적 효율(administrative efficiencies)을 기하는 장점이 있고, 이는 채권자들이 집단적 제도에 공동으로 합의할만한 이유가 된다고 설명한다.[109]

(1) 전략적 비용의 감소

채무자 재산으로 채권을 완전히 변제할 수 없을 때에는 개별적 채권

103, at 3-5.

107) 水元宏典, 前揭書, 42頁은 잭슨이 도산법의 기초이론을 구축하여 규범적 연역체계를 수립함으로써 종래의 이익형량적 방법론을 지양한다고 설명한다.

108) Thomas H. Jackson, "Bankruptcy, nonbankruptcy entitlements, and the creditors' bargain", 「91 Yale Law Journal」, Yale Law Journal Company, 1982, at 857-858.

109) *Id.* at 861-862. 여기에서 잭슨은 집단적 채권회수제도의 장점을 가상적 채권자협정 모델과 연결한다.

회수제도가 채권자[110]에게 오히려 불리하다. 채권자의 권리는 서로 충돌하기 때문에 채권회수경쟁은 상황을 더욱 악화시켜 죄수의 딜레마(prisoner's dilemma)에 빠진다.[111] 이는 한 사람이 아무리 합리적으로 행동하여도 다른 사람과 협력하지 않는 한 집단 전체로 보면 차선의 결정밖에 내릴 수 없다는 이론이다. 죄수의 딜레마는 전체 집단에 이익이 되는 방법이 분명히 존재하지만, 구성원 사이에 집단적 합의가 되지 않아 비효율적 방법인지 알면서도 각자 눈앞의 이익만 추구한다는 가설이다.[112] 잭슨은 채권자가 개별적 채권회수제도를 이용하려면 경쟁에서 다른 채권자를 이겨야 하므로 법원의 관련기록을 점검하는 등 채무자와 다른 채권자의 행동을 늘 감시하여야 한다고 지적한다. 만약 감시를 게을리하면 다른 채권자가 먼저 변제받으므로 경쟁대열에서 낙오하지 않으려면 채권자는 전략적 비용을 지출할 수밖에 없다. 그러나 집단적 채권회수제도는 개별적 회수를 금지하여 비용의 발생을 막고, 채권자가 서로 협력하게 한다. 다만, 집단적 제도는 모든 채권자를 절차에 참가시켜야 올바로 작동하고, 특정채권자가 채무자와 합의하여 절차에 참가하지 않아도 된다면 제도의 장점을 살릴 수 없다. 따라서 집단적 절차는 동시에 강제적이라야(collective and compulsory) 그 기능을 발휘한다.[113]

---

110) 水元宏典, 前揭書, 44頁은 잭슨이 사용하는 채권자라는 용어는 채무자 재산에 대하여 일반 실체법상 권리(right)를 가지는 자를 통칭한다고 한다. 따라서 잭슨의 채권자 개념에는 좁은 의미의 채권자 이외에 주주까지 포함된다.

111) 죄수의 딜레마는 공동이용문제와 마찬가지로 세 가지 전제가 요구된다. ① 참가자는 함께 모여 집단적 결정을 내릴 수 없다. ② 참가자는 자신의 이익만 생각하고, 다른 사람의 사정은 고려하지 않는다. ③ 개인적 결정의 결과는 참가자가 협조하여 도출하는 해결책보다 나쁘다.

112) Thomas H. Jackson, "Bankruptcy, nonbankruptcy entitlements, and the creditors' bargain", *supra* note 108, at 862.

113) Thomas H. Jackson, 「The Logic and Limits of Bankruptcy Law」, *supra* note 103, at 16-17.

(2) 총재산 가치의 증대

잭슨은 게임이론의 공동이용문제(common pool problem)로 이를 설명한다.[114] 한 사람이 어떤 호수의 어획권을 가지는데 어획량에는 제한이 없다고 가정하면 만약 첫해에 호수의 물고기를 모두 잡고 100,000달러에 판매하면 다음 해부터는 물고기를 잡을 수 없다. 이익을 극대화하려면 물고기 중 일부만 잡고, 나머지는 남겨두어 증식하게 하여 계속 어획하는 방법이 좋다. 이 방법을 취하면 매년 50,000달러의 소득을 얻는다고 가정할 때 이를 현재가치로 환산하면 500,000달러가 되므로 다른 조건이 같다면 어획량을 제한하는 편이 어획권자에게 더 유리하다. 어획권자가 한 명이 아니고 100명이라고 하여도 최선의 해결책은 바뀌지 않는다. 즉 호수에 물고기를 남겨두어 증식하게 하면 현재가치로 500,000달러를 확보하기 때문이다. 그러나 어획권자가 100명이 되면 그 중 한 명이 스스로 어획량을 통제하여도 나머지 사람을 통제할 수 없는 한 다음 해까지 물고기가 남아 있을지 확신할 수 없다. 따라서 개개의 어획권자는 다른 사람이 어자원을 고갈시키기 전에 어획량을 최대화(평균 1,000달러어치)하려고 하고, 만약 어획량을 자제하는 사람이 있다면 그 소득은 500달러에 그친다. 100명의 어획권자가 모두 자제하지 않으면 어자원은 첫해에 고갈되고 100,000달러를 나누어 가지지만, 다음 해부터는 아무런 소득을 기대할 수 없다.[115]

이처럼 인간의 이기심은 현재가치 500,000달러의 어자원을 불과 100,000달러에 고갈시키므로 공동이용문제는 집단적 채권회수제도에 파이(배당재원) 총량의 증대라는 장점이 있음을 암시한다. 잭슨은 개별적 채권회수는 영업용 재산을 지나치게 빨리 처분하여 채무자의 사업

114) Vanessa Finch, *supra* note 1, at 28에 의하면 도산법의 역할은 권리의 분배보다는 공동의 재산가치를 최대화하는 데 있다는 것이 잭슨의 주장이라고 설명한다.

115) Thomas H. Jackson, 「The Logic and Limits of Bankruptcy Law」, *supra* note 103, at 11-12.

을 해체 · 청산하므로 채권자 전체의 이익을 보호하려면 청산과 재건을 불문하고 해체 · 청산이 아닌 방법으로 총재산 가치를 증대시키는 대안(代案)이 필요하다고 지적한다. 일반적으로 계속기업가치는 청산가치보다 크고, 일체로서의 재산은 하나하나 분리된 재산보다 가치가 크기 때문에 재산을 일체로 유지하면 총재산 가치가 증대한다.[116] 도산법은 다양한 이해관계를 가진 채권자들이 집단적 · 강제적인 절차(a collective and compulsory proceeding) 안에서 마치 한 사람처럼 행동할 수 있는 수단을 제공한다.[117]

(3) 행정적 효율

일반적으로 채권회수절차에서는 채무자의 재산가치가 정확히 평가되고 담보채권의 성질과 범위도 확정되어야 한다. 잭슨은 개별적 채권회수제도에서는 절차마다 가치평가나 채권확정과정을 거치므로 그 비용도 중복하여 발생하지만, 집단적 채권회수제도에서는 이 과정을 한 번만 거치면 충분하므로 관련된 비용을 많이 줄일 수 있다고 한다.[118]

다. 가상적 채권자협정(hypothetical creditors' bargain)

채권자협정(creditors' bargain)은 채권자들이 사전에(ex ante) 교섭할 수 있었다면 채권자 사이에 이루어졌을 집단적 채권회수절차를 말하는데[119] 잭슨은 가상적 협정론에 따라 도산법이 일반 실체법상 권리를 취

116) Thomas H. Jackson, "Bankruptcy, nonbankruptcy entitlements, and the creditors' bargain", *supra* note 108, at 861-862.

117) Thomas H. Jackson, 「The Logic and Limits of Bankruptcy Law」, *supra* note 103, at 12-13.

118) Thomas H. Jackson, "Bankruptcy, nonbankruptcy entitlements, and the creditors' bargain", *supra* note 108, at 866.

119) David Gray Carlson, "Philosophy in Bankruptcy", 「85 Michigan Law Review」, Michigan Law Review Association, 1987, at 1341-1342는 채권자협정론은 도산절차에서 권리를 상실하는 자가 사전에 그에 대하여 동의하였다고 간주하는 이론이라고 하면서 이는 동어반복(tautology)에 불과하다고 혹평한다.

급하는 방식을 분석하고, 도산정책이라는 이름으로 이루어진 일탈(逸脫)을 검증한다.[120)]

(1) 무담보채권자(unsecured creditor) 모델

무담보채권자는 위와 같은 세 가지 장점 때문에 개별적 채권회수제도 대신에 집단적 채권회수제도를 선호한다. 그렇지만, 만약 채무자와 특정채권자 사이의 합의로 집단적 제도의 속박을 받지 않는 길이 있다면 절차가 제대로 작동하지 못하므로 채권자는 다른 채권자에게 선택의 여지를 주지 않는 강제적 제도(compulsory system)에만 동의한다. 잭슨은 강제적 집단절차가 채권자협정(creditors' bargain)의 표준적 특징이기는 하지만, 사전에 실제로 채권자집회가 개최되는 것은 아니라고 설명한다. 특정채무자에 대한 채권자 집단은 수시로 변화하고, 채무자조차 미래의 어떤 시점의 채권자를 예측할 수 없으므로 채권자들이 집단적 제도에 관하여 미리 협의할 수 없기 때문이다. 연방도산법은 절차가 개시되면 강제적 집단절차를 이용하도록 의무를 부과하여 이 문제를 해결하였지만, 정부가 시행하는 집단적 제도의 역할을 과장하여서는 안 된다. 절차가 존재한다고 하여 누구에게나 그 이용이 강제되지는 않기 때문이다. 채권자는 언제나 절차개시 신청을 할 수 있으므로 다른 집단적 절차에서도 도산절차에서 배당받는 최저액(청산가치)만큼은 지급받을 수 있다. 잭슨은 채권자 사이의 합의로 비공식의 집단적 절차를 이용하면 절차비용을 절약하는 장점이 있지만, 채권자의 숫자가 너무 많아 협의가 어려울 때에는 공식적 절차를 이용하라고 권장한다.[121)]

---

120) Thomas H. Jackson, "Bankruptcy, nonbankruptcy entitlements, and the creditors' bargain", *supra* note 108, at 860.

121) *Id.* at 866–867.

(2) 담보권자(secured creditor)를 포함한 모델

잭슨은 채권자협정 모델(creditors' bargain model)이 담보권을 다룰 때에도 유용하다고 주장한다. 그 이유는 담보권은 총채권자의 효율성을 높인다는 데 있다. 즉 담보권자는 담보권을 가져 만족(이율은 낮아지지만, 담보로 원금회수가 보장되므로)하고, 무담보채권자도 역시 만족(담보권자보다 투자위험도가 높지만, 그만큼 이율이 높아지므로)하며, 채무자도 만족(담보설정에 의하여 총부채 비용이 감소하므로)한다. 따라서 담보권 설정은 채무자와 채권자의 공동이익이 된다. 그런데 무담보채권자가 담보권자의 절차 참가에 동의한다고 가정하더라도 담보권자 스스로 집단적 절차에 구속되는 데 동의할지가 의문이다. 담보물로 채권 전액을 회수할 수 있는 채권자는 위에서 본 '전략적 비용의 감소'나 '총재산 가치의 증대'라는 집단적 제도의 장점과 아무런 관계가 없다. 게다가 재산의 유용성이나 채권 사이의 우선관계와 같은 '행정적 효율'은 사전에 처리가 끝났으므로 더욱 관계가 없다. 그러나 채무자의 총부채 비용을 최소화하여 채무자와 모든 채권자가 얻는 이익을 생각하면 담보권자도 집단적 채권회수제도에 동의할 필요성이 있다.

잭슨은 우선 무담보채권자에게는 집단적 절차를 선호할 이유가 있다고 설명한다. 만약 담보권자가 담보 목적물을 재단에서 제외하고 집단적 절차에 참가하지 않으면 '총재산 가치의 증대'는 달성될 수 없다. 따라서 무담보채권자는 대가를 지급해서라도 담보채권자를 집단적 절차에 참가시키려고 한다. 담보채권자는 집단적 절차의 '행정적 효율'에 관심이 없지만(왜냐하면, 담보채권자의 회수비용은 특약으로 채무자가 부담하는 것이 상례이므로), 사전에 그러한 비용을 배제하도록 조정하면 채무자와 채권자 전체에게 이익이 된다. 회수비용이 담보권자로부터 채무자에게 전가되면 담보채권액이 증가하여 그만큼 무담보채권자의 배당재원이 감소하므로 무담보채권자는 이러한 비용에 민감하다. 잭슨은 채권자협정 모델에 담보채권자를 편입하여도[122] 채무자와 채권자(담보채권자를 포함한다.)는 여전히 총회수비용이 최소화되는 제도를 선택하는데 회수비용의 최소화는 집단적 절차의 운영에 달렸다고 주장한다. 절차에서 담보권자와 무담보채권자가 함께 안분배당을 받는다면 담보권의 장점이 사라지므로 담보권자는 담보 목적물에서 우선변제를 받아야 하지만, 이는 강제적 · 집단적 제도의 취지에 어긋나지 않는다는 취지이다. 다시 말하면 무담보채권자는 담보권자가 집단적 절차에 참가하지 않는 것을 하나의 비용으로 보므로 담보권자를 집단적 절차에 편입하는 행위 자체가 무담보채권자의 공동 이익(따라서 채무자의 이익도 된다.)이 된다. 한편, 담보권자는 집단적 절차에 참가하여도 참가하기 전과 같은 만족이 보장된다면 절차 편입에 굳이 반대할 이유가 없다. 잭슨은 담보권자를 집단적 절차에 참가시키면 담보권자는 참가하기 전과 동등한 대우가 보장되고, 무담보채권자는 더욱 큰 만족을 얻게 되므로 전체로 보아 순이익이 발생한다고 설명한다.[123]

라. 재건절차 폐지론

청산절차에서는 기업재산을 개별적(piecemeal)으로, 집합물(in blocks)로 또는 일체(as a unit)로서 매각한다. 청산절차에서도 계속기업가치가 해체 · 청산가치보다 클 때에는 채무자 재산을 일체로 매각하는 계속기업적 청산(going-concern sale)이 이루어지므로 재건절차에서만 기업재산을 일체로 취급하는 것은 아니다. 따라서 청산과 재건의 본질적 차이는 청산에서는 재산이 제삼자에게 매각되지만, 재건에서는 채

---

122) Vanessa Finch, *supra* note 1, at 31은 우선권을 가진 담보권자가 무담보채권자와 함께 채권자협정을 체결하면 권한과 힘의 불균형이 협정내용에 반영될 가능성이 크다고 지적한다.

123) Thomas H. Jackson, "Bankruptcy, nonbankruptcy entitlements, and the creditors' bargain", supra note 108, at 868–871.

권자(또는 주주)에게 매각된다는 점이다. 해체 · 청산(piecemeal liquidation)이건 계속기업적 청산(going concern liquidation)이건 청산에서는 채무자 재산이 현실적으로 제삼자에게 매각되므로 시장을 통하여 재산가치가 평가되지만(market pricing mechanism), 재건에서는 관념적으로 채무자가 채권자에게 매각되므로 계속기업가치는 시장을 통하지 않고 이론적으로 판단된다. 청산절차에서는 환가대금을 채권의 상대적 우선순위에 따라 배당하지만, 재건절차에서는 계속기업가치를 평가하여 신회사(재건 후 회사)에 대한 권리를 채권자에게 배당하므로 가치평가가 재건절차의 핵심문제가 된다. 잭슨은 어떤 방법이 채무자의 재산가치를 최대화하느냐는 관점에서 해체 · 청산, 계속기업적 청산, 재건(reorganization) 가운데 하나를 선택하자고 제안한다.[124)]

잭슨은 이해관계인의 교섭과정에서 나타나는 재건절차의 문제점을 지적한다. 채권자는 회사가 채무초과가 아니라는 주주의 주장을 봉쇄하려고 부득이 주주에게 신회사 주식을 부여하기도 한다. 또 주주는 교섭과정을 지연시키는 경향이 있는데 채무초과 회사의 주주는 교섭이 지연되어도 잃을 것이 없고, 지연으로 말미암은 손해는 모두 채권자에게 돌아가기 때문이다. 그래서 주주는 교섭 지연을 무기로 하여 무담보채권자로부터 양보를 얻어내려고 한다.[125)]

또 잭슨은 계속기업가치를 시장을 통하여 평가하지 않고(market pricing mechanism) 법관이 평가하는 시스템의 문제점을 지적한다. 법관은 위험요소를 과소평가하고 성공확률을 과대평가하여 재건가능성을 낙관적으로 보기 때문에 평가액이 높아지는 경향이 있다.[126)] 그 결

124) Thomas H. Jackson, 「The Logic and Limits of Bankruptcy Law」, supra note 103, at 211–212.

125) *Id*. at 216.

126) 水元宏典, 前揭書, 77–78頁은 상위 권리자는 계속기업가치를 낮게 평가하여 채무자에 대한 지배권을 획득하려고 하고, 하위 권리자 특히 주주는 기업가치를 높게 평가하여 채무초과가 아니라는 이유로 신회사(재건 후 회사)에 참가하기를 바란다고 한다. 이처럼

과 법관이 재건계획의 수행가능성이 있다고 판단하였음에도 실제로는 계획인가를 받은 기업 중 상당수가 짧은 기간 안에 재도산하게 된다. 만약 시장 참가자가 투자대상의 가치를 잘못 평가하면 현실적으로 금전적 손실을 보지만, 법관은 그렇지 않기 때문에 평가기준이 관대해진다는 것이다.[127)]

잭슨은 재건절차는 계획안 교섭과 계속기업가치의 평가과정에서 채권자에게 거래비용을 발생하게 하므로 효율성이 없어 폐지하여야 한다고 주장한다.[128)] 그리고 대체안으로 도산회사를 계속기업으로 제삼자에게 일괄경매하여 환가대금을 일반 실체법상 우선순위에 따라 채권자에게 배당하자고 제안한다. 대체안에 따르면 시장에서 제삼자에게 현실적 매각이 이루어지고, 절대우선원칙에 따라 환가대금이 배당되므로 거래비용도 회피할 수 있다고 설명한다. 채권자에게 재산을 정당하게 분배하는 데 도움이 되지 않는 절차는 계속 유지할 이유가 없다는 취지이다.[129)]

재산평가를 둘러싸고 다툼이 생기면 법원이 계속기업가치를 평가할 수밖에 없다.

127) Thomas H. Jackson, 「The Logic and Limits of Bankruptcy Law」, *supra* note 103, at 220-221.

128) Donald R. Korobkin, "Rehabilitating Values: A Jurisprudence of Bankruptcy", 「91 Columbia Law Review」, Directors of the Columbia Law Revision Association, 1991, at 745는 동적 잠재력이 있는 기업을 청산하면 도산제도는 죽은 사람의 재산을 관리하는 절차가 된다고 비판한다. 사람이 죽으면 남은 재산을 수집하여 매각한 다음 그 대금을 배당하는데 재건을 허용하지 않는 도산법은 기업을 생명 없는 재산의 집합으로 파악한다는 것이다. 그러나 잭슨의 대체안은 계속기업을 매각하자는 내용이므로 기업의 동적 잠재력을 무시하지 않는다.

129) Thomas H. Jackson, 「The Logic and Limits of Bankruptcy Law」, *supra* note 103, at 223-224.

3 재분배론(redistributive theory)

재분배론은 잭슨의 채권자협정론을 비판하면서 도산법은 배분적 효율만 추구할 것이 아니라 기업의 경제적 파탄으로 발생한 다양한 사회문제에도 눈을 돌려 노동자 · 고객 · 하도급업자 나아가 사회 일반에 미치는 영향을 고려하고, 적극적 재분배(再分配)를 통하여 정의를 실현하여야 한다고 주장한다. 논자에 따라 주장하는 내용이 조금씩 다르지만, 이하에서는 재분배론을 대표하는 코롭킨(Donald R. Korobkin), 워런(Elizabeth Warren), 그로스(Karen Gross) 세 사람의 견해를 살펴본다. 잭슨이 도산법의 정당성을 채권자가 무지의 베일(veil of ignorance) 뒤에서 체결하는 가상적 합의에 두는 데 비하여, 코롭킨은 계약 채권자(contract creditors) 이외에도 기업도산의 영향을 받는 모든 이해관계인을 무지의 베일 뒤에 놓아 가상적 합의의 당사자를 크게 확장한다. 워런은 도산법의 역할은 일련의 복수가치(a series of multiple values)를 실현하는 데 있다고 주장하면서 현행법 규정에서 그 기준을 찾아내는 귀납적(歸納的) 방법론을 취하고, 그로스는 절차에서 변제 우선권을 가진 채권자는 공동체(community)를 위하여 도산기업의 가치를 어느 정도 양보하여야 한다고 주장한다.

가. 확장계약론(a broad-based contractarian approach)

(1) 이해관계의 충돌

코롭킨은 먼저 기업 그 자체만이 도산의 유일한 이해관계인은 아니고, 경영진과 종업원도 직접적 영향을 받으며 기업이 속한 공동체는 더 큰 영향을 받는다고 지적한다. 또 영업계속 가능성에 대한 신뢰를 잃은 채권자와 주주는 기업에 대한 요구(demands)를 강화하고, 기업의 목표 설정과 의사결정과정에 더 큰 영향력을 발휘하려고 한다. 코롭킨은 기업이 도산하면 일련의 복잡한 가치가 서로 연관되어 영향을 받는데 그 가운데 금전으로 평가할 수 있는 것은 일부에 불과하다고 설명한다. 경영진 · 종업원 · 주주 · 채권자 · 일반대중(the public)에 이르는 이해관계인은 제각기 요구(경제적이든 비경제적이든)의 승인을 구하고, 상황이 악화할수록 더욱 기업을 압박한다. 이해관계인의 이익은 서로 충돌하는데 예컨대 채권회수가 완전히 확보된 담보권자는 기업을 즉시 청산하여 담보가치를 실현하기를 바라고, 담보가치가 불충분한 담보권자나 무담보채권자는 회수액을 높이려고 사업을 계속하기를 바라며, 주주는 비록 재건가능성이 거의 없을지라도 더욱 사업계속을 바란다. 그렇지만, 도산으로 말미암은 이해관계는 경제적 이익에만 국한하지 않고,[130)] 도덕적 · 정치적 · 사회적 · 개인적 가치에서 비롯한 경우도 흔하다. 이익충돌(利益衝突)은 이해관계인 사이에서도 일어나지만, 각자가 여러 가치 가운데 어느 하나를 선택할 때에도 일어난다. 예컨대 경영진과 종업원은 일자리 보전 또는 동료와 회사에 대한 신의(信義) 가운데 하나를 선택하여야 하고, 기업이 개인적 · 도덕적 · 정치적 이유로 특정채권자를 우대할 때도 있다. 한편, 채권자는 기업에 대한 신의 또는 채권의 즉시 회수 가운데 어느 하나를 선택하여야 한다.[131)] 코롭킨은 기업의 토대를 무너뜨리는 것은 단순한 자금의 위기가 아니라 이해관계인이 겪어야 하는 가치의 위기라고 주장한다.

(2) 조정원리

코롭킨은 재산가치최대화라는 규범적 원칙을 정당화하려고 계약론

---

130) Donald R. Korobkin, "Rehabilitating Values: A Jurisprudence of Bankruptcy", *supra* note 128, at 764.

131) *Id*. at 765.

모델을 사용하는 잭슨의 채권자협정론은 처음부터 실패하게 되어 있지만, 도산법의 기본원리를 탐구할 때 계약론 모델을 포기하는 것은 아직 이르다고 지적한다. 왜냐하면, 계약론 자체에 문제가 있는 것이 아니라 잭슨이 이를 사용한 방법이 틀렸기 때문이라고 하면서 코롭킨은 도산법의 기본원리를 올바로 이해하면 계약론 모델을 이용하여 도산법의 규범적(規範的) 기초를 설득력 있게 구성할 수 있다고 주장한다. 이것이 채권자협정론의 대안(代案)인 도산절차 선택모델(bankruptcy choice model)로서 코롭킨은 롤즈(John Rawls)의 가상적(假想的) 선택상황을 원용[132)]한다.[133)]

먼저 코롭킨은 선택회의(assembly)에서 이해관계의 조정원리가 결정된다고 한다. 선택회의는 계약 채권자를 비롯하여 종업원 · 경영자 · 주주 · 불법행위 채권자 · 공동체 구성원 등 재정적 곤경의 영향을 받는 모든 사회구성원을 평등하게 대표하는 자로 구성된다. 코롭킨은 대표자가 자신의 법률적 지위나 특정기업 내에서의 위치 · 기업의 목표 · 개인적 특징을 알지 못하고[134)] 무지의 베일(a strict veil of ignorance)[135)]

---

132) 水元宏典, 前揭書, 90-91頁은 롤즈의 정의론(A Theory of Justice, 1971)이 전개하는 가상적 선택상황을 소개한다. 롤즈는 가상적 선택상황을 원초상태(original position)라고 부르는데 원초상태는 다음 세 가지의 가정을 전제로 한다. 이는 ① 당사자는 인간사회에 대한 일반적 지식만 가지고, 자신의 계급적 지위와 사회적 자격, 자신의 재능 · 체력 등 자연적 자산과 능력, 자신의 인생설계 등 개별적 정보는 알지 못하는 무지의 베일(veil of ignorance) 뒤에서 정의원리에 합의하고 ② 당사자는 합리적이고, 다른 사람의 이익에 무관심하며, 자신의 이익을 최대화하려고 하지만, 질투 · 원망 등에 의하여 움직이지는 않으며 ③ 모든 인간은 도덕적 인격으로서 평등하므로 정의원리를 합의하는 절차에서도 완전히 평등한 권리와 거부권을 가진다는 가정이다. 롤즈에 의하면 당사자는 원초상태에서 두 가지 정의원리를 선택하는데 제1원리는 평등한 자유원리이고, 제2원리는 격차원리(가장 불리한 상황에 있는 사람의 이익을 최대화하는 원리)와 공정한 기회균등원리이다.

133) Donald R. Korobkin, "Contractarianism and the Normative Foundations of Bankruptcy Law", 「71 Texas Law Review」, University of Texas at Austin, 1993, at 544.

134) Mary Josephine Newborn, "The New Rawlsian Theory of Bankruptcy Ethics", 「16 Cardozo Law Review」, Yeshiva University, 1994, at 132는 무지의 베일 때문에 자신의 인생계획에서 철저히 차단된 사람이 역사적 배경을 가진 도산법의 세계에서 과연 유용한 원리를 선택할 수 있을지 의문을 제기한다.

뒤에서 조정원리를 선택하는 것으로 가정한다.[136] 대표자는 이러한 가설적 상황에서 전원일치로 다음 두 가지 원리를 채택한다고 한다.[137]

제1원리는 포섭의 원리(principle of inclusion)로서 도산의 영향을 받는 사람은 누구나 그 요구를 실행할 일차적 자격(threshold eligibility)이 있다는 내용이다.[138] 채권자냐 아니냐에 관계없이 도산의 영향을 받는 사람에게는 목표를 추구할 기회가 부여되어야 한다. 이해관계인은 도산절차에서 채권자의 이해관계만을 반영하는 원리(principle of creditor eligibility)를 배척하고, 관계자 모두의 이해관계를 반영할 수 있는 원리를 선택한다. 코롭킨은 포섭의 원리는 이해관계인의 요구를 승인 또는 부인하는 기준을 제시하는 것이 아니라 단순히 채권자가 아니라는 이유만으로 이들을 절차에서 배제할 수 없다는 의미라고 강조한다.[139] 포섭의 원리를 구체화한 사례로는 기업재건절차에서 채권자 · 주주 · 경영진 · 종업원 · 공동체 구성원 등 사업계속에 이해관계를 가진 모든 사람을 포용하는 점을 든다.[140]

코롭킨은 제1원리에 의하면 경영진 · 종업원 · 공동체 구성원 등은 비록 채권자는 아니지만, 절차에서 정당한 배려를 받고 바라는 목표를 달성하여야 하는데 잭슨의 채권자협정론은 이들을 채권자보다 후순위

135) Vanessa Finch, supra note 1, at 34는 무지의 베일로는 공평과 정의와 같은 중요한 분배논점을 설명할 수 없으므로 분배문제는 무지의 베일이 아니라 인간성이라는 관점에서 접근하여야 한다고 지적한다.

136) Donald R. Korobkin, "Contractarianism and the Normative Foundations of Bankruptcy Law", *supra* note 133, at 571.

137) Vanessa Finch, *supra* note 1, at 35는 대표자가 전원일치로 두 가지 원리를 채택한다고 볼 수는 없다고 한다. 코롭킨의 원리가 채택되면 손해를 보는 이해관계인도 있기 때문이다.

138) Mary Josephine Newborn, *supra* note 134, at 124는 포섭의 원리는 법률적 판단의 범위와 효과를 더욱 포괄적으로 확장하는 작용을 하지만, 그 내용이 막연하다는 약점이 있다고 비판한다. 즉 구체적 사안에서 어떤 이해관계인의 이익을 어느 정도 고려하여야 할지가 불분명하다는 것이다.

139) Donald R. Korobkin, "Contractarianism and the Normative Foundations of Bankruptcy Law", *supra* note 133, at 574–575.

140) *Id*. at 591.

로라도 보호하기는커녕 그 요구를 반영할 기회를 완전히 봉쇄해버렸다고 비판한다.[141)]

제2원리는 합리적 계획의 원리(principle of rational planning)로서 이해관계를 조정할 때에는 ① 가능한 한 많은 목표를 효과적으로 달성하고 ② 모든 목표를 달성할 수 없을 때에는 가장 중요한 목표를 달성하여야 한다는 내용이다. 여기에서 가장 중요한 목표라 함은 도산으로 가장 큰 타격을 받은 사람을 우선하여 보호하는[142)] 것을 의미한다.[143)] 코롭킨은 재건가능성이 전혀 없는 기업에 대하여 재건절차를 개시하면 주주와 종업원을 보호하지 못하고 배당재원만 감소시켜 채권자의 만족을 어렵게 하지만, 합리적 계획의 원리에 따르면 기업재건절차에서 재건이냐 청산이냐의 합리적 선택(rational choice)을 도출할 수 있다고 주장한다.[144)]

채권자협정론은 도산절차에서 실체적 권리를 변경하는 것은 부당하다고 주장하나, 코롭킨은 제2원리에 따라 재정적 곤경으로 더 큰 타격을 받은 사람을 배려하려면 권리변경이 필요하다고 강조한다.[145)]

나. 복수가치론(multiple values approach)

(1) 도산손실의 분담

잭슨은 도산법과 개별집행법의 재산분배기준이 같아야 한다고 주장하나, 워런은 도산법에는 손실분담(損失分擔)이라는 관념이 존재하므로

---

141) *Id.* at 572-573. 코롭킨은 채권자협정론의 기본입장을 다음과 같이 요약한다. 'The problems brought by business failures are not bankruptcy problems.'

142) Vanessa Finch, *supra* note 1, at 35는 확장계약론으로는 이해관계인이 무지의 베일 뒤에서 도산으로 가장 큰 타격을 받은 사람을 선택하여 가상적 합의에 이르는 과정을 설명할 수 없다고 비판한다.

143) Donald R. Korobkin, "Contractarianism and the Normative Foundations of Bankruptcy Law", *supra* note 133, at 581.

144) *Id.* at 595-596.

145) *Id.* at 588.

도산법과 개별집행법이 같은 기준을 적용할 수는 없다고 반박한다.

첫째, 개별집행법은 하나의 불이행(only one default) 즉 한 사람의 채권자가 이행을 요구하는 상황을 대상으로 하지만, 다른 채권자가 변제받지 못할 가능성은 고려하지 않는다. 따라서 채권자 사이의 손실분담을 고려할 필요가 없고, 채무자와 채권자의 일대일 관계를 조정하면 충분하다.[146] 이에 대하여 연방도산법은 광범위한 불이행(default on every obligation the debtor owes) 즉 모든 채권자에게 이행 가능성이 소멸한 상황을 대상으로 한다. 도산절차는 개별집행절차와 달리 부족한 배당재원을 적절히 분배하고, 남은 채무는 면책하는 것을 목적으로 하므로 채권자 사이의 손실분담이 문제 된다.[147] 이처럼 도산법은 '채권자 대 채권자'의 손실분담을 조정하여야 하므로 '채권자 대 채무자'의 관계만 조정하는 개별집행법의 재산분배기준을 적용할 수는 없다는 것이다.[148]

둘째, 연방도산법은 채권자로 하여금 도산에 따른 손실을 적절히 분담하게 하려고 개별집행법과 다른 재산분배기준을 채택하였다고 한다. 예컨대 연방도산법은 노동자 · 조세채권자 · 어업종사자 또는 농업종사자의 채권에 우선권을 부여하는데 이 기준은 개별집행법에는 존재하지 않는다. 또 불법행위로 말미암아 장래에 손해가 발생할 것으로 예상할 때 개별집행법에서는 손해발생을 기다려 구제를 구하지만, 도산법은 장래의 손해배상채권을 인정한다. 워런은 연방도산법이 도산기업에 재건기회를 부여함으로써 채무자 재산에 대하여 실체적 권리를 가지지는 않지만, 기업 존속에 이익을 갖는 자, 예컨대, 고령의 노동자 · 고객 · 거래처 · 하도급업자 · 지역의 부동산소유자 · 지방자치단체에 재화를

146) Elizabeth Warren, "Bankruptcy Policy", 「54 University of Chicago Law Review」, University of Chicago, 1987, at 782.

147) Vanessa Finch, *supra* note 1, at 32는 개별집행법은 계약관계가 지속되는 것을 전제로 분배기준을 정하였지만, 도산법은 도산이라는 별개의 상황에서 손실분배를 목적으로 한다고 워런의 견해에 동조한다.

148) Elizabeth Warren, *supra* note 146, at 785.

재분배하는 점을 지적한다. 개별집행법은 채권자에만 관심을 두나, 연방도산법이 채권자 이외의 이해관계인 보호에도 큰 관심을 기울인 것은 입법자료를 통하여 명백히 알 수 있다고 한다. 워런은 연방의회의 도산법 입법과정에서 일반투자자 보호 · 일자리 확보 · 사업의 구제 · 공동체 보호 · 분쟁 당사자의 이해를 넘어선 공공의 이익을 주제로 활발하게 정책토론이 전개된 사실을 언급한다.[149]

(2) 귀납적 재산분배기준(distributional priority)

워런은 연방도산법에서 재산분배기준을 귀납적(歸納的)으로 추출하고, 도산절차는 도산에 따른 손실을 배분하는 제도라고 정의한다. 손실은 채무자의 지급불능(支給不能)으로 발생하고, 손실분담은 채권자가 도산에 대처하는 속도(트럭을 가지고 창고에 도착하는 순서), 대처하는 능력(제품을 가져가는 양), 채무자의 선호도(채무자가 부도사실을 가장 먼저 알리는 상대방)에 따라 달라진다. 워런은 절차 밖에서의 손실분담이 개별집행법에 따라 결정되는지 아니면 채권자의 능력이나 채무자의 선호도와 같은 요소로 결정되는지는 확실하지 않다고 한다. 중요한 것은 어떤 방법으로든 도산손실이 분담되어야 한다는 점인데 도산절차는 위험에 처한 이해관계인 사이에 손실을 분배하는 장치에 불과하다고 강조한다.[150]

워런이 제시하는 기준에 따르면, 연방도산법은 ① 도산으로 발생하는 손실을 감내(堪耐)하는 능력을 배려한다. 채권자 가운데는 도산으로 발생하는 손실을 감당하는 것이 특별히 어려운 사람도 있다. 예컨대 도산기업의 종업원은 고용주를 마음대로 선택할 수 없으므로 일자리를 잃으면 당장 생계에 위협을 받는다.[151] 따라서 도산법은 이러한 채권

149) *Id*. at 786-788.
150) *Id*. at 790.
151) David Gray Carlson, *supra* note 119, at 1353은 실직 위험에 처한 노동자는 사

자를 배려하여 일정한 범위의 임금채권과 퇴직금채권에 우선권을 부여한다.

② 도산 전의 거래를 장려한다. 부인권(否認權)은 도산 직전의 위기시기에 채권자가 변제받은 재산을 재단에 반환시키는 기능을 발휘한다. 만약 위기시기의 변제를 보호하면 채권회수 경쟁이 격화하여 도산을 면할 수 있는 기업까지 도산하게 할 위험이 있는 까닭이다. 그러나 부인권은 채무자의 형편을 곧바로 악화시키지 않는 거래에는 적용되지 않는다. 워런은 동시교환적(同時交換的) 거래나 통상의 거래과정에서 이루어진 변제는 기업이 영업을 계속하게 도와 오히려 기업도산을 방지한다고 설명한다.

③ 동등한 채권자는 동등하게 취급한다. 만약 채무자가 절차개시 전에 미이행 쌍무계약(未履行雙務契約)을 해제하였다면 상대방의 손해배상 청구권은 도산절차에서 무담보채권으로 취급된다. 그렇다면, 절차개시 후에도 채무자는 상대방에게 무담보의 손해배상 청구권을 부여하는 조건으로 미이행 쌍무계약을 해제할 수 있어야 한다. 그렇지 않으면 계약 상대방이 채무자에게 이행 불가능한 의무를 강제하여 그 우선순위가 격상되고 무담보채권보다 많은 변제를 받게 되어 불합리한 결과가 발생한다. 워런은 동등한 채권자를 동등하게 취급하는 전형적 사례는 무담보채권자를 하나의 조로 분류하여 안분배당하는 것이라고 한다.

④ 기업 소유자(주주)에게 도산에 따른 손실을 부담시킨다. 이는 기업법의 공리(公理)로서 주주는 사업이 성공할 때 가장 많은 이익을 누리는 이상 실패한 때에도 손실을 부담하여야 한다는 내용이다. 워런은 채권자가 전액 변제를 받거나 또는 동의한 때에만 주주가 재건절차에서 분배에 참가할 수 있다는 점을 지적한다. 또 기업을 소유자로서 지배하는

채권이나 금융기관의 담보권보다 자신의 임금채권이 우선한다고 주장하면서 채권자 평등의 원칙에 동의하지 않는다고 한다.

지위에 있으면서 명목상으로만 채권자인 자의 채권은 배당에서 후순위로 취급한다.

⑤ 도산기업에 재건기회를 부여한다. 도산법은 형평의 원칙에 맞을 때에는(the balance of the equities clearly favors rejection of such agreement) 단체협약(團體協約)을 거절할 수 있게 허용한다. 워런은 이를 연방의회가 노동자의 약한 입장을 배려하면서도 기업재건을 위하여 일정한 손실을 분담시킨 것으로 이해한다. 또 도산해제조항(ipso facto clause)을 무효로 하는 이유도 기업에 재건기회를 주려는 취지라고 설명한다.[152)]

다. 공동체론(communitarian vision)

(1) 공동체 이익의 반영

그로스(Karen Gross)는 법경제학에 기한 도산이론은 공동체의 이익을 고려하지 않는다고 비판하면서 공동체 주의(communitarianism)에 대하여 오해하기 쉬운 세 가지 측면을 먼저 해명한다. 첫째, 이는 공동체의 이익을 위하여 채권자나 주주의 이익을 도외시하라는 취지가 아니고, 공동체의 이익이 다른 이익보다 우월하다는 의미도 아니다. 둘째, 공동체를 배려하는 행위가 경제적 효율을 떨어뜨리지는 않는다. 공동체의 이익을 반영하는 것은 현재의 경제적 관점보다 광범위한 모델을 지향하는 행위이고, 다른 경제적 모델을 모두 배척하는 취지는 아니다. 셋째, 공동체를 배려한다고 해서 존속가치가 없는 기업까지 시간과 금전을 낭비하면서 존속시키자는 뜻은 아니다. 공동체의 이익과 채무자의 이익이 언제나 일치하는 것은 아니고, 기업을 재건하느냐 청산하느냐는 공동체를 고려하여 결정하여야 하지만, 그것(공동체 이익)만을

152) Elizabeth Warren, *supra* note 146, at 790–792.

기준으로 결정하자는 주장은 아니라고 설명한다.[153)]

이어서 그로스는 공동체의 이익을 고려하여야 할 두 가지 사례를 든다.

① 소규모 개인농업의 경우이다.[154)] 개인 소유의 소규모 농업을 중심으로 하는 공동체와 회사 소유의 대규모 농업을 중심으로 하는 공동체를 비교할 때 에너지와 생산의 단기적 효율은 후자가 우수하지만, 공동체 생활의 질, 예컨대, 가로 · 보도 · 공원 · 학교 · 종교적 관계 · 정치적 관계에서는 전자가 우수하다. 또 개인 소유 소규모 농업이 홍수로 경제적 곤경에 처한 때 농가가 재건되느냐 아니면 복합기업에 매각되느냐에 따라 공동체가 영향을 받는 점을 지적한다. 이때 법원이 재건을 무조건 허용하면 에너지와 생산 효율이 떨어져 은행과 상거래채권자를 해할 수 있다. 그러나 경제학에 기한 결정을 한다고 해서 반드시 농장을 매각하여야 하는 것은 아니고, 어떤 기준을 적용하느냐에 따라 결론이 달라진다. 단기적 효율(은행에 대한 신속한 현금지급)이 목표이라면 농장을 매각하여야 하고, 장기적 공동체 생활의 질(community quality)이 목표라면 농부가 농장을 계속 보유하여야 한다. 전통적 경제학 모델로는 수치로 공동체 생활의 질을 측량할 수 없지만, 그렇다고 해서 그것이 불필요하거나 무가치한 것은 아니다.[155)] 채무자 농장의 올바른 처리방법을 선택하는 작업은 어떤 접근방식이 이익을 최대화하느냐를 결정

153) Karen Gross, "Taking Community Interests into Account in Bankruptcy: an Essay", 「72 Washington University Law Quarterly」, Washington University, 1994, at 1032-1033.

154) 그로스는 인류학 교수인 Walter Goldschmidt가 캘리포니아에 있는 두 종류의 공동체를 평가한 결과를 인용한다.

155) Hon. Barry S. Schermer, "Response to Professor Gross: Taking the Interests of the Community into Account in Bankruptcy-A Modern Day Tale of Belling the Cat", 「72 Washington University Law Quarterly」, Washington University, 1994, at 1050은 비록 공동체의 이익이 가치가 있다고 하더라도 도산법원이 이를 정의하고 적용 · 배려함은 적절하지 않다고 비판한다.

하는 일보다 훨씬 복잡하다. 그로스는 만약 농가가 재건되느냐 청산되느냐에 따라 공동체 생활의 질에 차이가 생긴다면 채권자 배당의 최대화라는 기준만으로 농장의 처리방침을 결정할 수는 없다고 주장한다.[156)]

② 다른 하나는 개발회사의 경우이다. 개발회사는 지방도시[157)]로부터 1986년 착공 예정인 해안지역 재개발사업을 수주하였으나 몇 년이 지나도록 사업에 착수하지 못하자 일정시점까지 신규투자를 유치하지 못하면 계약 당사자로서의 지위를 잃는다는 화해계약을 체결하였다. 그 후 이 회사가 도산하여 1992년 재건절차가 개시되었는데 채무자 회사는 위 화해계약이 사업에서 발생할 이익을 박탈하여 재단의 가치를 감소시킨다는 이유로 도산법원에 화해계약 거절의 승인을 구하였다. 그 사이에 위 지방도시는 치명적 손해를 입었다. 즉 재개발사업이 착공되지 않아 신규회사가 설립되지 않고 기존회사도 폐쇄하거나 다른 곳으로 이전하였으며, 역사적 보존가치가 있는 건물을 상실하였다. 또 조세수입도 감소하였으나 감소한 수입으로 다시 낡은 재개발예정지를 보수하여야 하는 악순환이 되풀이되었다. 그 도시의 상공회의소 회장의 말대로 시민은 지나치게 장기간 너무 큰 피해를 보았다. 이러한 상황에서 재개발사업권을 계속 유지하려는 채무자의 이익과 신속히 채무자와의 관계를 끊어 도시를 살리려는 공동체의 요구는 서로 충돌한다. 그로스는 법원이 계약거절의 승인 여부를 결정할 때에는 채무자(=총채권자)의 이익과 공동체[158)]의 이익을 비교하여야 하고, 이 사안에서 채무자의 이익이 명백히 우선한다고는 볼 수 없다고 주장한다.[159)]

---

156) Karen Gross, *supra* note 153, at 1033-1034.

157) 지방도시의 이름은 미국 뉴저지주에 있는 Asbury Park 시이다.

158) Hon. Barry S. Schermer, *supra* note 155, at 1051은 그로스가 공동체의 범위를 적절히 제한할 기준도 마련하지 않고 판도라의 상자를 열어버렸다고 지적한다.

159) Karen Gross, *supra* note 153, at 1034-1035.

(2) 채권자협정론의 전제 비판

법경제학 이론은 인간을 자율적 · 이성적 결정을 내리는 존재로 파악하지만, 공동체 주의(communitarianism)는 인간은 서로 연결되어 존재하므로 개인적 자유가 제한되더라도 공동체의 선을 위하여 행동할 의무가 있다고 본다. 그로스는 두 가지 이론 모두 외부에서 내부로 작동하는 우선원리가 존재한다고 파악하고, 그 원리가 인간생활의 광범위한 영역에 적용된다고 설명한다.[160)]

그로스는 채권자협정론[161)]의 전제를 다음 세 가지로 정리한다. ① 인간은 이기적이므로 공동체의 이해관계에 무관심하다. ② 인간의 취향과 선택은 변하지 않고 외부적 원인으로 생기므로 사전에(ex ante) 의사결정이 가능하다. ③ 개인적 효용을 서로 비교하는 것은 불가능하고, 가치는 오로지 금전으로만 표시할 수 있다.[162)]

위 세 가지 전제를 그로스는 다음과 같이 비판한다. ① 인간은 본질적으로 이기적이지는 않고, 이타적일 때도 있다. 세계를 권리 중심으로 파악하는 관점은 인간이 사회 속에서 살아간다는 사실을 무시하고, 권리에는 책임이 따른다는 사실도 무시한다.[163)] 법경제학과는 달리 공동체 주의는 사회를 계약으로 파악하는 모델을 거부하고, 그 대신 인간이 형제 · 자매의 보호자로 행동하는 모델을 제시한다. 환경보호론자가 자연을 보호하려는 것처럼 공동체 주의는 복지를 보호하고 증진하고자

---

160) *Id.* at 1037은 Madison Square Garden에서 프로농구 경기를 관람할 때 경기장 위쪽의 먼 곳에서 보면 외부에서 내부를 보게 되지만, 가장 앞자리에서 관람하면 내부에서 외부를 볼 수 있다는 비유를 든다.

161) 그로스는 비단 채권자협정론만 아니라 법경제학이나 신고전주의 경제학(neoclassical economic theory) 일반을 비판하지만, 여기에서는 채권자협정론에 초점을 맞추어 살펴본다.

162) *Id.* at 1038-1039.

163) 水元宏典, 前揭書, 104頁은 채권자협정론이 전제로 하는 인간은 자기 이익의 최대화에만 관심이 있고 공동체를 단순히 자기 이익을 실현하는 수단으로 파악하는 데 문제점이 있다고 지적한다.

한다.[164] 인간은 서로 의존하고 겹치는 수많은 공동체(가정 · 이웃 · 사회 · 종교조직 · 인종 · 직장 등)의 구성원이므로 공동체 밖에서는 살 수 없고, 개인적 자유도 오래 누리지 못한다. 또 공동체는 구성원의 배려 · 에너지 · 자원을 공유하여야 유지될 수 있다. 그로스는 정책논쟁에서 공동체적 관점과 인간성의 사회적 측면, 어떤 결정이 가져오는 파급 효과와 장기적 결과가 무시되는 경향이 있었다고 지적한다.[165]

② 인간의 취향과 선택은 변하기 마련이고, 긴급한 사정이 생기거나 시간이 흐르면 최초의 의사결정을 다시 검토할 필요도 생긴다. 예기치 않은 사정은 언제나 발생하므로 대응방법을 미리 결정하여 놓을 수는 없다. 앞으로 변화될 사실 관계 · 환경 · 감정을 예측하는 것은 불가능하기 때문이다. 게다가 변화된 상황에서 나타내는 반응은 사람에 따라 다르다. 따라서 다양성을 인정하지 않는 규칙은 현실사회의 상황에 적절히 반응할 수 없다.[166] 이처럼 사전(ex ante) 의사결정에 근거한 법이론은 근본적 문제가 있는데다가 인간이 행동하는 방식을 추측한 다음 다시 그 추측에 인간을 묶어버리므로 제대로 기능하지 못한다. 그로스는 다양하고 복잡한 인간의 의사결정 과정을 단순화하여 사전 의사결정을 가정하는 채권자협정론은 문제가 있다고 비판한다.[167]

③ 그로스는 현재의 경제학 모델로 개인적 효용을 계량화(計量化)하는 작업이 쉽지는 않지만, 가능하다고 주장한다. 불가능하다고 미리 포기하지 말고 꾸준히 노력하면 비정형적 개념도 계량화할 수 있다는 것이다. 또 공동체의 이익을 경제학 지표로 측정할 수는 없지만, 그렇다고 해서 사회적으로 그러한 가치가 무시되어도 상관없는 것은 아니다.

164) Karen Gross, *supra* note 153, at 1040.

165) *Id*. at 1043.

166) Vanessa Finch, *supra* note 1, at 37은 절차에서 공동체의 잠재적 이익은 매우 다양하므로 그 가운데 법적 보호가 필요한 이익을 선택하는 일이 논란의 대상이 된다고 한다.

167) Karen Gross, *supra* note 153, at 1043-1044.

금전으로 환산할 수 없다고 해서 가치가 없는 것은 아니므로 도산절차에서는 경제적 가치와 비경제적 가치를 동시에 고려하여야 한다.[168] 그로스는 공동체의 이익을 절차에 반영할 수 없을 때도 있지만, 계량화할 수 없다는 이유로 공동체의 이익을 도외시하여서는 안 된다고 강조한다.[169]

그로스는 채권자협정론의 세 가지 전제를 위와 같이 반박하면서 그 논리적 귀결인 채권자협정론 자체를 배척한다.

168) Hon. Barry S. Schermer, *supra* note 155, at 1052는 절차에서 법관이 공동체 이익을 고려하려면 무엇이 공동체를 위하여 최선인지를 결정하여야 하므로 결과적으로 광범위한 정책결정을 하게 되어 헌법상의 삼권분립 원칙에 어긋난다고 지적한다.

169) Karen Gross, *supra* note 153, at 1045-1046.

4 이념의 정립

가. 재분배론의 결함

채권자협정론은 시장원리(市場原理)에 따라 도산절차가 운영되어야 한다고 주장하는 데 반하여 재분배론은 노동자 · 고객 · 하도급업자 · 공동체도 기업도산으로 피해를 보게 되므로 채권자로부터 이들 비채권자에게 가치를 재분배하는 일도 도산법의 역할이라고 하면서 이를 위하여 도산법은 일반 실체법을 변경할 수 있다고 반박한다.

프랑스에서는 법원이 도산기업의 운명을 결정할 궁극적 권한을 가진다.[170] 프랑스는 고용확보라는 공동체의 목표 달성을 위하여 기업재건을 우선하고, 재건이냐 청산이냐를 결정할 때 채권자 의사를 반영하지 않는 것은 물론 채권자에게 재건계획안에 대한 결의권조차 인정하지 않으며, 절차개시 후에는 채권액이 고정되는(절차가 개시되면 이자를 지급하지 않는다.) 점에서[171] 그 이념이 재분배론에 속한다.

그러나 재분배론에는 몇 가지 문제점이 있다. ① 법정쇼핑(forum shopping) 비용을 발생하게 한다. 어떤 분쟁해결제도 안의 권리내용이 제도 바깥의 것과 다를 때에는 법정쇼핑이 일어난다. 예컨대 도산절차가 경영진(지배주주)에게 유리하다면 절차 밖에서 비교적 간단하게 문제를 해결할 수 있을 때에도 경영진은 절차 안에서 이를 해결하려고 하므로 그 과정에서 채무자 재산을 낭비할 위험이 있다. 또 절차에서 담보권의 내용이 일부 제한된다면 무담보채권자는 도산절차를 개시하려고 하고, 담보권자는 절차개시를 막으려고 하면서 양자의 전략적 행동이 맞부딪쳐 분쟁이 일어날 소지도 있다. 특정채권자가 도산절차에서 우

170) Marie-Danielle Schödermeier and Françoise Pérochon, supra note 61, at 257.
171) *Id*. at 263-264.

대를 받지 않으면 법정쇼핑이 일어나지 않지만, 도산법에 특유한 재분배 규정 때문에 일반 실체법의 권리순위가 변경되어 우대받는 채권자가 발생한다면 법정쇼핑이 일어날 수밖에 없다.[172]

개별집행과 도산절차라는 복수의 절차가 존재하면 추가적 절차(도산절차)는 특별한 비용을 발생시키기 마련인데 도산절차의 재산분배기준이 개별집행절차와 다르면 절차 이용자가 늘어나 비용지출도 많아진다. 두 가지 절차의 목적과 내용이 똑같을 수는 없지만, 불필요한 차이를 두어 이해관계인의 법정쇼핑을 조장하면 안 된다.[173]

② 사법절차(司法節次)의 한계를 고려하지 않는다. 기업도산으로 발생한 비용을 배분하는 작업은 여러 개의 중심(polycentric)[174]을 가진 거미집처럼 수많은 논점을 고려하여 처리하여야 할 문제이다. 법원이 도산절차에서 관계자의 이익을 광범위하게 고려하면 할수록 그 영향은 채권자 · 채무자를 넘어 경제 전반으로까지 미친다. 따라서 가치를 정확하게 재분배하려면 경제 전반에 미치는 파급 효과를 예측할 수 있어야 하는데 법원은 그러한 역할을 맡기에 적합한 조직이 아니다. 사법절차는 미래에 일어날 일이 아니라 과거에 이미 일어난 행위나 법률관계를 판단하는 절차이고, 법원의 임무는 사법절차를 진행하는 데 있으며, 도산절차도 넓은 의미의 사법절차에 속하기 때문이다.[175]

---

172) Barry E. Adler, "Bankruptcy and Risk Allocation", 「77 Cornell Law Review」, Cornell University, 1992, at 471-473.

173) Douglas G. Baird, "Loss Distribution, Forum Shopping, and Bankruptcy: A Reply to Warren", 「54 University of Chicago Law Review」, University of Chicago, 1987, at 827-828.

174) 이는 마치 거미집의 한쪽을 잡아당기면 그로 말미암아 발생한 긴장이 많은 교차점을 통하여 분산되는 데 비유할 수 있다. 상세한 내용은 Lon L. Fuller, "The Forms and Limits of Adjudication", 「92 Harvard Law Review」, Harvard Law Review Association, 1978 참조.

175) Christopfer W. Frost, "Bankruptcy Redistributive Policies and the Limits of the Judicial Process", 「74 North Carolina Law Review」, North Carolina Law Review Association, 1995, at 123-124.

만약 법원이 가치를 재분배하면 그 대상자가 지나치게 넓어질 수 있고, 확립된 기준이 존재하지 아니하므로 사건마다 개별적(case-by-case)으로 분배기준을 결정할 위험도 있다.[176] 즉 공동체를 구체적으로 정의(定義)하는 일은 불가능하고, 공동체의 이익도 무한하며 경계선이 없어 지역사회의 종업원으로부터 먼 곳에 있는 공급자에 이르기까지 거의 모든 사람이 지역기업의 도산으로 손실을 보았다고 주장할 수 있다. 그리고 기업과 관련된 이익의 종류가 너무 다양하여 법원이 보호할 가치 있는 이익을 가려내고, 선별된 이익을 비교하는 방법도 문제가 된다. 예컨대 고용의 유지라는 공동체 이익과 잠재적 환경파괴라는 위험이 동시에 존재할 때 서로 충돌하는 이익 사이에서 균형을 잡는 일은 매우 어렵다.[177] 이처럼 재분배 기준을 올바로 결정한다는 보장도 없는 가운데 법원이 도산절차에서 사회정책을 실현하면 법률적 판단이 아닌 정치적 결정에 관여하게 되므로 사법절차의 헌법적 한계를 넘어서고, 사법부와 입법부 사이의 권력분립에도 위반한다.

③ 자금조달을 위축시켜 기업도산을 부추긴다. 기업재산에 대한 실체적 권리를 갖지 않는 자(채권자가 아닌 자)에게 절차에서 기업가치를 재분배하면 기업에 자금을 융자하려는 사람이 융자 이후에 기업이 도산하면 채권을 전액 회수하지 못하게 될 것을 우려하여 거래를 포기하므로 자금을 조달할 길이 막혀 기업도산이 증가한다. 채권자가 그러한 위험을 감수하고 자금을 융자할 때에도 이자율과 상환조건이 더욱 엄격해지는 것은 불가피하므로 원활한 기업운영에 차질을 가져온다.

또 개별집행절차보다 도산절차에서 채권자의 권리가 감축된다면 기업의 재정상황이 악화하면 채권자는 경영여건이 개선될 때까지 기다리

176) Thomas H. Jackson and Robert E. Scott, "On the Nature of Bankruptcy: an Essay on Bankruptcy Sharing and the Creditors' Bargain", 「75 Virginia Law Review」, Virginia Law Review Association, 1989, at 201-202.

177) Hon. Barry S. Schermer, *supra* note 155, at 1051.

지 않고 담보권 실행이나 채권회수를 서두른다. 따라서 채권회수가 한꺼번에 집중되어 일시적 자금난을 겪는 기업이 불필요하게 도산할 위험이 있다. 이는 기업도산의 영향을 받는 공동체를 보호하기 위하여 막상 기업 그 자체의 보호는 등한해짐을 의미한다.

④ 일반 실체법의 담당분야를 도산법의 영역으로 오인한다. 종업원의 임금채권에 우선권을 부여하고, 고객 · 하도급업자 · 공동체를 기업활동 종료에 따른 불이익으로부터 보호한다는 명제는 언제 어디에서나 타당하다. 그러나 기업도산이 모두 법적 절차로 처리되는 것은 아니고 사적정리를 통하여 처리되는 경우도 많으며, 도산절차와 아무런 상관없이 기업활동이 종료되는 사례도 많으므로 이는 도산법이 아닌 일반실체법으로 규율하여야 한다. 예컨대 정상적인 기업도 얼마든지 활동을 종료하고 자금을 다른 곳에 투자할 수 있는데 이때에도 종업원이나 고객 · 하도급업자 · 공동체는 도산절차에서 기업이 활동을 종료한 경우와 마찬가지로 영향을 받기 때문이다.[178] 따라서 도산법만으로는 기업활동 종료로 어려움을 겪는 이해관계인을 충분히 보호할 수 없으므로 일반 실체법으로 보호방안을 마련하여 곤경에 대처하도록 도울 필요가 있다.[179]

⑤ 정당한 보상 없이 채권자에게 손실분담을 강요한다. 재분배론은 도산법의 재산분배기준이 개별집행법과 달라져야 할 이유를 도산에 따른 손실분담에 두는데 문제는 기업도산으로 영향을 받는 비채권자의 손실을 채권자가 분담하여야 할 근거가 무엇이냐는 점이다. 독일 신도산법 제정과정에서는 도산법위원회가 최초에 채권자의 실체법상 권리에 큰 제한을 가하는 내용의 개정안을 제안하였으나, 시장적합성(Marktkonformität) 원리에 따라 거부된 전례가 있다. 절차의 원활한 진

178) Douglas G. Baird, *supra* note 173, at 829.
179) *Id*. at 833.

행을 위하여 채권자의 권리행사를 제한할 수는 있지만, 그러한 경우에도 제한은 필요한 최소한에 그쳐야 하고, 나아가 권리내용 자체에 변경을 가하는 것은 시장거래에서 경제적 예견을 곤란하게 하므로 원칙적으로 허용되지 않는다. 예외적으로 불가피하게 권리내용을 제한할 때에도 그에 대하여 적절한 보상을 하여야 하고, 도산절차가 개시되었다는 이유만으로 국가가 채권자에게 희생을 강요할 수는 없다.[180] 담보채권이든 무담보채권이든 채권은 재산권에 속하므로 공공필요에 의하여 제한할 때에는 정당한 보상을 하여야 하기 때문이다.

나. 세계 도산법의 흐름과 재산가치최대화론

재산가치최대화론의 영향을 크게 받은 독일 신도산법은 시장적합적(Marktkonformität) 도산이론을 채택하여 채권자 보호에 가장 철저하다. 그 특징은 절차를 일원화하였고, 재건을 청산보다 우선하지 않으며, 담보권자를 비롯한 모든 권리자를 절차에 참가시키고, 일반 실체법상 권리를 그대로 인정하며, 도산절차에 특유한 우선권을 폐지하였고, 담보권자가 절차지연으로 손해를 보지 않게 보호하였으며, 절대우선의 원칙을 채택하고 청산가치를 보장한 데 있다.[181] 그 가운데 핵심은 채권자에게 도산처리절차 선택권을 부여한 신도산법 제157조인데 동조는 제1회 채권자집회에서 채무자의 영업을 정지하느냐 아니면 잠정적으로 계속하느냐를 결의하고, 관재인에게 미리 도산계획안의 목적을 설정하여 계획안 작성을 위탁할 수 있으며, 나중에 결의내용을 변경하는 것도 얼마든지 가능하다고 규정한다.

미국 연방도산법은 채권자에 대한 질서 있는 변제와 채무자의 경제

180) 木川裕一郎, 前揭書, 62-64頁. 실무상 배당률이 100%인 경우는 없으므로 채권자는 절차개시로 말미암아 이미 손해를 입고 있는데 채권변제에도 부족한 배당재원을 채권자가 아닌 사람들에게까지 재분배하여 줄 이유가 없다.

181) Manfred Balz, *supra* note 88, at 172-174.

적 재건이라는 두 가지 목적을 가진다. 연방도산법은 DIP 제도를 채택하여 채무자로 하여금 재건절차를 주도하게 허용하면서도 채권자위원회에 실질적 견제권한을 부여하고, 자동중지로 채권자의 편파적 추심행위(preferential collection)를 금지하여 채무자가 재건방안을 모색할 시간적 여유를 보장하되 담보권자의 이익보호를 명확히 하였다.[182] 또 절대우선의 원칙(absolute priority rule)과 청산가치의 보장 원칙(best interest rule)을 채택하여 채권자의 이익을 보호한다. 연방도산법은 시장경제 원리(=재산가치최대화론)에 충실하면서도 채무자의 기업재건 노력을 적극적으로 지원한다.

일본은 종래의 호송선단(護送船團) 방식의 경제정책을 포기하고 활력있는 자유경제사회를 형성하려는 목적으로 도산법제를 손질하였다. 즉 경쟁에 패배한 경제주체는 시장에서 조속히 퇴출하고, 재건가능성 있는 기업은 구조조정을 거쳐 재건하는 데 도산법의 개정목표를 두었다.[183] 구체적으로는 포괄적 금지명령 · 담보권 소멸청구 · 채권자위원회를 신설하고, 채권자의 문서열람권을 정비하였으며, 조세채권 · 노동채권의 우선순위를 조정하고, 민사재생절차에서 DIP 제도를 도입하였다. 일본의 도산법제 또한 전반적으로 시장경제 원리에 충실한 것으로 평가된다.

영국의 도산제도는 당사자 자치형이라는 점이 특징이다. 기업은 대부분 법원의 관여 없이 청산되고, 법원이 관여할 때에도 그 기간은 필요한 최소한으로 그쳐 절차가 신속하게 진행된다.[184] 영국에서는 다양한 도산처리절차가 제각기 다른 목적으로 만들어져 시행되므로 그 가운데에서 통일적 원리를 도출하기는 쉽지 않다.[185] 그렇지만, 2002년

---

182) 加藤哲夫, 前掲「企業倒産處理法制における基本的諸相」, 148頁.
183) 山本和彦, 前掲書, 13頁.
184) Robert Stevens, *supra* note 43, at 201.
185) Vanessa Finch, *supra* note 1, at 573.

기업법을 개정하면서 무담보채권자를 위한 배당재원 확보 · 국왕의 우선권 폐지 · 부동담보권자의 권한 축소 등을 시행한 점을 보면[186] 시장경제 원리를 충실히 따르면서도 사회적 약자인 무담보채권자를 보호하여 절차에서 담보권자의 독주(獨走)를 막고 채권자 사이의 균형을 유지하는 것으로 평가된다.

우리 헌법은 개인과 기업의 경제상 자유와 창의를 존중하는 시장경제질서를 채택하고, 국민의 재산권을 보장하므로 재산가치최대화론은 우리나라에도 타당한 도산이념이다. 그러나 회생파산법의 절차는 시장경제 원리를 구현하여 채권자의 재산가치를 최대화하는 데에는 다소 부적합하다고 평가되므로[187] 앞으로 해석론과 입법론을 통하여 이를 보완해 나가야 한다.

재산가치최대화의 목적은 도산절차를 진행하는 과정에서 채권자의 손실이 더 확대되지 않게 막는 데 있다. 손실확대를 막는 방법은 일반실체법의 권리내용과 우선순위를 존중하고, 추가비용의 발생을 최대한 억제하여 질서 있는 분배를 시행하는 것이다. 도산절차에서 일반법을 기준선(baseline)으로 삼는 이유는 실체적 권리의 내용이 일반법에 따라 정해지기 때문이고, 도산의 절차적 권리도 일반법의 절차적 권리를 배경으로 할 때 비로소 명확해지기 때문이다. 예컨대 관재인의 권리를 전제로 하지 않아도 담보권자의 권리는 얼마든지 설명할 수 있지만, 담보권자의 권리를 언급하지 않고서는 관재인이 절차에서 담보권과 관련하여 행사하는 권한을 설명할 방법이 없다.[188]

---

186) 이상영, 전게「외국파산법」, 185면.

187) 오수근,「도산법개혁」, 두솔, 2007, 147면은 독일 신도산법 제정의 담당참사관이었던 Manfred Balz가 회생파산법 시안에 대하여 다섯 가지를 지적하였다고 소개한다. 그 내용은 ① 절차가 일원화되지 않은 점 ② 주주와의 관계에서 담보권자 보호가 미흡한 점 ③ 주주의 채권에 대한 규율이 불충분한 점 ④ 담보권자의 권리가 공익채권에 의하여 훼손되는 점 ⑤ 법원의 재량이 지나치게 큰 점이다. 요컨대 회생파산법은 시장경제 원리에 충실하지 못하다는 지적이다.

188) Douglas G. Baird, *supra* note 173, at 827.

5 현대 도산법의 새 과제 - 무담보채권자의 보호

위에서 살펴본 재산가치최대화론과 재분배론 사이의 논쟁은 도산법의 목적이 채권자가 배당받을 재산가치를 최대화하는 데 있느냐 아니면 채권자는 아니지만, 기업의 경제적 파탄으로 손해를 입은 자까지도 보호하여야 하느냐에 관한 세계관의 차이에서 비롯된다. 이 논쟁과는 차원을 달리하지만, 절차에서 담보채권자가 모든 가치를 독점하도록 내버려두어서는 안 되고 무담보채권자도 어느 정도 보호하여야 한다는 논의가 있다. 이는 절차가 개시되더라도 담보권자가 자신의 채권액을 먼저 회수해가면 배당재원이 고갈(枯渴)되어 무담보채권자는 사실상 배당을 받기 어려워지기 때문이다. 즉 담보 우선성을 제한 없이 인정하여야 하느냐 아니면 합리적인 범위에서 우선성을 제한하느냐는 문제이다.

가. 담보 우선성에 대한 일반론

(1) 이론적 근거

담보권자는 채무자의 재산상에 변제 우선권을 가지므로 담보권의 목적재산은 그 가액범위에서 담보권자에게 속하고 무담보채권자에 대한 배당재원에 포함되지 않는다. 담보권자가 절차의 안분배당(pari passu) 원칙을 벗어나 무담보채권자보다 우선배당을 받을 수 있는 이론적 근거로는 일반적으로 협의론 · 가치론 · 공시론이라는 세 가지 이유를 든다.[189)]

① 담보권 설정은 채권자와 채무자 사이에 자유로운 협의에 따라(freely bargained) 이루어지므로 담보권자가 우선권을 행사하여도 공평

189) 원문으로는 'the three principles of bargain, value, and notice'이다.

의 원리를 침해하지 않는다. (협의론) 채무자가 특정채권자를 위하여 담보권을 설정하면 그만큼 절차의 잠재적 배당재원(expected value in bankruptcy)이 감소하므로 다른 채권자들(무담보채권자)에게는 위험도(riskiness)가 증가한다. 따라서 다른 채권자들은 이에 상응하여 이자율을 올리거나 다른 담보 또는 채권확보방안을 마련하게 된다. 이처럼 자발적(voluntary) 채권자들은 계약자유의 원칙에 따라 적정한 이자율이나 지급조건을 채무자와 얼마든지 협의 · 조정할 수 있으므로 담보권자와 무담보채권자 사이의 공평성이 확보된다는 논리이다.[190)]

② 담보권자는 새로운 가치를 채무자에게 공여(供與)하는 대가로 담보를 취득하고, 자신이 공여한 가치를 초과하여 우선권을 행사하지는 않으므로 무담보채권자의 권리를 침해하지 않는다. (가치론)

③ 사전에 이해관계인에게 담보설정 행위가 공시된다. (공시론)

(2) 논리적 모순

무담보채권자의 보호 필요성을 강조하는 쪽에서는 위 이론적 근거에는 다음과 같은 논리적 모순이 있다고 비판한다.

① 협의론(the principle of bargain)의 세 가지 모순을 지적한다.

첫째, 상거래에서는 당사자의 협상여건(negotiating position)이 각기 다르고 크게 불균형하다는 점이다. 소액 상거래채권자는 담보권자처럼 채무자에 대한 상세한 정보를 입수할 방법이 없고, 거래의 위험도를 정확히 평가할만한 자력이나 전문지식 · 여유도 없으며, 그에 따라 거래조건을 재조정해 달라고 요구할 형편도 되지 않는다. 만약 모든 채권자의 협상력이 같다면(equal bargaining power) 담보권도 여러 유형의 채권자들에게(across all types of creditor) 분산되겠지만, 실제로는 상거래

190) Thomas H. Jackson and Anthony T. Kronman, "Secured Financing and Priorities among Creditors", 「88 Yale Law Journal」, Yale Law Journal Company, 1979, at 1147-1148.

채권자가 아닌 금융기관에 담보가 집중된다.[191] 금융기관은 장기간에 걸쳐 여신거래(與信去來)를 반복적으로 행하면서 담보권을 광범위하게 이용하는데다가 전문가의 도움을 받아 담보설정과 유지 비용도 많이 낮출 수 있기 때문이다.

둘째, 채권자 중에는 비자발적 채권자(involuntary creditor)가 많다는 점이다. 비자발적 채권자는 자신의 선택에 따라 채권자가 되지 않았으므로 다른 채권자의 담보취득을 고려하여 그에 상응하게 스스로 이자율이나 지급조건을 조정할 수 없다.[192] 따라서 특정채권자와 채무자 사이에 담보를 설정하면 비자발적 채권자에게 돌아가야 할 몫까지 담보권자에게 귀속시키는 결과가 된다.

셋째, 이해관계인 모두가 협상 과정(bargaining process)에 참여하지 않은 상태로 특정채권자와 채무자 사이에만 담보를 설정하면 다른 채권자에게 비용을 발생시킨다는 점이다. 즉 계약자유는 직접적으로 외부적 영향(direct externality)을 가져오지 않는 당사자 사이의 조정에만 적용되는 원칙이고, 만약 그 계약이 제삼자의 권리를 침해한다면 허용되지 않는다. 담보설정으로 말미암아 절차에서 특정채권자의 배당받을 몫은 늘어나는 반면 일반채권자(무담보채권자)의 몫이 그만큼 줄어든다면 도산법은 채무자가 그러한 행위를 하지 못하게 막아야 한다.[193]

---

191) John Hudson, "The Case against Secured Lending", 「15 International Review of Law & Economics」, Elsevier Science Inc., 1995, at 55.

192) Lynn M. Lopucki, "The Unsecured Creditor's Bargain", 「80 Virginia Law Review」, Virginia Law Review Association, 1994, at 1896-1897은 도산기업의 비자발적 채권자로 다음 8가지를 든다. ① 제조물 책임을 묻는 자 ② 기업 불법행위의 피해자(victims of business torts) ③ 불공정 거래행위의 피해자 · 지적소유권을 침해당한 자 ④ 환경정화를 담당하는 환경청 ⑤ 과세관서 ⑥ 채무자의 사기 피해자 ⑦ 국민연금공단 등 정부기관 ⑧ 전기 · 수도 · 가스 등 공익사업자가 그것이다. 로퍼키는 비자발적 채권자를 마지못한 채권자(reluctant creditor)로 표현하기도 한다. 이는 채권관계가 자발적으로 성립하느냐 아니냐를 기준으로 하는 점에서 채권 내용의 조정 가부를 기준으로 하는 조정불능(non-adjusting) 채권과는 관점이 다르지만, 양자는 유사한 개념이다.

193) Lucian A. Bebchuk and Jesse M. Fried, "The Uneasy Case for the Priority of Secured Claims in Bankruptcy", 「105 Yale Law Journal」, Yale Law Journal

② 가치론(the principle of value)도 타당하지 않다고 비판한다.

담보설정 이후에 취득한 재산에도 담보권의 효력이 미친다고 약정하면(after-acquired property clause) 담보권자는 새로운 가치(fresh value)를 투입하지 않아도 채무자가 신규로 재산을 취득할 때마다 담보물이 점점 불어난다. 담보권자는 채무불이행의 위험이 감소하는 예기치 않았던 이익(windfall benefit)을 얻지만, 신규취득 재산은 무담보채권자의 잠재적 배당재원에는 포함되지 않는다. 특히 부동담보(floating charge)는 채무자가 장래에 취득할 모든 재산을 목적물로 삼는다는 점에서 무담보채권자의 보호에 크게 역행한다.[194]

③ 공시론(the principle of notice)도 담보 우선성을 정당화하는 근거가 될 수 없다고 지적한다.

담보설정 사실이 공시되어도 비자발적 채권자의 보호에는 도움이 되지 않고, 자발적 채권자라고 하더라도 '담보설정'이라는 변화된 여건에 따라 이자율이나 지급조건을 재조정할 수 없는 채권자에게는 아무런 역할을 하지 못한다. 또 부동담보권이 금융기관의 당좌대월(overdraft) 채무를 담보할 때에는 채권액이 매일 변동하므로 등기내용을 확인하여도 담보채권액이 얼마인지 알 수 없다. 대차대조표도 채무자의 현재 상태와는 몇 개월 시차가 있는 경우가 일반적이고, 특히 채무자가 계열기업의 당좌대월 채무까지 담보하는 때에는 담보채권액을 확인하기 더욱 어렵다.[195]

Company, 1996, at 933.

194) Vanessa Finch, *supra* note 1, at 455.

195) *Id*. at 455–456.

나. 우선성 제한방법에 관한 학설과 입법례

(1) 미국의 완전우선 원칙과 부분우선 원칙

미국의 도산절차에서는 담보권자의 우선 변제권(priority right)이 최대한 인정되어 담보권자는 상거래채권자 · 불법행위채권자 · 조세채권자에 우선하고 일정한 예외를 제외하면 절차비용에도 우선한다. 담보우선권의 목적은 채무자가 담보를 제공하여 언제든지 신용을 얻을 수 있는 여건을 마련하여 그 자금으로 새로운 가치를 창조하게 하려는 데 있다. 특히 1980년대 이후에는 도산절차는 만약 채권자들이 미리 교섭할 기회가 있었다면 도달하였을 합의를 실현하여야 하고, 일반 실체법과 다른 기준으로 독자적 분배를 실현하면 안 된다는 잭슨의 채권자협정론(creditors' bargain)이 힘을 얻어 우선권 이론이 더욱 강화되었다.

그러나 이러한 완전우선 원칙(full priority rule)의 문제점을 지적하는 견해도 있는데 여기에서는 벱척 · 워런 · 로퍼키의 이론을 간단히 소개한다.

먼저 벱척(Lucian A. Bebchuk)은 완전우선 원칙이 채권자의 의사에 반하여 일정한 채권을 후순위로 자리매김하므로 도산법의 기본원칙에 어긋난다고 지적한다. 즉 담보권자에게 현행법과 같이 완전한 우선권을 부여하면 불법행위채권자나 채무자의 재산상태를 충분히 알지 못하는 소규모 상거래채권자(소액채권자)[196]에게 귀속되어야 할 가치를 담보권자에게 이전하므로 거래의 효율성을 떨어뜨리고, 채무자와 채권자 사이의 계약 조항을 왜곡하여 비용(efficiency costs)을 발생시킨다. 미국 연방도산법 제11장 재건절차는 담보권자의 부담으로 무담보채권자를 만족하게 하는 경향이 있고, 조사에 의하면 재건절차 중 30%는 담보권

196) 불법행위채권자와 소액채권자는 채무자 재산에 대한 다른 채권자의 담보 설정을 고려하여 자신의 채권 내용을 조정할 수 없으므로 조정불능(non-adjusting)채권자라고 할 수 있다.

자에게 완전우선을 보장하지 못하므로 미국 절차는 사실상 부분우선 원칙(partial-priority rule)에 따라 운영된다. 그렇지만, 이렇게 완전우선 원칙이 임시방편으로 침식되어 결과적으로 부분우선이 되는 현상은 바람직하지 않고, 처음부터 부분우선 원칙을 명확히 확립하여야만 채무자와 담보권자의 거래에 기준 역할을 감당할 수 있다.[197] 부분우선 원칙은 조정적 우선 원칙(adjustable priority rule)과 고정부분 제외 우선 원칙(fixed-fraction priority rule)의 두 가지로 구성되는데 ① 조정적 우선 원칙은 조정불능채권에 대한 담보권의 우선성을 부인하여 완전우선 원칙의 문제점을 근본적으로 해결하고,[198] ② 고정부분 제외 우선 원칙은 담보권의 75%에는 완전우선권을 부여하고 나머지 25%는 무담보채권으로 취급하여 그 부분(25%)의 담보가치는 무담보채권자에 대한 배당재원으로 사용하자는 주장이다.[199]

이와 관련하여 워런(Elizabeth Warren) 교수는 담보채권의 20%를 판결채권자[200]에 대한 변제에 충당하자고 제안하였다. (이른바 carve-out 제안) 그러나 워런의 제안은 벱척의 부분우선 원칙과는 다른 내용으로 ① 전자는 동산 담보에만 적용되지만, 후자는 부동산 담보에까지 적용되고 ② 전자는 담보 목적재산의 일부를 무담보채권자를 위하여 분할하므로(carve-out) 담보권자가 초과담보를 취득하는 방법으로 손실을 회피할 수 있으나, 후자는 담보채권 자체를 감축하여 그 일부를 무담보채권으로 취급하므로 손실을 회피할 방법이 없으며 ③ 전자는 절차의 내외를 불문하고 적용되지만, 후자는 도산절차에서만 적용된다.[201]

또 로퍼키(Lynn M. Lopucki) 교수는 완전우선 원칙을 수정하여야 하

197) Lucian A. Bebchuk and Jesse M. Fried, supra note 193, at 871-872.
198) *Id*. at 905.
199) *Id*. at 909.
200) 이행판결을 받아 재판상 리엔(judicial lien)을 취득한 채권자를 말한다.
201) Lucian A. Bebchuk and Jesse M. Fried, *supra* note 193, at 1347.

는 이유로 ① 채무자 재산의 전부 또는 실질적 전부가 담보로 제공되면 일반채권자는 판결을 받아도 재산에 집행할 수 없으나, 채무자는 사업을 계속하면서 추가로 채무를 부담할 수 있고(이는 책임제도에 나쁜 영향을 미친다.) ② 조정불능채권자는 채무자와 교섭할 기회도 없이 담보권자보다 후순위로 취급되며 ③ 실질적으로 모든 재산에 담보가 설정되면 절차비용에 충당할 재원도 부족하여 절차 진행에 장애가 되는 점을 든다. 로퍼키는 비자발적 채권과 절차비용에는 담보권보다 우선권을 부여하자고 제안한다.[202] 채무자와 담보권자 사이에 담보약정이 존재한다는 이유만으로 비자발적 채권자에게 돌아갈 몫을 담보권자가 가져가는 것은 정당하지 않으므로 비자발적 채권자(involuntary creditor)는 자발적 채권자(담보권자와 무담보채권자를 불문하고)보다 변제 우선권을 가져야 한다는 주장이다.[203]

그러나 조정불능채권자에게 우선권을 부여하면 담보권을 취득하려는 융자예정자가 배당에서 후순위로 취급될 것을 우려하여 융자를 주저하므로 기업자금을 조달하는 길이 막혀 오히려 기업도산을 부추길 위험이 있다. 조정불능채권을 변제할 수 없는 때를 대비하여 회사에 책임보험 가입의무를 부과하면 담보권자의 우선권을 침해하지 않고도 조정불능채권자를 보호할 수 있다. 소규모 기업이나 사업 위험도가 높은 기업은 보험가입이 어렵다는 비판이 있기는 하지만, 법 체계를 무너뜨리지 않으면서 실행할 수 있는 현실성 있는 대안이다.[204]

또 은행권 등 담보권자 측에서도 부분우선의 원칙을 강력하게 비판한다. 그 요지는 ① 강제적으로 부분우선을 적용하는 것은 계약자유원칙에 반하고 ② 완전우선의 원칙으로 말미암은 대가가 그다지 크지 않으며 ③ 완전우선의 대가보다는 부분우선의 비용이 더욱 크고(특히 채무

202) 田頭章一, 前揭「企業倒産處理法の理論的課題」, 91頁.
203) Lynn M. Lopucki, *supra* note 192, at 1963.
204) Vanessa Finch, *supra* note 1, at 96-97.

자가 금융을 얻는 길이 막히는 점) ④ 부분우선의 원칙은 완전우선을 내용으로 하는 임의정리(arrangement)나 절차개시 전의 목적물 환취로 당사자가 쉽게 회피할 수 있다는 것이다.[205)]

(2) 영국 기업법의 고정부분(fixed-fraction) 제외

'2002년 기업법의 특징'에서 전술한 바와 같이 영국에서는 부동담보 목적재산의 일정비율을 무담보채권자를 위한 배당재원으로 사용한다. 이는 1982년 코크보고서(Cork Report)가 배분적 정의와 공평을 고려하여 부동담보(floating charge) 목적재산의 10%를 무담보채권자의 배당재원(10 per cent fund)으로 할 것을 제안하였고,[206)] 2001년에 통산성(Department of Trade and Industry)도 비슷한 제안을 함에 따라 2002년 기업법이 부동담보가 설정된 때에는 회사 순재산의 일정비율을 무담보채권자의 배당재원으로 사용하도록 규정하였기 때문이다.[207)]

코크보고서는 우선채권이 안분비례의 원칙을 침해하고 무담보채권자의 배당을 감소시키므로 우선채권의 이유를 재검토하여 조세채권 대부분을 일반채권으로 하고, 노동채권의 대위청구권도 일반채권과 같은 순위로 할 것을 권고하였다. 특히 절차종료 후 아무런 배당도 받지 못하는 무담보채권자의 어려운 처지를 심각하게 보고 부동담보 목적재산의 10%를 무담보채권의 배당재원으로 하자고 제안하였다. 그리고 부동담보권이 우선채권보다 우선하면 안 된다고 권고하였는데 1986년 도산법(Insolvency Act 1986) 제251조가 이 권고를 수용하여 부동담보권은 우선채권보다 후순위가 되었다.[208)]

---

205) 田頭章一, 前揭「企業倒産處理法の理論的課題」, 92頁.

206) 코크보고서는 10% 배당재원 · 우선권 철폐 · 소유권유보 제한 · 보전관리인 임명 후 12개월간 고정담보권 실행금지를 한 묶음으로(in the context of a package) 제안하였다.

207) 청산인, 관리인 또는 보전관리인(receiver)은 회사의 순재산 중 일정부분을 무담보채권자에게 배당하여야 하고, 그 부분은 부동담보권자에게 분배할 수 없다는 내용이다. (2002년 기업법 제252조에 따라 추가된 영국 도산법 제176 A조가 규정한다.) 高田賢治, 前揭 "Priority", 151-152頁은 영국 도산법 제176 A조의 내용을 소개한다.

2001년 영국 통산성(Department of Trade and Industry)도 절차에서 국왕의 우선권(the Crown's right to be paid as a preferential creditor)을 폐지할 것을 권고하면서 부동담보 대상재산의 일정비율을 무담보채권자를 위한 배당재원으로 사용하자고 코크보고서의 제안을 다시 확인하였다. 그러나 영국 통산성은 코크보고서와는 달리 노동채권은 대위청구권까지 포함하여 우선권을 유지하자고 주장하였다.

이에 따라 2002년 기업법은 도산회사에 부동담보가 설정된 때에는 일정비율[209]을 무담보채권자의 배당재원으로 사용하도록 획기적인 규정을 신설하고, 우선순위 규정도 개정하여 국왕의 우선권을 폐지하였다.[210]

고정부분 제외원칙(fixed-fraction rule)은 담보권이 무담보로 취급되는 비율만큼 조정불능채권자와 무담보채권자로부터 담보권자에게 가치가 부당하게 이전되는 모순을 해결한다. 즉 조정불능채권자만 배당재원을 독점하는 것이 아니고, 일반 · 무담보채권자도 혜택을 받는다. 고정부분 제외원칙을 채택하면 채권자는 담보권을 취득할 때 담보가치가 채권액의 일정비율로 제한된다는 사실을 명확히 알 수 있다. 그렇지만, 무담보채권자에게 분배되는 비율이 적당하면 그에 따라 이자율을 조정할 수 있으므로 담보거래를 위축시키지는 않는다. 담보거래에 미치는 부정적 효과가 무담보채권자가 누리는 긍정적 이득보다 작으면 고정부분 제외원칙은 그 정당성을 가진다.

한편, 위 재원(fund)은 도산기업 이사의 책임을 추궁하고, 재단을 유지하는 용도로도 사용될 수 있다. 즉 도산실무가(insolvency practitioner)

---

208) 前揭論文, 148頁.

209) 현재 시행되는 비율은 순재산의 첫 10,000파운드까지는 50%, 10,000파운드를 초과하는 부분은 그 금액의 20%를 합산하되 총액이 600,000파운드를 초과할 수 없게 되어 있다.

210) 예외적으로 일정한 범위의 퇴직금 · 임금채권 · 석탄 철광산업의 특별공과금에 대해서만 우선권을 유지하였다.

가 채무자로 하여금 재산을 감추지 못하게 막고, 특정채권자가 재산이 재단에 편입되기 전에 몰래 가져가지 못하게 하는(hot pursuit) 자금(fighting fund)으로 사용된다. 도산실무가로부터 추적당할 가능성이 있으면 기업 경영진은 무분별한 행동을 자제하므로 그 결과 총채권자의 배당재원이 증가하여 무담보채권자도 실질적 배당을 받을 가능성이 커진다. 또 재산이 비효율적으로 이전될 위험성이 감소하고 절차의 효율성도 제고된다.[211]

(3) 독일의 절차분담금 구상

1985년 독일 도산법위원회는 담보권에서 고정부분을 제외하여 완전우선의 원칙을 수정하자고 제안하면서 무점유동산담보권은 담보된 금액의 75%만 담보권자에게 지급할 것을 권고하였지만,[212] 독일 신도산법은 이를 채택하지 않았다.

관재인이 담보 목적물을 환가하고 담보권자가 환가금으로부터 채권만족을 얻기까지는 여러 가지 비용이 발생한다. 우선 관재인이 담보권을 확정할 때 권리관계 조사와 목적물 검사를 위한 비용이 지출되고, 담보권 확정을 위하여 직무를 수행할 때 관재인 보수가 발생하며, 환취권과 별제권의 목적물을 유지하는 비용도 지출된다. 또 환가과정에서 제삼자 또는 담보권자가 목적물을 인수할 때에도 비용이 발생한다. 이러한 비용은 담보권자가 우선 변제받는 과정에서 발생하고, 이익도 오

---

211) Vanessa Finch, *supra* note 1, at 94-95.

212) 절차분담금의 비율을 놓고 위원회 안에서 논쟁이 있었다. 분담금으로 담보물 관리 · 환가비용을 충당하는 외에 무담보채권자의 배당재원으로 상당한 금액을 사용하여야 하기 때문이다. 다수의견은 분담금에서 환가관련 세금을 납부하면 이익금이 감소하여 실질적 비율이 25%를 밑돌게 되므로 25%도 충분하지 않다고 보았다. 이에 대하여 소수의견은 15%가 합목적적이고, 25%는 담보권의 현저한 가치저하를 가져온다고 주장하였다. 특히 중소기업은 지급능력이 불충분하여 분담금 제도가 시행되면 융자 조건이 불리해지므로 대기업과의 경쟁에서 뒤처진다는 것이다. 이러한 대립 가운데 중간치인 20%가 타협안으로 제시되기도 하였다.

로지 담보권자에게만 귀속되는데 이를 재단이 부담하면 공평하지 않다. 비용부담 문제는 독일 도산법 개정논의가 시작될 때부터 쟁점이 되었는데 특히 헨켈(Henkel)은 절차비용과 재단채권이 무담보채권자의 부담으로 귀착되어서는 안 된다고 주장하면서 헨켈모델(Henkel model)로 불리는 절차비용 분담방식을 제안하였다. 이는 재단 재산을 모두 환가한 다음 담보물 환가로 발생한 순익의 비율에 따라 담보권자가 절차비용을 분담하는 내용이다. 그러나 헨켈모델은 절차비용과 재단 환가금이 확정되어야 분담금을 산출할 수 있어 담보권자가 담보설정 당시 회수예상액을 산정할 수 없다는 단점이 있다.[213)]

위원회가 절차분담금 제도를 통하여 이루고자 한 목적은 두 가지이다. ① 무점유동산담보권을 확정 · 처리하는 데 발생하는 비용을 재단 즉 무담보채권자가 부담하는 것은 타당하지 않다. 따라서 담보권자로 하여금 절차분담금을 지불하게 하여 그 비용을 충당한다. ② 절차분담금은 무점유동산담보권 그중에서도 특히 종래 독일 판례로 인정된 양도담보 · 채권양도담보 · 소유권유보의 변제 우선권을 대폭 제한한다. 그 결과 재단을 풍부하게 하여 무담보채권자에 대한 배당을 증가시킨다.[214)]

도산법위원회의 절차분담금 제안은 담보권의 효율을 떨어뜨리고 바람직하지 않은 영향을 미친다는 비판도 있다. 분담금 제도는 무담보채권자의 지위를 종전보다 향상시키므로 모든 재산에 담보권을 설정한 다음에도 채무자가 무담보신용을 추가로 얻을 수 있게 부추긴다는 것이다. 또 헌법적 관점에서 사적 재산권인 담보권에 개입하는 행위는 공공복리를 위하여 필요한 경우에만 허용되는데 무담보채권자의 지위향상은 이에 해당하지 않는다는 비판도 있다.[215)]

---

213) 木川裕一郎, 前揭書, 153-154頁.
214) 三上威彦, 前揭書, 47-48頁.

다. 검토

(1) 무담보채권자의 보호 방안

담보 우선성의 이론적 근거로 제시되는 협의론 · 가치론 · 공시론이라는 세 가지 이유는 위에서 살펴본 바와 같은 논리적 모순이 있고, 담보 우선권에는 자력과 정보가 부족한 자로부터 이를 갖춘 자에게 부(富)를 이전하는 역기능(逆機能)이 내포된 점도 사실이다. 그래서 담보권 제도를 폐지하면 모든 채권자가 절차에서 균등한 분배를 받을 것 같지만, 실제로는 힘 있는 채권자(예컨대 주거래은행)가 편법을 고안하여 사실상의 우선권을 행사할 가능성이 크다. 가령 채무자가 고정자산을 은행에 매각한 다음 이를 다시 리스하여(lease-back) 사용하다가 리스기간이 종료하면 매우 저렴한 가격에 매수하기로 약정하면 은행은 손쉽게 우선권을 확보한다. 시장경제 체제하에서 국가가 계약의 구체적 내용을 규제할 수는 없으므로 경제적 필요로 생겨나는 임시방편을 일일이 막기 어렵다. 그렇다면, 담보권을 폐지하더라도 균등분배라는 효과를 얻을 수 없으므로 차라리 담보제도의 요건을 법으로 정하고 언제든지 이용할 수 있게 하는 편이(ready-made 'off the shelf' rule) 거래비용을 줄인다.[216)]

부분 우선의 원칙은 조정적 우선 원칙(adjustable priority rule)과 고정부분 제외 우선 원칙(fixed-fraction priority rule)을 포함한다. 그런데 조정적 우선 원칙에 따라 조정불능채권자에게 우선권을 부여하면 담보우선권을 근본적으로 침해하여 기업의 자금 조달에 장애를 일으키므로 전술한 대로 조정불능채권자는 책임보험으로 보호하는 방안이 바람직하다.

고정부분 제외 우선원칙은 그 적용범위와 비율이 중요하다. 먼저 적

215) 前揭書, 52-53頁.

216) Vanessa Finch, supra note 1, at 93.

용범위를 보면 영국에서는 부동담보 목적재산이 적용대상이고, 독일에서는 무점유동산담보권을 중심으로 절차분담금이 논의되었는데 미국에서는 대체로 담보권 전체를 대상으로 논의되고 있다. 나라마다 담보권 제도가 조금씩 다르기 때문이지만, 고정부분을 제외하여 무담보채권자에 대한 배당재원으로 삼을 때 동산과 부동산을 특별히 구분할 이유는 없으므로 담보권 전체를 대상으로 함이 옳다. 다음으로, 비율은 낮게는 10%에서 높게는 25%까지 제시되는데 구체적 비율은 실태조사를 바탕으로 결정하여야 한다. 헨켈은 담보물 환가로 담보권자가 얻은 순익의 총재단재산 환가이익에 대한 비율에 따라 절차비용을 분담하는 방식을 제안하였다. (분담액=절차비용×담보권자의 순익/총환가이익) 헨켈 모델은 다음과 같이 바꾸어 표시하여도 그 값이 같다. (분담액=담보권자의 순익×절차비용/총환가이익) 개별사건마다 총환가이익에서 절차비용이 차지하는 비율을 산출하여 전체적 평균치를 얻는 작업은 그다지 어렵지 않다. 왜냐하면, 관재인의 최종계산보고에 그 내용이 모두 나타나기 때문이다.[217] 평균비율을 얻어 그만큼을 고정부분으로 제외하여 절차분담금으로 사용하더라도 비율이 과도하지 않으면 담보거래에 큰 영향을 미치지 않는다.[218] 또 절차분담금에 비판적인 견해도 담보권자가 목적물 유지 · 관리비용[219]과 재단에 발생한 일반적 비용을 분담하여야 한다는 점은 수긍하므로 절차비용의 평균비율만큼 고정부분을 제외하더라도 반론이 없을 것이다. 절차분담금을 채택하면 그만큼 담보 우선권이 제한되고 무담보채권자를 위한 배당재원이 증가하지만, 절차분담

217) 총환가이익에서 채권자에 대한 배당액과 재단채권 변제액을 제외하면 절차비용이 된다. 다만, 재단채권 가운데 관재인과 보조인의 보수, 담보 목적물 유지 · 관리비용(이에는 세금과 보험료가 포함된다.), 관재업무 처리비용은 절차비용이다.

218) 三上威彦, 前揭書, 50頁은 1985년 독일 금융기관을 대상으로 시행한 실태조사 결과 도산절차에서 금융기관은 9.4%의 절차분담금을 사실상 부담하는 것으로 밝혀졌다고 한다.

219) 木川裕一郎, 前揭書, 117頁은 소유권유보부로 구매한 기계의 보험가입과 경비를 위하여 지출한 비용을 그 예로 든다.

금은 무담보채권자의 부담으로 그동안 담보권자가 부당하게 누려온 이득을 반환하는 제도로서 원래 담보권자가 당연히 부담하여야 할 비용이다.

(2) 동산 · 채권 등의 담보에 관한 법률과 절차분담금

우리나라에서는 동산 · 채권 등의 담보에 관한 법률이 공포되어 2012. 6. 11.부터 시행될 예정이다. 이 법에 따르면 여러 개의 동산(장래에 취득할 동산을 포함한다.)이더라도 목적물의 종류 · 보관 장소 · 수량을 정하거나 이와 유사한 방법으로 특정할 수 있는 경우에는 담보등기를 할 수 있고(제3조 제2항), 여러 개의 채권(채무자가 특정되었는지를 묻지 아니하고 장래에 발생할 채권을 포함한다.)이더라도 채권의 종류 · 발생원인 · 발생 연월일을 정하거나 이와 유사한 방법으로 특정할 수 있는 경우에는 담보등기를 할 수 있다. (제34조 제2항) 이 법은 채무자의 동산과 채권을 포괄적으로 담보할 수 있게 허용한데다가 장래에 취득할 동산 · 채권까지도 그 범위에 포함하게 하여(after-acquired collateral) 담보권자의 우선권 행사 대상은 크게 확대되지만, 앞으로 기업도산 절차에서 무담보채권자의 배당은 거의 기대할 수 없게 되었다.

중소제조업의 예를 들면 회사재산은 공장부지 · 공장건물 · 직영매장 · 직원 숙소 등의 부동산, 지적재산권, 화물차 · 통근버스 · 승용차 등의 운송수단, 집기 · 기계류, 원자재, 생산제품, 예금채권 및 매출채권 등으로 분류할 수 있다. 부동산 · 지적재산권 · 운송수단은 등기 · 등록으로 공시되므로 대부분 주거래은행에서 담보권을 설정하고, 집기 · 기계류 또한 공장저당이나 양도담보의 대상이 될 때가 잦으며, 예금채권은 경제적 위기시기가 되면 즉시 상계대상이 되어버린다. 남는 것은 오로지 원자재 · 생산제품 · 매출채권뿐인데 그 위에 비전형 담보가 설정되지 않았을 때에는 이를 재단에 편입하여 그 환가대금으로 관재업무 처리비용을 충당하고, 남는 재원은 비록 작은 액수일지라도 무담보채권자에게 배당하였다.

그런데 위 법이 시행되면 기업도산은 재단에 편입할 재산이 원천적으로 없어져 버려 자칫하면 절차를 진행할 비용조차 마련하기 어려운 처지에 빠진다. 이제 우리나라도 사회적 약자인 무담보채권자를 최소한으로라도 보호하려면 더는 지체하지 말고 절차분담금 제도를 채택하여야 한다. 기업이 도산하였을 때 담보권자가 모든 가치를 독점하고, 무담보채권자는 절차도 거치지 않고 처음부터 배당에서 제외되는 일이 생겨서는 안 된다. 관련된 법제도가 변화된 결과 사회적 약자의 보호에 허점이 생겼으면 빨리 메우고 보완하여 그로 말미암은 사회적 갈등을 사전에 방지하여야 한다.

절차분담금의 범위는 담보권 전체를 대상으로 하고, 분담비율은 실태조사를 거쳐 결정하되 잠정적으로는 10% 정도이면 담보거래에 그다지 지장을 가져오지 않을 것이다.

6 한국의 도산법제

가. 변천과정

외환위기 이후 타율적(他律的) 구조조정으로 빚어진 혼란기를 거치면서 우리 도산법 제도는 크나큰 변화를 겪었다. 1962년 제정되어 그동안 큰 변화 없이 시행되던 구파산법 · 구화의법 · 구회사정리법 등 이른바 도산3법은 일본 도산법제를 모델로 하였고, 일본 구파산법은 독일법, 구화의법은 오스트리아법, 구회사갱생법은 미국의 구연방도산법 제10장의 기업 재건절차(corporate reorganization)을 모델로 삼았으므로 우리나라는 일본을 통하여 대륙법계와 영미법계의 도산제도를 함께 계수한 셈이다.

1997년 이전까지는 도산신청이 거의 없고 회사정리만 가끔 이용되었는데 외환위기로 촉발된 기업의 부도 사태를 계기로 기존 경영진이 경영권을 유지하는 화의(和議)절차가 활발하게 이용되기 시작하였다. 단기간에 많은 기업이 도산하는 격변기에서 파산과 회사정리도 갑자기 증가하였다. 국가적으로는 1997. 12. 국제통화기금(IMF)의 구제금융을 받게 되면서 IMF로부터 기업과 금융의 구조조정을 위하여 시장경제 원리에 맞는 기업퇴출 제도를 정비하라는 요구를 받게 되었다. 이에 따라 정부는 1998. 2. 파산법 · 화의법 · 회사정리법을 급히 개정하여 지방법원에 관리위원회를 신설하고, 회사정리와 화의절차에서 채권자협의회를 필수기관으로 설치하였으며, 각종 기한을 설정하여 절차의 신속화를 도모하고, 채권자의 권한과 역할을 강화하였다. 또 기업의 청산가치가 계속기업가치보다 큰 때 회사정리절차 개시신청을 기각하고, 임원의 재산유용 · 은닉이 있으면 화의신청을 기각하게 하였다. 정부는

1999. 12. 회사정리법을, 2000. 1.에는 파산법과 화의법을 재개정하였다. 회사정리법에서는 정리계획 불인가 시 파산절차로 이행하고, 개시신청 후 1개월 이내에 개시 여부를 결정하며, 법원이 관리인에게 부인권 행사를 명할 수 있게 하였다. 파산법에서는 임금채권을 재단채권으로 하였고, 소파산의 범위를 확대하였으며, 화의법에서는 주식회사의 화의절차 이용을 억제하려는 목적으로 임원에게 중대한 책임이 있는 부실경영은 화의신청을 기각하도록 개정하였다. 이처럼 일부 개정이 거듭 되다가 2005. 3.에 이르러 현행 회생파산법이 제정되면서 종전의 파산법 · 화의법 · 회사정리법 · 개인채무자회생법은 모두 폐지되었다.

나. 회생파산법의 특징

우리 기업도산절차는 회생과 파산으로 나눌 수 있으나, 절차 사이에 통일적 관련성이 없으므로 단일절차형이 아니라 복수절차형에 속한다. 단일절차형으로 분류되려면 신청목적과 관계없이 일률적 절차를 두고 절차개시 후에 법원이나 채권자가 재건형 · 청산형 또는 DIP형 · 관재인 선임형을 결정하여야 하는데 우리 절차는 이에 해당하지 않기 때문이다. 미국 · 일본 · 영국도 우리나라와 마찬가지로 복수절차형에 속하고, 이에 반하여 독일 · 프랑스는 단일절차형에 속한다. 회생파산법은 종전에 시행되던 여러 가지 법률을 단일한 법률로 묶었지만, 파산 · 회생 · 개인회생 등 각기 다른 요건을 가진 절차를 병렬적으로 하나의 법률 안에 나열한 데 불과하다.[220)]

회생파산법의 중요 개정내용을 보면[221)] 종전의 의무적 파산선고 범

220) 김재형, "통합 도산법안의 주요쟁점", 「비교사법 제10권 1호」, 한국비교사법학회, 2003, 72면은 하나의 입구와 여러 개의 출구를 가진 시스템을 도입하지 않으려면 굳이 단일법률을 제정할 필요가 없었다고 지적한다. 이 논문은 http://www.dbpia.co.kr에서 인용하였다.

221) 오수근, 전게 「도산법개혁」, 126면은 회생파산법 제정과 관련하여 검토용역을 맡

위를 축소하여 회생계획 인가 후 절차폐지의 경우에만 법원에 파산선고 의무를 부과하였고(제6조), 법원이 채무자 재산과 신용에 관한 전산망을 관리하는 공공기관 · 금융기관 · 단체에 재산조회를 하는 명시적 근거를 마련하였다. (제29조) 또 회생절차 개시신청이 있을 때 중지명령으로 절차목적을 달성할 수 없으면 포괄적 금지명령을 발령하게 하였고(제45조), 회생계획 인가 전에도 영업양도를 할 수 있게 하였다. (제62조) 그리고 미국 연방도산법의 DIP 제도를 도입하였는데 특이한 점은 미국처럼 채무자가 관리인과 같은 권한을 가지는 데 그치지 않고, 아예 관리인으로 임명된다. (제74조)

그러나 회생파산법은 무담보채권자의 보호에 무관심하고, 절차를 일원화하지 않았으며, 진행 과정의 사법적 판단과 행정적 업무를 구분하지 않은데다가, 회생절차의 가치평가 과정도 소홀히 다루었다. 그 밖에 담보권자는 회생절차 진행 중 권리 행사가 중지되는데도 그 보호방안을 명확히 마련하지 않았고, DIP 제도를 도입하면서 확실한 감독장치를 두지 않았다.

우리나라는 1998. 2.부터 2005. 3.까지 4차례에 걸쳐 도산법을 개정하였으나 그때그때 제기된 문제점을 미봉하는 데 그쳤을 뿐 발본적(拔本的) 개혁을 이루지 못하였다. 그 이유는 ① 시장경제 원리를 기본이념으로 받아들이고 그 원리에 따라 하부구조를 설계하여야 하는데 구체적 개정 논점에 급급하다 보니 올바른 이념 정립에 실패하였고 ② 절차를 근본적으로 재검토하기보다는 국제기구에서 지적한 내용을 부분적으로 받아들인다는 자세로 개정 작업에 임하였으며 ③ 도산정책 수립과

은 Orrick, Herrington & Sutcliffe LLP는 회생절차 단일화 · 이사의 조기신청의무 · 보전처분기간의 단축 · 파산법원의 전문화 · 관리인제도 개선 · 담보권자에 대한 청산가치 보장 · 국제도산제도 개선 · 신속절차의 8개 항목을 개혁과제로 선정하고 27개 논점에 대하여 의견을 제시하였다고 한다. 그러나 이 제안은 입법과정에서 대부분 거부되어 기존의 법률을 일부 수정하는 결과로 그쳤다.

법안 작성에 참고할 기초적 통계자료나 사례분석이 미비한[222] 데 있다.

정부나 채권금융기관 협의회 그리고 채무자마저 도산절차는 최후의 선택으로 여기고 금융권 주도의 구조조정에 매달리는 실정에서 회생파산법의 활용범위는 위축될 수밖에 없다. 그러나 이제 기업도산 처리를 정부 주도의 구조조정에만 맡기지 말고, 원칙적 절차의 틀 안으로 끌어들이려면 사안에 따라 탄력성 있게 적용할 수 있는 시장 친화적(親和的) 도산법을 만들어야 한다. 지금이야말로 시행 시점에 쫓기거나 국제기구의 압력에 밀리지 않고 제도를 깊이 있게 연구 · 검토하면서 한국 실정에 맞는 도산법 체계를 수립할 좋은 기회이다.

다만, 기존의 체제(대륙법계)와 다른 사고방식을 가진 제도(미국 연방도산법)를 우리나라에 이식할 때에는 주의를 기울여야 한다. 특정한 법체계 안의 제도는 이를 뒷받침하는 다른 제도와 혼연일체가 되어 기능을 발휘하는 경우가 일반적이기 때문이다. 예컨대 연방관재관(US Trustee)이 절차의 행정적 감독을 도맡아줌으로 말미암아 도산법원(Bankruptcy Court)은 사법적 판단에 집중할 수 있고, DIP 제도는 채권자위원회 · 연방관재관의 강력한 감시 · 감독을 통하여서만 제대로 운영될 수 있으며, 자동중지 제도는 채권자를 위한 구제시스템이 갖추어져야 정상적으로 작동한다는 점을 잊어서는 안 된다.

다. 기업구조조정 촉진법의 문제점

최근 한국 기업은 경영여건의 악화로 말미암아 여러 가지 어려움을 겪고 있다. 2006년, 2007년 계속해서 0.02%로 안정세를 보이던 어음부도율이 2008년 0.03%로 악화한 이후 2010년에 이르기까지 호전되지 않고 그 수준을 그대로 유지하면서 기업도산이 증가하였다.[223] 2009

222) 사회적으로 쟁점이 된 기업도산 사건의 처리과정이나 결과를 분석한 자료가 부족함은 물론 예컨대 담보권과 무담보채권에 대한 평균 배당률조차 파악할 수 없는 실정이다.

년 제조업 평균가동률은 74.4%로 2004년에서 2008년 사이의 평균치 79.4%에 크게 못 미치다가 2010년, 2011년에는 81.2%로 호전되었으나 아직 안정되지 못하였고, 실업률 또한 2008년 3.2%, 2009년 3.6%, 2010년 3.7%, 2011년 3.4%로 불안한 움직임을 보이고 있다.[224] 한국은행의 2012년 세계경제 전망에 따르면 유로지역의 국가채무위기는 뚜렷한 해결국면에 들어서지 못한 채 국제금융시장 불안요인으로 계속 작용하고, 국제유가는 100달러대의 높은 수준을 유지하는 가운데 이란 등 중동지역에서의 지정학적 긴장이 고조되면 단기적으로 급등할 위험성도 있다고 한다. 이러한 나라 안팎의 불투명한 경제여건 때문에 기업들은 긴박하게 구조조정을 해야 할 상황으로 몰리고 있다.

우리나라는 신속하고 원활한 기업구조조정을 위하여 기업구조조정 촉진법에 따라 채권금융기관 협의회가 중심이 되어 정식 도산절차에 의하지 않고 부실징후기업을 구조조정하고 있다. 이 법은 2013. 12. 31.까지 효력을 가지는 한시법이기는 하지만, 채권금융기관이 중심이 되어 기업을 구조조정하고 정부는 이를 법적 · 제도적으로 뒷받침하는

223) 2011년에 들어와서는 부도율이 0.02%로 다소 진정되었다. 이 통계는 ECOS 한국은행 경제통계시스템(http://ecos.bok.or.kr)에서 인용하였다.

224) 위 통계는 KOSIS 국가통계 포털(http://kosis.kr)에서 인용하였다.

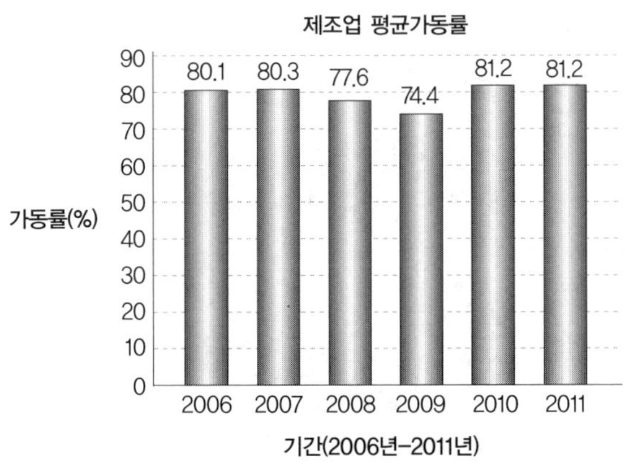

형태로 운영된다. 즉 외부로부터 자금지원을 받지 않으면 금융기관에 대한 차입금 상환이 어려운 기업(부실징후기업)을 선정하여 채권 재조정 또는 신규 신용공여를 통하여 경영 정상화를 도모하는 방식이다. 채권금융기관 협의회는 ① 부실징후기업의 인정 ② 채권금융기관 공동관리 절차의 개시 및 지속 여부 결정 ③ 채권행사 유예기간의 결정 · 연장 ④ 약정체결 ⑤ 약정 이행실적에 대한 점검 · 조치 ⑥ 해당기업의 경영 정상화 가능성에 대한 점검 · 평가 · 조치 ⑦ 채권 재조정 또는 신용공여 계획의 수립 ⑧ 출자전환 또는 담보로 취득한 주식의 매각 ⑨ 소액채권 금융기관의 배제 결정 등 해당기업의 구조조정과 관련된 모든 사항을 심의 · 의결한다. (위 법 제17조) 협의회는 채권금융기관 총신용공여액 중 4분의 3 이상의 신용공여액을 보유한 채권금융기관의 찬성으로 의결하고(제18조), 채권금융기관은 공동관리절차를 개시하기 위한 협의회 소집을 통보받은 날부터 5일 이내에 주채권은행에 해당기업에 대한 신용공여액을 신고하여야 하는 등(제19조) 도산제도와 비슷한 절차가 규정되어 있다.

그러나 채권금융기관 협의회를 통하여 기업의 구조조정을 하려는 정책에는 문제가 있다. 채권금융기관은 자본시장에서 자금의 수요 · 공급을 매개하는 기관이지 기업의 구조조정을 담당하는 주체가 아닌데도 정부에서 이러한 역할을 요구하는 것은 시장기능을 본질적으로 침해하는 행위이다.[225] 굳이 정부나 금융감독원에서 채무자와 관련한 지시를 하지 않아도 협의회는 최대 채권자로서 자신의 이익을 보호하는 방향으로 움직이게 되어 있다.[226] 즉 채무자가 지급불능 상태에 빠지면 채

225) 김재형, 전게 "통합 도산법안의 주요쟁점", 43면은 정부와 금융감독원이 금융기관의 의사결정에 관여하여 구조조정을 주도하는 행위는 시장경제 원리를 과도하게 침해하여 바람직하지 않다고 비판한다.

226) 오수근, 「도산법의 이해」, 이화여자대학교출판부, 2008, 412면은 주요기업의 사활을 자신들이 결정해야 한다는 경제관료의 인식이 바뀌어야 한다고 지적하면서 훌륭한 경제정책보다는 법치주의가 살아있는 시장(市場)이 더 효율적이라고 강조한다.

권자는 자신의 권리를 확보하려고 신속히 대응하고, 채무자는 어떻게든 기업의 존속 · 재건을 꾀하면서 시장경제 원리가 작동하기 시작한다. 채권자와 채무자 사이의 협상이 도산절차로 연결되면 채권회수가 집단적 · 강제적으로 이루어지는 과정에서 자연스레 기업의 구조조정이 이루어진다. 이때 기업을 청산하지 않고 재건한 다음 장래에 창출될 수익을 분배하는 편이 채권자에게 유리하다는 공감대가 형성되면 구조조정을 거쳐 기업을 재건하게 된다. 따라서 정부와 채권금융기관 협의회가 주도하는 임시방편적인 구조조정[227)]보다는 정식 절차를 거쳐 도산기업을 처리함이 바람직하고, 시장경제 원리가 작동하기 전에 미리 기업의 처리방향을 인위적으로 설정하는 일은 삼가야 한다. 채권자와 채무자가 자율적으로 처리방향을 도출할 때까지 기다리면 가장 부작용이 작은 해결책을 찾을 수 있기 때문이다.[228)] 그런데 우리나라에서는 기업의 구조조정 또는 정상화라는 명제가 지나치게 강조되므로 아무래도 채권자의 권리보다는 채무자의 생존 쪽에 정책의 무게중심이 쏠리게 된다. 하급심 결정이기는 하지만, 법원 실무에서도 채권금융기관 협의회의 손을 들어준 사례가 있다.[229)] 만약 채권자 보호를 게을리하면 실패한 기업을 보호하려고 경쟁에서 살아남은 자의 권리를 억압하게 되어 부실기업이 건전한 기업을 몰아내는 결과를 가져올 위험성도 있

227) 쌍용자동차는 1999. 8. 워크아웃이 개시되어 2005. 1. 상하이자동차(Shanghai Automotive Industry Corporation)가 지분금액의 48.9%를 채권단에 지급하고 인수하였다. 그 후 고유가 현상으로 주력 차종인 SUV의 판매가 급격히 줄어들자 경영난에 빠져 워크아웃 종료 후 4년 만인 2009. 2. 다시 회생절차가 개시되었다. 쌍용자동차 사건은 워크아웃 방식에 의한 도산기업 처리의 한계를 잘 보여주는 사례이다.

228) 이는 테니스에서 상대방의 공이 최고점에 이를 때까지 기다려야만 공을 제대로 받아칠 수 있음과 마찬가지 원리이다. 도산기업은 도산절차에 따라 처리할 때 가장 합리적인 결론을 얻을 수 있고, 도산법의 존재 이유도 바로 여기에 있다.

229) 채권금융기관 협의회가 워크아웃을 시행 중인 대우일렉트로닉스(구 대우전자)에 대하여 총채권액의 4.2%(500억 원)를 보유한 채권자가 회생절차 개시신청을 하였으나 2009. 3. 서울중앙지방법원은 지급불능이나 채무초과가 생길 염려가 없다는 이유로 이를 기각하였다. 협의회에서 추진하던 매각협상이 무산되어 워크아웃 진행이 벽에 부딪히고, 채권자가 몇 년이나 변제를 받지 못하고 있는데도 파산의 염려가 없다고 판단하였다.

다. 아무리 기업 재건이 사회적 과제라고 하더라도 이는 어디까지나 채권자 보호라는 당연한 전제를 조건으로 시장경제 원리에 따라 이루어져야 한다.

III

P·A·R·T

절차의 유형과 선택

도산절차는 추구하는 목표에 따라 청산형과 재건형으로 구분하고, 법원의 관여 여부에 따라 법적 절차와 사적정리로 나눌 수 있다. 신청인은 채권자 · 주주 등 이해관계인과 교섭하고 법률관계를 조정할 때 그 가운데 어느 하나를 선택하여야 한다. 도산처리절차는 각기 다른 특성과 장단점을 지니고 있어 절차선택은 도산처리의 성패에 결정적 영향을 미친다.

1 청산형 절차와 재건형 절차

가. 청산형 · 재건형의 구분

도산절차는 그 추구하는 목표에 따라 청산형과 재건형으로 분류하는데[230] 청산형과 재건형의 근본적 차이는 채무자의 법인격이 소멸하느냐 아니면 존속하느냐에 있다.[231] 청산형 절차는 채무자의 총재산을 금전으로 환가하여 이를 채권 순위에 따라 분배하는 절차이다. 경제학적으로 보면 청산형은 인적 · 물적 자원으로 구성되는 채무자의 총재산을 해체하여 청산가치를 채권자에게 분배함과 아울러 채무자의 경제활동에 마침표를 찍는 절차이다. 파산은 전형적인 청산형 절차이다. 이에 대하여 재건형 절차는 채권감면(債權減免) · 변제유예(辨濟猶豫) · 출자전환(出資轉換) 등에 의하여 채무자의 경제활동을 계속하게 하여 장래의 경제활동으로 창출되는 이익을 채권자에게 분배하는 절차이다.[232] 재건형 절차에서는 수익창출의 기초가 되는 채무자 재산을 일체로서 유

230) 여기에서는 청산형과 재건형의 일반적 특성을 비교하지만, 관계된 법조문을 인용할 때에는 회생파산법의 조항을 기재한다.

231) 法的整理實務硏究會, 「企業再生のための法的整理の實務」, 金融財政事情硏究會, 2004, 22頁.

232) 西口 元, 前揭 "淸算型倒産手續の槪要", 22頁.

지하면서 경제활동을 계속하여 장래의 사업 경영에 의하여 실현되는 수익, 즉 계속기업가치가 금전 또는 주식의 형태로 채권자에게 배분된다. 우리나라의 회생절차는 재건형 절차에 속한다. 기업에서는 청산형과 재건형의 구분이 선명하지만, 개인은 청산형 절차에서도 청산목적과 재건목적이 교차하여 나타난다. 왜냐하면, 개인은 경제활동의 주체임과 동시에 생활의 주체이기도 하므로 경제활동이 파탄된 때에도 생명, 자유, 행복추구권이 보장되어야 하기 때문이다.[233)]

원래 청산형과 재건형의 구별은 유동적이다. 예컨대 청산형인 파산절차에서도 영업계속이 가능하므로 관재인은 재단관리의 한 방법으로 영업을 계속하여 재단을 증식하면서 제삼자에게 영업을 양도할 수 있다. 이때에는 파산절차 안에서 계속기업가치가 보전된다. 반대로 재건형 절차에서도 실질적 청산을 내용으로 한 재건계획안을 수립할 수 있다.

도산기업은 먼저 재건을 시도하고 그것이 불가능한 때에만 청산하여야 한다는 견해가 있다. 재건에 의하여 기업 조직이 보존되면 하도급 등 거래관계나 종업원 고용이 유지되므로 사회 · 경제적 관점에서 기업 재건을 우선하여야 한다는 주장이다. 그러나 기업의 인적 · 물적 자원은 이를 가장 유효하게 활용할 수 있는 경제주체가 이용하게 하는 것이 시장경제 원리에 맞다.[234)] 다만, 계속기업가치가 청산가치를 초과할 때에는 계속기업을 유지하면서 가치를 채권자에게 분배하는 방안이 요구된다. 재건형 절차는 그 방안의 하나이지만 재건형 중에서도 M&A를 통하여 기업을 매각하여 매각대금을 현실적으로 분배하는 방법이 있고, 또 청산형 절차에서도 계속기업을 매각할 수 있다. 이처럼 계속기업가치의 보존은 재건형이냐 청산형이냐와는 상관없이 가능하므로 이 점에서도 재건절차 우선설은 부당하다.

---

233) 우리 헌법 제10조는 '모든 국민은 인간으로서의 존엄과 가치를 가지며, 행복을 추구할 권리를 가진다.'라고 선언한다.

234) 伊藤眞, 前掲書, 21頁.

나. 청산형 절차의 특징

청산형 절차인 파산의 특징은 ① 적용대상에 제한이 없다. 자연인 이외에도 정상적으로 활동 중인 법인은 물론이고, 청산 중인 법인 · 해산 후의 법인 · 법인 아닌 사단 또는 재단 · 심지어 상속재산도 파산할 수 있다. (회생파산법 제294-299조)

② 절차개시의 원인이 지급불능 및 채무초과이다. (제305조, 제306조) 지급불능은 자연인과 법인에 공통된 파산원인이고, 채무초과는 법인에 고유한 파산원인이다.

③ 파산관재인이 임명된다. (제312조) 관재인은 채무자의 재산에 대한 관리처분권을 가지고 그 책임하에 청산절차를 진행한다. 입법정책으로서는 채무자에게 청산을 맡기고 법원이 이를 감독하는 모델도 가능하지만, 청산사무의 적정한 수행과 채권자의 공평한 만족을 위하여 관재인을 임명하는 것이 통례이다. 관재인은 파산재단의 독립한 관리기구이고, 실체법상 대항요건과의 관계에서는 제삼자로 간주한다.

④ 채권자가 권리를 행사하려면 절차에 참가하여야 하고(제447조), 채권액에 따라 평등한 비율로 배당받는다. 강제집행도 채권자의 권리실현 방법이지만 이 점에서 양자는 구별된다. 즉 민사집행법도 평등주의를 채택하고 있으나 강제집행에서의 평등은 집행권원을 가진 개별채권자의 자발적 참가를 전제로 하지만, 파산에서는 개별적 권리행사가 금지되고 모든 채권자의 참가가 강제되는 점이 다르다.

⑤ 담보권자는 청산절차에 구속되지 않고 자유로이 권리행사를 할 수 있다. 청산절차에서 저당권 등 담보권은 별제권(別除權)이 부여되어 목적물로부터 우선적 · 개별적으로 변제받는다. (제411조, 제412조) 피담보채권에 대한 변제충당 후 잔액이 있으면 파산재단에 편입된다.[235] 또

235) 피담보채권 외에도 체납세금 · 체불임금 등의 압류가 경합한 경우가 잦으므로 실제로 잔액이 남는 사건은 거의 없다.

별제권의 목적물에 대한 환가대금의 다과는 파산재단에 편입될 금액에 영향이 있고, 담보권자의 파산채권액 산정에도 영향을 주기 때문에 관재인은 민사집행법에 따라 별제권의 목적재산을 환가할 수 있다.[236] (제497조)

⑥ 개인 채무자 면책절차가 존재한다. (제556조 이하) 개인 채무자는 면책에 의하여 절차종결 후의 강제집행을 면한다. 최근 소비자 파산사건이 급증한 이유는 여기에 있다.[237]

다. 재건형 절차의 특징

청산형과 비교하면 재건형은 절차구조가 더 복잡하다. 청산형에서는 자산 · 부채의 확정, 재산의 환가 및 배당이 주된 업무가 됨과 비교하여, 재건형에서는 계속기업가치를 유지 · 보전하려고 절차개시 전후의 단계에서 자산에 대한 담보권 실행을 중지하고, 신규자금을 차입하여 경영을 계속하면서 재건가능성 유무를 조사한다. 절차개시 후에는 재건계획안을 작성하고, 계획안에 대한 채권자 등 이해관계인의 찬반을 묻는 절차가 필요하다. 계속기업가치는 사업을 계속하여야만 보존되기 때문에 재건형 절차에는 사업경영이 포함되지만, 그 밖에 계속기업가치의 평가나 이해관계인의 권리변경과 같은 법률적 업무도 포함된다.

재건형 절차의 특징은 ① 개시원인이 '1. 사업의 계속에 현저한 지장을 초래하지 아니하고는 변제기에 있는 채무를 변제할 수 없는 경우 2. 채무자에게 파산의 원인인 사실이 생길 염려가 있는 경우'이다. 이는 경제적 파탄이 확정적 단계에 이르기 전에 절차를 개시하려는 취지이다. 다만, 절차개시의 원인이 인정될 때에도 기각사유가 존재하면 법원

236) 일본 신파산법은 채권자 일반의 이익에 적합한 때 관재인이 법원의 허가를 받아 담보 목적물을 임의 매각하는 담보권 소멸청구를 신설하였다.

237) 재건형 절차에서는 계획안에 대한 관계인집회의 결의와 법원 인가에 의하여 면책 효과가 발생하나, 소비자파산은 법원의 면책허가결정으로 효과가 발생하는 점에 차이가 있다.

은 개시신청을 기각하여야 한다. (제34조, 제42조) 원래 재건형 절차는 담보권자를 비롯한 이해관계인의 권리에 강력한 제한을 가하는 제도이기 때문에 사업재건이라는 핑계로 채권자의 이익을 부당하게 침해하지 않도록 주의하여야 한다.

② 채무자 즉 기존 경영자(DIP)가 절차의 수행주체로서 절차개시 이후에도 계속하여 재산의 관리처분권과 업무수행권을 가진다. (제74조) 특별한 경우에는 제삼자가 관리인으로 선임되지만, 이는 어디까지나 예외적인 조치이고, 원칙적으로 채무자를 관리인으로 선임한다. 채무자가 관리인으로 임명되면 절차의 기관으로서 종전의 채무자와 구별되는 새로운 지위를 취득한다.[238)]

③ 담보권자와 주주도 절차에 참가한다. 무담보채권자가 절차에 참가하는 점은 청산형 절차와 마찬가지이지만, 재건형 절차에서는 담보권자와 주주도 절차에 참가한다. 이는 일반채권자뿐만 아니라 별제권자(담보권자)와 주주를 포함한 모든 이해관계인을 절차에 참가시켜 채무자와 관련된 법률관계를 일거에 조정함으로써 사업의 유지 · 갱생을 도모하려는 취지이다. 특히 담보권은 절차 진행 중 휴면상태(休眠狀態)가 되어 권리 행사가 제한된다.[239)] (제50조, 제58조) 담보권의 무담보채권에 대한 우선권은 보장되지만, 권리의 내용이 변경될 가능성이 있고, 담보권 자체가 소멸할 수도 있다.

④ 권리변경의 방식과 내용이다. 재건형 절차에서 채무자의 경제적 재건을 도모하려면 한편으로 사업의 수익력을 회복시키고 다른 한편으로는 채무부담을 덜어 줄 필요가 있다. 절차 내에서 채무면제나 기한유예 또는 출자전환 등 이해관계인의 권리변경이 이루어지는데 이러한

238) 기교적(技巧的)인 이론 구성인데 과연 거래 상대방이 이를 수긍할지는 의문이다.

239) 회생파산법은 채무자에게는 절차 진행의 주도권을 부여하면서도 담보권자의 권리 보호에는 큰 관심을 보이지 않는다.

권리변경은 재건계획안에 대한 관계인집회의 결의와 법원의 인가에 의하여 효력이 발생한다. (제243조, 제246조) 재건형 절차에서 배분대상이 되는 것은 기업의 청산가치가 아니라 계속기업가치 즉 사업의 장래 수익이고, 채권자 등 이해관계인이 권리의 우선순위에 따라 수익의 배분비율과 방법을 결정한다.

라. 청산형 · 재건형의 선택

청산형 절차와 재건형 절차의 선택기준이 되는 것은 기업의 재건가능성이다. 재건가능성은 실질적으로 평가되어야 하는데 과소자본 · 운영자금 부족 · 사업상의 창의력 부족 · 적자누적 등의 사유가 있으면 재건가능성이 없다. 왜냐하면, 도산절차는 채무자에게 채무를 조정할 기회를 제공할 뿐 수익성 없는 사업을 흑자로 전환해주는 제도는 아니기 때문이다. 또 재건형 절차를 선택하려면 채무자에게 DIP로서 신탁적 의무(fiduciary duties)를 이행할 능력과 자질이 있어야 하고, 사업을 재건하여 수익을 창출하겠다는 확고한 재건의지를 갖춰야 한다.[240)]

구체적으로 재건가능성을 인정하려면 ① 도산원인을 제거할 가능성이 있어야 한다. 예컨대 매출감소로 도산하였다면 영업활동과 신규기획으로 매출회복이 가능한 방안을 찾고, 거래처의 도산으로 말미암은 연쇄도산이라면 손실을 보전할만한 다른 거래처의 개척을 모색한다. 또 채무자가 금융기관에 과대한 채무를 부담하는 것이 도산원인이면 금융기관과의 협의를 통하여 채무감면이나 변제유예를 받을 수 있는지 검토한다. ② 사업성이 있어야 한다. 채무자가 경영하는 사업이 이익을 창출하여야 하는데 업종 · 기업의 상표(brand) · 상품의 독자성 · 경쟁력 · 업계에서의 지위 · 시장여건 등을 종합적으로 분석하여 사업성을

240) Martin A. Frey, Phyllis H. Frey, Sidney K. Swinson, supra note 19, at 534–535.

판단한다. 손익계산서의 영업손실의 단계에서 적자라면 인건비 등 판매관리비조차 감당할 수 없어서 재건이 어렵지만, 영업단계에서 적자라고 할지라도 매입원가의 대폭감액, 급여삭감이나 구조조정에 의한 종업원 감축 등으로 흑자를 기대할 수 있다면 재건가능성이 있다. ③ 경영자 · 종업원 · 거래처 · 주채권자 등 이해관계인이 한마음으로 협력하여야 한다. 경영자가 극한적 상황을 감내하면서 종업원과 일치단결하여야만 채권자 · 거래처의 협력을 얻을 수 있다. ④ 스폰서(sponsor)를 구하여 신규자금을 확보하여야 한다.[241] 재건절차가 개시되면 거래처에서 현금결제를 요구하거나 지급기한을 단축하므로 적어도 3개월에서 6개월 정도의 운영자금이 필요하다. 자금조달이 어려운 때에는 주거래은행에 DIP금융을 요청하는 방법도 있다. 다만, DIP금융은 여신제공자에게 최우선순위를 부여하여 채권회수를 보장할 필요가 있으므로 재단에 담보 여력이 있어야 하고 그렇지 않으면 법원의 공익채권 승인을 미리 받아두어야 한다.[242]

위와 같은 기준에 비추어 재건가능성이 있으면 재건형 절차를 선택하고, 가능성이 없으면 청산형 절차를 선택한다. 요컨대 계속기업가치가 청산가치를 웃돌고 도산기업이 스스로 조직을 살려 인적 · 물적 자원을 운용하는 편이 다른 기업조직이 이를 이용할 때보다 가치를 더 많이 창출할 것으로 예상할 때 재건형 절차를 선택한다.[243]

241) 만약 신규자금 투입 없이 재건절차 진행이 가능하다면 그 자체로서 재건가능성이 크다고 할 수 있다. 반면에 필요한 신규자금이 많을수록 재건가능성은 그만큼 작아진다.

242) 宗田親彦, 早坂英雄, “手續きの選擇”, 「倒産處理法制の理論と實務」, 經濟法令研究會, 2006, 34-35頁.

243) 伊藤眞, 前揭書, 21頁.

2 사적정리(workout agreement)와 법적 절차

가. 개념

법원의 관여 없이 채무자와 채권자가 합의하여 집단적 · 조직적으로 도산을 처리하는 방법을 사적정리(私的整理) 또는 임의정리(任意整理)라고 한다. 내정리(內整理)는 파탄을 공표하지 않고 금융기관 등 다액채권자가 채무자와 협의하여 지급유예나 채권포기를 하는 것으로 사적정리의 일종이다. 채권자 다수가 사적정리에 동의하고, 채권자 숫자가 지나치게 많지 않으며, 채무자가 성실히 협력한다면 사적정리가 가능하다.[244] 사적정리의 유형에는 사적청산과 사적재건이 있다.[245] 이에 비하여 법적 절차는 개시요건과 효과 · 진행자 · 진행방식 · 효력 등이 법률로 상세히 규정된 절차를 말하고 회생파산법의 파산과 회생이 이에 속한다.

한국은행의 연차보고서와 법원행정처의 사법연감에 따르면[246] 우리나라 도산기업이 2006-2010년 사이 5년간 법적 절차를 선택한 비율은 평균 25% 정도이다. 나머지 75%는 사적정리로 처리되는 것으로 추측

244) 宗田親彦, 前揭書, 73頁에 따르면 일본의 기업도산 중 70-80%가 사적정리로 처리된다고 한다.

245) 法的整理實務硏究會, 前揭書, 28頁은 실무상 사적재건은 거의 없고, 사적청산이 대부분이라고 한다.

246) ※ 아래 표의 법인회생 건수 중 2006년 치에는 회사정리와 화의가 포함되어 있음.

연도	부도업체 수	법인파산 건수	법인회생 건수
2006	2,529	132	117
2007	2,294	132	116
2008	2,736	191	366
2009	2,004	226	669
2010	1,572	253	630
합계	11,135	934	1,898

되는데 이는 이웃 일본과 비슷한 수준이다.

법적 절차는 도산처리를 위하여 필수 불가결한 제도이지만, 회생파산법은 도산신청을 의무화하지 않았으므로 신청권자가 자발적으로 개시신청하는 사건에만 적용된다. 입법론으로는 도산신청을 의무화하여 기업도산을 법에 따라 처리하는 것이 바람직하지만, 그때까지는 도산사건에서 압도적 비율을 차지하는 사적정리를 적정하게 운용하여 절차 전반에 대한 사회적 신뢰를 유지할 필요가 있다.[247] 사적정리에서도 법적 절차와 마찬가지로 시장경제 원리에 따라 채권자를 실질적으로 보호하여야 한다.

나. 장단점

사적정리는 간편 · 신속 · 비밀유지라는 장점이 있지만, 부인권을 행사할 수 없고 절차가 불투명하다는 단점이 있다. 법적 절차의 장단점은 이와 반대이지만, 이하에서는 사적정리를 중심으로 장단점을 살펴본다.

사적정리의 장점은 ① 절차가 간편하다. 법적 절차는 개시신청, 채권신고, 조사 · 확정, 채권자집회, 법원의 인가 등 정해진 단계를 반드시 거쳐야 한다. 이에 비하여 사적정리는 일응의 절차가 형성되어 있지만, 이는 어디까지나 실무상 기준에 불과하고 일정한 형식에 구애되지 않기 때문에 융통성이 있다. 예컨대 채권자 회의에서 채권자위원을 선임한 다음 호선으로 위원장을 선임하는 경우가 일반적이지만, 채권자위원의 선임을 생략하고 위원장만 선임하거나 채권자회의가 직접 변호사에게 정리를 위임할 수도 있다.

② 진행이 신속하다. 최근 법적 절차도 신속한 운용방안을 모색하고

247) 伊藤眞, 前掲書, 36頁은 최근 일본에서 사적정리의 중요성이 인식되어 실증적 연구가 이루어지면서 채권자 권리의 공평한 실현을 목적으로 한 이론이 구성되었다고 설명한다.

있으나, 법적 절차는 단계별로 일정한 기간이 필요하여 한계가 있다. 법원이 관여하는 절차에서는 이해관계인의 절차참여를 보장하면서 한 단계씩 과정이 진행되므로 어느 정도의 기간 소요는 불가피하다. 그러나 사적정리에서는 관계자가 합의하면 절차를 대폭 생략할 수 있어 신속한 처리가 가능하다.

③ 비밀유지가 가능하다. 채무자는 도산사실이 공개되지 않기를 바라고, 특히 영업을 계속할 때에는 도산하였다는 정보가 외부로 유출되면 재건에 치명적 타격을 입을 수 있다. 또 큰 거래처의 도산은 채권자의 신용에도 결정적 손상을 가하므로 채권자도 도산사실을 공개하지 않으려고 한다. 그렇지만, 채무자가 법적 절차를 개시신청하면 언론이나 관보에 그 사실이 공표되는 것을 막을 수 없다. 이에 비하여 사적정리에서는 채무자 · 채권자 등 관계자가 발설하지만 않으면 사적정리의 진행을 비밀로 할 수 있다.[248)]

이에 대하여 사적정리의 단점은 ① 부인권을 행사할 수 없다. 도산 전후에 자력구제를 하거나 비밀리에 채권을 변제받은 자로부터 재산을 환취할 방법이 없고, 채권자 일부가 절차에 협조하지 않을 때 참가를 강제할 방법이 없어 결과적으로 채권자 사이의 평등을 해하게 된다.[249)]

② 절차가 불투명하다. 사적정리는 법률로 정하여진 절차의 틀이 존재하지 아니하므로 관계자가 단계별로 전망이나 예측을 할 수 없고, 채무자의 재무정보 등 필요한 정보가 제공되는 시스템이 없다. 또 법적 절차와 같이 관리인의 업무보고나 법원의 감독이 없으므로 채권자위원장을 비롯한 정리담당자의 자질이나 선의에 사적정리의 성패를 맡길 수밖에 없어 사적정리를 담당하는 사람이 쉽게 사익(私益)을 꾀할 수 있다. 일반채권자는 사적정리의 진행상황을 파악하기 어려워 일부 채권

248) 山本和彦, 前揭書, 18頁.
249) 伊藤眞, 前揭書, 37頁.

자가 다른 채권자의 희생하에 큰 이익을 얻었다는 사실도 모른 채 절차가 종료되기도 한다.

다. 사적정리의 절차

사적정리의 성격상 일률적 절차는 존재하지 않으나, 전형적 형태는 제1회 채권자회의를 개최하여 사적정리의 방향을 결의하고, 채권자위원을 선출하여 채권자위원회를 구성하는 것이다. 채권자위원회는 채권자회의의 집행기관으로서 채권자로부터 개별적 위임(준위임)을 받아 정리안 작성, 정리에 필요한 각종 조사 · 결의, 정리계획 성립 후의 계획 실행 등을 시행한다. 또 위원장은 위원의 호선으로 선임하거나 또는 채권자회의에서 직접 선임한다. 채권자위원장은 채권자회의 결의에서 정한 사항을 처리한다.[250]

(1) 채권자위원장의 지위

채권자위원장은 위원회를 주재하고 위원회에서 결정한 내용을 집행하며 대외적으로 채권자단의 대표로 활동한다. 채무자와 채권자의 합의 내용에 따라서는 채무자 자신이 정리업무를 하고 위원장은 일정한 행위에 대한 동의권이나 보고청구권을 가지거나 또는 위원장이 채무자의 대표자로서 정리업무를 담당하기도 한다.[251] 채권자위원장의 법적 지위는 ① 채권자 단체와 위원장의 관계가 민법상의 위임 또는 준위임이라는 견해 ② 채권자 단체를 민법상의 임의조합으로 보아 위원장과의 관계가 위임이라는 견해 ③ 채권자 단체 또는 채권자위원회를 권리

---

250) 田頭章一, 前揭「企業倒産處理法の理論的課題」, 12頁은 일본에서는 2001년 금융권 · 경제단체 · 학자 · 변호사 · 공인회계사 · 정부관계자 등이 모여 '사적정리에 관한 가이드라인'을 제정하였으나 잘 활용되지 않는다고 한다. 2004년 경제산업성(經濟産業省)은 이와는 별도로 '조기사업재생 가이드라인'을 발표하였다.

251) 伊藤眞, 前揭書, 39頁.

능력 없는 사단으로 보고 위원장이 그 대표자라는 견해(채권자위원회는 도산회사의 잔여재산을 채권자에게 공평하게 분배하는 것을 목적으로 하여 조직된 권리능력 없는 사단이라는 것이다.) ④ 사적정리를 재산청산신탁으로 보고 위원장은 채무자의 수탁자라는 견해 등이 있다.[252] 채권자위원장의 직무내용은 채권자회의의 결의 내용에 따라 다르고, 청산형이냐 재건형이냐에 따라 달라지므로 법적 지위에 대하여 일률적 이론구성은 어렵고 구체적 사안에 따라 판단하여야 한다.[253]

채권자위원장의 지위를 어떻게 파악하느냐에 따라 그 의무도 달라진다. 즉 채권자 단체가 민법상의 조합이라면 위원장은 업무집행조합원으로서 수임자와 마찬가지의 주의의무를 부담한다. 권리능력 없는 사단이라면 대표자로서 충실의무 및 선관주의의무를 진다. 또 재산청산신탁의 수탁자라면 신탁법상의 충실의무와 선관주의의무가 부과된다. 실무상 채권자위원장은 채권자의 위임 또는 채권자회의 결의에 정한 사항을 위임받아 선량한 관리자의 주의로 수임사무를 처리하는 경우가 잦다. 채권자위원장이 채무자로부터 예탁받은 금품을 횡령한 경우 손해배상의무를 지는 것은 당연하다. 또 채권자위원장은 금융기관 등 다액채권자에 의하여 선임될 경우가 잦고 자신도 채권자로서 이해관계를 가지나, 일단 위원장에 선임된 이상 다른 채권자나 채무자에 대하여 공평 · 성실하게 직무를 행하여야 한다. 위원장이 앞에서는 채무자의 정리안에 찬성하는 것 같은 태도를 보이면서도 뒤에서는 지위를 남용하여 채무자로 하여금 자신의 채권을 연대보증하게 한 사례에 대하여 위원장으로서 직무의 공정성을 해하고, 채권자에 대한 신의를 어겼으며,

---

252) 채무자가 위탁자, 채권자위원장이 수탁자, 채권자가 수익자가 된다. 즉 정리를 목적으로 채무자가 채권자위원장에게 재산의 관리처분권을 부여함으로써 재산청산신탁이 성립한다.

253) 中村 清, "債權者委員會及び同委員長の法的地位 · 債權者委員長の義務", 「倒産判例百選(第4版)」, 有斐閣, 2006, 203頁.

채무자의 궁박을 이용하여 재산적 급부를 약속하게 하였으므로 공서양속(公序良俗)에 반하여 무효라고 한 일본의 하급심 판결이 있다.[254] 또 채무자가 재고상품을 활용하여 영업을 계속하도록 채권자회의에서 승인한 사안에서 이 회의를 주도한 특정채권자에게 재고상품을 매도하고 대금을 기업에 대한 채권과 상계하기로 약정한 때에는 비록 매도가액이 적정하여도 사해행위가 된다. 배당재원 확보를 위하여 사적정리를 수임한 변호사에게 채권양도를 하였을 때 변호사가 일반채권자의 권리를 무시하지 않고 파산관재업무에 준하여 정리업무를 수행하였다면 사해행위가 되지 않으나, 사적정리 과정에서 우선채권을 무시하거나 정당한 사유 없이 일부 채권자를 유리하게 또는 불리하게 취급한 때에는 사해행위가 성립한다.[255]

실무상 채권자위원장의 절차비용 상환청구권 및 보수청구권은 공익비용으로 일반채권자에 대한 배당에 우선하여 지급된다. 문제는 절차가 파산으로 이행한 때 이 청구권이 파산채권이 되는지 아니면 재단채권으로 취급되는지 하는 점인데 합리적 범위에서 재단채권으로 취급하여야 한다. 채권자위원장에게 지급된 보수는 업무처리의 대가이므로 적정한 범위를 초과하지 않는 한 부인대상이 되지 않는다.[256]

(2) 채권자회의 결의의 효력

채권자회의는 ① 채무자의 재산상태에 관한 정보를 제공하고 ② 정리의 기본방침을 결정하며 ③ 채권자 위원을 선임한다. 채권자 인원의 과반수 및 채권액의 과반수 출석이 일응의 성립요건이다. 다만, 관계인의 회의참석은 강제되지 않고, 회의의 의결은 참가하지 않은 자나 결의

254) 前揭論文, 203頁.

255) 多比羅 誠, "債權者委員長の資産譲受けと詐害行爲", 「倒産判例百選(第4版)」, 有斐閣, 2006, 205頁.

256) 伊藤眞, 前揭書, 40頁. 우리나라에서도 회생파산법 제6조를 유추 적용하면 같은 해석이 가능하다.

에 반대한 자에게는 구속력을 가지지 않는다. 사적정리 참가 여부는 채권자의 자유이고, 자신이 관여하지 않은 결의에 구속될 이유가 없기 때문이다.[257] 따라서 불참자나 반대자는 파산 등 법적 절차를 신청하여 사적정리의 결과를 뒤집을 수 있다. 참가채권자는 불참자의 청산절차 개시신청에 대항하여 재건절차를 신청하여 사적정리의 내용을 재건계획으로 확정시킬 수 있고, 불참자의 파산절차 개시신청을 권리남용으로 주장하여 기각시킬 수도 있다.

채권자회의의 권리변경 결의는 채무자와 채권자 사이의 집단적 합의로서 결의에 참가하여 찬성한 채권자에 대하여 실체법상 효력이 생긴다. 그러나 채권자회의 결의에 찬성한 채권자도 나중에 동의에 하자가 있었음을 알게 되면 무효 · 취소를 주장할 수 있다. 예컨대 채권자회의에서 채무자의 재산을 현저히 과소평가하여 보고하고, 일부 채권자에게는 비밀리에 별도로 변제한 때에는 이를 알지 못하고 한 채권포기는 민법상 착오(錯誤)에 해당하므로 채권자는 사적정리에서 실질적 불공평이 있었다는 점을 주장 · 입증하여 결의의 구속력을 뒤집을 수 있다.[258]

이때 결의에 찬성하지는 않았지만, 회의에 참가하고도 적극적으로 이의를 제기하지 않은 채권자는 정리안에 정하여진 배당을 수령한 때 묵시적으로 동의한 것으로 추정된다. 그 효력을 확실히 하려고 실무상 배당과 동시에 채권자로부터 채권포기서를 받지만, 비록 포기서를 제출하지 않아도 이의를 제기하지 않은 채권자에게는 권리변경(채권면제)의 효력이 미친다.[259] 이에 반하여 채권자회의에 참가하지 않고, 배당도 수령하지 않은 채권자에게 면제의 효력이 미치지 않는 점은 당연하다.

---

257) 河崎祐子, "私的整理案の拘束力", 「倒産判例百選(第4版)」, 有斐閣, 2006, 207頁.

258) 前揭論文, 207頁.

259) 田頭章一, 前揭 「企業倒産處理法の理論的課題」, 10-11頁은 일본 법원이 사적정리의 구체적 원칙을 하나씩 확립하는 방식으로 이를 하나의 도산처리절차로 자리 잡게 하고 있다고 설명한다. 판례로 형성된 원칙은 채권자의 묵시적 동의이론 이외에 채권자위원장의 행동규범, 변호사 수임 후 은행의 예금 · 대출 상계금지가 있다.

또 채무면제의 효력이 보증인의 책임에 영향을 미치는지가 문제이다. 법적 절차에서는 면책의 효력은 보증인의 책임에 아무런 영향을 미치지 않는다. 채무면제가 당사자 사이의 합의에 따른 것이라고 하여 달리 해석할 이유가 없으므로 사적정리에서도 면책의 효력은 채무자에게 국한되고 보증인에게는 영향을 미치지 않는다.[260]

(3) 정리계약의 성질

정리안은 채권자회의에서 승낙을 얻으면 내용이 확정되고, 채무자와 채권자 사이에 조인되면 최종적으로 정리계약으로 성립한다. 정리계약의 법적 성질은 ① 교섭주체인 채권자단체를 민법상 조합으로 보는 조합계약설 ② 사적정리를 단계적 계약관계의 복합체로 파악하여 조합계약에 유사한 무명계약이 기본계약으로 체결된다는 견해 ③ 신탁계약의 틀 안에서 사적정리를 구성하려는 신탁계약설 등이 있다. 그러나 사적정리에서는 다수결에 의하여 권리변경을 할 수 없고, 채권자 · 채무자 사이의 합의로만 기한유예나 채권감면이 가능하므로 정리계약은 사적정리에 동의하는 채권자와 채무자가 재판 외에서 체결하는 개별적 화해계약으로 보아야 한다.[261]

라. 사적정리 · 법적 절차의 선택

기업이 도산하면 이를 사적정리에 의하여 처리할지 아니면 법적 절차를 이용할지를 선택하여야 한다.

사적정리에서는 채권자에 대한 변제비율을 일률적으로 정할 필요가 없어서 일부의 채권자(예컨대 주거래은행)로부터 변제유예 또는 채무감면을 받고, 나머지 상거래채권자나 종업원에 대한 채무는 그대로 변제

260) 伊藤眞, 前揭書, 42頁.
261) 多比羅 誠, 前揭 "債權者委員長の資産譲受けと詐害行爲", 205頁.

하는 정리안도 가능하다. 채권자 중에는 강경파도 있고 온건파도 있기 때문에 사적정리로 강경파와 먼저 합의하여 급한 고비를 넘기는 방법도 있다. 또 사적정리는 주주 · 경영자의 책임을 융통성 있게 처리하는 장점이 있다. 정리안은 '주식 100% 감자 · 경영진 퇴임' 방식으로 작성되는 것이 통례인데 사재 출연을 조건으로 경영진을 잔류시킬 수도 있다.[262] 반면에 사적정리에는 일부 채권자의 강제집행을 저지할 수단이 없고, 한 사람이라도 정리안에 강경하게 반대하면 사적정리 전체가 무너진다는 문제점이 내포되어 있다.

이에 반하여 법적 절차는 공정성이 보장되고, 강경파 채권자를 견제하는 제도(보전처분 등)가 존재하며, 다수결 원리에 따라 소수 반대의견을 배제할 수도 있다. 반면에 법적 절차는 금융기관채권자로부터 상거래채권자까지 모든 채권자를 일률적으로 취급하여야 하므로 유연성이 부족하고, 예납금의 납부가 필요하며, 진행에 기간과 비용이 많이 소요되는 단점이 있다.

도산신청 의무가 없는 우리 법제하에서는 기업이 도산하면 바로 법적 절차를 신청하지 말고 채권자의 협조를 얻어 사적정리를 할 수 있는지를 먼저 검토하는 편이 좋다. 사적정리는 유연성이 있어 최소한의 대처로 경제적 곤경을 타파할 수 있기 때문이다.[263] 또 법적 절차가 개시되면 도산사실이 공개되므로 신용불안을 일으켜 거래처와 고객을 잃을 염려가 있지만, 사적정리를 통하면 굳이 이해관계인에게 도산사실을 알리지 않고 회사를 재건할 수도 있다.[264] 다만, 사적정리는 법적 구속력이 없으므로 강경파 채권자가 매출금을 이미 가압류한 때 · 담보권이 실행된 때 · 작전세력이나 조직폭력배가 개입한 때 · 변제금지 보전처

262) 宗田親彦, 早坂英雄, 前揭論文, 36頁.
263) 伊藤眞, 前揭書, 36-37頁.
264) 宗田親彦, 早坂英雄, 前揭論文, 38頁.

분이 되지 않으면 자금조달이 어려운 때 등은 법적 절차를 신청하여야 한다. 주채권자가 사적정리에 반대할 때 법적 절차를 이용하여야 함은 두말할 나위 없다.

마. 사적정리 · 법적 절차의 연계

(1) 미국과 일본의 제도

미국 연방도산법의 사전결의 계획안(prepackaged plan)은 절차신청 전 사적정리(out of court workout)에서 채무자가 제안한 재건계획안을 법정 다수 채권자가 찬성하였으나, 일부 채권자의 반대로 사적정리가 성립하지 않는 경우 반대채권자에게까지 계획안의 법적 효력을 미치게 하는 제도이다. 제11장 절차개시 전에 계획안에 대하여 수락 · 거절한 채권자 등은 같은 계획안이 재건계획안으로 제출될 때 다시 수락 · 거절을 표명하지 않아도 종전 그대로 의사를 표명한 것으로 간주하는 점에 착안하여 (연방도산법 제1126조) 이를 사전결의 계획안이라고 한다.[265] 계획안에 대하여 사전에 가결요건에 해당하는 찬성을 얻었기 때문에 재건가능성이 크고, 절차 진행에 대하여 거래처나 종업원이 안심할 수 있으며, 계획안 작성을 위한 시간 · 노력이 절약되어 사적정리가 자연스럽게 법적 절차로 연계된다.[266] 채권자가 절차개시 전에 한 수락 · 거절의 의사표시는 ① 법령에 따른 정보제공(증권거래법 등) 또는 ② 적절한 정보 제공 후에 권유(solicitation)가 행하여지고, 같은 조에 속한 대부분의 채권자 · 주주에게 계획안이 배포되었으며, 수락 · 거절을 판단하는 데 충분한 기간이 부여되었다면 절차개시 후에도 그대로

265) 高木 新二郎, 前揭書, 371頁에 의하면 사전결의 계획안은 구연방도산법 제11장 화의절차에서 일반적으로 시행되던 실무를 법제화한 제도로 1990년대부터 LBO와 관련한 대중투자자의 채권(public debt)을 재편성하는 데 널리 이용되었다고 한다.

266) 福岡 眞之介, 前揭書, 306頁은 통상의 제11장 절차는 신청에서 인가까지 1-3년이 소요되는데 사전결의 계획안은 1-3개월이면 사건이 충분히 마무리된다고 한다.

효력이 인정된다. 따라서 제11장 절차개시 후 별도로 관계인집회를 개최하지 않고 바로 법원의 인가를 받아 소수 반대자에 대한 구속력을 확보할 수 있다. 사전결의 계획안은 공개시장에서 거래되는 사채와 같이 채무액에 큰 변동이 없을 때 이용하는 것이 상례이고, 상거래채무처럼 채무가 넓게 분산되고 변동이 많으면 이용하기 어렵다.[267] 그 밖에도 연방도산법은 절차개시 신청이 있어도 법적 절차에 의하지 않는 것이 채무자와 채권자의 이익에 합치할 때에는 신청을 기각(dismiss)하거나 또는 절차를 중지(suspend)할 수 있다고 규정하였다. (같은 법 제305조 a항) 이는 사적정리를 법적 절차와 별개의 도산처리방법으로 인정하여 사적정리를 촉진하고(encourage), 일부 채권자의 법적 절차 신청이라는 위협에 채무자가 대항할 수단을 부여하여 사적정리를 진행하는 당사자 사이의 힘의 균형을 유지한다.[268]

일본 민사재생법은 다수채권자가 사적정리에 동의하였음에도 일부 채권자가 동의하지 않아 재생절차가 개시된 때에는 채권조사 · 확정절차를 생략하고(간이재생), 채무자가 제출한 계획안에 대하여 채권자 전원의 동의가 있으면 조사 · 확정절차뿐만 아니라 재생계획안에 대한 결의도 생략하게(동의재생) 하여 사적정리와 법적 절차를 연계한다.[269] 또 회사갱생 절차에서도 개시신청 당시부터 스폰서 후보가 있고 그 후보자가 구체적 재건방침을 제시하여 채권자 대부분이 찬성한 때에는 관재인도 이를 사전결의형(prepackaged plan)으로 존중하여 사적정리의 내용을 갱생절차에 수용한다.

(2) 회생파산법의 태도

사적정리와 관련하여 회생파산법 제223조는 총부채의 2분의 1 이상

267) Epstein, Markell, Nickles, Perris, supra note 8, at 477.
268) 田頭章一, 前揭「企業倒産處理法の理論的課題」, 14-15頁.
269) 前揭書, 8頁.

에 해당하는 채권을 가진 채권자는 제1회 관계인집회 기일 전까지 회생계획안(사전계획안)을 제출할 수 있고, 계획안에 동의한 채권자는 결의를 위한 관계인집회에서 동의한 것으로 본다고 규정한다. 이는 워크아웃(기업개선작업) 중인 기업에 회생절차가 개시된 때 이미 작성된 기업개선계획을 회생계획안으로 제출하게 허용하여 사적정리와 법적 절차를 연계하려는 것이다. 그러나 회생파산법은 총채권자의 3분의 2 이상이 동의한 때 관리인의 회생계획안 제출기간을 단축하는 조치 이외에는 절차 진행을 촉진할 별다른 규정을 두지 않았다. 이처럼 사전계획안 제도는 미국 연방도산법의 사전결의 계획안을 모델로 하면서도 채권자에 대한 적절한 정보제공과 절차의 과감한 생략이라는 두 가지 핵심요소를 도입하지 않아 제도의 실효성이 떨어진다.[270] 사적정리가 법적 절차에 선행한 경우 선별적으로 진행 과정 일부만 반영하는 데 그치지 말고, 사적정리를 도산처리절차의 하나로 받아들여 그 효력을 대폭 인정함으로써 절차의 중복을 방지한다는 사고방식의 전환이 필요하다. 다만, 선행한 사적정리의 진행 과정이나 그 내용이 도산처리절차로 인정받을만한 공정성과 합리성을 갖추어야 함은 물론이다.

또 사적정리의 목적 · 진행 정도 · 공정성 · 이해관계인의 의견을 고려하면 사적정리에 의하는 편이 법적 절차보다 채권자 일반의 이익에 적합한 때 일부 채권자가 이를 무시하고 법적 절차를 신청하는 행위는 신청권의 남용이다.[271] 즉 이때에는 회생절차는 채권자 일반의 이익에 적합하지 아니한 때(제42조 제3호) · 파산절차는 신청이 성실하지 아니한 때(제309조 제1항 제5호)에 해당하여 개시신청의 기각사유가 된다.

우리나라에서는 전체 도산사건의 75% 정도가 사적정리에 의하여 처

270) 오수근, 전게 「도산법의 이해」, 216-217면은 우리나라에서는 사전계획안이 제출되어도 채권신고와 조사절차를 거쳐야 하므로 미국의 사전결의 계획안과 같은 효과를 기대할 수 없다고 지적한다.

271) 田頭章一, 前揭 「企業倒産處理法の理論的課題」, 21頁.

리되는 데[272] 이를 단순히 법적 절차가 아니라는 이유로 규율을 포기하지 말고 실태조사[273]를 거쳐 도산처리절차의 일종으로 수용하여 법적 절차와 부드럽게 연계하는 입법 조치가 필요하다.

(3) 회생계획에 의하지 않은 M&A

원래 회생절차에서 영업 전부나 일부를 양도하려면 회생계획에 그 목적물 · 대가 · 상대방 · 그 밖의 사항을 정하여야 한다. (제55조 제1항, 제200조) 그런데 회생파산법 제62조는 절차개시 후 회생계획 인가 전이라도 채무자 또는 관리인에게 법원의 허가를 받아 영업 · 사업의 전부 또는 중요한 일부를 양도할 수 있도록 허용하면서 이때에는 법원이 양도 대가의 사용방법을 정하게 하여 회생계획에 의하지 않은 M&A를 가능하게 하였다.

위에서 살펴본 미국 연방도산법의 사전결의 계획안이나 일본의 간이재생 · 동의재생 · 회사갱생 절차의 사전결의형 계획안 등은 모두 절차개시 전부터 채무자와 인수자 사이에 M&A 협의가 진행되어 거의 매듭을 지을 단계에 이르렀는데 일부 채권자가 반대하여 사적정리가 성립되지 못할 때 법적 절차를 통하여 이를 해결하는 제도이다. 주의할 점은 이때 정식의 도산절차에서 계획안 통과에 필요한 법정 다수 채권자

---

272) 영국에서도 기업이 도산하면 대부분 사적재건을 시도하고 그것이 여의치 않을 때 최후선택(last resort)으로 법적 절차를 신청하는데 두 제도를 연계하는 장치는 없다. 사적재건은 경보단계(alarm stage) · 평가단계(evaluation stage) · 재건계획단계(recovery planning stage)로 구분되는데 경보단계에서는 이행기가 도래한 채무를 지급할 자금이 없을 때 기업 경영진이 사적재건 절차를 시작하지만, 당좌대월 한도를 초과하였을 때 주거래은행이 채권자를 소집하는 사례도 있다. 평가단계에서는 주거래은행이 지명한 회계사가 재건가능성과 필요한 조치를 조사하고, 채권자가 채무자의 경영계획을 검토한다. 재건계획단계에서는 재건계획을 작성하고, 구제금융 조건을 협의하며, 채권자 사이의 손실분담 방법과 이자율을 결정한다. 이러한 단계를 거쳐 사적재건에 들어가면 경영진 및 조직개편 · 불필요한 재산처분 · 비용절감 · 채무 재조정 · 출자전환 등으로 재건을 달성한다. Vanessa Finch, supra note 1, at 213-216.

273) 우선 필요한 조사는 사적재건과 사적청산의 비중 · 정리안의 유형 · 소액채권자의 취급방식 · 소요기간과 비용 등이다. 자료가 갖춰진 법적 절차와는 달라 조사에 어려움이 있겠지만, 금융권과 기업관련 단체의 협조를 얻으면 표본조사 정도는 가능하리라고 본다.

의 동의가 이미 확보되어 있다는 사실이다. 즉 신속하고 경제적인 절차 운영을 통하여 채권자 자치의 원칙을 실질적으로 구현하는 데 제도의 중점이 있다.

그러나 회생파산법상의 회생계획에 의하지 않은 M&A는 채권자를 배제하고 법원이 직권으로 양도 대가의 사용방법까지 정해버리므로 채권자 자치를 근본적으로 침해한다.[274] 채권자의 결정권은 ① M&A를 하느냐 아니면 채무자를 존속시켜 영업을 계속하게 하느냐 ② M&A를 한다면 누구를 상대방으로 하여 어떤 방식으로 추진하느냐 ③ 그 대가를 어떻게 배분하느냐를 모두 포함하는데 법원이 이를 모두 결정하면 당사자의 재산상 권리를 동의 없이 마음대로 처분하는 결과가 된다. 따라서 비록 법률 조항이 존재한다고 하여도 실무에서는 그 적용을 삼가고, 적절한 입법을 통하여 개선책을 시급히 마련하여야 한다.

274) 이 조문은 채권자 자치를 부정하는 프랑스 도산법을 연상시키고, 우리 헌법하에서는 위헌의 소지도 있다.

3 독일 신도산법의 절차선택

가. 채권자집회의 선택권

독일에서는 전통적으로 채권자가 절차를 실질적으로 통제하는 채권자 자치(Gläubigerautonomie)를 보장하였는데 채권자 자치는 신도산법에서 더욱 강화되었다. 이는 경제적 이해관계의 직접 당사자가 절차에서 결정권을 행사한다는 사고방식이다. 따라서 종업원이든 정부기관이든, 채권자가 아닌 이해관계인은 지배적 영향력을 행사하지 못한다.[275]

독일 신도산법에서는 제1회 채권자집회(보고기일: Berichtstermin)에서 채권자가 사건을 청산절차로 처리하는지 아니면 재건절차로 처리하는지를 결정한다. 관재인이 채무자의 재정상태 · 도산원인 · 재건가능성 · 배당내용 그리고 청산 · 재건 가운데 어느 쪽이 채권자 만족에 유리한지 보고하면 채권자집회가 기업의 존속 여부를 결의한다. 집회의 결의는 찬성한 채권자의 총채권액이 투표한 채권자의 총채권액의 2분의 1을 초과하면 성립한다. 채권자집회가 도산계획에 의한 재건방법을 선택한 때에는 관재인에게 계획안 작성을 위탁하고, 관재인은 감사위원(Gläubigerausschuß) · 노조위원(Betriebsrat) · 간부사원 대표 · 채무자의 조언을 받아 계획안을 작성한다. 반대로 채무자의 해체 · 청산이 결의되면 관재인은 즉시 재산의 환가절차에 착수한다.[276]

나. 청산을 선택한 때

제1회 채권자집회가 청산을 선택하면 관재인은 즉시 환가

275) Axel Flessner, "National Report for Germany", 「Principles of European Insolvency Law」, Kluwer Legal Publishers, 2003, at 332.

276) 三上威彦, 前揭書, 79頁.

(Verwertung)에 착수한다. 부동산은 별제권자가 있어도 관재인이 집행법원에 강제경매 · 강제관리를 신청하여 통상의 집행절차에 의하여 환가할 수 있고, 관재인이 점유하는 동산은 임의 매각할 수 있다.

배당(Verteilung)은 조사기일에서 채권조사를 마친 후 관재인이 채권자위원회의 동의를 얻어 실시하지만, 배당재원이 충분히 확보된 다음 시행한다. 또 배당은 배당표에 기하여 시행하는데 관재인은 채권총액 및 배당액을 미리 공고하여야 한다. 배당에는 채권자위원회가 배당액을 결정하는 중간배당(Abschlagsverteilung), 법원의 동의가 필요한 최후배당(Schlussverteilung), 최후배당 후 시행하는 추가배당(Nachtragsverteilung)의 세 종류가 있다. 재단의 환가가 종료되고 법원이 최후배당에 동의하면 최종 채권자집회 기일을 지정한다. 관재인이 결산보고서를 제출하면 법원은 보고서를 세무사 · 회계사로 하여금 감정하게 하고 채권자위원회의 의견을 듣는다. 최후배당이 종료되면 법원은 절차종결(Aufhebung) 결정을 한다.[277] 또 환가 도중에 재단부족으로 절차비용을 충당할 수 없으면 즉시 절차를 폐지한다.

다. 재건을 선택한 때

독일 신도산법은 미국 연방도산법 제11장을 모델로 하여 도산계획(Insolvenzplan)에 의한 기업재건절차를 도입하였는데 청산을 위한 도산계획 작성도 가능하다. 신도산법 제217조는 "도산계획에서는 별제권자 · 채권자의 만족, 재단의 환가 · 배당 및 절차종결 후 채무자의 책임에 관하여 이 법의 규정과 달리 정할 수 있다."라고 허용하여 법규정에 구애받지 않고 사안에 따른 탄력적 도산계획을 정할 수 있다.

도산계획의 구체적 내용은 채무자의 경제상황, 특히 재건가능성에

277) 이상영, 전게 「외국파산법」, 130-131면.

따라 결정되는데 기본적으로는 ① 청산(Liquidation) ② 양도재건(die übertragende Sanierung) ③ 자주재건(Sanierung des Schuldners)의 세 종류가 있다. 그러나 이는 어디까지나 전형적 모델이고 법률에 위반되지 않는 한 채권자 자치 원칙에 따라 도산계획의 내용은 얼마든지 자유롭게 정할 수 있다. 청산에서는 예컨대 별제권의 목적인 부동산에 대하여 별제권자가 당분간 권리 행사를 하지 않고 기업을 존속시켰다가 사후에 청산하여 배당하는 방법을 채택할 수도 있다. 즉 기업의 존속과 청산을 유연하게 조합한 도산계획이 인정되고, 기업양도와 청산을 단계적으로 행하는 단계계획(Stufenplan)도 인정된다. 양도재건에서는 계속기업가치를 적절히 평가한 가격을 매각대금으로 정하여야 한다는 점에서 그 평가방법이 핵심과제가 되고, 자주재건에서는 신규자금 차입 · 감자 · 증자에 의한 자기자본 확충과 채무초과 상태의 제거가 필요하다.[278)]

관재인과 채무자는 도산계획안을 제출할 수 있는데 실무에서는 채무자가 절차개시 신청과 동시에 계획안을 제출하는 경우가 잦아 이때에는 법원이 보전관리인을 선임하여 기업의 재건가능성(Aussichten für eine Fortführung des Unternehmens)에 대한 심사 · 보고를 명한다. 관재인이 계획안을 제출할 때에는 기업재건에 협조를 얻는다는 취지에서 채무자의 동의를 구하는데 채무자가 공식적으로 반대하지 않는 한 동의한 것으로 간주한다. 또 법원은 채무자가 반대하더라도 절차를 진행할 수 있다.[279)]

278) 吉野正三郎, 前揭書, 45-47頁.

279) Axel Flessner, supra note 275, at 361.

4 절차일원화의 전제조건

복수절차형에서는 청산형 · 재건형, DIP형 · 관리형이라는 복수절차를 두어 개시신청 단계에서 신청인이 한 가지를 선택하고, 단일절차형에서는 일률적 절차를 두어 신청인에게는 포괄적 개시신청권만 인정하고 절차개시 후 채권자 또는 법원이 구체적 처리방법[280]을 결정한다. 우리나라는 미국, 일본과 함께 복수절차형에 속하고,[281] 독일과 프랑스는 단일절차형에 속한다.

단일절차형의 장점은 ① 채권자 또는 법원이 사안에 따라 적절한 처리방법을 선택하고 ② 채무자가 절차를 조기에 신청하며 ③ 절차 사이의 이행조치가 필요 없고 절차가 간소화되는 데 있다. 이에 대한 비판으로 ① 시장경제 체제하에서는 신청인(채무자)이 청산 · 재건의 선택권을 가져야 하고 ② 단일절차형을 채택하면 채무자 의사에 반하여 청산이 개시될 것을 두려워하여 절차신청이 오히려 지연되며 ③ 단일절차형은 재건을 우선하므로 기업의 조기 청산을 막아 채권자에게 손해를 보게 한다는 지적이 있다.[282]

절차가 개시되면 채권자의 강제집행이 금지되고, 채무지급도 유예되며, 재건 기회가 부여되는 등 다방면으로 채무자가 보호되는 점을 고려하면 채무자가 구체적 도산처리절차까지 선택하게 허용하는 것은 과잉보호이고, 그만큼 채권자의 희생을 강요하게 된다. 또 단일절차형에 대

280) 복수절차형에서는 정형화된(ready-made) 절차 가운데 하나를 선택하므로 처리절차라는 용어를 사용하지만, 단일절차형에서는 일원화된 절차 안에서 정형화된 틀에 매이지 않고 구체적 사안에 맞는 사건처리를 추구하므로 처리절차 대신 처리방법이라는 용어를 사용한다.

281) 우리나라와 미국은 복수절차형에 속하면서도 단일한 도산법을 가지고, 일본은 개별절차를 따로 규정한 복수의 법률을 가진다.

282) 伊藤眞, 前揭書, 18頁.

한 비판에는 논리적 결함이 있다. 구체적으로 보면 ① 채무자가 도산한 다음에는 기업의 실질적 소유권이 채무자(주주)로부터 채권자에게 옮겨지므로 채권자가 청산 · 재건의 선택권을 행사하여야 시장경제 원리에 맞고 ② 도산신청이 지연된다는 것은 근거 없는 비판이지만, 도산신청 자체를 의무화하면 논쟁의 여지가 없어지며 ③ 조기 청산을 막는다는 비판은 재건을 우선하는 프랑스 도산제도에는 타당하지만, 재건을 우선하지 않고 채권자가 자율적으로 처리방법을 선택하는 독일 제도에는 합당하지 않다. 따라서 출구는 여러 개로 하되 입구는 하나로 통일하는 단일절차형이 더욱 합리적이다.

단일절차는 적절한 처리방법을 선택하여 하나의 절차 안에서 도산사건을 종국적으로 해결하는 장점이 있지만, 도산처리절차를 일원화하려면 몇 가지 전제조건이 요구된다.

가. 명확한 목적 설정

도산처리절차의 일원화는 도산법의 목적을 명확히 설정하는 데에서 출발한다. 진행절차와 방식은 조금 달라도 개별 절차가 근본적으로 같은 목적을 지향할 때에는 일원적 절차가 바람직하다. 그러나 청산형 절차와 재건형 절차의 목적이 다르다면 일원적 절차를 운용하는 것은 비효율적이다. 개별 절차의 목적이 서로 다르면 제도의 내용도 달라지므로 사건을 일률적으로 처리하지 말고, 처음부터 신청인의 목적에 적합한 절차를 선택하는 쪽이 합리적이기 때문이다.[283)]

일원화된 절차를 운용하는 독일과 프랑스의 예를 보면, 우선 독일 신도산법 제1조는 도산절차는 채권자에게 공동 만족을 부여함을 목적으

283) 최성근, “기업도산절차의 일원화에 관한 시론적 연구”, 「상사법연구 21권 1호」, 한국상사법학회, 2002, 373면. 이 논문은 국회전자도서관(http://u-lib.nanet.go.kr:8080)에서 인용하였다.

로 한다고 규정하여 도산법의 목표가 기업재건이 아니라 채권자의 만족이라는 점을 명백히 밝혔다. 또 프랑스 도산법은 사업의 구제 · 경제활동과 고용의 유지 · 채무의 이행이라는 목적 가운데 사업의 구제를 도산절차의 최우선 목표로 하고, 단일한 법률 안에 재건절차와 청산절차를 두어 재건이 불가능하다고 판명될 때 비로소 청산으로 이행한다.[284] 이는 고용확보와 실업방지를 위하여 재정적 파탄에 빠진 기업을 가능한 한 재건하려는 정책에 기초한 재건우선주의이다.[285] 프랑스에서는 도산절차 개시신청이 있으면 관찰기간(période d'observation)을 설정하여 그동안에 법원이 사업계속 · 영업양도 · 청산 중 하나를 선택하므로 청산이건 재건이건 도산절차로 들어오는 입구는 하나뿐이다. 1994년 개정법은 재건할 수 없음이 명백한 때에는 바로 청산하도록 하고, 2005년 도산법은 사업구제절차를 신설하였으나 절차일원화의 원칙은 그대로 살아있다. 요컨대 독일은 채권자의 만족, 프랑스는 사업의 구제라는 명확한 목적을 가진다.

회생파산법 제1조는 채무자 또는 그 사업의 효율적 회생을 도모하거나, 채무자 재산을 공정하게 환가 · 배당하는 것이 회생파산법의 목적이라고 하였으나, 그것만으로는 절차의 목적을 명확히 알기 어렵고, 파산절차와 회생절차 가운데 어느 하나를 우선하는[286] 규정도 존재하지 않는다. 따라서 도산처리절차를 일원화하려면 시장경제 원리에 따라 채권자의 권리를 최대한 보장함이 도산법의 목적이라고 명백히 밝힐 필요가 있다.

---

284) 小梁吉章, 前揭書, 6頁.

285) 최성근, 「프랑스의 도산법」, 한국법제연구원, 1998, 13면.

286) 회생파산법 제58조는 회생절차가 개시되면 새로이 파산신청을 할 수 없고, 이미 개시된 파산절차는 중지된다고 규정하나 이는 절차상 편의를 위한 조치일 뿐 회생우선주의를 채택하였다는 의미는 아니다.

나. 도산신청의 의무화

일원화된 절차가 제대로 기능 하려면 채무자에 지급불능 등 도산원인이 발생할 때 기업 경영진에게 도산절차를 개시신청할 의무를 부과하여야 한다. 독일에서는 기업에 지급불능 · 채무초과가 발생하면 대표자가 3주 이내에 절차개시를 신청하여야 하는데 특히 주식회사는 지급불능 · 채무초과 발생 즉시 개시신청을 하게 하여 채권자를 보호한다.[287] 프랑스에서는 1985년 도산법은 지급정지 후 15일 이내에 채무자가 절차개시 신청을 하도록 의무를 부과하였고, 2005년 개정법은 유예기간을 15일에서 45일로 연장하였다. 만약 채무자가 이에 위반하여 개시신청을 늦추면 개인파산을 선고받아 회사경영 금지와 법인 의결권 상실이라는 제재를 받는다.[288] 특히 경영자가 지급정지 상태로 기업 경영을 계속하여 적극자산 부족분을 증대시킨 때에는 이를 개인적으로 전보할 책임을 지므로 프랑스에서는 지급정지가 되면 경영자가 바로 도산절차를 신청한다.[289]

우리나라에서도 기업이 도산한 때에는 경영진에게 도산절차를 개시신청할 의무를 부과하여야 한다. 도산기업은 채무자(주주 또는 경영진)의 소유가 아니고 채권자의 실질적 소유로 귀속되므로 채무자에게 더는 기업의 운명을 맡길 수 없기 때문이다.[290]

다. 관재인의 절차 진행

일원화된 절차는 전문지식과 경험을 갖춘 관재인이 진행하여야 한

287) 이상영, 전게 "유럽 기업회생법제의 특색과 시사점", 386-387면.

288) 小粱吉章, 前揭書, 77頁.

289) 최성근, 전게 「프랑스의 도산법」, 17면.

290) 도산신청을 의무화하면 사적정리를 법적 절차로 편입하여 법 적용의 사각지대를 없애고, 도산사건이 증가하므로 관재인을 전문가 집단으로 양성하여 그 자질을 높이며, 기업도산 사건 전체를 통일적 기준에 따라 처리할 수 있다.

다. 채무자가 DIP로서 절차를 진행하면 아무래도 기업 자체의 재건에 집중하고, 만약 M&A나 청산이 불가피할 때에는 절차에 큰 관심을 두지 않아 채권자의 손해가 확대될 우려가 있기 때문이다. 또 채권자 평등의 원칙 · 절대우선의 원칙 · 청산가치의 보장을 적용할 때에도 절차의 제삼자인 관재인이 채무자보다 더 공정하고 객관적으로 채권자를 보호할 수 있다. 다만, 관재인이 도산기업의 경영을 맡는 때에는 실정을 파악하는데 시간이 다소 걸릴 수 있지만, 경영자를 제외한 종업원 대부분이 회사에 남아 있으므로 그들의 도움을 받으면 기업의 궁극적 운명이 결정될 때까지 임시로 관리 · 경영하는 데에는 큰 지장이 없다. 종업원은 회사가 존속하여야 자신의 일자리도 확보되므로 관재인의 기업경영을 온 힘을 다해 돕기 때문이다.

관재인이 채권자에게 채무자에 대하여 정확하고 상세한 판단자료를 제공하지 않거나 또는 채권자가 선택한 도산처리방법을 효과적으로 시행하지 못하면 절차선택권은 실질적 의미를 잃게 된다. 이러한 의미에서 관재인의 자질과 자세는 일원화된 절차의 성패를 좌우하는데 역량 있는 관재인을 양성하려면 자격시험과 교육훈련, 신분보장이 필수적이다. 영국에서는 관재인이 되려면 자격시험을 거쳐 도산실무가(insolvency practitioner) 자격을 취득하여야 하고 관재인은 종류에 따라 사법관(officer of the court) 또는 공무원(office holder)으로 취급되며, 프랑스는 관재인의 기능이 법정관리인(administrateur judiciaire)과 법정대리인(mandataire judiciaire)으로 양분되어 전자는 채무자의 경영을 감독하고 후자는 채권자의 포괄적 이익을 대표하는데 양자 모두 자격시험을 거치는 전문직으로서 공무원이다. 우리나라도 영국과 프랑스의 제도를 참고하여 일정기간의 훈련과 자격시험을 거쳐 도산사건을 전담하는 전문가 집단을 양성하여야 한다.

라. 유연한 도산계획

일원화된 절차가 제대로 기능을 발휘하려면 도산계획이 사안에 따라 유연하게 작성되어야 한다. 독일 신도산법의 대표적 유형인 청산 · 양도재건 · 자주재건은 물론이고, 사적정리까지 법적 절차 안으로 포용하여 통일적 절차 안에서 모든 사건을 실질적으로 해결할 필요가 있다. 그렇게 하여야만 절차 안에서 가장 적합한 처리방법을 선택할 수 있고, 절차가 목적을 달성하지 못한 채 종료하는 사태를 막을 수 있다.[291)]

그런데 절차 진행 과정에서 도산계획안이 그대로 채택될 가능성이 크다는 점에서 계획안 제출권은 중요한 의미가 있다. 독일 신도산법은 관재인과 채무자에게 계획안 제출권을 부여하는데 관재인은 자신이 주도적으로 계획안을 제출할 수도 있고, 채권자집회로부터 위탁을 받아 제출할 수도 있다. 프랑스에서는 법정관리인(administrateur judiciaire)이 기업에 대한 경제적 · 사회적 보고서(bilan économuque et social)와 재건계획안을 준비하고, 재건할 수 없는 때에는 청산을 제안한다. 관리인은 보고서에서 자주재건(plan de continuation)이냐 양도재건(plan de cession)이냐 아니면 사업을 분리하여 자주재건과 양도재건을 혼합하느냐를 제안한다. 이때 채무자는 대안을 제시할 수 있고, 채권자도 관리인에게 계획안을 제출할 수 있다.[292)]

회생파산법은 청산을 내용으로 하는 회생계획안을 허용하고, 관리인 · 채무자 · 회생채권자 · 회생담보권자 · 주주 등 모든 이해관계인에게 계획안 제출권을 부여한다. 그러나 이는 회생과 파산을 엄격히 분리하는 전제하에서 마련된 제도이므로 절차 일원화를 위하여는 근본적 재검토가 필요하다. 다양하고 유연한 도산계획을 작성하려면 먼저 청

291) 木川裕一郎, 前揭書, 62頁.

292) Marie-Danielle Schödermeier and Françoise Pérochon, supra note 61, at 254, 296.

산이 아니면 재건이라는 고정관념에 얽매이지 않고 어느 쪽에도 속하지 않는 중간지점에 있는 처리방법을 인정하며, 강행규정에 위반하지 않는 계획안은 무엇이든지 허용하여야 한다. 즉 파산 또는 회생이라는 어느 한 틀에 사건을 맞추어 넣는 방식이 아니라 구체적 사건에 적합한 처리방법을 선입관 없이 창조하는 방식이다. 또 일원화된 절차에서는 채권자가 도산처리방법을 선택하므로 채무자와의 균형상 채권자에게는 계획안 제출권을 부여하지 말아야 한다.

마. 채권자의 선택권

일원화된 절차에서는 정당한 권리자가 구체적 도산처리방법을 선택하여야 절차의 궁극적 목표를 달성할 수 있다. 독일에서는 채권자가 처리방법을 선택하지만, 프랑스에서는 법원이 그 역할을 담당한다. 또 우리나라와 미국, 일본에서는 사실상 채무자가 선택권을 행사한다.

(1) 법원의 선택권 행사와 문제점

프랑스의 도산절차에서는 채권자의 동의 없이 상사법원(tribunal de commerce)이 독자적으로 채무자의 재건 여부 · 구체적 재건 방법 · 채권자에 대한 지급조건을 결정한다. 이러한 법원의 권한 행사는 채권감면 또는 변제기간 유예라는 채권자의 희생을 전제로 하지만, 채권자에게는 그 의사를 결집하여 이를 절차에 반영할 수단이 부여되지 않는다.[293] 이 점에서 독일 신도산법이 제1회 채권자집회에서 채권자로 하여금 구체적 도산처리방법을 선택하게 하는 방식과는 극과 극의 대조가 된다.

프랑스에서는 법원이 절차상 전권을 행사하므로 채권자위원회가 설치되지 않고 경우에 따라 법원이 임명하는 법정대리인(mandataire

293) 최성근, 전게 「프랑스의 도산법」, 15면.

judiciaire)을 통하여 의견을 제시할 수는 있지만, 채권자의 직접 참여는 허용되지 않는다. 법정대리인은 총채권자의 이익을 대표하므로 채권자 대표(représentant des créanciers)라고 불리기도 하지만 채권자는 아니고 법원이 자격자 중에서 선택하여 임명하는 공무원이다. 가령 법정대리인이 직무수행에 소극적이고 총채권자의 이익을 보호하는 조치를 게을리하여도 개별채권자가 총채권자의 이익을 주장하면서 권리행사를 할 수는 없다.[294]

이처럼 법원이 강력한 권한을 행사하는 근거는 상사법원은 평상시에도 기업의 재무정보를 제출받아 후견적 역할을 담당하고, 상사법관은 상인 중에서 호선으로 선임된 베테랑실업가이므로 도산사건이 경제에 미치는 영향을 판단하는 적임자라는 데 있다.[295]

그러나 채무자를 청산하느냐 재건하느냐는 판단은 투하자본을 바로 회수하느냐 아니면 재투자하느냐는 투자판단(投資判斷)이므로 채권자에게 결정권이 부여되어야 한다. 법원이 채권자의 의사를 무시하고 도산기업의 처리방향을 결정하는 행위는 마치 정상적 기업의 의사결정권을 주주나 경영진으로부터 박탈하여 법원이 행사하는 일과 마찬가지이다. 이러한 이치는 상사법관이 비록 경제 전문가라고 하여도 달라지지 않는다. 시장경제 원리는 시장 참가자의 자율적 결정을 기반으로 하고, 참가자의 결정을 제삼자가 대신할 수는 없기 때문이다.

(2) 채무자의 선택권 행사와 문제점

우리나라에서는 채무자와 채권자 모두 절차개시 신청권을 가지지만, 채무자 신청사건이 압도적이므로 실제로는 채무자가 도산처리절차를 선택한다. 미국 연방도산법이나 일본의 도산법제에서도 채무자와 채권

294) Marie-Danielle Schödermeier and Françoise Pérochon, supra note 61, at 259.
295) 小梁吉章, 前揭書, 121-122頁.

자가 함께 신청권을 가지나 실무상 결과는 우리나라와 마찬가지이다. 채무자가 재건형과 청산형 가운데 어느 하나를 선택하는 법제하에서는 채무자의 필요에 따라 절차선택이 이루어지기 때문이다.[296] 법원은 절차가 개시되면 여러 가지 강력한 권한을 행사하나, 개시신청이 없으면 전혀 관여할 수 없고, 채권자도 도산처리절차의 선택과 관련하여 수동적 입장에 선다.

채무자가 선택권을 행사하면 현실적으로 재건가능성이 없는데도 사업계속을 위한 마지막 방법으로 재건형 절차를 선택하여 청산을 회피하고 기업 존속을 연장하는 폐단이 생긴다. 이때에는 재건형 절차에서 소비된 시간과 비용에 상응한 결론을 얻지 못하고, 채권자는 청산절차에서 배당받는 금액(청산가치)보다 오히려 적은 배당을 받게 된다. 또 기업 매수자가 나타나면 매각대금으로 채권을 변제할 수 있으리라는 막연한 희망을 품고 그때까지 영업을 계속하기만 바라며 재건형을 선택하는 사례도 있다. 하지만, 사업계속에 대한 확고한 의지 없이 기업 생명의 연장만 꾀하는 전략은 실패하기 마련이고 결국 청산으로 이행하여 채권자의 손해를 확대시킨다.

또 기업이 도산하면 그 실질적 소유자(residual owner)가 채권자로 바뀌고 구주주는 기업 소유권을 잃는데도 기업도산 이전에 구주주가 선임한 구경영진이 구체적 도산처리절차까지 선택하는 것은 부당하다. 이는 회생절차가 개시되면 경영진이 그대로 관리인 업무를 맡는 회생파산법하에서는 더욱 그러하다. 경영진은 관재인에게 권한을 넘겨야 하는 파산절차보다는 자신의 지위가 유지되는 회생절차를 훨씬 선호하고, 회생절차가 개시된 다음에도 M&A보다는 기존회사의 지배구조를 유지하는 데 온 힘을 쏟을 것이므로[297] 절차의 적정한 수행을 기대할

296) Martin A. Frey, Phyllis H. Frey, Sidney K. Swinson, supra note 19, at 88.

297) 서울중앙지방법원 파산부 실무연구회, 「회생사건실무 하(제3판)」, 박영사, 2011,

수 없기 때문이다.

(3) 채권자 자치와 선택권

도산법은 채무자가 지급불능에 빠져 모든 채권자를 완전히 만족하게 할 수 없는 상태가 되었을 때 채무자의 총재산가치를 실현하는 방식(포괄집행)으로 민사집행법(개별집행)을 보완하는 법 체계이다.[298] 따라서 채무자의 도산으로 직접적 피해를 본 당사자인 채권자에게 처리방법(집행방법)의 선택권을 부여하는 것이 당연하다.

또 절차를 진행할 때에는 채권자의 의사를 최대한 존중하고 그 이익을 침해하지 않도록 채권자 자치(Gläubigerautonomie)가 보장되어야 한다. 이는 절차개시 전에 채권자가 가지는 권리가 최대한 존중되고, 절차에서도 사적자치 또는 계약자유의 원칙이 관철되며, 국가에 의한 시장개입(市場介入)이 금지됨을 의미한다. 집단적 절차의 특성상 채권자 자치가 어느 정도 제약을 받는 점은 불가피하지만,[299] 도산처리방법의 선택권은 채권자가 자치적으로 행사하여야 한다. 절차 진행자인 법원이 직접적 이해관계인인 채권자를 대신하여 처리방법을 선택하면 경제적 자유가 침해되고, 기업도산을 일으킨 채무자가 처리절차까지 선택한다면 채권자 보호는 공허한 구호로 돌아가기 때문이다.

165면은 채무자가 독자생존 방식의 계획을 수행할 수 없거나 신규 투자자금이 투입되지 않으면 더는 시장에서 생존할 수 없을 때에는 M&A를 도산기업의 재건방안으로 추진하자고 제안한다. 이 설명은 채무자가 종전의 기업 지배구조를 유지하려고 하므로 M&A에는 소극적이라는 사실을 전제로 한다.

298) 水元宏典, 前揭書, 32頁.

299) 김재형, 전게 “통합 도산법안의 주요쟁점”, 47면.

IV

P·A·R·T

절차의 개시

1 보전처분 등과 자동중지(automatic stay)

도산신청이 있으면 채무자가 도산하였다는 사실이 외부에 알려지지만, 절차는 개시결정이 있어야 시작되고(회생파산법 제49조, 제311조), 관재인에게 재산의 관리처분권이 이전되는 시점도 개시결정 때이다. 그런데 실제로는 개시신청이 있으면 채무자의 도산이 확실히 예상되므로 여러 가지 문제가 발생할 우려가 있다. 채무자 측에는 재산을 미리 감추거나 특정채권자에게 편파변제(偏頗辨濟)할 가능성이 있고, 채권자 측에는 권리행사의 제한을 면하려고 개시결정 전의 혼란을 틈타 채권을 추심하거나 변제를 강요할 위험성이 있다. 이를 그대로 두면 개시결정이 되어도 절차를 질서정연(秩序整然)하게 진행할 수 없어 채권자 사이의 평등을 해하고, 재단이 감소한다. 절차가 제 기능을 다하게 하려면 어떤 방법으로든 이러한 결과를 막을 필요가 있다.[300)]

가. 보전처분 · 중지명령 · 포괄적 금지명령

(1) 보전처분

도산법상의 보전처분(保全處分)은 채무자에게 일정한 행위를 명하거나 또는 일정한 행위를 금지함으로써 재단과 채권자의 이익을 보전함을 목적으로 하고, 재산처분금지 · 변제금지의 보전처분이 이에 해당한다. (회생파산법 제43조, 제323조) 다만, 변제금지 보전처분은 채무자에게 채권자의 권리행사에 대항하는 수단을 부여하는 면이 있으므로 채무자의 이익(재단이 보전되므로 결과적으로는 채권자의 이익이 된다.)을 보호하는 기능도 가진다.

300) 加藤哲夫, 前揭「破産法」, 87頁.

민사집행법상의 보전처분은 권리가 본안소송(本案訴訟)에서 확정될 때까지 개별적 권리자를 위하여 본안의 권리실현을 보전하는 수단이다. 이와 비교하면 도산보전처분은 ① 신청인의 이익뿐만 아니라 총채권자의 이익을 위하여 재단을 보전하고 ② 가압류 · 가처분 외에도 다양한 종류의 보전처분이 인정되며 ③ 신청인이 본안소송을 예정하지 않고 ④ 원칙적으로 담보제공이 요구되지 않는 점이 특징이다. 또 명문 규정은 없지만, 절차의 목적 · 성질 · 구조에 반하지 않는 한 도산보전처분에도 민사집행법이 준용된다. 다만, 도산보전처분은 직권으로 발령 · 변경 · 취소할 수 있으나, 민사보전처분은 당사자의 신청에 따른다.[301)]

도산보전처분은 이해관계인의 신청 또는 직권으로 한다. 신청인은 물론 다른 채권자와 채무자도 위 이해관계인에 포함되고, 보전처분은 신청인의 이익만을 목적으로 하지 않으므로 담보는 요구되지 않는다. 보전처분에 관하여 법원은 구두변론을 거치지 않고 재판할 수 있고, 그 재판에 대하여 즉시항고가 가능하나, 집행정지의 효력은 없다. 또 법원은 언제든지 보전처분을 변경하거나 취소할 수 있다.

변제금지와 같이 부작위를 명하는 보전처분은 집행이 필요 없지만, 가압류는 집행이 필요할 때가 있고, 등기 · 등록된 권리에 대하여 처분금지 가처분이 발령된 때에는 그러한 취지의 등기 · 등록이 촉탁된다. 일반적인 보전처분은 재단의 확보에 관한 처분 즉 부동산 등 재산의 가압류와 처분금지 가처분이다. 또 보전처분의 목적은 재단에 속하는 재산을 확보하는 데 있으므로 그 대상인 재산은 재단에 속하여야 한다.[302)]

보전처분의 대표적 유형의 하나로 변제금지 보전처분이 있는데 그 목적은 채무자가 특정채권자에게 편파변제하지 못하도록 막는 데 있

---

301) 松下祐記, "保全處分の對象", 「倒産判例百選(第4版)」, 有斐閣, 2006, 25頁.
302) 伊藤眞, 前揭書, 101頁.

고, 이 보전처분은 채무자가 채권자에게 변제를 거절하는 수단으로 활용될 때가 잦다. 변제금지 보전처분이 가능하다는 명문규정은 없으나, 해석상 허용된다고 보는 견해가 일반적이다.[303] 채무자가 자신을 대상으로 하여 변제금지를 구하지만, 총채권자를 위하여 재단을 보전할 목적을 가지므로 보전처분의 성질에 적합하기 때문이다. 통설 · 판례는 변제금지 보전처분은 채무자의 임의변제를 금지하는 부작위 명령이므로 채권자의 추심권은 박탈되지 않는다고 본다. 따라서 보전처분 발령 후에도 채권에 대하여 소송제기 또는 강제집행이 가능하고, 실체법상으로 변제금지 보전처분에 의하여 유예 효과가 생기지 않으며, 이행기가 변경되지도 않는다. 종전에는 변제금지 보전처분은 채권자의 권리행사를 금지하는 효력이 없고, 실체법상 이행기 도래를 막지도 못하므로 채무자는 이행지체(履行遲滯)의 책임을 면할 수 없고, 채권자는 이행지체에 기하여 계약해제를 할 수 있다는 견해가 일반적이었다. 그러나 변제금지 보전처분은 이행지체의 효과발생을 저지하지는 않지만, 형평의 견지에서 일부 채권자가 이행지체를 이유로 계약을 해제하여 목적물을 환취하는 행위는 허용할 수 없다는 학설이 점차 지배적으로 되었다. 즉 보전처분이 발령됨에 따라 채무자가 변제금지라는 제한을 받으므로 채권자는 채무자의 귀책사유로 말미암은 이행지체 · 지연배상 · 계약해제를 주장할 수 없다는 취지이다.[304] 일본 판례도 회사갱생절차의 변제금지 보전처분에서 같은 견해를 채택하였다.[305] 다음으로 변제금지 보전처분에 위반한 변제의 효력은 학설상 다툼이 있으나, 변제가 유효하다는 견해는 보전처분의 실효성을 잃게 하므로 문제가 있고, 보전처분이 공시되지 않은 상황에서 변제가 무효라고 보는 해석도 무리

303) 전병서, 「도산법(제2판)」, 법문사, 2007, 59면.
304) 加藤哲夫, 前揭 「破産法」, 93頁.
305) 三木浩一, "辨濟禁止保全處分の效力", 「倒産判例百選(第4版)」, 有斐閣, 2006, 27頁.

가 있다. 따라서 통설에 따라 채권자가 보전처분에 대하여 선의인 때에만 변제가 유효하다고 봄이 타당하다.[306] 다만, 악의의 증명책임은 변제가 무효라고 주장하는 측에 있다.

채무자가 파산선고 전에 재산을 수익자에게 사해양도(詐害讓渡)하면 관재인은 수익자를 상대방으로 부인권(否認權)을 행사하여 목적물을 파산재단에 복귀시킨다. 또 수익자가 목적물을 제삼자에게 전전 양도한 때에는 관재인은 전득자에게 부인권을 행사한다. 그러나 전득자에 대한 부인은 요건이 엄격하므로 부인권 행사의 실효성을 유지하려면 목적물이 수익자로부터 제삼자에게 전전 양도되는 것을 막을 필요가 있으므로 수익자를 상대로 하여 처분금지 가처분을 내용으로 하는 보전처분을 인정하여야 한다는 논의가 있다. 일본 신파산법은 부인권을 보전할 필요가 있으면 법원이 가압류 · 가처분 등의 보전처분을 할 수 있도록 명문으로 규정하였는데 이 보전처분은 일반적 보전처분과 달리 파산선고에 그 효과가 흡수되지 않고, 부인의 청구 등 절차를 거쳐 목적을 달성한다. 이는 민사보전법(民事保全法)[307]의 보전처분과 같은 성질을 가지므로 그 법의 규정을 준용하도록 하였다. 또 파산절차가 개시된 후 부인권의 행사 여부는 관재인 판단에 맡기는데 파산선고 후 1개월 이내에 관재인이 부인권을 행사하지 않으면 보전처분은 실효한다. 우리나라에서도 회생파산법에 명문규정은 없으나 보전처분이 허용되어야 한다는 견해[308]가 있으나, 제삼자 명의의 재산은 도산보전처분 대상이 되지 않는다고 보아야 한다. 채권자 명의로 처분금지 가처분을 받아 두었다가 절차개시 후 관재인이 이를 수계하면 충분하기 때문이다.[309]

306) 전병서, 전게서, 59면도 같은 취지이다.
307) 우리나라의 민사집행법에 해당한다.
308) 전병서, 전게서, 59-60면.
309) 김주학, 「파산절차상의 부인권」, 부산대학교 석사학위논문, 2007, 35-36면.

(2) 중지명령과 포괄적 금지명령

보전처분은 파산과 회생에 공통된 제도이지만, 회생파산법은 회생절차에 특유한 제도로 중지명령과 포괄적 금지명령을 두었다. 중지명령은 회생절차 개시신청 후 결정이 있을 때까지 법원이 ① 채무자에 대한 파산절차 ② 회생채권 또는 회생담보권에 기한 강제집행 · 가압류 · 가처분 또는 담보권 실행을 위한 경매절차 ③ 채무자 재산에 관한 소송절차 ④ 채무자 재산에 관하여 행정청에 계속되어 있는 절차 ⑤ 국제징수법 또는 지방세법에 의한 체납처분 · 국세징수의 예에 의한 체납처분 또는 조세채무 담보를 위하여 제공된 물건의 처분중지를 명하는 제도이다. (제44조) 포괄적 금지명령은 위 중지명령에 의하여 회생절차의 목적을 달성하지 못할 우려가 있을 때 법원이 모든 회생채권자와 회생담보권자에게 회생채권 또는 회생담보권에 기한 강제집행 등의 금지를 명하는 제도이다. (제45조) 포괄적 금지명령은 채무자의 주요재산에 대하여 보전처분이나 보전관리명령이 이미 내려졌거나, 함께 발령하는 때에만 가능하다. 그 이유는 채무자가 재산의 관리처분권을 그대로 행사하는 상태에서 포괄적 금지명령이 내려지면 재산이 흩어져버릴 위험이 있기 때문이다. 또 환취권 · 공익채권 · 체납처분으로 말미암은 집행은 포괄적 금지명령의 대상이 아니다.

회생채권자나 회생담보권자는 부당한 손해를 입을 우려가 있으면 법원에 포괄적 금지명령의 적용배제를 신청할 수 있다. 금지명령이 배제되면 강제집행 등을 할 수 있고, 중지되었던 강제집행 등은 속행된다. (제47조) 이때 부당한 손해라 함은 회생계획에 따른 집단적 만족을 받아들일 수 없을 정도로 채권자에게 중대한 불이익이 발생하는 것을 의미하고, 예컨대 강제집행을 하지 않으면 채권자가 도산하는 경우가 이에 해당한다. 배제의 효과는 신청인에게 대인적으로 발생하므로 신청인은 금지명령 전의 강제집행을 속행하는데 그치지 않고 새로 강제집행을 신청할 수도 있다. 반면에 신청채권자에 대하여 금지명령이 배제되었다고 하더라도 다른 채권자에까지 강제집행이 허용되지는 않는다.[310)]

나. 미국 연방도산법의 자동중지 제도

(1) 연혁

미국 연방도산법의 자동중지 제도는 형평법상의 보전관리절차(equity receivership proceeding)에 기원을 두는데 회사 경영진이 채무자 재산을 계속하여 관리하는 과정에서 사채권자(社債權者)가 경영진이 지배하는 채권자위원회에 사채를 신탁하는 방식으로 담보권 실행을 포기하였다.[311)] 거의 모든 사채권자가 담보권 실행을 포기하였으므로 사실상의 중지(stay) 효력이 발생하였다.[312)] 공식적 자동중지 제도는 1978년 연방도산법 제정 전인 1974년 구도산규칙(Bankruptcy Rules)에 처음으로 채택되었다. 1938년 구연방도산법은 제10장 기업재건절차(Corporate Reorganization)의 개시신청이 있으면 법원 재량으로 권리행사를 중지하고, 그 정지명령의 효과가 개시결정에 따른 권리 행사 금지로 이행하게 하여 우리 회생파산법과 비슷한 체제를 취하였다. 또 구연방도산법 제11장 화의절차(Arrangements)에서도 자동중지는 인정되지 않고 개시결정 단계에서 법원 재량으로 중지명령을 발하였을 뿐이다. 그래서 개시신청에서 개시결정까지 사이에 재산이 흩어져버릴 위험을 막고자 구연방도산법 제10장, 제11장 절차의 개시신청에 자동중지 효과를 부여하는 강력한 중지제도를 도입하게 되었다.

---

310) 伊藤眞, 前揭書, 585頁.

311) 이는 실무상 형성된 관행일 뿐 형평법상의 보전관리절차에서 공식적으로 담보권자의 환취권 행사를 중지시키지는 않았다.

312) F. H. Buckley, "The American Stay", 「3 Southern California Interdisciplinary Law Journal」, University of Southern California, 1994, at 742.

재단이 흩어지지 않도록 하려면 절차개시 전에 권리 행사를 중지할 필요가 있지만, 그동안 채무자가 목적물을 계속하여 사용하므로 담보권자도 목적물 가치감소에 대하여 적절한 보호를 받아야 한다.[313] 또 기업재건에 목적물이 필요 없을 때에도 담보권자의 권리 행사를 중지하면 권리자에게 불이익을 가져올 따름이다. 구법시대에는 판례에 의하여 적절한 보호의 방식과 자동중지의 취소 · 변경기준이 확립되었지만, 1978년 연방도산법은 그동안의 경위를 참작하여 이를 명문으로 규정하였다. 연방도산법은 절차개시 신청 자체를 개별적 권리행사의 중지로 작동하게 하여[314] 채권자의 편파적 추심행위(preferential collection)로부터 재단을 보호하고, 채무자가 기업재건을 위하여 담보 목적물을 사용할 수 있도록 허용하였다. 자동중지는 채권을 평등하게 변제하고, 관재인 · DIP에게 재건계획안을 작성할 여유를 주어 채무자의 재기를 돕는 제도이다.[315]

(2) 중지되는 행위

자동중지로 말미암아 가장 큰 영향을 받는 대상은 담보권인데 연방도산법의 담보권(lien)[316]은 재판상 리엔(judicial lien), 약정담보(security interest), 제정법상 리엔(statutory lien)을 포괄하는 개념이다. 연방도산

313) 高木 新二郎, 前揭書, 61頁은 위 제도의 취지는 담보권자가 담보물(collateral)에 대하여 가지는 권리(interest)를 실질적으로 손상함이 없이 그 권리행사의 절차에 규제를 가하는 데 불과하다고 설명한다. 또 보호대상인 권리는 명목상의 피담보채권액(amount)이 아니라 담보물의 가치(value)라고 한다.

314) Scarberry, Klee, Newton, Nickles, supra note 25, at 88.

315) 加藤哲夫, 前揭 「企業倒産處理法制における基本的諸相」, 147-148頁.

316) 리엔(lien)은 채무자의 재산으로부터 우선변제를 받을 권리를 의미하고, 흔히 선취특권(先取特權)이라고 번역하지만, 여기에서는 담보권으로 번역한다. 우리 법제에는 선취특권이 존재하지 않고, 또 담보권이라는 용어를 쓰면 연방도산법과 회생파산법을 비교할 때 도움이 되기 때문이다. 리엔의 하위개념인 재판상 리엔, 약정담보, 제정법상 리엔 가운데 재판상 리엔은 판결 채권자와 집행 채권자에게 부여되는 리엔을(우리나라에서는 채권자가 판결을 받거나 압류를 하여도 우선권이 부여되지는 않는다.) 근거로 하므로 일종의 법정담보권이고, 약정담보는 채권자 · 채무자의 계약으로 설정되는 담보권이며, 제정법상 리엔 또한 법정담보권이다. 따라서 리엔을 담보권으로 번역하여도 무리가 없다.

법 제101조 (37)에 의하면 리엔(lien)이란 채무변제 또는 의무이행을 담보할 목적으로 재산이나 재산상 권리에 설정된 부담을 말하는데 동산 · 부동산을 불문하고 계약에 기하여 설정된 담보권 기타 채무변제를 담보하기 위하여 재산상에 설정된 것을 포함한다. 재판상 리엔은 판결, 압류, 강제관리(sequestration) 기타 보통법 또는 형평법상 절차(legal or equitable process or proceeding)에 의하여 취득하고, 약정담보는 합의로 설정되며, 제정법상 리엔은 법이 정하는 특정한 상황 또는 조건에 기하여 발생한다.

재단 재산에 대한 담보권(lien) 실행은 자동중지되는데 특히 제11장 재건절차에서 사업의 유지 · 재건에 담보 목적물이 필요할 때에는 자동중지의 범위가 넓어진다. 담보권자가 목적물을 점유하고 있어도 개시신청 시점에 이를 처분하지 않았으면 자동중지 대상이 되어 권리 행사를 할 수 없다.

중지되는 행위는 채권을 회수하기 위한 법률상 · 사실상 일체의 행위이고,[317] 구체적으로는 채무자에 대한 채권추심 · 담보권 실행 · 담보권 설정 · 대항요건 구비 · 상계 · 소송제기 · 강제집행 등이 모두 중지된다. 연방도산법 제362조 a항에 의하면 ① 연방도산법에 의한 절차개시(이하 단순히 절차개시라고 표기한다.) 전에 발생한 채권 회수를 위한 사법적 · 행정적 기타 소송과 절차(영장 발행 · 사용을 포함한다.)로서 절차개시 전에 개시되었거나 또는 개시할 수 있었던 절차의 개시 또는 계속 ② 절차개시 전에 취득한 판결에 기한 채무자 또는 재단재산에 대한 강제집행 ③ 재단재산의 점유를 취득하거나 또는 지배하는 행위 ④ 재단재산에 담보권을 설정하고, 대항요건을 갖추며(perfect), 실행하는 행위 ⑤ 절차개시

317) Epstein, Markell, Nickles, Perris, supra note 8, at 74는 채권회수를 위하여 실행할 가치가 있는 행위는 모두 금지된다(If something is worth doing, you can't do it because it will be stayed.)고 설명한다.

전에 발생한 채권을 담보하는 담보권을 채무자 재산에 설정하고, 대항요건을 갖추며, 실행하는 행위 ⑥ 절차개시 전에 취득한 채무자에 대한 채권을 추심 · 부과(assess) · 회수하는 행위[318] ⑦ 채무자에 대한 채권과 절차개시 전에 채무자에게 부담한 채무를 상계하는 행위 ⑧ 채무자에 대한 연방조세법원(United States Tax Court) 절차의 개시 또는 계속이다. 그렇지만, 자동중지는 채무자 · 채무자의 재산 · 재단재산을 대상으로 하고 제삼자의 재산은 그 대상이 되지 않는다.

(3) 중지기간

채무자의 개시신청(voluntary petition)이 있으면 절차가 당연히 개시하는 동시에 자동중지(automatic stay)의 효력이 발생한다. 채권자 신청(involuntary petition)의 경우에는 도산사건이 본격적으로 진행되지는 않지만, 비자발적 사건(involuntary case) 자체는 개시됨과 동시에 자동중지 효력도 생긴다. 또 자동중지는 채권자의 지 · 부지(知 · 不知)에 관계없이 발효하고, 사건이 종결 또는 기각될 때까지 효력이 유지되며, 재단재산이 포기 또는 매각되어 재단으로부터 이탈될 때까지 존속한다. 예컨대 담보 목적물이 매각 · 포기되거나 또는 압류금지재산으로 인정되어 재단에서 이탈한 때에는 그 재산에 대한 자동중지 효력은 당연히 소멸한다.

개인 채무자가 면책을 받으면 자동중지의 효력은 면책의 효과인 영속적 권리 실행 금지로 이행한다. 또 재건계획이 인가되면 면책의 효력이 발생하므로 자동중지 효력은 계획인가 때까지 존속하나, 그 효력은 계획인가에 따른 면책으로 이행한다. 면책은 면책된 채무의 이행을 구하는 행위를 금지하므로 자동중지 효력은 면책에 따른 권리 실행 금지

318) Scarberry, Klee, Newton, Nickles, supra note 25, at 90은 채권자가 채무자에게 채권변제를 요구하는 전화도 할 수 없다고 한다.

의 효력에 흡수된다.[319)]

(4) 위반행위의 효력

자동중지는 개시신청이 있으면 당연히 효력을 발생하므로 담보권자가 개시신청 사실을 알지 못한 때에도 담보권 실행이 중지되고, 자동중지에 위반한 실행행위는 채무자와 재단에 대하여 법적 효과가 발생하지 않는다.[320)] 위반행위가 당연히 무효(void)인지 아니면 취소할 수 있는데(voidable) 불과한지는 학설상 다툼이 있으나, 채무자 보호의 관점에서 무효라고 보는 견해가 다수설이다. 또 고의의 자동중지 위반행위(willful violation)로 손해를 입은 자는 손해배상을 청구할 수 있고, 사안에 따라서는 징벌적 배상(punitive damages)의 청구도 가능하다. 법원은 자동중지를 법원의 명령과 동등한 것으로 간주하여 고의의 위반행위에 대하여 법정모욕(contempt of court)의 제재를 가할 수 있다.[321)]

다. 자동중지의 도입 필요성

우리나라에서는 파산과 회생을 불문하고 개시신청이 접수되면 실무상 예외 없이 보전처분을 발령한다. 그러나 보전처분은 채무자에게 일정한 행위를 명하거나 금지하는 것이므로 채권자 측의 권리 행사(특히 담보권 실행)를 막는 데에는 무력하다. 회생절차에서는 중지명령과 포괄적 금지명령으로 개별적 권리행사를 막을 수 있으나, 파산절차에는 이에 해당하는 제도가 없다. 중지명령과 포괄적 금지명령은 법원이 사건마다 요건을 심사하여야 하는 번거로움이 있고, 처리에 시일이 소요된

319) 加藤哲夫, 前揭「企業倒産處理法制における基本的諸相」, 151頁.

320) 高木 新二郎, 前揭書, 81頁은 채무자가 절차가 개시된 이후에도 저당권실행절차가 계속 진행되는 사실을 알면서 7개월 동안 아무런 조치 없이 내버려 두었다면 실행절차의 무효를 주장할 수 없다고 한 사례를 소개한다.

321) Scarberry, Klee, Newton, Nickles, supra note 25, at 160.

다. 따라서 우리나라에도 자동중지 제도를 도입할 필요가 있다.

그렇지만, 자동중지의 도입을 반대하는 견해도 있다. 그 근거는 ① 자동중지는 상당기간 기한을 유예하므로 도산신청이 남용될 수 있고 ② 중지의 효력으로 부정수표단속법에 의한 처벌을 면하며 ③ 자동중지의 종료사유를 불확정개념으로 하면 혼란이 발생하고 ④ 이를 도입하지 않아도 법원이 채권자의 권리행사 일체를 금지할 수 있다는 데 있다.[322] 그러나 ① 도산신청을 하면 그 자체로 기업신용에 결정적 타격을 받게 되므로 기한유예를 받으려고 채무자가 신청을 남용할 우려는 거의 없고 ② 부정수표단속법 문제는 도산법에서 논의할 대상이 아니며 ③ 종료사유를 사전에 구체적으로 열거하기는 불가능하므로 불확정개념을 사용할 수밖에 없고, 또 자동중지에 대한 구제를 받으려면 어차피 법원의 결정을 거쳐야 하므로 혼란이 발생할 이유가 없는데다가 ④ 개별사건마다 필요성을 판단하여 포괄적 금지를 하는 방법과(마땅한 공시수단도 없다.) 법률로서 요건과 효과를 미리 정하여 일률적으로 시행하는 중지는 예측가능성의 면에서 전혀 다르다.

공정하고 질서 있게 도산사건을 처리하려면 채권자의 개별적 권리행사를 금지하여야 하고,[323] 그 시기는 빠르면 빠를수록 좋다. 자동중지는 채권자의 추심행위를 중단시켜 채무자로 하여금 재건에 집중하게 하고, 채무자의 재산을 보전하여 채권자에게 평등한 변제를 실현하려는 제도이다.[324] 현재와 같이 보전처분 · 중지명령 · 포괄적 금지명령이라는 제도를 통하여 도산신청이 있을 때마다 개별적 심사를 거쳐 권리행사를 중지시키지 말고 자동중지 제도를 도입하여 명확하고 간명하게 절차를 진행하여야 한다.[325] 이해관계인의 예측가능성이나 거래의 안

322) 김재형, 전게 "통합 도산법안의 주요쟁점", 56-57면.
323) 高木 新二郎, 前揭書, 61頁.
324) 福岡 眞之介, 前揭書, 41頁.
325) 오수근, 전게 「도산법개혁」, 149면은 국제기구에서 자동중지 도입을 권유하였고, 개

전을 고려하면 더욱 그러하다.

다만, 자동중지는 중지로 말미암아 권리 행사가 제한되는 채권자를 보호하는 수단이 함께 마련되어야 제대로 작동하므로(자동중지 제도=중지+채권자 보호) 제도를 도입할 때에는 채권자 보호수단을 빠뜨리면 안 된다.

라. 회생파산법 개정안

(1) 자동중지 관련 내용

정부는 2011. 11. 4. 회생파산법 일부 개정안[326)]을 발의하여 현재 국회에 계류 중인데 개정안에서는 그동안 논란이 되어 왔던 자동중지 제도를 도입하였다. 그 내용은 다음과 같다.

① 자동중지를 도입하였다. (개정안 제36조의3 신설)

현재는 회생절차 개시신청이 있어도 별도로 보전처분 · 중지명령 · 포괄적 금지명령이 내려지지 않으면 채무자의 변제나 채권자의 강제집행을 막을 방법이 없어 재단을 보전하는 데 어려움이 있다.

따라서 개정안은 채무자의 회생절차 개시신청이 있으면 그 신청에 대한 결정이 있을 때까지 채권자는 채무자에 대한 파산신청 · 강제집행 · 가압류 · 가처분 · 담보권 실행 · 체납처분 등을 할 수 없고, 이미 진행 중인 절차는 중지되도록 하였다. 또 사업계속을 위하여 필요할 때에는 법원이 채무자의 신청에 의하여 중지된 강제집행 · 가압류 · 가처분 · 담보권 실행절차를 취소할 수 있게 하였다. 또 채무자에게는 기존 채무 이행 · 재산처분 · 새로운 의무부담을 하지 못하게 하였다.[327)] 다

정 실무위원회에서도 지지 의견이 많았지만, 채권자 측의 반대로 무산되었다고 설명한다.

326) 위 개정안은 자동중지 도입 · 주주의 권리보호 강화 · 강제인가의 요건 개선 등이 주요내용으로 나머지 부분은 후술한다. 개정안의 전체내용은 아래 사이트에서 확인할 수 있다. http://likms.assembly.go.kr/bill/jsp/BillDetail.jsp?bill_id=PRC_I1G1Z1G1R0F4N1O8J2W9U1X9T1B2P2.

만, 계속적 · 정상적 영업 활동(ordinary course of business)에 해당하는 재산처분이나 새로운 의무부담은 여전히 가능하다.

② 신제도 도입과 관련하여 등기촉탁 규정 등을 정비하였다. (개정안 제23조 제1항 제1호, 제24조 제1항 제1호 및 제36조의2 신설)

자동중지 효력이 발생 · 배제 · 상실되는 때에는 거래의 안전을 위하여 채권자를 비롯한 이해관계인에게 그 사실을 알릴 필요가 있으므로 채무자가 회생절차 개시신청을 하면 법인등기부나 부동산등기부에 등기를 촉탁하고, 신청사실 등을 공고하며, 알고 있는 채권자에게 개별적으로 통지하게 하였다.

③ 자동중지의 남용을 막을 방안을 마련하였다. (개정안 제36조의2 제1항, 제36조의4, 제36조의5 제2항, 제36조의6 제1항 · 제2항, 제42조 제2호의 2, 제48조 제2항, 제643조 제1항 단서 신설, 개정안 제38조 제2항, 제643조 제1항 제4호, 제649조 제2호)

위 제도를 도입하면 변제기한의 유예 등 자동중지의 이점을 남용하려는 행위가 발생할 수 있으므로 채권자 보호를 위하여 다음과 같은 제도적 보완장치를 마련하였다.

첫째, 회생채권자 또는 회생담보권자에게 부당한 손해를 끼칠 우려가 있으면 법원이 이해관계인의 신청 또는 직권으로 자동중지 효력을 배제하게 하였다.

둘째, 자동중지 효력이 일단 발생한 때에는 법원의 허가를 받지 않으면 개시신청을 취하할 수 없게 하였다.

셋째, 채무자가 개시신청을 한 때에는 법원의 명령에 따라 채무자의 경영 및 재산상태 · 재산에 관한 다른 절차나 처분 · 신청일 전 회생절

327) 김성용, "주제발표문", 「채무자 회생 및 파산에 관한 법률 개정 공청회 자료」, 법무부, 2011, 5면은 채무자의 이러한 행위는 본래 자동중지 대상이 아니지만, 현행법상 보전처분에 의하여 금지되는 전형적 행위라는 점을 고려하여 자동중지와 함께 규정하였다고 설명한다.

차 등을 신청한 사실 등에 대한 자료를 제출하게 하고, 이를 거부 · 기피 · 방해하면 형사처벌하도록 하였다.

넷째, 채무자에게 개시신청 후 채권자의 인적사항 등을 제출하게 하고, 제출을 게을리하면 개시신청을 기각하도록 하였다.

다섯째, 신청서의 필수적 기재사항이 누락된 때, 신청일 전 1년 이내에 회생절차에서 개시신청 기각결정이나 취하 · 회생절차 폐지결정 · 회생계획 불인가결정이 있은 때에는 자동중지 효력이 발생하지 않고, 기재사항 부실기재로 인하여 신청서가 각하된 때에도 소급하여 자동중지 효력이 상실되며, 지급결제제도 등과 벌금 · 과료 · 추징금의 집행에는 중지 효력이 미치지 않게 하였다.

여섯째, 자동중지 효력이 발생하였다가 상실된 때는 2개월까지 회생채권 · 회생담보권의 시효가 완성되지 않고, 체납처분의 금지 · 중지기간에는 조세채권 시효도 진행하지 않도록 하였다.

마지막으로 부정수표단속법에 따른 처벌을 회피할 목적으로 개시신청을 한 때에는 비록 회생절차 개시결정이 확정되지 않더라도 사기회생죄로 처벌할 수 있게 처벌요건을 완화하였다.

(2) 검토

회생파산법 개정안은 미국 연방도산법의 자동중지 제도를 도입하면서도 구체적 내용은 몇 가지 변경하였다. 달라진 점을 중심으로 그 타당성 여부를 검토한다.

① 연방도산법은 파산 · 재건을 비롯한 모든 도산절차를 중지하나, 개정안은 회생절차만을 적용대상으로 하였다.

원래 자동중지는 절차개시 신청에서 개시결정까지 사이에 채무자의 재산(재단)이 흩어질 위험을 막고자 절차개시 전에 채권자의 권리 실행을 중지하는 제도인데 재단을 보전할 필요성은 파산절차에서나 회생절차에서나 마찬가지이다.[328] 따라서 파산절차도 적용대상에 추가하여야 그 논리의 일관성이 유지된다.

② 연방도산법의 자동중지는 채무자는 물론 채권자 또는 제삼자의 도산신청에도 적용되나, 개정안은 채무자 신청사건으로 한정하였다.

그 이유는 도산상태에 빠지지 않은 채무자에 대하여 채권자가 개시신청을 할 때에도 중지 효력을 부여하면 다른 채권자의 정당한 권리 행사를 방해하고, 채무자의 영업에 부정적 영향을 미칠 우려가 있기 때문이라고 한다.[329] 정상적인 회사에 대하여 채권자가 악의적으로 도산신청을 하는 사례는 상상하기 어렵지만, 만약 그런 일이 생기더라도 일반 채권자에게 부당한 손해를 끼친다는 이유로 자동중지 효력을 배제하면 충분하다. 채권자 신청사건에서도 채무자 신청사건과 마찬가지로 재단을 보전할 필요성이 있으므로 자동중지의 적용대상을 모든 도산신청으로 확대하여야 한다.

③ 연방도산법은 채권을 회수하기 위한 법률상 · 사실상 일체의 행위를 자동중지 대상으로 하므로 구체적으로 채권추심 · 강제집행 · 담보권 실행 · 담보권 설정 · 대항요건 구비 · 상계 · 소송제기 등이 모두 그 범위에 포함되나, 개정안은 강제집행 · 가압류 · 가처분 · 담보권 실행 · 체납처분으로 한정하였다.

그 이유는 소송절차를 통한 청구권의 존부 및 범위 확정은 어차피 회생절차에서도 이루어져야 하므로 개시결정 전에 이를 중단할 필요가 없기 때문이라고 한다.[330] 그렇지만, 절차가 개시되면 채권신고라는 간편한 절차를 거쳐 청구권이 확정된다는 점을 고려하면 시간과 비용이 소요되는 소송절차는 중지할 필요가 있다. 개정안은 개시신청 이후에

328) 다만, 회생파산법상 담보권자는 파산절차에서 별제권을 가지므로 파산에서는 담보권 실행까지 중지할 필요는 없다.

329) 김성용, 전게논문, 4면.

330) 전게논문, 5면.

는 채무자가 기존채무 이행 · 재산처분 · 새로운 의무부담을 하지 못하게 하였으므로(제36조의3 제1항) 채권추심이나 담보권 설정은 이 조항에 따라 간접적으로 자동중지의 효과를 거둘 수 있다. 그러나 대항요건 구비 · 상계 · 소송제기는 채무자의 협조 없이 채권자 단독으로 할 수 있고, 재단의 보전에도 큰 영향을 미치므로 추가로 자동중지 대상에 포함하여야 한다.

④ 연방도산법은 담보권자의 권리 보호방안을 구법시대에 확립된 판례에 따라 명문으로 상세히 규정하였으나, 개정안은 채권자에게 부당한 손해를 끼칠 우려가 있으면 자동중지를 배제한다는 추상적 규정을 두었다. '부당한 손해를 끼칠 우려'라는 요건은 지나치게 넓은 개념이므로 법원에 광범위한 재량권을 주게 되고, 채권자 · 채무자 등 이해관계인이 사전에 배제 요건을 명확히 예측할 수 없게 하는 단점이 있다.[331] 법적 안정성을 확보하려면 연방도산법을 참고하여 그 요건을 구체적으로 정할 필요가 있다. 이 문제는 자동중지 제도에서 가장 핵심적인 부분이므로 항을 바꾸어 별도로 설명한다.

마. 연방도산법의 자동중지에 대한 구제(relief from stay)

(1) 개관

연방도산법에서는 담보부채권에 자동중지의 효력이 미치고 재건계획으로 담보권을 제한할 수 있어 기업재건이라는 목적 달성을 위하여 담보권이 크게 제한을 받는다. 연방도산법의 담보부채권(secured claim)은 주로 주법상의 담보권(lien)에 의하여 담보된 채권이지만, 상계권을 수반한 채권도 담보부채권이 된다.[332] 리엔은 재판상 리엔(judicial lien),

331) 회생파산법 제58조 제5항은 회생절차가 개시된 이후 중지된 절차를 속행할 수 있는 요건을 '법원이 회생에 지장이 없다고 인정하는 때'라고 규정하는데 이 또한 위 본문과 마찬가지의 문제점을 가진다.

약정담보(security interest), 제정법상 리엔(statutory lien)을 포괄하는 개념으로 다양한 종류가 있는데 부동산 양도저당(mortgage)과 통일상법전(Uniform Commercial Code) 제9편의 동산 부동담보(floating lien)가 대표적이다. 담보권자가 되려면 목적물이 재단에 소속되어야 하고, 인적보증이나 물상보증이 붙어 있다고 해서 담보권자가 되는 것은 아니다.[333)]

제11장 재건절차는 담보권 실행을 제한하여 채무자에게 목적물을 계속 사용하게 허용하는 한편 상황에 따라 담보권자의 이익을 적절히 보호한다. 특히 담보권자가 재건계획의 담보권 제한에 동의하지 않는 때에는 담보권 가치를 충분히 유지하는 조항을 두어야 강제인가(cram down)를 받을 수 있게 하여 담보권자를 제도적으로 보호한다. 연방도산법은 채무자의 재건을 위하여 담보권 행사에 대한 제한을 폭넓게 허용하면서도 이를 구체적으로 적용할 때에는 제한의 근거와 담보권자의 이익 보호방안을 엄격히 요구한다.[334)]

담보채권액은 목적물의 평가액에 따라 결정되고, 그 가치를 초과하는 부분은 무담보채권이 된다.[335)] 다만, 담보권 실행으로 회수할 수 없는 잔액은 지급청구권이 없다는 약정(non-recourse)이 있을 때 담보권자가 평가액을 초과하는 부분도 담보를 존속시키겠다고 선택하면 채권이 이분화되지 않고 인용채권액 전액이 담보채권으로 된다.[336)] (연방도

---

332) 상계권부채권을 담보부채권으로 취급하는 점은 회생파산법과 다르다.

333) 福岡 眞之介, 前揭書, 199頁 이하 참조.

334) 高木 新二郎, 前揭書, 60-61頁은 미국에서는 상거래에서 어음이 그다지 사용되지 않으므로 일본(또는 한국)에 비하여 순수한 일반 · 무담보채권자의 숫자나 채권액이 적고, 자금난에 빠진 채무자가 지급약정을 지키지 못하면 채권자들이 차례차례 법적 수단을 사용하여 우선적 권리를 취득하는 경향이 있다. 그래서 기업도산절차도 채권자들의 이러한 우선권 취득에 대항하여 채무자가 채권 · 채무관계 전체를 집단적으로 해결하려고 신청하는 경우가 잦다. 따라서 자동중지에 대한 구제(relief from stay) 요건이 담보권의 중심과제로 떠오른다고 설명한다.

335) 담보 목적물을 평가하여 평가액까지는 담보채권, 이를 초과하는 부분은 무담보채권으로 분류하는 방식을 이분화(bifurcation)라고 한다.

산법 제1111조 b항)

자동중지의 효력은 담보권 실행은 물론이고 그 설정과 대항요건 구비에도 미친다. 그러나 중지를 계속 유지하려면 담보권자의 권리를 적절히 보호하여야 하고, 만약 이를 게을리하면 담보권자는 자동중지에 대한 구제를 신청할 수 있다. 중지 효력으로 말미암아 담보권자의 권리가 부당하게 침해된 때에는 법원은 자동중지의 종료(terminate) · 취소(annul)[337] · 변경(modify) · 조건부여(condition) 기타 담보권자의 이익을 보호할만한 적당한 구제를 명한다. 법원의 구제방법은 매우 다양하므로 단순히 자동중지의 해제가 아니라 자동중지에 대한 구제(relief from stay)라고 불린다. 이때 구제사유는 ① 자동중지의 영향을 받는 재산상 권리에 대하여 적절한 보호가 흠결될 것 ② 채무자가 담보 목적물에 대하여 잉여가치(equity in such property)를 가지지 않는 동시에 그 목적물이 효과적 재건(effective reorganization)에 불필요할(not necessary) 것 등 예시적으로 열거되어 있다. (연방도산법 제362조 d항)

담보권자가 구제를 신청하면 실무상 제7장 청산절차[338]에서는 자동중지가 종료 · 취소되는 경우가 잦고, 제11장 재건절차에서는 변경 · 조건부여의 방법으로 적절한 보호를 하도록 하면서 자동중지를 유지하는 사안이 많다.[339]

---

336) 高木 新二郎, 前揭書, 206頁.

337) 자동중지를 취소하면 중지의 효력으로 무효로 된 행위가 소급하여 유효해진다.

338) 충남대 법학전문대학원 공영호 교수에 의하면 연방도산법 제7장 청산절차에서는 관재인이 목적물의 공정한 시장가격(fair market value)을 조사한 다음, 이 가격이 담보채권액을 10% 이상 초과하면 목적물을 환가하지만(이때에는 통상적으로 10%의 관재인 보수를 받기 때문에), 그 정도로 차이가 나지 않으면 담보물을 포기(abandon)한다. 관재인은 채권자집회에서 담보물 포기 · 직접 환가 · 시장가격을 더 조사한 후 처리 등의 방침을 밝힌다.

339) 강선명, "미국 파산절차 실무", 「법조 572호」, 법조협회, 2004, 225-226면. 이 논문은 법원도서관의 법고을 LX DVD 2011에서 참조하였다.

(2) 구제사유

(가) 적절한 보호의 흠결

연방도산법은 자동중지의 영향을 받는 재산상 권리에 대하여 적절한 보호가 흠결될 것을 구제사유로 함과 동시에 적절한 보호의 내용을 명문 규정하였다. 즉 자동중지로 말미암아 담보가치가 감소한 때 그 감소분에 대하여 ① 일괄 또는 정기적 현금지급(cash payment) ② 추가 또는 대체담보의 제공 ③ 담보권자가 가지는 권리와 명백히 동등한(indubitable equivalent) 가치를 가지는 다른 구제를 부여하는 것이 적절한 보호이다. (같은 법 제361조) 예컨대 재고(在庫)에 대한 집합담보(集合擔保)는 재고에 관한 정보를 제공하고 새로운 재고에 담보권을 설정하는 조치가 적절한 보호이고, 동산임대차는 정기적 현금지급이 적절한 보호가 된다.[340] 다시 말하면 절차 진행 중에도 목적물의 재산적 가치는 계속 유지되어야 하고, 담보가치에 감소가 생기면 담보권자에게 보상하여야 한다.[341] 적절한 보호는 연방헌법의 제한에 따라 해석하여야 하므로 담보권이 완전히 보상되어야 하고 연불(延拂)은 이자를 붙이는 정도로는 불충분하며 장래 원금(元金)변제의 불안이 제거되어야 한다.[342]

① 현금지급은 구연방도산법 시대에 판례로 확립된 방식이다. DIP가 담보 목적물을 사업에 사용하는 과정에서 그 가치가 감소할 때 가장 간편한 보호방법이므로 적절한 보호수단으로 채택되었다.[343] 그렇지만 도산기업은 담보권자에게 지급할 여유자금이 없는 경우가 대부분이므로 이 방식은 그다지 효용을 발휘하지 못한다. 또 목적물 가치가 명확한 비율로 감소한 때에는 현금지급 방식을 사용할 수 있지만, 가치의

340) 福岡 眞之介, 前揭書, 57頁.
341) Epstein, Markell, Nickles, Perris, supra note 8, at 88.
342) 高木 新二郎, 前揭書, 84頁.
343) 加藤哲夫, 前揭「企業倒産處理法制における基本的諸相」, 167頁.

감소분이 명백하지 않을 때에는 그 평가방법도 문제가 된다.

② 추가 또는 대체담보의 제공은 목적물 가치의 감소부분 또는 현실적으로 소비된 부분에 대하여 다른 재산에 담보권(lien)을 추가로 설정하거나 또는 담보를 대체하는 방식이다. 채권자가 채무자의 외상매출금 · 재고품 기타 매출채권에 부동담보권(floating lien)을 취득하여 채무자의 유동자금(cash flow) 대부분을 확보한 사안에서 채무자에게 이를 사용하게 허용하면서 농장과 농업기계설비에 추가담보를 설정케 한 구법 시대의 판례가 있다.[344] 부동담보의 효력은 장래에 취득할 담보물(after-acquired collateral)에까지 미치는 것이 원칙이지만, 절차개시 후 채무자가 취득한 재산에는 담보권의 효력이 미치지 않는다. (연방도산법 제522조 a항) 그런데 부동담보의 환가대금(proceeds)인 현금담보(cash collateral)에는 담보권 효력이 미치고 그 사용도 엄격히 제한되므로 원활한 절차 진행을 위하여 채무자에게 이 제한을 면하게 하는 대신 위 제522조 a항의 규정에 불구하고 장래 취득하는 담보물에도 담보권 효력을 미치게 하거나, 다른 재산을 담보물로 추가하는 방식이 사용된다.[345]

③ 담보권자의 권리와 동등한 가치를 가지는 다른 구제의 부여는 위의 현금지급 또는 추가 · 대체담보 제공이 바람직하지 않을 때 상황에 따라 유연하게 대처하도록 배려한 방식이다. 예컨대 절차 진행 중 발생한 담보가치의 하락분을 절차 외에서 제삼자가 보상하겠다고 보증하는 방법 또는 목적물이 매각될 때 담보권자가 직접 목적물을 경락받아 자신의 피담보채권과 경락대금을 상계하는 방법이 동등한 가치를 가지는 다른 구제의 구체적 사례이다.[346]

344) 前掲書, 168頁.
345) 高木 新二郎, 前掲書, 88頁.
346) 加藤哲夫, 前掲「企業倒産處理法制における基本的諸相」, 170頁.

(나) 잉여가치가 없고, 담보 목적물이 재건에 불필요할 것

연방도산법은 채무자가 담보 목적물에 잉여가치(剩餘價値)[347)]를 가지지 않는 동시에 그 목적물이 효과적 재건(effective reorganization)에 불필요한(not necessary) 경우도 자동중지에 대한 구제사유로 규정하였다. 구연방도산법 시대에 잉여가치의 존부는 그 재산이 재건에 필요한가라는 판단에 흡수되는 경향이 있었는데 현행 연방도산법은 잉여가치의 부존재를 그 재산의 필요성과 결부시키는 점에서 구법 시대의 판례이론을 그대로 수용하였다.[348)] 실제로는 채무자가 잉여가치를 가지지 않는 경우가 잦으므로 구제요건은 목적물이 효과적 재건에 불필요한 때로 좁혀지는데 이는 합리적 기간 안에 성공적 재건이 가능한지에(a reasonable possibility of a successful reorganization within a reasonable time) 따라 판단한다.[349)] 즉 채무자가 위 요건의 적용을 면하려면 그 재산이 재건에 필요하다는 사실 이외에 재건가능성까지 증명하여야 한다.

(3) 구제절차

1938년 구연방도산법 시대에는 자동중지에 대한 구제절차가 연방민사소송규칙의 모션(motion)인가 아니면 콤프레인트(complaint)인가 하는 점이 논의되었다.[350)] 이는 절차의 신속과 채권자의 이익보호 관점에서 채무자가 다양한 쟁점을 주장하지 못하게 막느냐 아니면 범위를 확대하여 충분히 심리하느냐는 문제와 직결되어 있다. 비록 명문 규정은 없었지만, 실무에서는 구제절차를 모션의 일종으로 처리하였는데 1961

347) 담보 목적물의 가치가 피담보채권액을 초과하지 않으면 채무자는 목적물에 대하여 아무런 권리(interest)를 가지지 않으므로 채무자에게 담보 잉여가치(equity)가 존재하지 않는다. 이때 담보 목적물의 가치는 채무자의 사업내용 · 시장 상황 · 재건가능성 · 담보종류 등을 고려하여 개별적으로(case-by-case) 판단한다. 福岡 眞之介, 前揭書, 51-52頁.

348) 加藤哲夫, 前揭「企業倒産處理法制における基本的諸相」, 170-171頁.

349) Scarberry, Klee, Newton, Nickles, supra note 25, at 135.

350) 연방민사소송규칙은 complaint, motion, application, pleading이라는 네 가지 절차를 두었다.

년 구도산규칙(Bankruptcy Rules)은 콤프레인트(complaint)에 의한다고 규정하여 구제절차가 대심절차로 변하고 채무자는 제한 없이 적극적 방어방법을 제출하고(affirmative defense), 반소제기도 할 수 있게 되었다. 그 결과 구제절차의 심리범위가 확대되어 구제의 당부와는 직접 관계없는 담보권 실행이나 담보권 설정의 당부까지 심리하는 결함이 나타났다. 연방도산법 시행 이후에 1982년 새 도산규칙 초안을 만들 때에는 구제절차가 모션의 일종이 되어야 한다는 학계의 주장을 받아들였다. 따라서 현행 연방도산법의 구제절차는 신속처리를 요하는 약식(summary) 절차이다.[351)]

1938년 구연방도산법은 구제를 구하는 콤프레인트가 있으면 다른 사항에 우선하여 신속히 심리할 것을 규정하였으나 시간적 제약을 두지는 않았다. 그러나 현행 연방도산법은 시간적 제약을 두어 구제신청으로부터 30일 이내에 법원이 당부를 판단하지 않으면 자동중지 효력이 당연히 소멸하도록 규정하였다. 만약 사건이 복잡하여 30일 이내에 종국결정이 불가능한 때 또는 신중한 심리가 필요한 때에는 예비심문기일(preliminary hearing)을 열고 법원이 관재인 또는 DIP가 최종심문(final hearing)에 승소할 가능성이 있다고 판단하면 자동중지를 지속시킬 수 있다. 예비심문 종료 후 30일 이내에는 최종심문기일이 개최되어야 한다.

자동중지에 대한 구제는 위와 같이 심문(hearing)을 거치는 것이 원칙이지만, 정식절차를 거치게 되면 채권자가 회복하기 어려운 손해를 입을 때에는 법원은 상대방에게 심문기회를 부여하지 않고, 신청자의 일방적 절차만으로 구제를 결정한다. (ex parte relief from stay, 연방도산법 제362조 f항) 이 절차를 이용하려면 손해가 절박하여 회복이 어렵다는 당사자 또는 대리인 변호사의 선서진술서[352)](affidavit), 대리인 변호

351) 高木 新二郎, 前揭書, 77頁.

사가 상대방에게 통지한 근거서류 또는 통지를 하는 것이 적당하지 않은 이유를 기재한 서면을 제출하여야 한다. 긴급절차에 따라 구제받은 당사자는 즉시 관재인 또는 DIP에게 구두로 그 사실을 통지하여야 하고, 상대방은 통지받은 날로부터 2일 이내에 자동중지의 부활을 구할 수 있다. 그러나 이는 어디까지나 예외적인 제도이고 실무상 긴급절차로 구제받는 사례는 드물다.[353)]

(4) 증명책임

담보권자의 구제사유 가운데 채무자의 잉여가치 부존재는 구제를 구하는 자가 입증하여야 하고, 다른 사유는 구제부여를 반대하는 자가 입증하여야 한다. (연방도산법 제362조 g항) 구연방도산법은 절차규칙으로 구제부여를 반대하는 자(채무자)에게 증명책임을 부과하여 담보권자의 부담을 경감시켰다. 그러나 현행 연방도산법은 구제부여를 신청한 자(담보권자)에게 잉여가치의 증명책임을 부담시키면서 적절한 보호 및 목적물의 필요성은 자동중지의 계속을 구하는 자(채무자)가 입증하도록 증명책임을 분담시켜 담보권자와 채무자 사이의 형평을 꾀하였다. 다만, 채무자의 잉여가치 부존재에 대한 증명책임을 담보권자에게 부담케 한 데 대하여 비판하는 견해도 있다.

목적물 가치의 구체적 입증방법은 전문가인 감정증인(expert witness)이 적당하고, 재건가능성은 채무자 회사의 임원이 증언하면 무난하지만, 시간적 제약 때문에 심문절차(disposition or interrogatories)를 거치지 못하고 선서진술서(affidavit) 제도를 이용할 때도 있다.[354)]

---

352) 선서진술서는 선서를 시킬 권한이 있는 사람(예컨대 공증인) 앞에서 작성한 사실진술서이다. 진술인이 법정에서 직접 증언할 수 없는 사정이 있을 때 사용된다.

353) 福岡 眞之介, 前揭書, 54-55頁.

354) 高木 新二郎, 前揭書, 77頁.

(5) 구제내용

담보권자의 구제신청이 이유 있으면 법원은 자동중지의 종료 · 취소 · 변경 · 조건부여 기타 적당한 구제를 명한다. 이는 구연방도산법의 구제내용을 승계한 것이다. 자동중지의 종료는 명령으로 자동중지를 해제하는 것으로 담보권자는 종료명령 후에는 자신의 권리 실현을 위하여 어떠한 절차도 실행할 수 있지만, 실무상 이 방법은 그다지 사용되지 않는다. 자동중지의 취소명령은 자동중지를 종료시킬 뿐 아니라 취소명령 전에 행하여진 권리 실행과의 관계에서 자동중지가 효력이 없다고 선언하는 데 특징이 있다. 취소명령은 종료명령보다 자주 사용된다. 또 변경 · 조건부여도 취소명령과 마찬가지로 흔히 사용되는데 자동중지에 존속기간을 설정하는 방식이 일반적이다. 담보권자에게 원금과 이자를 정기적으로 분할변제하라는 조건을 붙여 자동중지를 존속하는 방식도 사용되고, 사안에 따라서는 채무자가 담보권자에게 정기적으로 정보를 제공하라고 명하기도 한다.[355)]

(6) 결정에 대한 항고

연방도산법은 종국(final)결정에 대해서는 항고(appeal)를 허용하지만, 중간(interlocutory)결정은 항고법원의 허가(leave)가 있어야만 항고할 수 있는데 자동중지에 대한 구제를 명하거나 기각하는 결정은 종국결정으로 취급되므로 항고할 수 있다. 구제를 명하는 결정(자동중지의 해제를 명한 결정)에 대하여 항고하여도 일단 중지해제를 명한 결정의 집행은 중지되지 않으므로 채권자는 개별적 권리행사를 개시 · 속행할 수 있다. 따라서 항고심의 판단이 내려지기 전에 담보권 실행이 끝나버리는 일도 있어 이를 막으려면 해제결정의 집행을 다시 중지하여야 한다. 법원이 재중지를 할 때에는 채무자에게 보증(bond)을 세우거나 담보권

355) 加藤哲夫, 前揭「企業倒産處理法制における基本的諸相」, 174-175頁.

자에게 매월 일정액을 지급하라고 명하게 된다.[356]

(7) 회생파산법과 그 개정안의 보완책

도산절차에서 채무자의 재산이 흩어지지 않게 하고, 공평한 배당을 하려면 채권자의 개별집행을 중지하는 조치가 불가피하다. 그러나 담보권자는 원래 일반 실체법상으로 담보권을 실행하여 우선변제를 받을 수 있는 지위에 있으므로 그 제한은 필요한 최소한에 그쳐야 하고, 절차 진행에 지장이 없을 때에는 담보권 실행을 허용하여야 한다. 회생파산법은 개시신청 후 개시결정까지 사이의 비교적 짧은 기간에 잠정적으로 채권자의 권리행사를 제한하는 보전처분과 포괄적 금지명령은 불복절차를 두고 있다.[357] 그런데 개정안은 채권자의 자동중지에 대한 구제신청을 인정하면서도 구제를 거부한 결정에 대한 불복절차는 마련하지 않았다. (개정안 제36조의 5)[358] 또 회생파산법은 개시결정에 수반한 효과로 개시결정 후 절차종결 때까지 장기간에 걸쳐 담보권 실행이 중지되는[359] 데 대해서는 아무런 구제수단을 마련하지 않았다.[360] 이처럼 담보권자의 권리행사를 광범위하게 제한하면서 그 구제수단을 두지 않은 것은 이해하기 어렵다. 비록 법원의 결정에 의한 개별적 제한이 아니고 법률 규정에 따른 일률적 제한이라고는 하지만, 담보권자의 사정은 각자 다르고 목적물이 회생절차에서 차지하는 비중도 제각각이므로

356) 高木 新二郎, 前揭書, 78頁.

357) 임시처분 중에서 보전처분과 포괄적 금지명령은 채권자가 즉시항고할 수 있으나, 중지명령에는 즉시항고가 허용되지 않는다.

358) 채무자는 자동중지의 적용배제를 명한 결정에 대하여 즉시항고할 수 있다. 구제신청을 기각한 결정도 항고대상에 포함하는 방향으로 개정안을 손질하는 편이 바람직하다.

359) 회생절차가 개시되면 별다른 조치가 없어도 개시결정 자체의 효력으로 회생채권 또는 담보권에 기하여 채무자 재산을 강제집행할 수 없고, 이미 행한 집행절차는 중지되는데 이 효력은 절차가 종료될 때까지 지속한다.

360) 회생파산법 제58조는 채무자의 신청 또는 법원 직권으로 채무자 재산에 이미 행한 강제집행의 속행을 명하게 하였지만, 이는 절차의 원활한 진행을 위하여 강제집행을 속행할 근거를 마련한 것일 뿐 담보권 실행 중지에 대한 구제 제도는 아니다. 더구나 채권자에게는 속행신청권도 없다.

구체적 사안에 따라 권리자의 정당한 이익을 보호할 필요가 있다. 이런 의미에서 담보권자의 이익보호와 채무자의 사업재건이라는 두 가지 목표를 조화시키는 미국 연방도산법의 제도는 우리나라에도 좋은 모델이다.

이와 관련하여 절차지연으로 말미암은 손실을 담보권자에게 보상하는 독일 신도산법도 참고가 된다. 무담보채권자는 채무자의 도산으로 권리의 실질적 가치가 전액 또는 대폭 감액되었으므로 절차를 지연시켜서라도 배당재원을 확보하려는 경향이 있다. 그런데 절차지연으로 발생하는 비용은 담보권자를 위한 변제자금에서 충당할 수밖에 없어 담보권자가 손실을 보게 되므로 그 비용을 보전해주어야 시장경제 원리에 맞다. 이에 따라 독일 신도산법 제169조는 환가가 지연되면 동산담보권자에게 약정이율대로 정기적 이자 지급을 하도록 규정하였다.[361] 독일에서는 담보 목적물이 동산이면 관재인이 환가권을 가지므로(같은 법 제166조) 그와 관련하여 담보권자를 보호하려는 취지이다. 법제가 다른 우리나라에 당장 도입하기는 어렵지만, 담보권자 보호방안을 전반적으로 손질할 때 눈여겨볼 제도이다.

---

361) Manfred Balz, supra note 88, at 174–175.

2 개시원인

도산절차는 빠르고 쉽게 이용할 수 있어야 한다. 만약 절차개시에 여러 가지 요건이 필요하고, 법원에서 이를 심사하느라고 시간을 끌면 채권자 보호에 빈틈이 생긴다. 회생파산법이 정하는 파산원인은 지급불능이고, 지급정지는 지급불능을 추정하는 사실이며, 채무초과는 법인에 고유한 파산원인이다. (제305조, 제306조) 또 회생절차 개시원인은 ① 사업의 계속에 현저한 지장을 초래하지 아니하고는 채무를 변제할 수 없는 때 ② 파산원인이 생길 염려가 있는 때이다. (제34조 제1항) 회생원인은 독자적 개념이라기보다는 파산보다 한발 앞서 회생절차를 개시하려는 취지에서 그렇게 정한 것이다.

가. 파산원인

파산원인을 정하는 입법주의는 채무자의 재산상태 악화를 나타내는 일정한 행위를 파산행위로서 열거하는 열거주의와 채무자의 자력부족을 나타내는 추상적 · 포괄적 개념을 정하는 개괄주의가 있다. 열거주의는 파산원인의 유무를 쉽게 판단하는 장점이 있지만 열거된 행위가 없으면 절차를 개시할 수 없다는 단점이 있다. 이에 대하여 개괄주의는 구체적 사실이 요건사실(要件事實)에 해당하는지 해석할 필요는 있지만, 절차를 개시할 재산상태라고 판단되면 파산선고가 가능하다. 종래에는 열거주의를 영미법형, 개괄주의를 대륙법형이라고 하였지만, 현재는 미국 · 영국도 개괄주의로 전환하였다. 우리나라는 개괄주의에 속한다.[362] 개괄주의 중에서도 지급불능을 파산원인으로 하는 예(독일형)와

362) 구파산법의 모법인 일본 구파산법과 독일 구파산법도 개괄주의에 속한다.

지급정지를 파산원인으로 하는 예(프랑스형)가 있는데 지급정지를 파산원인으로 하면 지급이 가능함에도 채무자가 고의로 지급을 정지한 때 또는 지급불능임에도 지급을 정지하지 않는 때에는 불합리한 점이 생기므로 지급불능이 파산원인으로 적절하다.[363] 다만, 1985년 프랑스 도산법이 지급정지를 처분 가능한 적극재산으로 변제기가 도래한 채무에 대처할 수 없는 상태라고 정의한 후로는 프랑스의 지급정지 개념도 지급불능과 실질적 차이가 없어졌다.[364] 그리고 파산신청 당시 외국에서 채무자에게 이미 파산선고를 한 때에는 파산원인이 존재하는 것으로 추정한다. (제301조)

(1) 지급불능

(가) 지급불능의 개념

모든 채무자에 공통하는 파산원인인 지급불능은 변제능력이 없어 변제기가 도래한 채무를 일반적 · 계속적으로 변제할 수 없는 객관적 상태이다. ① 변제능력이 없다는 것은 재산 · 신용 또는 노무에 의한 수입으로 채무를 지급할 자력이 없음을 의미한다. 예컨대 재산이 있어도 환가가 곤란하면 지급불능이고,[365] 반대로 재산이 없어도 신용과 수입에 기한 변제능력이 있으면 지급불능이 아니다. 이 점에서 지급불능은 장부상 자산 · 부채액을 기준으로 하는 채무초과와 구별된다. ② 변제기가 도래한 채무를 변제하지 못하는 것이다. 변제기가 도래한 채무를 변제하면 아직 변제기가 도래하지 않은 채무에 대하여 장래 이행불능이 될 가능성이 보여도 지급불능은 아니다. ③ 일반적 · 계속적으로 변제능력이 없어야 한다. 일반적이란 전체적으로 변제능력이 없어서 채무를 전반적으로 변제할 수 없다는 의미이고, 특정한 채무변제가 불가능

363) 西澤宗英, "支拂不能(1)", 「倒産判例百選(第4版)」, 有斐閣, 2006, 10-11頁.
364) 小梁吉章, 前揭書, 138頁.
365) 佐藤彰一, "支拂停止", 「倒産判例百選(第4版)」, 有斐閣, 2006, 14頁.

하여도 그것이 전체적 자력부족 때문이 아니면 지급불능이 아니다. 반대로 기업의 일상적 필요경비와 같이 비교적 소액의 특정한 채무변제를 계속하여도 총채무에 대한 충분한 변제능력이 없으면 지급불능이다. 또 계속적이란 일시적 자금부족을 배제하는 취지이다. 반대로 일시적 차입으로 변제능력이 있는 것처럼 보여도 객관적으로 자력이 부족하면 지급불능이다. ④ 지급불능은 객관적 상태를 의미한다. 채무자가 재산과 신용을 과소평가하여 주관적으로 변제능력이 없다고 판단하여도 객관적으로는 지급불능이 아닌 때도 있고,[366] 반대로 채무자가 변제능력이 있다고 판단하여도 객관적으로 지급불능인 때도 있다. 또 변제가능성 없는 차입으로 표면적으로는 변제능력을 유지하는 것처럼 보이는 때에도 객관적 변제능력이 없으면 지급불능이나, 장래의 채무불이행이 확실히 예측되어도 그것이 현재의 변제능력의 일반적 결핍과 동시될 정도가 아니면 지급불능은 아니다. 지급불능 여부는 파산선고 시점을 기준으로 판단하지만, 제1심에서 지급불능이 인정된 이후 항고심에서 변제능력이 회복되면 파산선고가 취소된다.

대법원도 지급불능을 채무자에게 변제능력이 부족하여 변제하여야 할 채무를 일반적 · 계속적으로 변제할 수 없는 객관적 상태라고 정의한다.[367] 하급심에서 지급불능을 인정한 사례는 ① 채무자의 자산은 비상장 주식 · 임야 · 대지에 대한 5번 근저당권부 채권이 있으나, 비상장 주식을 가지는 회사는 휴면회사(休眠會社)여서 주식가치가 없고, 임야는 감정가 이상의 근저당설정 · 국세압류가 되어 있으며, 근저당권이 설정된 대지는 선순위자의 신청으로 임의경매 절차가 개시된데다가 지방세

366) 다만, 채무자가 주관적으로 변제불능이라고 판단하고 객관적 행위로 나아간 때에는 지급정지가 되는 수가 있다. 본문의 설명은 채무자의 주관적 판단만으로 지급불능이 되는 것은 아니라는 취지이다.

367) 대법원 1999. 8. 16. 선고 99마2084 결정. (이 결정은 법원도서관의 법고을 LX DVD 2011에서 참조하였다. 앞으로 이 책에서 인용하는 우리나라 판결 또는 결정은 별도의 표시가 없는 한 모두 위 법고을을 참조한 것이다.)

압류까지 되었고 채무자에게 별다른 직업도 없으며, 채권추심을 피할 목적으로 11회나 주소를 이전하였을 때와 ② 채무액이 160,000,000원인데 가재도구 이외에 별다른 재산이 없고 채무자는 매월 1,000,000원의 급여를 받고 있을 때가 있다.[368)]

(나) 지급정지의 개념

지급정지는 지급불능을 추정하는 전제사실이다. (제305조 제2항) 신청인이 지급정지를 증명하면 채무자가 지급불능의 부존재를 증명하지 않는 한 법원은 파산선고를 하여야 한다. 채무자가 신청한 자기파산에서 채권자가 파산원인을 다투는 일은 거의 없고, 파산원인은 주로 채권자 신청사건에서 문제 되는데 채권자가 파산을 신청한 때에는 파산원인을 소명하여야 한다. (제294조 제2항) 지급불능은 채무자의 내부적 사정을 포함한 객관적 경제상태이므로 채권자가 이를 직접 증명하기 어려워 입증의 부담을 덜어 주려고 지급정지에 기한 추정규정을 두었다.

지급정지란 변제능력이 없어 변제기가 도래한 채무를 일반적·계속적으로 변제할 수 없다는 뜻을 채권자에게 표시하는 채무자의 주관적 행위를 말한다. 기업은 어음거래의 정지가 곧 자금융통의 파탄을 의미하므로 어음부도는 대표적 지급정지이다. 채무를 일반적으로 지급할 수 없다는 명시적 통지, 묵시적 표시인 야반도주(夜半逃走)도 지급정지에 포함된다.[369)] 그러나 채무자가 채권자에게 채무면제를 요청하는 행위는 자력회복의 가능성이 있는 한 지급정지는 아니다. 또 지급정지는 일반적·계속적 자력결핍을 표시하는 것이므로 일시적 자금부족을 표명하는 행위는 이에 해당하지 않고, 반대로 어음부도를 낸 다음 산발적 지급을 하여도 지급정지를 벗어나지 못한다.

지급정지는 지속성이 요구되므로 파산선고 시점에 지급정지가 유지

---

368) 서울중앙지방법원 파산부 실무연구회, 「법인파산실무(제3판)」, 박영사, 2011, 45면.
369) 佐藤彰一, 前掲論文, 15頁.

되어야 하고, 일단 지급정지가 있었어도 그 후 채무자가 채무면제와 변제유예를 받아 일반적으로 지급을 재개한 때에는 지급불능을 추정할 수 없다는 견해가 통설이다. 또 통설은 파산원인을 추정하는 지급정지와 부인(제391조) · 상계금지(제422조)의 요건인 지급정지는 같은 내용이므로 관재인은 지급정지만 주장 · 입증하면 되고, 상대방이 지속성이 없거나 인과관계가 없음을 주장 · 입증하여야 한다고 해석한다.[370] 이에 대하여 이의성설(二義性說)은 지급불능을 추정하는 지급정지는 지속성이 필요 없지만, 부인 · 상계금지 요건인 지급정지는 절차개시 후 과거로 소급하여 채무자가 어떠한 경제상태에 있었는지를 문제 삼으므로 일정한 시점의 지급정지에 더하여 파산선고 시점까지 계속되는 객관적 지급불능이 필요하다고 한다. 그러나 부인 · 상계금지의 요건으로서 객관적 지급불능을 요구하는 것은 관재인의 입증에 부담을 주고, 입법자의 의도에도 어긋난다.[371] 증명책임을 적절히 분배하는 통설에 찬성한다.

(2) 채무초과

채무초과란 채무액의 총계가 자산액의 총계를 초과한 객관적 상태를 말한다.[372] 대차대조표[373]상 대변이 차변을 웃돈다고 바로 채무초과는 아니다. 왜냐하면, 대변에는 순수한 채무 외에도 자본금과 각종 준비금이 계상되기 때문이다. 채무초과는 변제기가 도래한 채무뿐만 아니라

370) 日比野泰久, "支拂停止-危機否認の要件", 「倒産判例百選(第4版)」, 有斐閣, 2006, 49頁.

371) 伊藤眞, 前揭書, 79頁.

372) 한국증권선물거래소의 유가증권시장상장규정에 의하면 상장법인이 발행한 어음 또는 수표가 최종부도로 처리되거나 은행거래가 정지된 때와 최근 사업연도의 사업보고서상 자본금 전액이 잠식된 때에는 상장 폐지한다. 전자는 회생파산법상 지급정지, 후자는 채무초과이므로 상장폐지사유와 기업의 파산원인은 일치한다.

373) Vanessa Finch, supra note 1, at 211은 기업의 재무상태는 회계사나 경영자가 계산기술(calculative technology)을 사용하여 그린 초상화이고, 협상의 산물일 때도 있다고 한다.

기한 미도래의 채무도 포함하여 판단하고, 손해배상 채무와 같이 당사자 사이에 다툼이 있는 것은 법원이 그 존부와 액수를 결정한다. 한편, 불확정의 예상수익은 자산에 포함하지 않는 것이 원칙이나, 신용으로서 자산에 포함하는 때도 있다. 채무초과를 판단할 때에는 지급불능과는 달리 신용 · 노무 또는 기능에 의한 수입은 원칙적으로 참작하지 않는다.[374] 채무자는 경제상태가 악화하여도 자산을 조금씩 환가하여 지급에 충당하는 방법으로 얼마간은 지급불능을 회피할 수 있으므로 통상 채무초과가 지급불능보다 먼저 발생한다. 또 채무초과는 어느 정도의 지속성을 가진 객관적 상태를 의미하므로 법인이 돌발적 원인으로 일시적 채무초과에 빠져도 회복이 예상되는 때에는 파산원인이 되지 않는다.[375] 인적 · 물적보증이 있는 때에도 그와 상관없이 부채와 자산을 객관적으로 대비하여 채무초과를 판단하지만, 보증인의 채무초과를 판단할 때에는 주채무자의 재산상황을 고려하여 보증인으로서 부담할 부채 부분을 결정한다.[376]

채무초과는 주식회사와 유한회사 등 법인의 부가적 파산원인이다.[377] 개인이나 인적회사의 무한책임사원은 채무에 대하여 무한책임을 부담하나, 물적회사의 주주 · 사원은 그 책임이 출자액에 한정되므로 채무초과가 되면 신속히 파산절차를 개시하여 채권자의 피해확대를 막으려는 취지이다. 실무상 채권자가 채무자의 자산 · 부채를 평가하여 채무초과를 발견하기는 어려우므로 채무초과는 주로 자기파산 사건의 파산원인이 된다.[378] 존립 중의 합명회사와 합자회사는 채무초과가 파

374) 宗田親彦, 前揭書, 115頁.

375) 일본에서는 대지진의 여파로 자산이 일시적으로 감소한 회사에 대하여 특별법을 제정하여 파산선고를 유예한 사례가 있다.

376) 野村秀敏, "債務超過の判斷要素", 「倒産判例百選(第4版)」, 有斐閣, 2006, 17頁.

377) 일본 구파산법 시대에 채무초과를 법인 파산원인에서 삭제하자는 주장이 제기되었으나, 신파산법에도 그대로 존치되었다. 일본에서는 실무상 채무초과만을 원인으로 법인에 대하여 파산선고하는 사례는 거의 없다고 한다.

378) 伊藤眞, 前揭書, 81頁.

산원인이 되지 않지만, 합명회사와 합자회사도 해산되면 채무초과가 파산원인이 된다. 청산회사가 채무초과 상태이면 통상의 청산절차가 아닌 파산절차에 의하는 편이 타당하기 때문이다. 구성원이 단체채무에 대하여 책임을 부담하는 기타 경우 예컨대 민법상 조합에 대하여 파산능력이 인정되는 때에도 마찬가지로 해석한다. 민법상 법인을 청산하는 도중에 채무초과임이 밝혀지면 청산인은 파산을 신청하여야 한다. (민법 제93조)

채무초과를 판단할 때 자산의 평가방법[379]에 대하여 ① 청산가치설 ② 계속기업가치설 ③ 청산가치와 계속기업가치의 양쪽 모두 채무초과라야 한다는 견해 ④ 기업활동이 계속될 때에는 계속기업가치, 활동이 정지된 때에는 청산가치에 의한다는 견해 ⑤ 자기파산은 청산가치가 채무초과인데다가 기업의 존립능력이 없어야만 채무초과이고, 채권자가 영업 중인 회사를 파산신청한 때에는 계속기업가치에 의한다는 견해 등이 있다. 청산가치설에 의하면 우리나라 기업 중 대다수가 파산대상이 되는데[380] 이는 이행기까지 발생하는 수익을 고려하지 않기 때문

379) 野村秀敏, 前揭論文, 17頁.

380) 한국은행에 의하면 우리나라 제조업의 평균부채비율은 다음의 표와 같다. 이 통계는 http://ecos.bok.or.kr에서 인용하였고 소수점 이하는 반올림하였다. 여기에서 부채비율이란 대차대조표의 부채총액을 자기자본으로 나눈 비율(부채총액/자기자본)을 말한다.

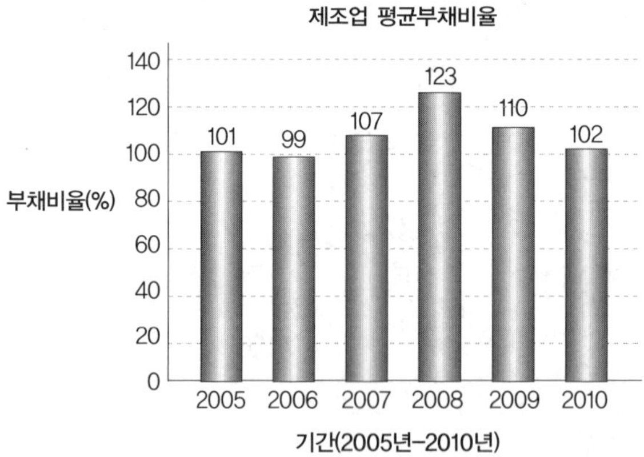

에 신용제도의 본질에 어긋난다. 따라서 비록 평가방법이 불명확한 단점은 있지만, 계속기업가치에 의하여 채무초과를 판단하여야 한다. 다만, 계속기업가치는 기업활동의 계속을 전제로 하는 개념이므로 활동이 정지된 때에는 청산가치에 의하여도 무방하다. 이런 의미에서 위 ④의 견해에 찬성한다.[381)]

나. 회생원인

회생절차의 개시원인은 ① 사업의 계속에 현저한 지장을 초래하지 아니하고는 채무를 변제할 수 없는 때 ② 파산원인이 생길 염려가 있는 때이다. (제34조 제1항) 양쪽 다 가까운 장래에 채무자의 사업이 파탄될 개연성이 있다는 데 기초를 두지만, 원인 ①은 사업의 계속가능성으로부터 파탄의 개연성을 판단하고, 원인 ②는 채무자의 지급능력이라는 면에서 파탄의 개연성을 판단한다. 채무자 신청사건에서는 어느 쪽이나 개시원인이 되므로 법원은 채무자가 어느 한 쪽을 원인으로 주장하여도 다른 원인에 기하여 개시결정을 할 수 있으나, 채권자 신청사건에서는 원인 ②만 개시원인이 된다.[382)] 회생원인을 파산원인과는 달리 융통성 있게 정한 이유는 채무자가 현실적으로 지급불능 상태에 빠지면 사업도 재기불능이 되는 경우가 잦다는 점을 고려하여 절차개시를 가능한 한 앞당기려는 취지이다.

실무상 회생원인은 특별히 문제 되지 않는다. 채권자가 절차개시를 신청하는 사례는 거의 없고 채무자 신청사건이 대부분인데 개시신청 그 자체로 회사의 신용도가 크게 추락하고, 보전처분 등이 발령되면 법원의 허가가 있어야 신청을 취하할 수 있으며(제48조 제2항), 절차 진행 중 부당한 회사 운영이나 분식회계(粉飾會計)가 드러날 위험도 있으므로

381) 서울중앙지방법원 파산부 실무연구회, 전게 「법인파산실무」, 46면도 같은 취지이다.
382) 伊藤眞, 前揭書, 570頁.

회생원인이 없는데도 절차개시를 신청할 이유가 없기 때문이다.[383]

또 채무자에 대하여 외국도산절차가 진행되고 있는 때에는 파산원인이 있는 것으로 추정한다. (제38조 제1항, 제628조 제1호) 이때 외국도산절차라 함은 외국법원에 신청된 회생절차 · 파산절차 · 개인회생절차와 이와 유사한 절차를 말하며 임시절차를 포함한다.

다. 미국 연방도산법의 도산원인

연방도산법의 절차(cases)는 신청에 의하여 개시되는데(연방도산법 제301-304조) 채무자가 신청한 사건을 자발적 사건(voluntary cases)이라고 하고, 채권자 등 제삼자가 신청한 사건을 비자발적 사건(involuntary cases)이라고 한다.[384] 미국의 도산사건은 매년 150만 건 정도인데 99% 이상이 자발적 사건이고, 비자발적 사건은 1%에도 미치지 못한다.[385]

자발적 사건은 채무자의 개시신청 자체가 구제명령(order for relief)이 되고, 채무초과 · 지급불능 등 별도의 도산원인이 필요 없으며, 절차가 당연히 개시되므로 별도로 법원의 개시결정이나 파산선고(adjudication)도 필요 없다. (같은 법 제310조) 이때 개시신청서는 파산규칙에서 정한 공식서식을 사용하고, 채권자명세서 · 자산부채명세서 · 수지명세서 · 재무상황보고서 · 월별 순수입(net income)계산서 · 신청 후 12개월간의 합리적 예상수입액 등 제반서류를 첨부하여야 한다. (같은 법 제521조) 제7장 청산절차 또는 제11장 재건절차에서 채무자가 개시신청을 취하하면 법원은 통지 · 청문절차를 거친 후(after notice and hearing) 제7장 사건은 상당한 이유가 있는 때, 제11장 사건은 절차를

383) 김용덕, "회사정리절차 개시에 있어서의 문제점", 「도산법강의」, 법문사, 2005, 412면.

384) 자발적 사건이건 비자발적 사건이건 신청이 있으면 바로 절차가 개시되므로 신청과 절차개시는 같은 시점을 의미한다.

385) Epstein, Markell, Nickles, Perris, supra note 8, at 21.

종결시키는 편이 채권자와 재단의 이익에 합치할 때 기각결정을 한다. (같은 법 제707조, 제1112조) 또 개시요건이 갖춰진 때에도 채권자 · 채무자의 이익에 합치될 때에는 법원은 사건(case)을 기각하거나, 사건에 대한 모든 절차(all proceedings in a case)를 중지(suspend)할 수 있다. (같은 법 제305조) 신청인은 어떤 절차(예컨대 제7장 사건)를 신청하는지 명기하여야 하나, 신청 후에도 다른 장 사건으로 이행(conversion)을 신청할 수 있다. (같은 법 제706조, 제1112조, 제1208조, 제1307조)

비자발적 사건은 제7장 청산절차와 제11장 재건절차에 한하여 가능한데 합계금액 13,475달러 이상의 무담보채권을 가지는 3명 이상의 채권자 · 무한책임조합원 · 외국관재인 등이 신청할 수 있다. 비자발적 사건이 본격적으로 진행되려면 자발적 사건과 달리 신청에 기하여 법원이 구제명령(order for relief)을 발하여야 한다. 그러나 비자발적 사건도 신청에 의하여 사건 자체는 개시되고, 개시에 따른 법률효과가 발생한다.[386] 채무자가 개시신청서를 송달받은 날로부터 20일 이내에 불복신청을 하지 아니하면 법원은 구제명령을 발하는데(같은 법 제303조) 구제명령의 요건은 채무자가 지급불능(generally not paying such debtor's debts as such debts become due)이거나 또는 재산청산신탁(general assignment for the benefit of creditors)이 진행 중이어야 한다.[387] 악의에 의한 신청은 기각되는데, 악의 여부는 신청채권자의 동기에 따라 판단하는 주관적 기준(subjective test)과 신청채권자가 합리적 인간이라면

---

386) 高木 新二郎, 前揭書, 40頁.

387) 재산청산신탁은 보통법(common law)상의 청산방법으로 채무자가 재산을 제삼자에게 신탁적으로 양도하고 제삼자가 이를 환가하여 채권자에게 분배한다. 이는 채무자 재산에 대한 보통법상 및 형평법상의 권원(legal and equitable title)을 수탁자(assignee)에게 절대적으로 이전(absolute conveyance)하는 신탁(trust)법상 제도이다. 재산청산신탁에서는 재산이 채무자 소유에서 벗어나므로 이전된 재산에 대하여 채권자의 개별적 권리행사가 불가능하다. 다만, 재산청산신탁에서는 채권자가 채권 전액을 변제받지 않는 한 채무자는 잔액에 대한 지급의무를 면하지 못한다. 종래에는 많이 이용되었으나 현재는 그다지 활용되지 않는다고 한다.

어떻게 행동할 것인지에 따르는 객관적 기준(objective test)에 의하여 판단한다. 예컨대 재판 외의 화의가 적정히 진행되어 재산이 공평하게 분배될 가능성이 크고 지금에 와서 도산절차를 개시하더라도 절차비용 때문에 배당이 감소할 위험은 있어도 증가할 가망성은 없는 때, 채권자 대다수가 진행 중인 절차에 찬성하고 있음에도 극히 일부 채권자가 이를 저지할 목적으로 비자발적 신청을 하였을 때 개시신청이 기각된 사례가 있다.[388)]

라. 검토

회생파산법은 절차개시에 도산원인을 요구하고, 채권자 신청사건과 채무자 신청사건의 구분 없이 지급불능 · 채무초과(파산절차) 또는 파산의 염려(재건절차)를 개시원인으로 한다.[389)]

그러나 도산원인을 검토할 때에는 채권자 신청사건과 채무자 신청사건을 구분할 필요가 있다. 먼저 채권자에게 도산원인을 요구하는 것은 당연하다. 이는 특정채권자의 성급한 판단으로 생존가능성 있는 기업에 도산절차가 개시되는 일을 막아 신청권의 남용을 억제한다. 다만, 채무초과이면서 지급불능이 아닌 경우는 거의 없으므로 법인도 지급불능(또는 그 염려)만을 도산원인으로 하고, 채무초과는 도산원인에서 제외하여야 한다. 계속기업가치에 따라 채무초과를 판단하자는 논의 자체가 이미 지급불능과 채무초과가 개념상 한 덩어리가 되었음을 의미하고,[390)] 어음부도 등 거래에 현실적 문제가 발생하지 않은 상태에서

---

388) 高木 新二郎, 前揭書, 49頁.

389) 사업계속에 현저한 지장을 초래하지 않고는 변제기에 있는 채무를 변제할 수 없다는 사유로는 채무자만 회생절차를 신청할 수 있다. (회생파산법 제34조 제1항 제1호)

390) 加藤哲夫, 前揭 「破産法」, 77頁은 기업이 도산하면 보통 지급불능이면서 동시에 채무초과인 상태가 되지만, 채무초과가 아닌데도 재산을 매각하지 못하여 지급불능이 될 수 있고, 채무초과 상태에서 자전거 조업으로 지급불능을 면하는 일도 가끔 있다고 한다. 이때 자전거 조업이란 쓰러지지 않으려면 자전거 페달을 계속 밟아야 하듯이 무리를 해서라

채무초과라는 이유만으로 절차를 개시하면 시장경제 원리에 어긋나기 때문이다.

그런데 채무자 신청사건에도 도산원인을 요구하면 절차개시만 지연될 뿐 그로 말미암아 보호되는 이익이 존재하지 않는다. 회생파산법이 채무자에게 도산원인을 요구하는 목적은 도산하지 않은 기업의 절차이용을 막으려는 것이다. 그러나 시장경제 체제하에서 기업은 선택한 사업을 자유로이 시작할 권리도 있고, 그 경영판단에 따라 사업을 언제든지 중단할 권리도 있다. 기업이 사업을 중단하고, 그때까지 진행하던 사업을 청산하는 수단으로 도산절차를 이용하겠다면 국가가 이를 굳이 막을 이유는 없다. 절차를 개시하여 채무를 변제하고 남는 재산이 있으면 채무자에게 반환하면 되고, 절차개시 이전에 부당하게 제삼자에게 이전한 재산이 있으면 관재인이 부인권을 행사하면 된다. 건실한 기업의 절차이용을 막으려고 모든 채무자 신청사건에 도산원인을 요구하는 사고방식은 이해하기 어렵다.[391] 따라서 채무자 신청사건에는 미국 연방도산법처럼 도산원인을 요구하지 않도록 회생파산법을 개정하여야 한다.[392] 그때까지 채무자 신청사건은 도산원인을 형식적으로 심사하고, 실체판단을 삼가 절차개시가 지연되지 않게 할 필요가 있다. 도산원인을 심사하느라고 절차가 지연되면 채권자만 불이익을 입기 때문이다.

도 일을 계속하여 자금을 조달하는 불안정한 경영 상태를 말한다.

391) 서울중앙지방법원 파산부 실무연구회, 「회생사건실무 상(제3판)」, 박영사, 2011, 117-118면은 실무상 개시원인이 없음에도 채무자가 절차를 신청하는 사례는 매우 드물고, 개시원인의 존부는 대개 채권자나 주주 신청사건에서 문제 된다고 한다.

392) 三上威彦, 前揭書, 74頁은 독일에서도 채무자 신청사건에 도산원인을 요구하지 말자는 논의가 있고, 덴마크와 스웨덴은 이미 채무자 신청사건의 개시요건에서 도산원인을 삭제하였다고 소개한다.

3 개시결정과 그 효과

가. 개시결정

(1) 파산선고

신청권자[393]의 파산신청이 있을 때 파산원인이 존재하고 기각사유가 없으면 법원은 파산을 선고한다. (회생파산법 제305조, 제306조, 제309조) 결정서에는 파산선고의 연 · 월 · 일 · 시를 기재하여야 하고, 파산은 선고한 때부터 그 효력이 생긴다. (제310조, 제311조) 이는 파산선고의 효력을 신속히 발생하게 하여 채무자와 모든 채권자 사이에 절차를 안정되게 진행하려는 취지이다.[394] 법원은 파산선고와 동시에 파산관재인을 선임하고, 채권신고기간 · 제1회 채권자집회 기일 · 채권조사기일을 정하여야 한다. (제312조) 또 ① 파산결정의 주문 ② 파산관재인의 인적사항 ③ 채권신고기간 · 제1회 채권자집회 기일 등을 공고하고, 이를 채무자와 알고 있는 채권자 등에게 통지하여야 한다. (제313조)[395] 알고 있는 채권자라 함은 파산신청서에 첨부한 채권자목록에 기재된 채권자 · 별제권자 등을 말하고, 채무자가 채권의 존부를 다투는 경우도 포함한다.

법인인 채무자에 대하여 파산이 선고되면 법원사무관 등은 직권으로 지체 없이 채무자의 각 사무소 및 영업소 소재지의 등기소에 그 등기를 촉탁하여야 한다. (제23조 제1항) 이는 채무자에게 파산이 선고되었다는 사실을 공시함과 동시에 채무자가 소유하는 재산이 파산재단에 속하게

393) 회생파산법 제295-298조는 채무자와 채권자 이외에도 이사 · 청산인 · 무한책임사원 등에게 법인의 파산신청권을 부여한다.

394) 加藤哲夫, 前揭「破産法」, 94頁.

395) 일본 신파산법 제31조 제5항은 채권자 1,000명 이상의 대규모 사건에는 통지 없이 공고만으로 절차를 진행할 수 있도록 허용하여 많은 채권자를 수용할 장소 마련의 어려움을 피하고, 통지비용도 절감하게 하였다. 우리나라에도 이를 도입하면 도움이 될 것이다.

되었다는 점을 명백히 밝혀 거래의 안전을 기하려는 취지이다. 또 법인의 설립이나 목적사업에 관하여 행정청의 허가가 있는 때에는 법원은 주무관청에 파산선고가 있음을 통지하여야 한다. (제314조)

법원은 ① 신청인이 절차비용을 예납하지 아니한 때 ② 채무자에 대하여 회생절차가 계속되어 있고 그 절차에 의함이 채권자 일반의 이익에 부합하는 때 ③ 파산원인이 존재하지 아니할 때 ④ 신청인이 소재불명인 때 ⑤ 신청이 성실하지 아니한 때에는 파산신청을 기각할 수 있다. (제309조)

이해관계인은 파산신청에 관한 재판에 대하여 즉시항고할 수 있으나, 이는 집행정지의 효력은 없다. (제316조) 항고심의 심리 종결 시에 파산원인이 존재하지 않을 때에는 파산선고가 취소된다. 취소결정이 확정되면 파산선고의 효과는 소급하여 소멸하고 법원은 이를 공고하여야 한다. (제325조)

(2) 회생절차 개시결정

신청권자[396)]의 회생절차 개시신청이 있을 때 회생원인이 존재하고 기각사유가 없으면 법원은 회생절차 개시결정을 한다. 특히 채무자가 개시신청을 한 때에는 신청일로부터 1월 이내에 개시여부를 결정하여야 한다. 결정서에는 개시결정의 연 · 월 · 일 · 시를 기재하여야 하고, 절차개시는 그 결정 시부터 효력이 생긴다. (제49조) 법원은 개시결정과 동시에 관리위원회 · 채권자협의회의 의견을 들어 관리인을 선임하고,[397)] 제1회 관계인집회 기일 · 회생채권자와 담보권자 목록 제출기간 · 채권신고기간 · 조사기간을 정하여야 한다. (제50조) 또 ① 개시결

396) 제34조 · 제35조는 채무자 이외에도 채권자 · 주주 · 지분권자 · 청산인 등에게 법인의 회생절차 개시신청권을 부여한다.

397) 제74조 제3항은 채무자가 중소기업인 때에는 관리인을 선임하지 아니할 수 있다고 예외규정을 두었다.

정의 주문 ② 관리인의 인적사항 ③ 제1회 관계인집회 기일 · 채권신고 기간 등을 공고하고, 이를 채무자와 알고 있는 채권자 등에게 통지하여야 한다. (제51조)

법인인 채무자에 대하여 회생절차 개시결정이 있으면 법원사무관 등은 직권으로 지체 없이 채무자의 각 사무소 및 영업소 소재지의 등기소에 그 등기를 촉탁하여야 한다. (제23조 제1항) 또 주식회사인 채무자에 대하여 개시결정을 한 때에는 법원은 채무자의 업무를 감독하는 행정청 · 법무부장관 · 금융감독위원회에 이를 통지하여야 한다. (제52조)

법원은 ① 신청인이 절차비용을 예납하지 아니한 때 ② 개시신청이 성실하지 아니한 때[398] ③ 회생절차에 의함이 채권자 일반의 이익에 적합하지 아니한 때에는 관리위원회의 의견을 들은 후 개시신청을 기각하여야 한다. (제42조)

이해관계인은 개시신청에 관한 재판에 대하여 즉시항고할 수 있으나, 이는 집행정지의 효력은 없다. (제53조) 항고심의 심리 종결 시에 회생원인이 존재하지 않을 때에는 개시결정이 취소된다. 취소결정이 확정되면 개시결정의 효과는 소급하여 소멸하고 법원은 즉시 그 주문을 공고하여야 한다. 또 관리인은 공익채권을 변제하여야 하며, 이의 있는 공익채권은 그 채권자를 위하여 공탁하여야 한다. (제54조)

나. 개시결정의 효과

(1) 재산관리처분권의 이전

파산선고가 있으면 채무자가 파산선고 당시에 가지는 모든 재산은

398) 회사정리법 시대의 결정이지만, 대법원 2004. 5. 12. 선고 2003마1637 결정은 정리절차 개시신청이 불성실한 경우 이를 기각하도록 규정한 취지는, 신청채권자가 위 신청의 취하를 교환조건으로 하여 자기의 채권을 우선하여 만족하려고 하거나 금전 기타의 이익을 강요할 목적으로 신청하는 것과 같이 정리절차 이외의 목적으로 개시신청을 하는 등 회사정리법의 목적에 비추어 신청을 기각함이 적당한 경우를 예정한 것이라고 판단하였다.

파산재단에 속하게 되고, 파산관재인이 파산재단에 속하는 재산의 관리처분권을 취득하며 채무자는 그 권한을 상실한다. (제382조 제1항, 제384조) 따라서 채무자가 파산선고 후 파산재단에 속하는 재산에 관하여 한 법률행위는 채권자에게 대항할 수 없고, 채무자는 파산재단에 속하는 재산에 관하여 당사자적격을 상실하므로 소송이나 행정절차도 진행할 수 없다. (제329조 제1항, 제347조 제1항, 제350조 제1항)

파산선고가 있으면 법인은 해산하지만(민법 제77조 제1항, 상법 제227조 제5호), 절차가 종료할 때까지 파산의 목적범위 안에서 법인격이 존속하고(회생파산법 제328조) 재산의 귀속주체가 된다.[399] 이처럼 절차 진행 중에도 법인격이 존속하므로 관재인의 관리처분권 대상이 아닌 사항은 이사 등 파산법인의 기관이 처리한다.[400] 법인의 사단법적 · 조직법적 활동은 파산재단과 관계없으므로 이에 속한다. 또 관재인이 재산을 포기한 경우에는 예외적으로 절차가 종료한 다음 파산법인이 이를 청산할 때도 있다.

회생절차가 개시된 때에도 이론상으로는 파산절차와 마찬가지로 재산의 관리처분권과 업무수행권이 관리인 업무를 담당하는 채무자에게 이전한다. (제56조) 그러나 관리인 업무를 담당하는 채무자나 절차개시 전의 채무자는 같은 사람이므로 관리처분권의 이전은 관념상의 것에 불과하고 실제로는 특별한 의미가 없다. 왜냐하면, 법원은 원칙적으로 채무자의 대표자를 관리인으로 선임하여야 하기 때문이다. (제74조 제2항) 오히려 회생절차가 개시되면 채무자 회사는 회생절차에 의하지 아니하면 자본감소 · 신주발행 · 자본증가 · 합병 · 분할 · 이익배당 등을 할 수 없게 되는 것이 더 큰 의미가 있다. (제55조 제1항) 물론 회생절차

399) 대법원 1989. 11. 24. 선고 89다카2483 판결은 법인이 잔여재산 없이 파산절차가 종료되면 청산종결의 경우와 마찬가지로 법인격이 소멸하나, 아직도 적극재산이 남아 있다면 법인은 그 재산에 관한 청산목적의 범위 안에서 존속한다고 판시하였다.

400) 加藤哲夫, 前揭「破産法」, 102頁.

에서도 예외적으로 제삼자가 관리인으로 선임될 때에는 재산관리처분권과 업무수행권이 채무자로부터 관리인에게 실질적으로 이전한다.

(2) 개별적 권리행사의 금지

도산절차는 집단적 · 강제적 채권회수제도이므로 일단 절차가 개시되면 채권자의 개별적 권리행사가 금지되는 것은 당연하다. 파산선고가 있으면 파산채권자는 절차에 의하지 아니하고는 권리를 행사할 수 없고(개별집행의 금지), 파산채권에 기하여 파산재단에 속하는 재산에 대하여 행하여진 강제집행 · 가압류 · 가처분은 효력을 잃는다. (제424조, 제348조 제1항) 또 재단채권에 기한 강제집행은 명문규정이 없지만, 대법원은 임금채권 등 재단채권에 기하여 파산재단 소속재산에 대하여 행하여진 강제집행은 파산선고로 말미암아 효력을 잃는다고 판시하였다.[401] 다만, 담보권자는 파산절차에 의하지 아니하고 별제권을 행사할 수 있다. (제411조, 제412조)

마찬가지로 회생절차가 개시되면 파산 또는 회생절차의 개시신청 · 회생채권 또는 회생담보권에 기한 강제집행[402] · 국세징수의 예에 의하여 징수하는 청구권으로 우선순위가 일반 회생채권보다 우선하지 않는 것에 기한 체납처분이 금지되고, 이미 진행 중인 절차는 중지된다. 따라서 관리인도 절차개시 후에는 회생계획에 의하지 않으면 회생채권이나 담보권을 개별적으로 변제할 수 없다. (제58조, 제131조, 제141조) 회

---

401) 대법원 2008. 6. 27. 2006마260 결정은 ① 관재인의 파산재단 관리처분권이 개별집행으로 제약받는 것을 방지하고 ② 재단채권 사이의 우선순위에 따른 변제 및 동 순위 재단채권의 평등 변제를 확보하며 ③ 파산선고 후에는 재단채권에 기하여 파산재단에 속하는 재산에 대한 강제집행이 허용되지 않는데다가 ④ 강제집행의 속행을 허용하더라도 재단채권에 대한 배당액은 관재인이 수령하므로(대법원 2003. 8. 22. 선고 2003다3768 판결 참조) 재단채권자는 강제집행을 유지할 실익이 없을 뿐 아니라 ⑤ 강제집행은 통상적 환가방법과 비교할 때 환가액의 측면에서 불리하다는 점을 그 이유로 든다.

402) 대법원 2007. 6. 28. 선고 2007다17758 판결은 하도급법 제14조에 의한 수급사업자의 발주자에 대한 하도급대금 직접지급청구는 회사정리법 제67조 제1항이 금지하는 '회사재산에 대한 강제집행'에 해당하지 않는다고 판시하였다.

생절차에서는 파산절차와는 달리 담보권자도 절차에 참가하여야 하고, 개별적 권리행사가 금지된다. 그러나 공익채권은 재단채권과는 달리 절차개시 후에도 채무자의 재산에 대하여 강제집행할 수 있다. 다만, 회생에 현저히 지장을 가져오고 채무자에게 환가하기 쉬운 다른 재산이 있거나, 채무자 재산이 공익채권 총액을 변제하기에 부족한 것이 명백한 때에는 법원은 집행중지 · 취소를 명할 수 있다. (제180조 제3항)

V

P·A·R·T

절차의 기관

1 채권자의 기관과 파산관재인

가. 채권자집회

(1) 성질과 권한

채권자집회(債權者集會)는 파산에 직접적 이해관계를 가진 파산채권자에게 절차 진행에 관한 정보를 제공하고, 채권자가 그 정보를 기초로 중요사항에 대하여 의사를 결정하면 이를 절차에 반영하는 제도이다. 채권자집회는 관재인, 법원과 함께 파산절차의 가장 중요한 기관의 하나이고, 채권자 의사를 결집하고 공통이익을 반영한다. 또 채권자집회는 파산채권자의 이익을 위하여 관재업무를 감독하는 절차기관으로 채무자와 관재인은 집회가 적절한 결정을 하는 데 필요한 정보를 제공하여야 한다. 실무상 채권자집회는 ① 채권자에게 절차참여 기회를 부여하고 ② 법원 · 관재인에게 채무자의 재산상황에 관한 정보를 제공하며 ③ 관재인이 환가가 어려운 재산의 처분방침을 집회에 제시하여 채권자의 이해와 협력을 얻고 ④ 집회가 일정한 간격을 두고 개최됨에 따라 관재업무 진행을 구분하는 기능을 한다.[403]

종래의 유력설은 채권자집회를 파산채권자 단체(gläubiger Gemeinschaft)의 기관이라고 보았으나, 최근에는 이를 집회기일마다 성립하는 채권자의 사실상 집합체로 보는 견해가 통설이다.

전자는 채권자집회를 단체로서의 파산채권자로 구성되는 파산절차의 기관으로 이해한다. 집회가 활동하는 무대는 기일이지만, 그 전제로서 파산채권자 사이의 정보교환과 의견형성을 위한 활동이 기일 전후로 이루어지므로 채권자집회를 기일마다 별개로 보는 통설은 부자연스

403) 伊藤眞, 松下淳一, 山本和彦 編, 「新破産法の基本構造と實務」, 有斐閣, 2007, 119頁.

렵다고 비판한다. 또 단체구성원인 파산채권자의 이해가 공통되지 않는 것은 각종 단체에서 흔히 있을 수 있는 일로서 그것이 단체성을 부정할 근거는 되지 않고, 파산채권자는 파산재단의 관리 · 환가가 적정하게 이루어져서 배당재원이 증가하는 데 대하여 공통이익을 가진다고 주장한다.[404)]

유력설의 주장과 같이 채권자가 배당재원 증가에 공통이익을 가지는 점은 사실이지만, 파산절차에서 이해관계인 사이의 재산관계가 조정된다는 이유로 바로 채권자가 하나의 단체를 구성한다고 보는 논리에는 무리가 있다. 왜냐하면 채권자만으로는 단체가 성립하지 않고, 채무자도 포함되어야 단체가 구성되기 때문이다. 또 채권자단체가 그 기관인 채권자집회를 통하여 외부의 제삼자와 법률관계를 맺는 일도 없으므로 굳이 법 주체성을 부여할 필요가 없고, 채권자단체에 법 주체성을 부여하는 명문규정도 없다. 따라서 채권자집회는 기일마다 성립하는 사실상의 집합체로 보아야 한다.[405)]

회생파산법은 영업의 폐지 또는 계속 · 고가품의 보관방법 · 감사위원의 선임 및 해임 · 파산관재인의 해임을 채권자집회의 결의사항으로 하였다. (제364조, 제377조, 제380조, 제489조) 또 채권자집회는 채무자 · 그 대리인 · 이사 · 지배인 등에게 파산에 관한 설명을 요구할 수 있고 (제321조), 관재인에게 파산재단의 상황보고를 요구할 수 있다. (제499조) 파산재단으로 절차비용을 충당하기에 부족하여 법원이 이시폐지 결정을 할 때에도 채권자집회는 의견을 진술한다. (제545조) 그리고 관재인의 임무가 종료하였을 때 채권자집회는 계산보고를 받고, 가치가 없어 관재인이 환가하지 않은 재산의 처분을 결의한다. (제365조, 제529조)

404) 伊藤 眞, 前揭書, 155–156頁.
405) 전병서, 전게서, 97면.

(2) 소집과 종류

채권자집회는 관재인 · 감사위원 · 총채권액의 5분의 1 이상 채권액을 가진 파산채권자의 신청 또는 법원의 직권으로 소집된다. (제367조) 제1회 채권자집회 기일은 파산선고와 동시에 정하여 공고하고, 그 밖의 기일은 법원이 집회기일과 목적사항을 정하여 공고한다. 채권자의 절차참여를 위하여 공고에는 목적사항이 구체적으로 기재되어야 하고, 공고된 이외의 사항은 결의할 수 없다. 또 집회연기 또는 속행결정이 있는 때에는 공고 · 송달이 필요 없다. (제368조) 채권자집회는 원칙적으로 사건이 계속한 법원 청사에서 개최하지만, 채권자 숫자가 많은 때에는 외부의 장소에서 개최할 수 있다.

법원은 채권자집회의 의사진행과 질서 유지를 지휘하지만, 지휘권은 의사내용에는 미치지 않는다. 채권자집회 지휘도 법원의 직무집행이므로 법정질서 유지를 위한 법규가 적용된다.[406] 또 채권자집회는 구두변론이 아니므로 공개하지 않고, 채권자 · 관재인 · 채무자 · 별제권자 · 환취권자와 그 대리인에 한하여 출석이 허용된다. 채권자가 1명도 출석하지 않으면 결의는 할 수 없지만, 그래도 보고를 위한 집회는 유효하게 성립한다.[407]

제1회 채권자집회는 통상 채권조사기일과 병합하여 진행하는데 관재인은 채무자가 파산선고에 이르게 된 사정, 채무자 · 파산재단의 경과 및 현상, 배당전망 등을 보고한다. (제488조) 이때 관재인은 비교 대차대조표 · 파산 대차대조표 · 대차대조표 평가기준 및 평가조정사항 · 재산목록 등도 아울러 첨부한다.[408] 채권조사기일과 병합한 경우에는 신고채권자별로 조사결과를 기재한 파산채권 조사결과표도 준비하여

406) 伊藤 眞, 前揭書, 158頁.
407) 서울중앙지방법원 파산부 실무연구회, 전게 「법인파산실무」, 114면.
408) 전게서 346면.

신고채권에 대한 시부인을 하는데 먼저 채권조사부터 마쳐 의결권을 확정한 다음 제1회 채권자집회를 진행한다. 제1회 채권자집회에서는 ① 영업의 폐지 또는 계속 ② 고가품의 보관방법에 관하여 결의할 수 있다. (제489조)

계산보고집회는 관재인의 임무가 종료한 때 계산보고를 목적으로 소집되는데 채무자 · 파산채권자 또는 후임 관재인이 채권자집회에서 계산에 대하여 이의를 진술하지 않으면 이를 승인한 것으로 본다. 관재인은 이해관계인의 열람을 위하여 계산보고서와 감사위원의 의견서를 집회 3일 전까지 법원에 제출하여야 한다. 또 계산보고집회에서는 가치가 없어 환가하지 않은 재산의 처분을 결의한다. (제365조, 제529조)

그 밖에도 이시폐지 결정에 의견을 진술하는 집회 · 채무자 등에게 설명을 요청하는 집회 · 관재인의 상황보고를 위한 집회 · 관재인 해임을 위한 집회 등이 있다.

(3) 결의

채권자집회에서 파산채권자는 채권액에 상응하여 의결권을 가지나, 후순위 파산채권과 약정에 의한 후순위 파산채권은 의결권이 없다. 후순위 파산채권은 배당을 받을 가능성이 거의 없으므로 절차에 이해관계가 희박하기 때문이다. 미확정 채권 · 정지조건부 채권 · 장래의 청구권 · 별제권 행사로 변제받을 수 없는 채권액은 관재인과 채권자의 이의가 없으면 신고채권액을 기준으로 하지만, 이의가 있으면 법원이 의결권 유무와 금액을 결정한다. 이때 법원의 결정은 오로지 의결권에 관한 것이고, 파산채권액 그 자체의 평가는 아니다.[409] 또 의결권에 관한 결정은 법원의 자유재량에 속하므로 법원 스스로 변경할 수 있고(제373조), 불복신청이 허용되지 않는다. 의결권은 통일하지 않고 행사할 수도

409) 伊藤 眞, 前揭書, 159頁.

있지만, 집회결의에 관하여 특별한 이해관계가 있을 때에는 의결권을 행사할 수 없다.

결의사항에 관하여 관재인과 파산채권자 등 신청권자의 신청이 있는 때에는 법원은 그 사항을 결의에 부치는데 출석 채권자의 총채권액의 과반수가 찬성하면 결의가 성립한다. 다만, 결의가 성립되어도 그 내용이 채권자 일반의 이익에 반하는 때에는 법원이 결의집행을 금지할 수 있다. (제375조 제1항) 일본의 신파산법은 법원의 결의집행 금지제도를 폐지하였으나, 이는 신파산법이 채권자집회 개최를 법원 재량에 맡기면서 종전의 집회 결의사항을 법원의 허가사항으로 변경하였기 때문이다. 그러나 회생파산법은 집회 결의사항을 여러 가지 규정하고, 출석 채권자의 총채권액의 과반수가 찬성하면 결의가 성립하므로 일부 채권자만으로 얼마든지 결의가 성립할 수 있다. 이러한 제도하에서 소수 채권자의 횡포를 막으려면 법원의 결의집행 금지제도를 유지하여야 한다.

성립한 결의는 결의에 찬성하지 않은 파산채권자를 포함하여 모든 채권자를 구속한다.[410] 또 채권자집회의 결의로써 감사위원의 동의를 갈음할 수 있고, 집회의 결의가 감사위원의 의견과 다른 때에는 결의가 우선한다. (제374조) 결의절차에 하자가 있을 때 그 하자가 가벼우면 효력에 영향을 미치지 않지만, 공고되지 않은 사항에 대한 결의나 다수결 요건에 반한 결의 등 중대한 하자는 결의의 효력에 영향을 미친다.[411]

(4) 검토

일본 신파산법은 구법 시대에 채권자집회가 형식화하여 신속한 절차 진행을 방해하였다는 점을 고려하여 집회개최를 법원 재량에 맡겼

410) 전병서, 전게서, 99면.

411) 서울중앙지방법원 파산부 실무연구회, 전게「법인파산실무」, 116면은 결의에 중대한 하자가 있으면 법원이 결의집행을 금지하거나, 채권자집회를 다시 열어 이전의 결의를 변경하도록 조치한다고 한다.

다.[412] 제1회 채권자집회는 그 목적이 채권자에게 정보를 제공하는 데 있으므로 개최함이 원칙이나, 채권자의 숫자 기타 사정을 고려하여 소집하지 않을 수 있고, 계산보고를 위한 채권자집회도 서면으로 계산보고만 받고 생략할 수 있다. 만약 제1회 채권자집회를 개최하지 않을 때에는 채권자에 대한 정보제공이 불충분할 우려가 있으므로 집회보고사항과 같은 내용을 기재한 보고서를 법원에 제출하게 하였다. 또 서면투표를 도입하여 원격지에 거주하는 채권자도 집회 의결권을 쉽게 행사할 수 있게 하였다.[413]

일본 신파산법이 집회개최를 법원 재량에 맡긴 점과 서면투표 제도는 우리나라에도 도입하여 간이 · 신속한 절차 진행을 도모함이 바람직하다. 또 채권자 자치를 보장하려면 파산관재인과 채권자협의회 구성원을 채권자집회에서 직접 선출하도록 법을 개정할 필요가 있다.[414]

나. 관계인집회

관계인집회(關係人集會)는 회생채권자 · 회생담보권자 · 주주(지분권자)로 구성되는 회생절차의 기관으로 회생계획안 결의를 가장 중요한 임무로 한다. 법원은 관계인집회 기일과 목적사항을 공고하고, 집회를 지휘한다. 회생채권자와 회생담보권자는 확정된 채권액 또는 담보권액에 따라 의결권을 행사하고, 주주 · 지분권자는 목록에 기재되거나 신고한 액수에 따라 의결권을 행사한다. 또 ① 회생계획으로 권리에 영향을 받지 않는 자 ② 벌금 · 과료 · 국세 · 지방세 등의 징수권자 ③ 절차

412) 西口 元, "各倒産手續における債權者集會 · 關係人集會の機能", 「倒産處理法制の理論と實務」, 經濟法令研究會, 2006, 120頁은 신파산법 시행 후에도 실무에서는 구법시대와 마찬가지로 채권자집회를 개최한다고 한다.

413) 宗田親彦, 前揭書, 250頁.

414) 미국 연방도산법은 제7장 청산사건의 제1회 채권자집회에서 관재인과 채권자위원을 선출하도록 규정한다. Martin A. Frey, Phyllis H. Frey, Sidney K. Swinson, supra note 19, at 309.

개시 후의 이자 · 절차개시 후 불이행으로 말미암은 손해배상 · 절차참가비용 ④ 신고내용에 이의가 있어 법원이 의결권을 부여하지 않은 자 · 부당한 이익을 얻을 목적으로 권리를 취득한 자 ⑤ 권리보호조항이 적용되는 자는 관계인집회에서 의결권을 행사하지 못한다. (제191조)

제1회 관계인집회는 ① 채무자가 회생절차 개시에 이른 사정 ② 채무자의 업무와 재산에 관한 사항 ③ 법인 이사에 대한 보전처분이나 손해배상 청구권의 조사확정재판이 필요한지 여부 ④ 그 밖에 회생에 필요한 사항을 채무자로부터 보고받는다. (제98조) 또 제1회 집회는 관리인과 조사위원의 선임 · 채무자의 업무와 재산관리 · 회생절차의 계속진행 여부에 관한 의견을 진술한다.[415)]

회생계획안 결의를 위한 관계인집회에서 회생채권자 · 회생담보권자 · 주주는 분류된 조별로 결의한다. 조는 ① 회생담보권자 ② 우선권 있는 회생채권자 ③ 일반 회생채권자 ④ 잔여재산분배에 관하여 우선권 있는 주주 ⑤ 일반 주주로 분류하나, 법원은 권리의 성질과 이해관계를 고려하여 조 분류를 변경할 수 있다. 회생계획안의 가결요건은 회생채권자 조는 의결권 총액의 3분의 2 이상의 찬성이고, 회생담보권자 조는 의결권 총액의 4분의 3 이상이지만, 청산을 내용으로 하는 계획안은 담보권자의 5분의 4 이상 찬성이 필요하다. 또 주주(지분권자) 조는 의결권 총수의 2분의 1 이상의 찬성이 필요하다. (제236조, 제237조) 법원은 계획안 결의를 위한 집회를 개최하지 않고 이해관계인에게 계획안의 사본 또는 요지를 송달하여 서면결의로 대체할 수 있다. (제240조) 관계인집회가 제대로 역할을 하려면 사전에 절차에 관한 충분한 정보를 제공하고, 이해관계인의 발언기회를 보장하며, 자유로이 발언할 수

415) 서울중앙지방법원 파산부 실무연구회, 전게 「회생사건실무 상」, 527면은 계속기업가치가 청산가치보다 큰 때에는 법원은 제1회 관계인집회에서 채무자에게 회생계획안 제출을 명한다고 한다.

있는 분위기를 조성하여야 한다.[416]

회생파산법은 회생절차의 의사결정기관인 관계인집회의 소집권에 관한 규정을 두지 않았다. 관계인집회는 이해관계인의 의사를 결집하여 절차에 반영하는 가장 좋은 방법이므로 일본의 민사재생법(民事再生法)·회사갱생법(會社更生法)처럼 채무자·채권자협의회·총채권액의 10분의 1 이상의 채권액을 가진 자에게 집회 소집권을 인정하는 방향으로 법을 개정할 필요가 있다. 또 서면결의할 때 계획안 사본 또는 요지만으로는 정보가 충분하지 않으므로 미국 연방도산법상의 명세설명서(disclosure statement) 제도를 도입하여 관계인이 서류만 보고 판단할 수 있게 해주어야 한다.[417] 계획안 수락 여부를 판단할 때 정확한 정보가 제공되어야 실질적 채권자 보호가 가능하기 때문이다.

---

416) 西口 元, 前揭 "各倒産手續における債權者集會·關係人集會の機能", 125頁.

417) 제11장 재건절차는 계획안 내용을 엄격히 규제하지 않고 자율에 맡기면서 그 전제로 적절한 정보제공을 요구한다. 즉 계획안 제안자는 법원이 적절한 정보가 포함되었다고 승인한 명세설명서를 채권자에게 배포한 후에만 찬성을 권유(solicitation)할 수 있다. 명세설명서는 통지·청문절차를 거친 후(after notice and hearing) 법원의 승인(approve)을 받아야 배포할 수 있다. (연방도산법 제1125조) 적절한 정보(adequate information)란 각 조에서 채권·주식을 가지는 표준적 투자자(a hypothetical investor typical of the holders of claims or interests in the class)가 계획안을 판단할 수 있는 정보를 의미한다. 연방도산법은 도산기업의 재무정보가 부실한 실정을 참작하여 광범위하고 완전한 정보가 아니라 취득 가능한 정보의 제공을 요구한다. 명세설명서에 기재할 사항은 ① 도산신청에 이른 경위 ② 자산 및 그 가치에 대한 설명 ③ 재건 후 채무자 회사의 전망 ④ 명세설명서에 기재된 정보의 출처 ⑤ 채무자의 현재 상황 ⑥ 채권명세서 ⑦ 청산배당 예상액 ⑧ 재무정보에 관한 회계기준 ⑨ 채무자의 장래 경영진 ⑩ 재건계획안 또는 그 요지 ⑪ 예상되는 공익채권액 ⑫ 외상매출금 회수율 ⑬ 채무자에 대한 과세액 ⑭ 관련회사와의 관계 ⑮ 재건계획안이 관계인에게 미치는 세법상 효과 등이다. 법원은 설명서에 적절한 정보가 포함되었는지를 판단할 때 사안의 복잡성·추가정보의 유용성·정보추가의 비용 등을 고려한다. 조별로 필요한 정보가 다른 점을 고려하여 다른 조에는 내용이 다른 명세설명서를 배포할 수 있으나, 같은 조에 속하는 채권자·주주에게는 같은 내용의 설명서를 배포하여야 한다. 대형사건에서는 채권자위원회와 교섭한 내용대로 계획안이 작성되는 경우가 잦아서 위원회의 찬성 의견서가 동봉되기도 한다. 高木 新二郎, 前揭書, 366-370頁에 명세설명서에 관한 상세한 해설이 있다.

Epstein, Markell, Nickles, Perris, supra note 8, at 474는 명세설명서 작성에 소요되는 경비부담이 크고, 채무자의 노력이 설명서 작성에 집중되어 정작 중요한 사업경영에는 등한해지며, 특정채권자가 더 좋은 조건으로 변제받으려고 전략적으로 명세설명서 승인에 반대할 때 청문절차(hearing)가 지연되는 문제점을 지적한다.

다. 채권자협의회

(1) 구성

채권자협의회는 소수 채권자가 전체 채권자의 의사를 결집하여 이를 절차에 반영하는 제도이다. 협의회는 10인 이하로 구성되고 주요 담보권자 · 무담보채권자 · 다액채권자 · 소액채권자 등 다양한 부류의 채권자를 대표성 있게 구성한다. 채권자협의회는 관리위원회가 구성하고, 관리위원회가 설치되지 않은 법원에서는 법원이 직접 협의회를 구성한다. 관리위원회는 개시신청 사실을 통지받은 지 1주일 안에 채권자협의회를 구성하는데 개시신청 이전부터 협의체가 구성되어 있으면 이를 참작하여 구성하고, 채무자가 개인 또는 중소기업이면 협의회를 구성하지 않을 수 있다. (제20조)

채권자협의회 구성통지를 받은 날부터 5영업일 이내에 협의회는 대표채권자를 지정하여 법원과 관리위원회에 신고한다. 대표채권자는 회의를 소집할 수 있고, 법원 또는 관리위원회로부터 의견을 요청받거나 구성원 4분의 1 이상의 요구가 있으면 5영업일 이내에 회의를 소집한다. 또 협의회는 출석 구성원 과반수의 찬성으로 의사를 결정한다. 구성원 아닌 채권자도 관리위원회의 허가를 받아 협의회에 참석하여 발언할 수 있으나 의결권은 없다.

(2) 기능

채권자협의회는 채권자 사이의 의견을 조정하여 다음의 행위를 한다. ① 회생 · 파산절차에 관한 의견제시 ② 관리인 · 파산관재인 · 보전관리인의 선임 또는 해임에 관한 의견제시 ③ 법인인 채무자의 감사 선임에 대한 의견제시 ④ 계획인가 후 회사의 경영상태에 관한 실사청구 ⑤ 그 밖에 법원이 요구하는 사항 ⑥ 대통령령이 정하는 행위이다. (제

21조 제1항)

법원은 절차신청서 · 결정서 · 감사보고서 그 밖에 대법원규칙이 정하는 주요서류 사본을 채권자협의회에 제공하고, 관리인 · 관재인은 법원이 지정하는 주요서류를 분기별로 협의회에 제출한다. 채권자협의회는 관리인 · 관재인에게 자료제공을 요청할 수 있고, 구성원 아닌 채권자가 요청하면 위 자료를 제공하여야 한다. (제22조)

협의회는 법원의 허가를 받아 변호사 · 회계사 등 전문직을 선임할 수 있고, 법원은 채권자 일반의 이익 증진에 이바지한 정도를 참작하여 채무자가 부담할 비용과 보수를 결정한다. 또 협의회 활동에 경비를 지출한 때에는 채무자에게 비용지급을 명하여 달라고 법원에 신청할 수 있다. (채무자 회생 및 파산에 관한 규칙 제42조, 제43조)

파산절차에도 채권자협의회가 구성되지만, 아무래도 회생절차에서 실질적으로 활동하게 될 것이다. 채무자가 관리인 업무를 맡음에 따라 회생파산법은 ① 협의회 활동비용과 변호사 등의 보수를 채무자가 부담하고 ② 채무자 이외의 제삼자를 관리인으로 선임하도록 요청할 수 있으며 ③ 협의회의 신청에 의하여 조사위원이 채무자의 재산과 영업상태를 실사하도록 (제259조) 하여 채권자협의회의 기능을 다소 강화하였다.[418]

(3) 검토

회생파산법은 채권자협의회의 주된 기능을 의견제시에 그치게 하고 제시한 의견의 반영 여부는 법원의 재량사항으로 하였다. 그러나 이처럼 소극적 · 수동적 제도로는 채권자 자치기능을 제대로 발휘할 수 없

418) 서울중앙지방법원 파산부 실무연구회, 전게 「회생사건실무 상」, 241면은 채권자협의회는 법원의 후견적 역할을 기대하기보다는 스스로 능동적으로 회생절차에 참여하여 정당한 권리보호를 받고 관리인에 대한 감시자 역할에 관심을 가져야 한다고 강조한다. 그러나 제삼자 관리인이 아니라 채무자가 절차를 진행하는 현재의 시스템에서 채권자협의회가 얼마나 영향력을 발휘할지는 의문이다.

다.[419] 즉 채무자에 대한 실사신청권 이외에는 아무런 청구권을 가지지 아니하므로 채권자협의회는 자칫하면 절차의 장식품으로 전락할 우려가 있다. 또 관리위원회가 협의회를 구성하면 대표성에도 문제가 생기므로 채권자집회에서 구성원을 선출하도록 법을 개정하여야 한다. 궁극적으로는 채권자 보호를 위하여 지금과 같은 협의회 방식을 지양하고, 미국 연방도산법과 같은 채권자위원회 제도를 도입하여야 한다.[420]

라. 감사위원

감사위원은 파산관재인의 직무집행을 감독하고 파산채권자의 이익을 보호하는 기관이다. 감사위원은 파산절차의 임의적 기관으로서 제1회 채권자집회에서 감사위원의 설치 여부와 수를 의결하고, 감사위원을 선임한다. 다만, 그 후의 채권자집회에서 결의 내용을 변경할 수 있다. (제376조, 제377조) 감사위원은 선관주의의무를 지고, 법률 또는 경영전문가로서 파산절차에 이해관계가 없는 자라야 하며, 감사위원 선임 결의는 법원의 인가를 받아야 한다. 감사위원은 관재인의 직무집행을 감사하고, 언제든지 관재인에게 파산재단에 관한 보고를 요구하거나 파산재단의 상황을 조사할 수 있으며, 채권자에게 현저하게 손해를 미칠 사실이 발견된 때에는 지체 없이 법원 · 채권자집회에 보고한다. 또 관재인의 계산보고에 의견을 제출하고(제365조 제3항), 법원에 관재인의 해임을 신청할 수 있다. (제364조 제1항) 그 밖에 감사위원은 채권조사기일 종료 전의 재산환가, 재산의 임의매각 · 영업양도 · 자금차

419) 임시규, "도산법상의 채권자협의회", 「통합도산법」, 법문사, 2006, 150-151면은 주요 채권자인 금융기관의 의사결정이 비합리적이므로 절차운영의 주도권을 채권자협의회에 부여할 수 없다고 주장한다. 그러나 의사결정의 합리성을 판단하는 주체는 법원이나 채무자가 아닌 채권자 자신이고, 비합리적 결정으로 말미암은 손해도 채권자 스스로 부담하므로 이는 채권자협의회를 수동적 기관으로 운영하여야 할 이유가 되지 않는다.

420) 최성근, "기업도산절차상 채권자협의회의 기능 및 역할", 「비교사법 제11권 1호」, 한국비교사법학회, 2003, 330면. 이 논문은 http://www.dbpia.co.kr에서 인용하였다.

입 · 소송제기 · 권리포기, 임치금품 반환, 배당에 대한 동의권을 가진다. 그러나 감사위원의 동의는 채권자집회의 결의로 갈음할 수 있고, 집회 결의가 감사위원 의견과 다른 때에는 결의에 따른다. (제374조) 또 채권자집회나 법원은 감사위원을 해임할 수 있다.

감사위원은 임의적 기관이지만, 일단 설치되면 관재인이 일정한 행위를 할 때 반드시 동의를 받아야 하므로 강력한 감독기관으로서 권한을 행사한다. 실제로 외환위기 이후 금융기관 파산사건이 급증하였을 때 예금보험공사가 자신을 감사위원으로 선임하여 파산절차를 주도하면서 법원의 감독권을 사실상 배제한 전례가 있다.[421] 감사위원은 채권자협의회와 그 기능이 중복되므로 폐지하여야 한다.[422] 감사위원은 법률 또는 경영전문가가 맡는데 채권자협의회도 이러한 전문가를 선임하면 파산재단에서 양쪽에 보수를 지급하여야 하므로 경비가 과다하게 지출되고, 만약 특정사안에 관한 쌍방의 의견이 대립하면 절차가 불필요하게 지연될 위험성이 있기 때문이다.

마. 파산관재인

기업도산 절차는 단순히 도산법 지식만으로 진행할 수는 없고, 관재인이 법률적 · 행정적 처리와 공식적 · 비공식적 대응을 적절히 선택하며, 적시 적소에서 정책적 판단과 실무 관행을 활용하는 일련의 정교한 과정이다. 즉 법률요건을 기계적으로 적용하는 것이 아니라 그 사건에 알맞은 절차적 틀을 만든 다음 그에 맞추어 솜씨 있게 법률을 활용하여야 한다. 이러한 의미에서 절차의 성부는 이를 주관하는 관재인의 식견

421) 예금보험공사가 공적자금관리특별법 제20조에 따라 금융기관의 파산관재인으로 임명된 이후에는 감사위원이 될 필요성이 없어진 것은 두말할 나위 없다.

422) 오수근, 전게 「도산법의 이해」, 264면은 회생파산법의 입법과정에서 법원은 감사위원이 제 역할을 하지 못하고 절차를 지연시킨다는 이유로 제도의 폐지를 주장하였다고 한다. 일본 신파산법은 감사위원 제도를 폐지하였다.

과 열의에 달렸다.[423]

(1) 선임

(가) 일반사건

파산관재인은 절차의 필수적 기관으로 파산선고와 동시에 선임되고 파산재단의 환가 · 배당과 관련한 일체의 행위를 할 권한을 가진다. 관재인은 법원이 선임하는데, 관리위원회가 설치된 법원에서는 관리위원회의 의견을 들어 선임한다. 관재인은 법원의 감독을 받지만(제358조), 법원의 하부기관이 아니고 독자적 권한에 기하여 자유재량으로 직무를 행하므로 법원은 관재인의 재량에 속하는 업무에 관하여 일반적 지휘명령을 할 수 없다.[424] 즉 파산절차는 관재인이 주체가 되어 진행하고, 법원은 배후에서 관재인의 업무수행을 감독한다. 자연인뿐만 아니라 법인도 관재인이 될 수 있는데 법인이 관재인이 되면 이사 중에서 관재인 직무를 행할 자를 지명한다. 또 관재인은 1인을 선임함이 원칙이나, 복수 선임도 가능하다. (제355조, 제356조) 법원은 관재인에게 선임을 증명하는 서면을 교부하고, 관재인은 이해관계인의 청구가 있으면 증명서를 제시하여야 한다. 관재업무에는 각종 법률관계를 정리하고 종결하는 법률적 업무와 파산재단의 사실적 지배 · 회계장부의 확보 등 사실적 업무가 포함된다. 이는 마치 암초가 숨어 있는 해역에서 폭풍우 가운데 난파선을 운항하는 것과 같아서 관재인은 예기치 않은 상황을 순발력 있게 대처할 능력을 갖춰야 하고, 주거래은행 · 상거래채권자 · 채무자 · 세무서 · 종업원 · 관리위원회 · 법원 등 관계자를 설득하여 이끌어가는 추진력도 필요하다. 회생파산법은 특별한 자격요건을 정하지 않았으나, 실무상 변호사를 관재인으로 선임하는 것이 상례이다.[425]

---

423) Vanessa Finch, supra note 1, at 145.

424) 윤남근, "파산관재인 및 화의관재인의 권한과 지위", 「도산법강의」, 법문사, 2005, 720면도 같은 취지이다.

(나) 금융기관사건

금융기관 파산사건에서는 금융산업의 구조개선에 관한 법률 제15조에 따라 금융위원회가 대통령령이 정하는 금융전문가 또는 예금보험공사(이하 예보라고 약칭한다.)의 임직원을 관재인으로 추천하고, 법원은 금융위원회가 추천한 자가 금융관련 업무지식이 풍부하며 직무를 수행하기에 적합하면 관재인으로 선임한다. 또 예금자보호법에 의한 보험금 등 공적자금이 지원되는 금융기관이 파산한 때 공적자금을 효율적으로 회수할 필요가 있는 경우에는 공적자금관리특별법 제20조에 따라 법원은 예보 또는 그 임직원을 관재인으로 선임하고, 이때에는 회생파산법 제364조(관재인의 해임) · 제492조(법원의 허가를 받아야 하는 행위) · 제493조(채무자의 의견청취)의 적용이 배제된다.

법원의 관재인 선임권을 배제한 공적자금관리특별법 제20조는 입법 당시부터 사법권을 침해한다는 논란이 있었다. 이에 대하여 헌법재판소는 관재인의 선임 · 감독은 대립 당사자 사이의 법적 분쟁을 사법적 절차를 통하여 해결하는 사법권의 본질에 속하지 않는다는 이유로 합헌결정을 하면서,[426] 입법자가 '공적자금의 효율적 회수가 필요한 때'라는 요건을 추가하여 법원의 재량 여지를 두었고, 위 조항은 5년간 한시적으로 적용하며, 예보가 관재인이 될 때 법원의 해임권을 배제하나, 예보의 의사결정과정 · 지휘체계 · 국가기관의 감독장치를 고려할 때 사법권을 불합리하게 제한하지는 않았다고 판단하였다. 헌법재판소는 위 조항이 채권자 또는 관재인 사이에 차별을 가져왔다고 하더라도 예보는 금융기관에 대한 채권자임과 동시에 금융질서의 안정을 위한 역할을 담당하며, 관재인의 역할을 공정하게 수행하도록 구파산법과 예

425) 서울중앙지방법원 파산부 실무연구회, 전게 「법인파산실무」, 58-59면에 변호사를 관재인으로 선정할 때의 기준이 기재되어 있다.

426) 헌법재판소 2001. 3. 15. 2001헌가1,2,3(병합) 전원재판부 결정.

금자보호법에 장치가 마련되어 있으므로 다른 채권자와의 관계에서 불합리한 차별이 아니고, 구파산법상 감독규정을 일부 배제한 이유는 공적자금을 효율적으로 회수하기 위함이므로 다른 관재인과의 관계에서 불합리한 차별이 아니라고 하였다. 또 입법목적과 실현수단의 적정성, 예보의 법적 지위와 전문성을 고려할 때, 위 조항은 합리성과 정당성이 있으므로 적법절차의 원칙에도 어긋나지 않는다고 판시하였다.

위 헌법재판소 결정에는 소수의견이 붙어 있다. 그 요지는 관재인 선임은 파산재단의 규모 · 자산상태 등을 고려하여 적격자를 심사 · 선임하는 결정이므로 재판사항에 속하는데 위 조항은 법원의 재량을 배제하여 사법권의 본질을 침해한다는 취지이다. 일반적 관재인은 법원의 감독을 받고, 임무위배행위를 하면 법원이 해임할 수 있으나 예보가 관재인으로 선임되면 치외법권적 특권을 부여하여 법원의 감독권을 무력화한다는 것이다. 또 위 조항은 이해관계인의 1인에 불과한 예보가 중립 · 공평이 요구되는 관재인의 역할을 맡아 절차를 전단하고, 심지어 비리를 저지르더라도 법원이 해임할 수 없도록 규정하므로 합리성과 정당성이 없어 적법절차의 원칙에 어긋난다고 하였다. 또 소수의견은 채권자의 1인에 불과한 예보 또는 그 임직원이 관재인으로 선임되어 법원의 감독권을 사실상 배제한 채 독자적으로 업무를 처리하는 특권을 부여하는 것은 평등의 원칙에도 위반된다고 지적하였다.

서울지방법원 파산부의 위헌제청결정서는 예보가 파산재단의 최대 채권자로서 사건에 이해관계가 있으므로 다른 채권자와 이해관계가 충돌할 때 중립적 업무처리를 기대하기 어렵다는 점을 지적한다. 또 예보가 다른 채권자에게 불리한 업무처리를 하더라도 법원이 시정을 요구할 수 없고, 무엇보다도 예보가 관재인이 되면 파산재단에 관한 소송에서 당사자가 되어야 하는데, 만일 파산채권자로서의 예보가 채권확정소송을 제기한다면 원고와 피고가 동일인이 된다는 것이다. 이에 대하여 예보는 자신은 다른 채권자와는 달리 금융기관의 파산 이후 예금보험금을 지급하고 기존 예금주의 권리를 대위 취득하여 비로소 채권자가 되었다고 반박한다. 다시 말해 예보는 금융기관 파산의 최대 피해자인 예금주를 위하여 파산 금융기관의 의무를 대신 이행하는 공적 기관이고, 파산 이전에는 금융기관과 아무런 이해관계가 없었으므로 다른 채권자와 본질적으로 다르다고 주장한다.[427]

위헌 논쟁의 핵심은 ① 관재인의 임명·감독권이 사법권의 본질적 내용이냐는 점과 ② 채권자의 1인이 관재인을 맡는 것이 적법절차의 원칙과 평등의 원칙에 합치하느냐는 점이다. 우선 논점 ①은 관재인을 임명·감독하는 업무는 사법권의 본질적 내용이 아니라고 한 다수의견이 타당하다. 사법권은 구체적 쟁송에 대하여 무엇이 법인가를 심리·판단하는 국가작용인데[428] 관재인의 임명·감독은 이 범주에 포함되지 않고, 오히려 행정권에 포함되기 때문이다. 우리 법원은 도산사건에 대한 행정적 감독자와 사법적 판단자를 겸하고 있는데 관재인을 임명·감독하는 업무가 행정적 감독자의 역할에 속한다는 사실은 의문의 여지가 없다. 논점 ②는 채권자의 1인이 관재인이 되어 법원의 감독도 받지 않고 권한을 행사하면 적법절차의 원칙과 평등의 원칙에 어긋난다는 소수의견이 타당하다. 적법절차는 절차적 적법만 아니라 입법내용의 적정성을 의미하는 실체적 적법을 포함하고, 평등권은 경제적 면에서 실질적 평등을 보장받을 권리이기 때문이다.[429] 따라서 위 조항은 위헌이다.

실무상 예보는 금융기관에서 퇴직한 사람을 검사역으로 채용하여 파산관재인 대리인으로 임명하고 있는데, 이들은 금융에 관한 전문지식은 갖고 있으나, 파산절차나 법 체계 전반에 관한 지식이 부족하다. 또

427) 정혁진, "금융기관 파산의 특성-예금자보호법을 중심으로", 「BFL 제7호」, 서울대학교 금융법센터, 2004, 16-17면.

428) 사법권의 개념에 관한 실질설이다. 김철수, 「헌법학신론」, 박영사, 2002, 859-860면.

429) 전게서, 344면 및 278면.

예보의 정규직원과는 달리 관재인 대리인은 임기 3개월의 계약직으로 신분보장이 되지 않는데 전문성 없는 계약직원에게 금융기관 파산사건 처리를 전담하게 하는 관행은 심각한 문제이다. 예보 또는 그 임직원을 관재인으로 선임하게 한 취지를 살리려면 예보의 임원이 관재인 대리인을 맡던가 아니면 최소한 정규직원 중 파산업무에 정통한 경력자에게 대리인을 맡겨야 한다. 궁극적으로는 금융위원회 등 제3의 기관을 관재인으로 선임하도록 공적자금관리특별법을 개정하여 채권자인 예보가 관재인을 겸하는 데 대한 논란을 마무리함이 바람직하다.[430] 외환위기로 촉발된 금융기관의 대거 파산이라는 비정상적 상황에서 예보의 조직과 기구 또한 비정상적으로 확대되었으나, 이제 금융질서가 정상으로 회복된 이상 예보도 원래의 자리로 되돌아가야 한다는 점을 생각하면 더욱 그러하다.

(2) 직무와 책임

(가) 직무

① 관재인의 기본적 직무는 파산재단을 유지 · 관리하여 배당재원을 형성 · 환가하는 것이다. 유지 · 관리에는 재산의 점유, 봉인, 재산목록 · 대차대조표의 작성 · 제출, 우편물 관리 등이 포함되고,[431] 재단의 형성에는 부인권 행사 · 계약관계의 정리 · 파산재단에 관한 소송수행 등이 포함되며, 환가는 배당을 위하여 파산재단 소속재산을 금전으로 전환하는 업무이다. ② 파산채권자의 범위와 채권액을 확정하는 일도 관재인의 직무에 속한다. 이에는 신고채권의 조사와 인부, 채권조사확

---

430) 일본에서는 '금융기관 등의 갱생절차의 특례 등에 관한 법률(金融機關の更生手續の特例 等に關する法律)'이 금융기관이 파산할 염려가 있으면 감독관청이 갱생절차 개시 · 보전처분을 신청하고, 예금보험기구가 채권자의 법정대리인이 되는 특례를 규정한다. 또 '예금보험법(預金保険法)'은 채무초과 또는 예금지급정지의 염려가 있는 금융기관에 대하여 내각총리대신이 금융정리관재인을 선임하게 한다.

431) 加藤哲夫, 前揭「破産法」, 331頁.

정재판과 이의소송의 수행이 포함된다. ③ 배당은 채권자에게 변제만족을 주어 절차를 마무리하는 직무로서 배당표의 작성과 배당의 시행이 포함된다. 배당에는 파산재단에 속한 재산의 환가 종료 후 행하는 최후배당, 환가종료 전에 행하는 중간배당 및 최후배당 후에 행하는 추가배당이 있다.

관재인이 직무를 수행할 때에는 법원과 채권자집회에 파산재단에 관한 사항을 보고하고, 중요사항은 법원의 허가를 받아 처리한다. 허가를 받아야 하는 행위는 ① 부동산, 등기선박, 광업권 · 어업권 · 지적재산권의 임의매각 ② 영업양도 ③ 상품의 일괄매각 ④ 자금차입 ⑤ 채권 · 유가증권의 양도 ⑥ 소의 제기 · 화해 · 권리포기 ⑦ 재단채권 · 환취권 · 별제권의 승인 등인데 감사위원이 설치된 때에는 법원 허가 대신 감사위원의 동의를 받는다. (제492조)

관재인이 여럿인 때에는 공동으로 직무를 행하는 것이 원칙이지만, 법원의 허가를 받아 직무를 분장할 수도 있다. (제360조) 일본 신파산법은 법원의 허가를 받으면 복수의 관재인 중 1인이 단독으로 직무를 행하는 규정을 두었는데 절차를 효율적으로 진행하려면 우리도 같은 규정을 두어야 한다.[432] 관재인이 여럿인 때 제삼자의 의사표시는 1인에게 하면 된다. 직무분장에 관한 법원의 허가가 없음에도 관재인 중 1인이 임의로 행한 행위는 무효이나, 상법 제389조 · 제209조의 유추적용으로 선의의 상대방은 보호된다.

또 관재인은 필요하면 관재인대리(상시대리인)를 선임할 수 있는데 대규모의 복잡한 사건에서 관재인대리가 선임되는 사례가 있다. 관재인대리는 포괄적 대리권을 가지므로 선임에 법원의 허가가 필요하다.

432) 전병서, 전게서, 89면도 같은 취지이다.

(나) 책임

관재인은 직무를 수행할 때 선관주의의무를 부담한다. 선관주의의무 위반의 예는 파산재단에 속한 채권의 추심을 게을리한 때 · 신고채권을 충분히 조사하지 않고 확정케 한 때 · 세무신고를 게을리하여 파산재단에 손해를 입힌 때 · 부인 가능성의 조사를 게을리한 때 등이다. 또 넓은 의미에서는 선관주의의무에 포함되지만, 공정중립의무와 충실의무도 관재인의 의무로 거론된다. 이러한 의무에 위반하면 이해관계인에게 손해배상책임을 지고, 관재인 직에서 해임될 수도 있다. 채무자가 재산관리에 있어서 공법상 의무를 부담하는 때에는 관재인도 그 의무를 준수하여야 한다.[433]

관재인은 임무가 종료하면 지체 없이 채권자집회에 계산보고를 하여야 한다. (제365조) 관재인의 임무가 종료한 때 급박한 사정이 있으면 후임 관재인이 재산을 관리할 때까지 필요한 긴급처분을 하여야 한다. (제366조)

(3) 지위

(가) 내부적 지위

관재인의 내부적 지위는 파산재단과 관재인의 관계를 어떻게 파악하느냐는 문제와 직결된다. 종전에는 파산재단의 법 주체성을 인정하여 관재인이 그 대표자라는 학설, 이른바 파산재단대표설이 통설이었으나, 최근에는 이를 발전시켜 파산재단의 관리기구인 관재인에게 법인격을 인정하는 이른바 관리기구인격설이 유력하다.[434] 파산재단대표설과 관리기구인격설 이외에도 직무설 · 파산채권자대리설 또는 파산자

433) 伊藤眞, 前揭書, 136-137頁.

434) 이 문제가 해결되어야 관재인의 파산재단에 대한 관리처분권 행사, 관재인과 법원 · 파산채권자와의 관계, 부인권의 귀속주체 또는 재단채권의 채무자를 체계적으로 파악할 수 있다.

대리설 · 파산단체대표설 · 수탁자설 등이 있는데 어떠한 관점에 따라도 관재인은 중립적 입장에서 파산재단을 관리처분하는 독립한 기관이라는 점에는 변함이 없다.[435)]

직무설은 관재인으로 선임된 사인이 직무로서 파산법상 권능을 행사한다는 견해이다. 법 주체는 어디까지나 본래의 개인 · 법인이지만 그 직무로서 파산법상 권능행사가 인정되는 점에 특징이 있다. 직무설은 직무의 성질에 착안하여 공법상 직무설과 사법상 직무설로 나누어진다. 공법상 직무설은 종래의 유력설로서 관재인을 파산채권자를 위한 집행기관으로 파악한다. 관재인의 직무에 파산자의 재산 환가가 포함되므로 이론적 근거가 있으나 관재인이 과연 집행기관의 권한을 가지는지는 의문이다. 이에 대하여 사법상 직무설은 관재인은 사인이지만 국가기관인 법원에서 국가의 사무를 위탁받았다고 설명한다. 이 견해는 권리의무의 귀속주체인 인격은 관재인으로 임명된 사인에게 있고, 관재인이 직무로서 행한 관리처분권 행사의 효과가 채무자에게 귀속한다고 한다. 사법상 직무설이 관재인을 공무원이 아니라고 한 점은 타당하나, 파산절차의 각종 사무가 국가사무이고 이를 관재인에게 위탁하였다는 시각은 파산절차가 이해관계인의 자치에 따라 진행되는 점을 무시하였으므로 부당하다.[436)]

파산채권자대리설 또는 파산자대리설은 관재인의 지위를 파산채권자 또는 채무자와의 사법상 계약에 의하여 설명한다. 파산채권자대리설은 파산선고에 기하여 파산채권자가 파산재단 소속재산상에 질권을 취득하고, 관재인이 이를 대리행사한다는 구성이지만, 그 논리적 전제가 되는 포괄적 질권 개념은 우리나라에 존재하지 않는다. 또 파산자대리설은 파산재단 소속재산의 귀속주체가 파산자라는 점을 근거로 하는

435) 坂本惠三, "破産管財人の第三者性(2)", 「倒産判例百選(第4版)」, 有斐閣, 2006, 37頁.
436) 宗田親彦, 前揭書, 218-219頁.

데 관재인이 채무자의 대리인으로 직무를 수행한다고 보는 관점에는 이론적으로 무리가 따른다.

파산단체대표설은 채무자와 채권자에 의하여 구성되는 파산단체인 사단의 성립을 인정하고, 관재인을 그 대표기관으로 본다. 관재인의 직무를 이해관계인의 권리 조정이라고 이해하는 점은 합리적이지만, 채무자와 파산채권자로 구성되는 파산단체에 법 주체성을 부여하는 사고방식은 수긍하기 어렵다.

수탁자설은 최근의 유력설로서 채무자를 위탁자, 파산채권자를 수익자, 관재인을 수탁자로 하는 법정신탁이 성립한다는 견해이다. 이 견해는 파산절차를 영미 보통법(common law)상의 재산청산신탁(general assignment for the benefit of creditors)과 흡사하게 구성한다. 재산청산신탁은 채무자가 재산을 수탁자(assignee)에게 신탁적으로 양도하고 수탁자가 이를 환가하여 채권자에게 분배하는 제도이다. 수탁자설은 내부적 법률관계와 외부적 · 실체적 법률관계를 통일적으로 설명하는 이론적 장점이 있으나, 파산선고에 의하여 법정신탁이 개시된다고 인정할 근거가 없다는 데 문제가 있다.

파산재단대표설은 재산의 집합체인 파산재단에 법인격을 인정하고, 관재인을 대표기관으로 본다. 대표기관인 관재인의 행위효과가 파산재단에 귀속한다는 구성으로 법률관계를 모순 없이 설명하는 장점이 있으나, 명시규정 없이 파산재단에 법 주체성을 인정할 수는 없다는 비판이 있다.

관리기구인격설은 재단재산의 관리처분권을 행사하는 관리기구인 관재인 자신에게 법인격을 인정하는 견해이다. 관재인을 파산채권자와 채무자로부터 독립하여 파산법상 각종 권능을 행사하는 주체로서 파악하는 점은 사법상 직무설에 가까우나, 파산재단의 관리기구인 관재인 자체에 법 주체성을 인정하는 점이 특징이다. 이 견해에 따르면 파산재단 소속재산은 채무자에게 귀속하고 파산채권의 채무자는 파산자이지만, 관리처분권은 관재인에게 귀속하고, 관리기구인 관재인은 재단채권의 채무자가 된다. 또 관리기구인 관재인에게 부인권과 미이행 쌍무계약의 해제권 등의 특별한 권능이 귀속한다. 가장 무난한 견해이다.[437]

(나) 외부적 지위

관재인의 지위는 제삼자와 관련된 외부적 · 실체적 법률관계에서도 문제가 된다. 예컨대 절차개시 전에 채무자의 부동산을 양수한 자가 등기 없이 관재인에게 대항할 수 있는지는 관재인이 채무자와 동일시되는지 아니면 압류채권자와 같은 제삼자로 취급되는지에 따라 결론이 달라진다. 관재인은 채무자의 일반승계인이나 특정승계인이 아니지만, 일반승계인의 지위를 가지는 점은 사실이고, 파산채권자를 위하여 채무자의 재산관계를 실체적으로 처리할 때에는 제삼자의 지위에 서는 점도 사실이다. 문제는 관재인이 채무자와 동일시되거나 또는 제삼자로 취급되는 구별기준이 무엇이냐는 데 있다.

① 원칙적으로 관재인은 채무자와 동일시되거나 또는 일반승계인으로 취급된다. 관재인이 파산재단의 관리처분권을 부여받는 이유는 관리 · 환가가 목적이고, 자신을 위하여 파산재단에 속하는 재산을 양수하지는 않았기 때문이다. 절차개시 전에 채무자와 법률관계를 맺은 제삼자는 상대방의 파산으로 권리관계의 내용이 변경되지 않는다. 즉 제삼자가 채무자에게 주장할 사유는 관재인에게도 주장할 수 있으므로 채무자에게 속하지 않기 때문에 반환할 재산은 관재인도 반환의무를 지고, 상대방은 관재인과의 관계에서도 종전의 권리관계를 유지한다. 따라서 종전의 법률관계가 변경된다는 특별규정이 없는 한 관재인은

437) 吉野正三朗, 前揭書, 22-23頁은 독일에서는 도산관재인과 재단의 관계에 대하여 채권자대리설 · 채무자대리설 · 기관설 · 직무설 등이 대립하고 있었으나, 최근에는 통일적 관점으로 개별쟁점을 설명할 수 없고 쟁점마다 개별적으로 이론을 구성하여야 한다는 견해가 점차 통설로 자리 잡아 간다고 한다.

채무자와 마찬가지로 취급된다.

② 관재인은 파산채권자의 이익대표자로서 재단재산에 대한 압류채권자와 유사한 지위가 인정된다. 개별집행인 압류나 포괄집행인 파산이나 채무자의 재산으로부터 채권자가 만족을 얻는 절차라는 면은 같다. 파산은 채무자의 재산으로 총채권을 변제하지 못할 때 개시되는 절차이므로 압류보다도 채권자를 더욱 강하게 보호하여야 한다는 견해도 있으나, 적어도 통상적 집행절차에서 채권자가 보호받는 만큼은 파산절차에서도 파산채권자를 보호하여야 균형이 맞는다.[438] 관재인은 파산선고 시점의 압류채권자와 같은 지위를 인정받고, 파산선고 전에 현실적으로 압류한 채권자가 있는 때에는 이를 원용할 수 있다. 즉 부동산, 동산 및 채권과 같이 권리변동에 성립요건 · 대항요건이 요구될 때 채무자로부터 권리를 양수한 제삼자가 이를 관재인에게 주장하려면 파산선고 전까지 요건을 갖추어야 한다.[439] 또 파산선고 전에 채무자가 부동산에 저당권을 설정하고 저당권 설정등기를 하기 전에 일반채권자가 그 부동산을 압류한 경우 그 후 파산선고가 있으면 관재인은 채권자의 압류 효력을 원용하여 저당권의 효력을 부정할 수 있다.[440] 민법상 허위표시[441] · 사기[442] · 강박 · 착오 · 불법원인급여 · 계약해제의 경우에도 관재인은 압류채권자와 동일시되므로 제삼자에 포함된다. 이때

438) 高見 進, "破産管財人の第三者性(1)", 「倒産判例百選(第4版)」, 有斐閣, 2006, 34頁.

439) 통설이다.

440) 伊藤眞, 前揭書, 243頁은 만약 압류의 효력을 원용할 수 없다면 파산선고의 효력으로 압류가 실효되어 저당권자가 부당한 이익을 얻게 되므로 파산절차의 목적에 반한다고 한다.

441) 대법원 2003. 6. 24. 선고 2002다48214 판결은 채무자의 재산은 파산재단을 구성하고, 이를 관리처분할 권리는 관재인에게 속하므로 관재인은 채무자의 포괄승계인과 같은 지위를 가지나, 채권자는 파산절차에 의하지 아니하고는 권리를 행사할 수 없고, 관재인은 채권자의 공동이익을 위하여 직무를 행하므로 그 재산에 관하여 이해관계를 가지게 된 제삼자의 지위도 아울러 가진다고 설명하면서 관재인은 허위표시의 제삼자에 해당한다고 판시하였다.

442) 피해자 보호의 관점에서 관재인을 사기의 제삼자에 포함하지 않는 견해도 있다.

선의 · 악의는 파산채권자를 기준으로 판단하여 그 중 1인이 선의이면 관재인도 선의가 된다는 견해가 통설이다. 파산은 포괄집행의 성질을 가지고 있으므로 채권자 중 1인이라도 선의이면 관재인이 이를 원용하도록 하는 편이 합리적이기 때문이다. 예컨대 채무자와 동산매매계약을 체결하고 목적물을 인도한 매도인이 파산절차 개시 후 대금지급채무의 불이행을 이유로 계약을 해제하여도 관재인은 민법 제548조 제1항의 제삼자에 해당하므로 매도인은 해제로 말미암은 원상회복을 주장하지 못한다.[443] 다만, 어음은 배서 · 양도된 때에만 인적항변이 절단되므로 배서 · 양도받지 않은 압류채권자 · 관재인은 제삼자에 해당하지 않아 융통어음의 항변이 가능하고, 만약 관재인이 어음을 융통하는 경우에는 융통계약에 기한 채무를 재단채권으로서 이행하여야 한다.[444]

위 두 가지 기준의 상호관계는 다음과 같다. 관재인과 외부의 제삼자와의 법률관계는 파산선고에 의하여 파산재단 소속재산의 귀속이 변동하지 않는 이상 기본적으로 기준 ①에 따라 관재인을 채무자 자신과 동시하거나 또는 일반승계인으로 간주한다. 그러나 실체법이 어떤 법률관계에 대하여 압류채권자에게 특별한 지위를 부여한 때에는 관재인에게도 같은 지위가 부여되는데 이것이 기준 ②이다.[445]

---

443) 통설에 따른 해석이다. 이에 대해서는 권리를 취득하려고 새로이 재산을 출연한 권리양수인과 새로운 출연 없이 기존채권을 압류한 채권자를 같은 차원에서 취급하면 안 된다는 관점에서 관재인이 제삼자에 해당하지 않는다고 해석하는 반대설이 있다.

444) 高田裕成, "破産管財人の第三者性(3)", 「倒産判例百選(第4版)」, 有斐閣, 2006, 39頁. 융통어음이란 어음발행인(융통자)이 수취인(피융통자)에게 신용을 제공하려고 발행한 어음이다. 수취인이 자금을 융통하는 방법은 다양하나, 일반적으로 어음할인으로 현금을 취득한다. 어음을 발행할 때 수취인은 만기까지 자금을 발행인에게 제공하거나 또는 어음을 환매하여 반환하고, 발행인은 수취인에게 어음채무를 지지 않기로 약정하는 경우가 대부분이다.

445) 대법원 2005. 5. 12. 선고 2004다68366 판결이 파산자의 거래상대방은 민법상 허위표시와 같이 특별한 제한이 있는 때를 제외하면 채무소멸 등 파산 전에 파산자와 형성한 법률관계에 관하여 관재인에게 대항할 수 있다고 판시한 것도 같은 취지이다.

(4) 보수

(가) 보조인의 보수

관재인이 파산선고 전부터 도산기업에서 근무하던 종업원을 보조인으로 고용할 때에는 종전 급여보다 10%에서 20%를 감액한 금액으로 고용계약을 체결하는 실무 관행이 있다.[446] 보조인의 업무는 ① 이해관계인을 상대하는 보조업무 즉 금융기관과 상거래채권자에 대한 절차안내와 설득 · 세무서와 4대 보험공단 등의 체납처분 정리 · 종업원의 체불임금 지급촉구에 대응하는 업무와 ② 절차 진행과 관련한 보조업무 즉 기업의 법률관계 마무리 · 파산채권의 조사 · 재단재산의 수집과 평가 · 채권자집회 준비 · 법원 보고서 작성 등 크게 두 가지 범주로 나누어진다. 그런데 이해관계인은 기업의 도산 때문에 사회 · 경제적으로 타격을 받아 격앙되어 있으므로 설득하는 데 큰 어려움이 따르고, 절차 진행 또한 익숙하지 않은 업무를 법정기간 안에 법원 서식에 맞추어 처리하여야 하므로 보조인은 정상기업의 근무환경보다 열악한 조건에서 업무를 수행하게 된다. 다시 말하면 파산절차 개시 이후 보조인의 업무 강도는 종전보다 높아지고, 파산절차가 종결되면 일자리가 자동으로 없어져 고용보장도 받지 못하는데 급여 삭감은 지나친 조치이다. 회생파산법 제32조의2가 누구든지 파산절차 중에 있다는 이유로 취업의 제한 또는 해고 등 불이익한 처우를 받지 않는다고 규정하는 점을 참작하면 도산기업의 종업원이었던 사람을 보조인으로 채용할 때 급여를 삭감하는 관행은 시정되어야 한다. 위 규정은 채무자 본인을 적용대상으로 하지만, 채무자의 종업원은 본인보다 더욱 보호할 필요가 있고, 파산업무를 시작하면서 처음부터 급여를 삭감하여 사기를 떨어뜨려서는 좋은 결과를 기대하기 어렵기 때문이다. 만약 재단의 사정이 종전의 급

446) 서울중앙지방법원 파산부 실무연구회, 전게 「법인파산실무」, 197면.

여수준을 감당할 형편이 되지 않는다면 종전의 종업원을 보조인으로 채용하지 말고 차라리 외부의 제삼자를 적절한 조건으로 채용하는 편이 좋다.

(나) 관재인의 보수

우리 법원의 관재인 보수기준은 다음 표와 같다.[447] (200억 이상은 생략)

기준보수=③+(④−③)×{(실수집액−①)/(②−①)} 단위: 원

① 수집액(이상)	② 수집액(미만)	③ 보수(이상)	④ 보수(미만)
0	1억	3백만	7백만
1억	2억	7백만	1천만
2억	10억	1천만	1천5백만
10억	30억	1천5백만	2천만
30억	100억	2천만	3천만
100억	200억	3천만	4천만

다른 나라와의 비교를 위하여 수집액 50억 원을 기준으로 우리나라의 관재인 보수를 산출하면 2천만 원+(3천만 원−2천만 원)×{(50억 원−30억 원)/(100억 원−30억 원)}=22,857,143원이 된다. (원 이하는 반올림) 미국의 관재인 보수는 배당액(담보채권에 대한 배당액을 포함한다.)을 기준으로 5,000달러까지는 25%, 5,000에서 50,000달러까지는 10%, 50,000에서 1,000,000달러까지는 5%, 1,000,000달러 초과분은 3%를 합산한 금액인데[448] 50억 원을 2012. 1. 17. 매매기준율인 1달러당 1,145원(소수점 이하는 반올림)을 기준으로 계산하면 4,366,812달러가 되고(달러 이하는 반올림) 보수는 (5,000×0.25)+(45,000×0.10)+(950,000×0.05)+(3,366,812×0.03)=154,254달러이므로 이를 원화

447) 전게서, 579면.

448) Martin A. Frey, Phyllis H. Frey, Sidney K. Swinson, supra note 19, at 61.

로 역산하면 176,620,830원이 된다. 프랑스는 환가대금 15,000유로까지는 7%, 15,000부터 50,000유로까지는 6%, 50,000에서 150,000유로까지는 4%, 150,000에서 300,000유로까지는 2%, 300,000유로를 초과하는 부분은 1%가 청산인 보수인데[449] 50억 원을 같은 날짜 매매기준율 1유로당 1,460원(소수점 이하는 반올림)을 기준으로 계산하면 3,424,658유로이고(유로 이하는 반올림) 보수는 (15,000×0.07)+(35,000×0.06)+(100,000×0.04)+(150,000×0.02)+(3,124,658×0.01)=41,397유로이므로 이를 원화로 역산하면 60,439,620원이 된다. 일본은 사건의 난이도와 배당액 등을 고려하여 파산재단의 5%에서 15%를 보수로 지급하므로[450] 250,000,000원에서 750,000,000원 사이의 보수를 받는다. 배당금액에 따라 격차는 달라질 수 있으나, 위 사례에서 우리나라 관재인이 받는 보수는 미국의 12.9%, 프랑스의 37.8%, 일본의 9.1%(최저액 기준)에서 3.0%(최고액 기준)에 불과하다.

기업도산이 현대 상거래에서 차지하는 비중을 생각하면 관재인 보수가 국제기준에 맞게 인상되어야 한다. 과거의 파산절차는 부도 현장에 남은 재산을 매각하여 채권자에게 그 대금을 분배하는 데 그쳤으나, 현대의 관재인은 채무자의 계속기업가치를 보전하면서 집단적 채권회수를 최대화하는 역할을 담당한다. 도산제도가 변화된 만큼 관재인의 업무도 전문화되어야 하는데, 정당한 보수 지급은 전문가 집단을 양성할 수 있는 전제조건이기 때문이다.

(5) 여러 나라의 관재인 제도

(가) 미국

연방도산법상 관재인은 재단의 대표자로서(representative of estate)

449) 小梁吉章, 前揭書, 118頁.
450) 宗田親彦, 前揭書, 228頁.

제7장 청산절차 및 제12장 · 제13장 절차에서 필수적으로 선임되고, 제11장 재건절차에서는 종전의 채무자가 DIP로서 절차를 진행하므로 예외적으로 선임된다. 자연인이 관재인이 되려면 관재인 임무를 수행할 능력이 있어야 하고(competent), 법인(corporation)은 정관에 관재인 업무가 포함되어야 한다. 자연인과 법인에 공통된 요건은 도산사건이 계속된 연방지방법원의 관할구역 또는 근접한 지역에 주소 또는 사무소가 있을 것이다. 또 조사원 직무의 객관성을 유지하고자 조사원은 관재인이 될 수 없게 하였다.

제7장 청산사건의 구제명령 직후 연방관재관(United States Trustee)은 민간관재인 명부(panel of private trustees)에 등재된 자 가운데서 보전관리인(Interim Trustee)을 임명하는데 채권자집회에서 다른 사람을 관재인으로 선출하지 않는 한 보전관리인이 관재인이 된다.[451] 채권자집회에서 관재인을 선출한 때에는 보전관리인의 임무는 종료하지만, 법원이 선출된 사람에게 업무 수행능력이 없다고 판단하면 관재인이 될 수 없다. 채권자집회는 민간관재인 명부에 등재되지 않은 자도 관재인으로 선출할 수 있으므로 법원에 심사권을 부여하였다.[452] 채권자집회 또는 연방관재관이 지명한 관재인 · 보전관리인은 5일 이내에 성실한 직무집행을 담보하는 보증(bond)을 제공하여야 한다. 관재인의 임무 종료 후 2년이 지나면 직무해태를 이유로 한 손해배상청구를 할 수 없다.

관재인은 직무집행에 필요한 때에는 사건에 이해관계 없는 변호사 · 회계사 · 감정인 · 경매인 등 전문직에 업무를 의뢰할 수 있다. 또 관재인이 사업을 계속할 때에는 채무자가 고용한 전문직을 계속 고용 또는

451) 채권자집회에서 관재인을 별도로 선출하는 일은 드물고, 보전관리인이 그대로 관재인이 되는 경우가 대부분인데 연방관재관 사무소의 직원이 보전관리인을 거쳐 관재인을 맡는 경우가 일반적이라고 한다.

452) 福岡 眞之介, 前揭書, 239頁.

경질하거나, 관재인 자신이 변호사·회계사로서 업무를 처리할 수 있다. 관재인과 전문직의 보수는 법원이 결정하는데 보수가 지나치게 고액으로 책정된 사례가 사회문제로 되어 1994년 개정법에서 보수결정기준을 추가하였다.

제7장 청산절차의 관재인 직무를 행할 자격이 있고(eligible), 직무를 행할 수 있는(available) 자는 연방관재관이 관리하는 민간관재인 명부에 등재된다. 반드시 변호사나 공인회계사일 필요는 없으므로 소정의 과정을 거친 4년제 대학 졸업자와 법학전문대학원(law school) 학생도 명부에 등재될 수 있고, 회사(corporation)와 조합(partnership)도 가능하나, 법무법인·회계법인(professional corporation, partnership, or similar entity organized for the practice of law or accounting)은 관재인이 될 수 없다.[453)]

(나) 영국

영국의 도산절차는 법원 주도형이 아니므로 절차의 종류에 따라 법원·담보권자·채권자집회 등이 관재인을 임명한다. 현행 영국 도산법(Insolvency Act)상에는 다음의 표와 같이 복수의 절차가 존재하고 절차

절차의 명칭	관재기관의 명칭	적용대상
파산(Bankruptcy)	trustee(관재인)	개인
정리증서 (Deeds of Arrangement Act 1914)	trustee(수탁자)	개인
강제청산 (Winding up by the Court)	liquidator(청산인)	회사
임의청산(Voluntary Winding up)	liquidator(청산인)	회사
회사관리(Administration)	administrator(관리인)	회사
재산보전관리 (administrative receivership)	administrative receiver (재산보전관리인)	회사

453) 高木 新二郎, 前揭書, 305-310頁.

마다 관재기관의 명칭이 다르다. 따라서 영국에서 trustee는 개인도산의 관재기관을 의미한다.

영국에서는 통산성(Department of Trade and Industry) 산하의 도산국(Insolvency Service)이 절차에 관여한다. 도산국은 보전관리인(official receiver)[454]과 도산실무가(insolvency practitioner)[455]에 대한 감독권을 행사한다. 통산성이 임명하는 보전관리인은 개인 · 회사도산 사건에서 직무를 수행하는데 파산 · 강제청산에서 조사업무를 담당하고, 민간 담당자가 선출되지 않은 때에는 관재인 · 청산인을 맡는다.[456] 보전관리인 이외의 자가 관재기관이 되려면 회계사협회나 변호사(solicitor)협회 또는 통산성으로부터 도산실무가 자격을 부여받아야 하는데 자격을 취득하려면 도산법 지식을 측정하는 시험에 합격하여야 한다. 도산실무가 중에는 회계사가 많고, 실제로도 회계사가 관재기관을 맡는 경우가 잦다. 무자격자가 도산실무가의 직무를 행하는 것은 범죄행위이다. 또 도산실무가는 자연인이라야 하고, 면책되지 않은 파산자는 자격이 없다. 도산실무가로서 활동하려면 사전에 소속된 협회에 보험증권을 제출하여야 한다.[457]

파산절차가 개시되면 관재인이 선임될 때까지 보전관리인이 채무자의 재산을 관리한다. 관재인은 채권자집회에서 선임되는데 집회가 개최되지 않은 때에는 보전관리인이 그대로 관재인이 된다. 또 채권자집회에서 관재인을 선임하지 않은 때에는 도산국이 관재인을 선임하거나 또는 보전관리인이 관재인이 된다. 보전관리인 이외의 자가 관재인이

454) 보전관리인은 통산성 직원으로 관재인이 선임될 때까지 채무자의 재산을 관리하고 채무자에 관한 조사를 한다. 채권자가 관재인을 선임하지 않는 때에는 보전관리인이 관재인을 선임 · 감독하거나 또는 스스로 관재인이 된다.

455) 영국에서는 도산제도의 성패가 절차를 운용하는 인물에 달렸다고 보고 절차 수행을 담당하는 도산실무가 자격제도를 도입하였다.

456) 高田賢治, "Trustee in Bankruptcy", 「英米倒産法キーワード」, 弘文堂, 2003, 110-111頁.

457) Robert Stevens, supra note 43, at 210.

면 채권자위원회(Creditors' Committee)가 관재인을 감독하고, 채권자위원회가 설치되지 않은 때나 보전관리인이 관재인인 때에는 도산국이 관재인을 감독하며, 법원도 일반적 감독권을 가진다. 청산인은 회사재산을 현금화하여 환가대금을 채권자에게 배당하는 임무를 지는데, 강제청산에서는 채권자집회와 청산출자자집회의 결의로 선임되고, 채권자에 의한 임의청산에서는 채권자집회 또는 총의 결의로 선임되며, 주주에 의한 임의청산에서는 총회 결의에 따라 회사가 청산인을 선임한다. 또 회사관리인은 재건계획 작성과 함께 일상적 회사경영에도 관여하는데 법원의 회사관리명령에 따라 선임된다.[458] 2002년 기업법은 부동담보권자의 재산보전관리인 임명권을 원칙적으로 철폐하였으나 예외적으로 부동담보권자가 선임할 때도 있다.

채권자 또는 채무자가 관재인의 업무수행에 불만이 있으면 법원에 그 중지 또는 변경을 요청할 수 있다. 강제청산(Winding up by the Court)의 청산인(liquidator)과 회사관리(Administration)의 관리인(administrator)은 사법관(officer of the court)으로 취급되고, 나머지 관재인도 모두 공무원(office holder)이다.[459]

(다) 프랑스

프랑스에서는 관재인의 기능이 법정관리인(administrateur judiciaire)과 법정대리인(mandataire judiciaire)으로 양분되는데 양자 모두 자격시험을 거쳐야 하는 독점적 전문직이고, 법원에 의하여 임명되는 공무원이다. 또 절차가 청산으로 이행하면 청산인이 선임되는데 청산인에게는 법정관리인과 법정대리인의 권한이 집중된다.

프랑스의 법정관리인은 집행기관으로 재건절차에 관한 전문지식을 갖추어야 하고, 상근하면서 광범위한 업무를 맡는다. 또 법정관리인으

458) Vanessa Finch, supra note 1, at 147-148.

459) Id. at 160.

로 선임되려면 자격자 명부에 등재되어야 하고, 관리인은 재건절차 이외의 다른 업무에 종사할 수 없다. 법정관리인의 가장 중요한 임무는 관찰기간에 기업이 처한 상황을 정확히 파악하여 기업에 대한 경제적 · 사회적 보고서를 작성하는 일인데 경제적 파탄의 원인 · 범위 · 성격 · 사업의 강점과 약점을 분석하여야 한다.[460] 보고서를 작성하려면 회사의 회계장부와 영업관련 서류는 물론, 종업원 대표 · 공공기관 · 은행 등으로부터 영업상황에 관한 정보와 자료도 입수하여야 하는데 자료제출 요구권은 관리인이 아니라 담당판사에게 부여되어 있으므로 담당판사를 통하여 정보를 입수하게 된다. 그 밖에도 관리인은 재건계획안을 준비하며, 재건할 수 없는 때에는 청산을 제안하기 위한 평가서를 작성한다.[461] 법정대리인은 채권자 대표(représentant des créanciers)라고 불리기도 하지만 법정관리인과 마찬가지로 자격자 중에서 임명된다. 법정대리인의 주된 임무는 신고채권의 시부인이고, 절차가 청산으로 이행하면 청산인으로 선임된다.[462] 법정관리인과 법정대리인은 직무수행과 관련하여 이해관계인에게 손해를 가할 때를 대비하여 책임보험에 가입하여야 한다. 요컨대 법정관리인은 채무자의 경영을 감독하거나 또는 보좌하며, 법정대리인은 채권자의 포괄적 이익을 대표하는 자로서 절차기관이 분리되어 있다. 사업구제절차에서 법정관리인의 임무는 경영 감독이고, 사업경영권과 재산의 관리처분권은 채무자에게 있다. 한편, 종래의 재건절차에서는 관리인이 경영에 관하여 채무자를 지원하거나 또는 스스로 사업의 관리를 맡으므로 양자의 법문상 기능은 다르나, 실무상 기능은 유사하다.

현재 프랑스 전국에는 460명 정도의 법정관리인과 법정대리인이 있

460) Marie-Danielle Schödermeier and Françoise Pérochon, supra note 61, at 254.
461) 이상영, 전게 "유럽 기업회생법제의 특색과 시사점", 378-380면.
462) Marie-Danielle Schödermeier and Françoise Pérochon, supra note 61, at 258-259.

는데 그 중 4분의 1이 법정관리인, 나머지는 법정대리인이다. 통계를 보면 법정관리인은 60-80건의 사건을 상시 진행하고, 법정대리인은 200건 정도를 진행하며, 각기 7-8명의 보조자를 두고 기능적으로 사무를 처리한다.[463)]

(라) 독일

독일의 도산관재인(Insolvenzverwalter)은 자연인이고,[464)] 채권자·채무자와 관계가 없으며, 경영에 정통하여야 한다. 관재인은 단순히 경영에 관한 지식뿐만 아니라 도산법·세법·노동법에 관한 지식이 있고, 경험이 풍부한 전문가이어야 한다. 실무상 법원은 지역의 관재인 후보명부를 관리하면서 그 가운데에서 관재인을 선임한다. 회계사는 소규모 사건을 담당하기를 꺼리므로 후보명부는 주로 변호사로 구성된다. 또 중요기업의 도산사건은 전국적으로 명성이 있는 도산전문가에게 맡긴다.

관재인은 절차개시와 함께 법원으로부터 선임된다. 채권자는 제1회 채권자집회에서 다수결로 다른 사람을 관재인으로 선출할 수 있는데 선출된 사람이 업무수행에 적절하지 않은 때에는 법원이 관재인으로 임명하지 않을 수 있다. 실무상 관재인 선출권은 채권자의 이해관계가 민감한 중요사건에서만 행사된다.

또 절차종료 시의 재단의 가치에 따라 관재인의 보수를 산정하는데 관재인의 직무 수행범위와 난이도를 별도로 참작한다. 관재인은 자신의 법률적 행위에 의하여 발생한 재단채권을 재단이 완전히 이행할 수 없는 때에는 재단채권자(Massegläubiger)에게 손해배상 책임을 진다. 다만, 재단채권이 발생한 때 재단이 채무이행을 함에 충분하지 않다는

463) 小梁吉章, 前揭書, 159頁.

464) Axel Flessner, supra note 275, at 326은 독일 신도산법 제정과정에서 회계법인이 관재인 자격을 부여하여 달라고 요구하였으나 이 요구는 거부당하고 관재인은 자연인이라야 한다고 법문에 명시되었다고 한다.

사실을 알 수 없었던 경우에는 그렇지 않다.[465)]

(6) 검토

회생파산법상 파산관재인은 법원이 선임하는데 관리위원회가 설치된 법원에서는 선임 전에 관리위원회의 의견을 들어야 하지만, 그 외에는 선임과 관련한 아무런 제한규정이 없다.

관재인은 파산선고로부터 종결에 이르기까지 모든 절차를 자신의 판단과 책임하에 이끌어가고, 그 능력에 따라 절차의 성패가 결정되므로 도산법에 전문적 식견이 있고 업무에 열의가 있는 사람을 관재인으로 선임하는 제도가 마련되어야 한다. 관재인이 형식적으로 사건을 처리하면 채권자 보호는 기대할 수 없기 때문이다.[466)] 우선 영국과 프랑스와 같이 자격시험과 훈련과정을 거쳐 도산전문가 집단을 양성할 필요가 있는데 정부나 상공회의소에서 교육훈련과 자격관리를 맡는 것도 하나의 대안이다.[467)] 기업도산이 이미 큰 사회적 쟁점이 되었는데 제도적 틀을 정하지 않고 종전과 같이 관재인 제도를 운용하는 것은 시대착오적이다. 다만, 자격제도가 성공적으로 정착하려면 정당한 보수를 지급하면서 다른 업무의 겸직을 금지하여 관재인 업무에 전념할 여건을 만들어주어야 한다.[468)]

---

465) 吉野正三郎, 前揭書, 10頁.

466) 만약 관재인이 절차개시 후 현장에 있는 재산만 환가하여 배당한다면 어려움 없이 신속하게 절차를 종결할 수 있다. 그러나 관재인 본연의 임무는 유형재산보다는 무형재산 · 동산보다는 채권 · 남아있는 재산보다는 이미 처분된 재산을 발견하여 회수하는 데 있다.

467) 일정한 요건을 충족하는 사람에게 관재인 자격을 부여하여 국가에서 관리하면서 공증인이나 집행관처럼 특수한 공무원 신분으로 업무를 처리하게 하는 방식도 생각할 수 있다.

468) 실무상 변호사는 ① 파산관재인 ② 감사위원 ③ 채권자협의회의 대리인 ④ 채무자의 신청대리인 ⑤ 개별채권자의 대리인으로 파산절차에 관여할 수 있다. 감사위원의 보수는 법원이 정하고, 채권자협의회의 대리인은 채권자 일반의 이익 증진에 기여한 정도를 참작하여 법원이 채무자가 부담할 보수를 결정하며, 신청대리인의 보수청구권은 파산절차를 시작하였다는 공익적 성격을 참작하여 재단채권으로 본다. (최승록, "파산채권과 재단채권", 「파산법의 제문제 상」, 법원도서관, 1999, 305면) 다만, 개별채권자의 대리인 보수는

채권자 자치를 보장하려면 관재인 임명을 법원의 전권사항으로 하지 말고, 제1회 채권자집회에서 자격자 가운데 한 사람을 파산관재인으로 지명하도록 제도를 손질할 필요가 있다. 미국과 독일 경우와 같이 제1회 집회에서 새로운 관재인을 선출하면 그전에 미리 임명된 관재인은 자동으로 퇴직하는 방식이 무난하다. 관재인 자격제도가 마련되면 채권자가 직접 관재인을 임명하는 일도 얼마든지 가능해진다.

또 미국에서는 직무집행과 관련한 손해배상책임을 담보할 목적으로 관재인에게 보증금(bond)을 납부하게 하고, 영국과 프랑스는 손해배상을 위한 책임보험에 가입하게 한다. 그러나 우리나라는 관재인이 선관주의의무를 위반하여 손해배상책임이 발생하면 관재인과 이해관계인 사이의 개인적 문제로 돌리고 이를 해결할 수 있는 아무런 제도적 장치를 두지 않았다. 관재인을 임명할 때 손해배상책임보험에 의무적으로 가입하도록 하여 관재인과 이해관계인 쌍방의 부담을 덜어주는 조치가 시급하다.

바. 국제도산관리인

(1) 외국도산절차의 승인

외국도산절차는 외국법원에 신청된 회생절차 · 파산절차 또는 개인회생절차 및 이와 유사한 절차(임시절차를 포함한다.)를 말하고, 그 승인이 있으면 외국도산절차에 대하여 한국에서 지원처분을 할 수 있는 기초가 마련된다. (회생파산법 제628조) 그 승인 · 지원에 관한 사건은 서울중앙지방법원의 전속관할이고,[469] 외국도산절차의 대표자는 ① 그 절

파산재단에서 지급하지 않는다. 다 같이 파산관련 업무라고 하더라도 업무의 강도와 이해관계인에 대한 책임범위에서 큰 차이가 있으므로(업무강도와 책임범위: ①〉②〉③〉④〉⑤) 그 점이 보수산정에 반영되어야 한다.

469) 다만, 절차의 효율적인 진행이나 이해관계인의 권리보호를 위하여 필요하면 승인결정과 동시에 또는 그 후에 채무자의 주된 사무소 · 영업소 · 주소지 관할법원으로 사건을

차의 법적 근거 및 개요 ② 절차개시를 증명하는 서면 ③ 대표자의 자격과 권한을 증명하는 서면 ④ 그 절차의 주요내용(채권자 · 채무자 · 이해관계인에 대한 서술을 포함한다.) ⑤ 대표자가 아는 채무자에 대한 다른 모든 외국도산절차에 대한 진술서 등을 첨부하여 그 승인을 신청할 수 있다. 법원은 신청일로부터 1개월 이내에 승인 여부를 결정하여야 하는데 ① 비용을 예납하지 않은 때 ② 첨부서류를 제출하지 않거나 그 성립 · 내용의 진정을 인정하기에 부족한 때 ③ 한국의 선량한 풍속 그 밖에 사회질서에 반하는 때에는 신청을 기각한다. (제630-632조) 법원은 승인 신청 후 결정이 있을 때까지 채무자에 대한 소송절차 · 행정청에 계속하는 절차의 중지, 강제집행 · 담보권 실행을 위한 경매 · 가압류 · 가처분의 금지 또는 중지, 채무자의 변제금지 · 재산 처분금지를 명할 수 있고, 외국도산절차를 승인할 때에는 이에 덧붙여 국제도산관리인을 선임하거나, 그 밖에 채무자의 업무 및 재산을 보전하거나 채권자의 이익을 보호하는 데 필요한 처분을 할 수 있다. 이러한 결정에 대해서는 즉시항고를 할 수 있다.470) (제635-636조)

외국도산절차가 승인되더라도 회생파산법에 의한 절차개시 또는 진행에는 영향을 미치지 않고(제633조), 그 대표자는 국내도산절차의 개시를 신청하거나 이미 진행 중인 절차에 참가하며(제634조), 지원신청을 할 수 있음에 그친다. (제636조) 이는 외국도산절차의 효력이 우리나라에 그대로 유입되지 못하게 막으려는 규정인데 승인이 있으면 자동으로 절차개시의 기본적 효력을 발생하게 하여야 합당하다는 비판이 있다.471)

이송할 수 있다. (제630조)

470) 회생파산법의 국제도산 규정은 유엔 국제상거래위원회(UNCITRAL)의 모델법(Model Law on Cross-border Insolvency Law)과 일본의 승인원조법(정식 명칭은 '外國倒産處理手續の承認援助に關する法律'이다.)을 참고하였다.

471) 석광현, "채무자 회생 및 파산에 관한 법률(이른바 통합도산법)에 따른 국제도산법", 「국제거래법연구 제15집 제2호」, 법영사, 2006, 347면.

이와 관련하여 대법원은 미국 파산법원이 이 사건 미국 회생절차를 개시하고 채권신고절차를 거쳐 회생계획인가결정을 할 때까지 속지주의를 취하고 있던 우리나라의 회사정리법하에서는 미국 회생절차의 개시에 따른 채권자의 권리행사 금지 · 제한의 효력과 인가결정에 따른 면책의 효력은 고합이 재항고인 소유의 국내 소재 이 사건 상가 및 공장에 대하여 권리행사를 하는 데에는 미치지 아니하였고, 미국 회생절차의 대표자는 국내에서 이 사건 상가 및 공장 또는 그 가압류 해방공탁금이 도산재단에 편입된 것이라고 주장할 수 없었으며, 고합 역시 이러한 점 때문에 미국 회생절차에 참가하지 아니하였다. 그런데 2006. 4. 1. 회생파산법이 시행되면서 속지주의에 관한 규정을 폐지하는 한편 부칙에서 그에 관한 경과규정을 두지 않자, 재항고인이 미국의 파산법원으로부터 이미 종결된 회생절차의 재개결정을 받은 것을 기화로 이 사건 미국 회생절차에 속지주의를 폐지한 회생파산법이 적용되고 인가결정에 따른 면책적 효력이 국내에 미치게 되었다고 주장하면서 이 사건 상가 및 공장에 대한 가압류 해방공탁금을 회수해 가려는 행위를 허용하면, 회사정리법의 속지주의 원칙을 신뢰하여 미국 회생절차에 참가하지 않고 재항고인 소유의 이 사건 상가 및 공장에 대한 가압류를 마치고 강제집행이나 파산절차 등을 통하여 채권을 회수하려던 고합의 권리를 현저히 부당하게 침해한다. 만약 미국 파산법원의 인가결정에 따른 면책적 효력을 국내에서 인정하면 그 구체적 결과가 우리나라의 선량한 풍속이나 사회질서에 어긋나므로 미국 파산법원의 인가결정은 민사소송법 제217조 제3호의 요건을 충족하지 못하여 승인될 수 없다고 판시하였다.[472]

472) 대법원 2010. 3. 25. 자 2009마1600 결정.

(2) 국제도산관리인의 선임 및 권한

국제도산관리인은 외국도산절차에 대한 지원을 위하여 법원이 채무자의 재산 환가 · 배당 또는 업무 · 재산에 대한 관리 · 처분권의 전부 또는 일부를 부여한 자를 말한다. (제628조 제6호) 외국도산절차를 승인함과 동시에 또는 승인한 후 이해관계인의 신청 또는 직권으로 외국도산절차의 대표자 또는 직무를 적절히 수행할 수 있는 사람을 국제도산관리인으로 선임한다.[473] 외국도산절차가 승인되어도 한국에 있는 재산의 관리처분권은 채무자로부터 박탈되지 않지만, 법원에서 국제도산관리인을 선임하면 그때 비로소 그에게 한국에서의 업무 수행권이나 국내에 있는 재산의 관리 · 처분권이 이전한다.[474] 국제도산관리인이 선임되면 이러한 권한이 그에게 전속하지만, 재산 처분 · 국외 반출 · 환가 · 배당 그 밖에 법원이 정하는 행위를 할 때에는 법원의 허가를 받아야 한다. 또 국제도산관리인에게는 회생파산법의 관리인 · 파산관재인에 관한 규정을 준용한다. (제637조)

---

473) 서울중앙지방법원 파산부 실무연구회, 전게 「회생사건실무 하」, 309면은 홍콩에서 개시 · 진행 중인 청산절차의 대표자를 국제도산관리인으로 선임한 사례를 소개한다. 그러나 외국에서 활동하는 사람을 관리인으로 선임하면 아무래도 국내에서 업무를 수행할 때 지장이 생길 우려가 있으므로 특별한 경우를 제외하고 한국인을 관리인으로 선임함이 좋다.

474) 加藤哲夫, 前揭 「破産法」, 396頁.

2 법원과 보조기관

가. 법원

절차가 적정히 진행되는지 감독하는 주체는 일반적으로 법원이지만, 독립한 별개의 기관을 두어 감독하는 나라도 있다. 우리나라를 비롯한 대다수 국가는 전자에 속하나 미국은 연방관재관이라는 제도를 만들어 이를 통하여 절차를 행정적으로 감독한다.

(1) 미국의 도산법원(Bankruptcy Court)

미국 연방도산법의 도산사건은 연방지방법원의 전속관할이지만, 연방지방법원이 그 부서(unit)인 도산법원에 도산사건을 위탁하여 실제로는 도산법원이 도산사건과 관련사건을 심리한다. 따라서 연방도산법의 법원(the court)이라는 문구는 실질적으로는 도산법원을 의미한다. 도산법원은 도산법관으로 구성되는데 도산법관은 종신제인 연방법관과 달리 14년 임기로 대통령에 의하여 임명된다. 연방지방법원 판사는 도산법관 중에서 1명을 도산법원 수석판사로 지명한다.[475)]

법원은 연방도산법의 규정을 실행하기 위하여(carry out the provisions of this title) 필요하고 적절한 결정(order) · 판결 · 영장(process)을 발부할 수 있다. (연방도산법 제105조 a항) 연방도산법에 불비 또는 불합리한 점이 있는 경우 법원은 이 조항에 따라 사안에 맞게 타당한 결론을 얻을 수 있다.[476)] 이처럼 광범위한 재량을 부여한 이유는 도산법원이 형평법원(court of equity)에 유래하기 때문이다. 또 법원은 결정의 준수를 확보하고자 당사자에게 민사적 법정모욕(civil contempt)

475) Martin A. Frey, Phyllis H. Frey, Sidney K. Swinson, supra note 19, at 54.
476) 福岡 眞之介, 前掲書, 22頁.

의 제재를 과할 수 있다. 나아가 형사적 법정모욕죄(criminal contempt)까지 부과할 수 있느냐는 점은 학설상 다툼이 있다.[477)]

미국의 절차는 철저한 통지주의를 취하여 법원이 도산사건과 관련한 결정을 할 때에는 채권자에게 사전통지를 하여야 한다. 연방도산법에는 통지 · 청문절차를 거친 후(after notice and hearing)라는 문구가 자주 등장하는데 이는 상황에 따라 적절한 통지를 하고, 적절한 청문의 기회를 부여함을 의미한다.[478)] 모든 경우에 청문절차를 거칠 필요는 없고, 이해관계인의 청문 요구가 없는 때 또는 청문을 개시하기에 충분한 시간적 여유가 없을 때에는 생략할 수 있다.

연방도산법은 도산법원을 행정적 책임에서 해방하였다. 구법시대에는 법관이 절차를 감독하면서 관재인과 공식적 · 비공식적으로 자주 면담하여 관재인에게 편향되었다고 오해받을 소지가 있음에도 관재인이 당사자인 소송까지 재판하여 행정적 감독자 겸 사법적 판단자라는 이중적 지위에 있었다. 신법은 이 문제를 해결하고자 연방관재관 제도를 신설하여 관리 · 감독기능은 연방관재관에게 맡기고 법원은 사법적인 측면에 집중하도록 하였다.[479)] 이 제도는 우리나라에서 도입 논의가 진행되고 있으므로 항을 바꾸어 별도로 설명한다.

(2) 미국의 연방관재관(United States Trustee)

(가) 연혁

미국의 1898년 구연방도산법에는 현행법과 같은 도산법원과 도산법관이 존재하지 않았고, 연방지방법원이 도산법원을 겸하고 연방지방법원 판사가 도산사건을 처리하면서 도산심리인(referees in bankruptcy)이 연방지방법원 판사의 절차에 대한 관리감독 업무와 행정적 업무를

---

477) 前揭書, 80頁.
478) 高木 新二郎, 前揭書, 75頁.
479) 윤영신, 「미국의 도산법」, 한국법제연구원, 1998, 29면.

보좌(administrative assistance)하였다.[480] 연방지방법원 판사의 일반적 감독 아래 도산심리인이 절차를 관리하고, 도산사건을 둘러싼 쟁송(爭訟)에 관하여는 그 사실 인정 결과와 법 적용의 결론을 연방지방법원에 보고하여 이를 토대로 연방지방법원 판사가 종국결정이나 판결을 하였다. 그런데 1938년의 챈들러(Chandler)법에 따라 구연방도산법이 개정된 이후 도산규칙이 여러 차례 개정되면서 도산심리인의 권한이 강화되었다. 이에 따라 1973년부터는 도산심리인을 도산법관(bankruptcy judge)이라고 부르면서 연방지방법원의 도산사건에 관한 재판권을 자동으로 위탁(refer)하여 도산법관이 도산사건에 대하여 사실상 제1심으로서 재판권을 행사하였다. 그 결과 도산법관은 한편으로는 절차의 관리감독자이면서 다른 한편으로는 그 절차에서 파생되는 분쟁의 판단자라는 이중적 역할을 맡게 되었다.

구법에서도 파산사건은 원칙적으로 채권자집회에서 관재인을 선임하게 되어 있었으나, 실무상 채권자가 관재인 선임에 관심을 두지 않았기 때문에 대형사건을 제외한 대다수 사건에서 도산법관이 관재인을 선임하였고, 재건절차에서는 애초부터 도산법관이 관재인을 선임하였다. 도산법관은 관재인을 일상적으로 감독하고, 관재인이 관련된 도산사건을 둘러싼 분쟁 내용을 직접 보고받으며, 재단재산의 수집과 부인권 행사 등에 대해서도 구체적인 처리방침을 지시하였다. 이러한 과정에서 도산법관은 채무자와 이해관계인을 심문할 기회를 통하여 그 사건에 대하여 많은 정보를 얻게 된다. 절차에서 파생되는 대립 당사자 사이의 쟁송을 심리할 때 도산법관은 한쪽 당사자인 관재인과 자주 접촉하므로 아무래도 선입관에 매이기 쉽고, 또 정식 증거조사 절차도 거

480) 연방관재관의 연혁 · 개요 · 직무내용 · 도입 여부는 김주학, “미국 연방관재관 제도의 도입논의에 대한 실무적 검토”, 「선진상사법률연구 제50호」, 법무부, 2010, 61-67, 78-80면을 수정 · 가필하였다.

치지 않고 사전에 많은 정보를 얻는다. 미국에서는 일찍부터 이러한 폐해가 지적되어 두 가지 서로 모순되는 역할을 다른 기관에 분담시키려는 방안이 검토되었고 바로 이 점이 1978년 개정법의 가장 중요한 쟁점이 되었다.[481)]

연방의회는 연방도산법 개정 작업을 촉진하고자 1970년 도산법위원회(Commission on the Bankruptcy Laws of the United States)를 조직하였고, 이 위원회는 1973년 연방도산법 개정요강을 내용으로 한 보고서(Commission Report)를 제출하였다. 그 내용 가운데는 도산법원을 도산사건의 관리감독 등 행정적 책무로부터 해방하여 새로운 독립 행정기관으로서 도산관리국(U. S. Bankruptcy Administration)을 만들고, 대통령이 연방의회의 조언과 승인을 얻어 임명하는 관리인(administrator)에게 그 직무를 총괄시키는 방안이 포함되었다. 이에 비하여 전국도산법관회의(National Conference of Bankruptcy Judges)가 제안한 내용은 행정적 업무를 법원 서기관과 연방법원 사무국(Administrative Office of the United States Courts)에 넘기는 방안으로 위원회의 보고 내용보다 온건한 방법이었다. 또 지도적 학자와 실무가로 구성된 전국도산회의(National Bankruptcy Conference)에서도 별도의 제안을 하였다.

이러한 논의를 거쳐 1978. 2. 연방하원에서 가결된 연방도산법안은 도산법위원회의 제안을 받아들여 연방관재관 제도를 신설하였으나, 같은 해 9월 상원에서 가결된 법안은 연방관재관이 아닌 연방법원 사무국장(Director of Administrative Office of the United States Courts)에게 관재인의 선임과 감독을 맡기는 내용으로 도산법관회의의 제안을 받아들였다. 같은 해 10월에는 상하 양원의 절충과 타협을 거쳐 통일된 연방도산법이 양원에서 가결되었다. 이러한 우여곡절을 거쳐 신설된 연방관재관 제도는 바로 전국적으로 시행되지는 않았고, 단수 또는 복수의

481) Martin A. Frey, Phyllis H. Frey, Sidney K. Swinson, supra note 19, at 4-5.

연방지방법원 관할구역(judicial districts)으로 구성되는 10개 구역에서 5년간 시험적으로 제도를 시행하여 본 후(pilot program), 그 결과가 성공적이면 전국적으로 실시하지만 그렇지 않으면 이를 폐지하기로 하였다. 제도가 성공적으로 정착되자 1984. 1. 연방 법무부장관(Attorney General)은 연방의회에 시험시행 결과에 대한 조사보고서를 제출하였고, 1986. 10. 도산법관 · 연방관재관 · 가족적 농업자 도산법(Bankruptcy Judges, United States Trustees and Family Farmers Bankruptcy Act)에 따라 이를 전국적으로 시행하기에 이르렀다.[482)]

(나) 개요

위에서 본 바와 같이 미국에서는 도산절차에 관여하는 공권력을 사법과 행정으로 구분하여 사법적 역할은 법원에, 행정적 역할은 연방관재관에 맡긴다. 그 취지는 법관을 사법적 역할에 전념시켜 업무 부담을 덜어 주고, 사법적 · 행정적 역할의 쌍방을 담당함으로 말미암은 이해관계의 대립을 없애며, 특히 관재인 선임과 관련한 이해관계인의 불신을 해결하여 절차에 대한 신뢰를 높이려는 데 있다.[483)] 연방관재관은 법무부 소속으로 그 임기는 5년이고, 법무부장관(Attorney General)이 임명하는데 복수의 연방지방법원 관할구역으로 구성되는 21개 지구별로 1명씩 임명된다. 자격요건은 특별히 정해져 있지 않고, 행정관이기 때문에 개별 도산사건의 관재인과 달리 법원이 해임할 수는 없으나, 법무부장관은 그 임기 중에도 해임할 수 있다. 필요한 때에는 법무부장관은 연방관재관을 보좌하는 단수 또는 복수의 연방관재관보(Assistant US Trustee)를 임명할 수 있다. 연방관재관은 그 담당구역 안에 단수 또는 복수의 사무소를 설치하고, 법무부장관의 승인을 받아 직원을 고용하여 직무를 수행한다.

---

482) 高木 新二郎, 前揭書, 297-299頁.
483) 윤영신, 전게 「미국의 도산법」, 28면.

연방관재관은 법무부장관의 일반적(general) 감독에 복종하고, 법무부장관은 일반적 협력과 조력을 한다. 일반적 감독이라는 말은 연방관재관이 준자치적(semiautonomous)으로 업무를 수행한다는 의미이다. 실제로는 법무부 내의 연방관재관 행정사무소(Executive Office for US Trustee)가 장관에 갈음하여 감독과 협력업무를 담당한다. (행정사무소의 장은 Director and Counsel이라고 불린다.) 또 연방관재관 제도는 독립채산제이다. 연방도산법에 기한 개별 도산사건의 신청비용 · 4반기 비용 · 이행(移行)신청비용 · 연방관재관이나 상치관재인(standing trustees)이 개별사건의 관재인으로 직무를 행할 때 그 보수의 일부 등이 연방관재관 기금(the US Trustee System Fund)으로 적립되어 그 기금에서 연방관재관 · 연방관재관보 · 상치관재인 · 직원의 보수, 사무실 운영비용을 충당한다.[484]

연방관재관은 제7장 · 제13장 사건에서 스스로 관재인을 맡을 수 있으나, 관재인을 대신하는 직책은 아니고, 도산법관을 대신하여 관재인 감독업무와 절차의 행정업무를 처리한다.[485] 그 중요한 임무는 ① 관재인 · 조사위원 · 보전관리인의 임명 ② 연방도산법 규정에 따른 관재인 취임 ③ 채권자집회의 소집 · 주재 ④ 채무자의 제7장 절차신청이 남용에 해당하는지의 의견 진술 ⑤ 관재인의 업무감독 · 관재인 보수에 대한 의견 진술 ⑥ 민간관재인 명부(panel of private trustees)의 작성 · 유지 등이다.[486] 특히 제11장 재건절차와 관련하여 DIP로부터 정기적으로 업무보고와 재무보고를 받고, 재건절차의 진행을 감시하여 절차의 부당한 지연을 방지하며, DIP가 전문직의 고용을 신청한 때 법원에 의견을 제출하고, 재건계획안을 검토하여 의견을 제출하며, 기일에 출석

484) 高木 新二郎, 前掲書, 300-301頁.
485) Epstein, Markell, Nickles, Perris, supra note 8, at 678.
486) 福岡 眞之介, 前掲書, 72-73頁.

하여 의견을 진술한다.[487] 연방관재관은 이처럼 광범위한 권한을 행사하여 DIP를 직접 감독하나 제11장 재건절차의 재건계획안을 제출할 권한은 갖지 않는다.

(다) 직무내용

1) 파산절차

연방도산법 제7장(Chapter 7) 사건은 파산절차(straight bankruptcy)로서 채무자의 재단재산을 수집 · 환가하여 채권자에게 배당하고 개인 채무자에게는 면책을 부여하는 절차이다.[488] 제삼자가 파산관재인으로 임명되어 절차를 진행하고, 사업자는 물론이고 소비자(개인)에게도 적용된다.[489]

연방관재관은 제7장 사건에서 ① 절차를 실질적으로 남용(substantial abuse)한 개인파산사건의 기각을 구하고(연방도산법 제707조 b항) ② 채무자에 대한 면책허가에 이의를 제기하며(제727조 c항) ③ 관재인이나 전문직에 대한 과다한 보수 지급에 제동을 걸고(제330조 a항)[490] ④ 신청준비 단계에서 변호사 아닌 사람이 소비자파산 신청을 대행하고 수수료를 받는 등의 위법행위에 대처한다. (litigation)

또 제7장 사건 250건마다 1건씩을 무작위로 추출하여 회계장부를 제출받아 정밀 감사한다. (audit)

재단의 수집 · 환가 · 배당을 목적으로 하는 제7장 사건의 실효성을

487) 高木 新二郎, 前揭書, 302頁.

488) 연방도산법 제7장, 제11장, 제13장의 절차별 연방관재관의 직무내용에 관하여는 충남대 법학전문대학원 공영호 교수가 2010. 1. 서울중앙지방법원 파산부에서 강의한 내용을 주로 인용하였다.

489) 高木 新二郎, 前揭書, 215頁.

490) 관재인은 변호사 · 회계사 · 감정인 · 경매인 등 전문직에 업무를 의뢰할 수 있다. 또 관재인이 사업을 계속할 때에는 채무자가 고용한 전문직을 계속 고용 또는 경질하거나, 관재인 자신이 변호사 · 회계사로서 업무를 처리할 수 있다. 관재인과 전문직의 보수는 법원이 결정하는데 보수가 지나치게 고액으로 책정되는 사례가 사회문제로 되어 1994년 개정법에서 보수결정기준을 추가하였다.

확보하고자 연방관재관은 파산절차가 ① 채권자에게 최대한의 배당을 신속히 시행하고, 채무자의 새 출발(fresh start)을 촉진하며 ② 관재인이나 전문직이 재단재산으로부터 부당한 이득을 취하거나, 이유 없이 배당이 지연되지 않도록 감시하고 ③ 회계장부와 최후보고서를 검토하며, 관재인이 성실의무(fiduciary duty)를 다하도록 여러 가지 세부적 의무를 부과한다. (supervision)

연방관재관은 제7장 관재인을 임명 · 감독한다. 제7장 청산사건의 구제명령 직후 연방관재관은 민간관재인 명부(panel of private trustees)[491]에 등재된 자 가운데서 보전관리인(Interim Trustee)을 임명하는데 채권자집회에서 다른 사람을 관재인으로 선출하지 않는 한 보전관리인이 관재인이 된다.[492] 채권자집회에서 관재인을 선출한 때에는 보전관리인의 임무는 종료하지만, 만약 법원이 선출된 사람에게 업무 수행능력이 없다고 판단하면 관재인으로 취임할 수 없다.[493] (appointment)

연방관재관이 관재인을 임명할 때에는 당사자가 선호하는 사람을 관재인으로 선택하는 폐단(trustee shopping)을 없애고자 민간관재인 명부에서 무작위로 담당자를 선정한다. 이러한 방법으로 채무자의 파산신청 대리인이 명부 가운데서 업무에 소극적인 관재인을 마음대로 선택하지 못하도록 막는다. (blind rotation)

491) 제7장 청산절차의 관재인 직무를 행할 자격이 있고(eligible), 직무를 행할 수 있는(available) 자는 연방관재관이 관리하는 민간관재인 명부에 등재된다. 반드시 변호사나 공인회계사일 필요는 없으므로 소정의 과정을 거친 4년제 대학 졸업자와 법학전문대학원(law school) 학생도 명부에 등재될 수 있고, 회사(corporation)와 조합(partnership)도 가능하나, 법무법인 · 회계법인(professional corporation, partnership, or similar entity organized for the practice of law or accounting)은 관재인이 될 수 없다. 高木 新二郎, 前揭書, 305-310頁.

492) 채권자집회에서 관재인을 별도로 선출하는 일은 드물고, 보전관리인이 그대로 관재인이 되는 경우가 대부분인데 연방관재관 사무소의 직원이 보전관리인을 거쳐 관재인을 맡는 절차가 일반적이라고 한다.

493) 福岡 眞之介, 前揭書, 239頁.

2) 개인채무자를 위한 채무조정절차

연방도산법 제13장(Chapter 13) 사건은 정기적 수입이 있는 개인채무자를 위한 채무조정절차(Adjustment of Debts of an Individual With Regular Income)이다. 이는 과중한 채무를 부담하고 있는 개인채무자가 채무감면 · 유예를 내용으로 하는 변제계획을 세워 그에 따른 변제를 마치면 나머지 채무가 면책되는 절차로서 회생파산법상 개인회생절차의 모델이 되었다.[494)]

연방관재관은 제13장 사건의 상치관재인(standing trustee)[495)]을 임명 · 감독한다. 대부분의 연방지방법원 관할구역(jurisdiction)에서 1명의 관재인을 선임하지만, 관재인이 없는 지역에서는 이해관계 없는 사람을 관재인으로 선임하거나 스스로 관재인이 된다. (연방도산법 제1302조 a항) 만약 상치관재인이 사임하면 후임자가 결정될 때까지 연방관재관보(Assistant US Trustee)가 임시관재인(interim standing trustee)이 된다. 수많은 당사자와 큰 이해관계가 걸려 있는 제13장 사건에서 관재인의 부재라는 공백이 있으면 안 되기 때문이다. (temporary assignment)

연방관재관은 관재인의 절차 진행을 감독하고, 회계장부를 검토하며, 관재인이 성실의무를 다할 수 있도록 여러 가지 의무를 부과한다. 감독방법은 ① 업무수행상황 · 예산책정 · 금융거래 내역 · 경영실적 등을 관재인으로부터 정기적으로 보고받고 ② 성실한 직무집행을 담보하는 보증을 제공받으며 ③ 관재인의 연간보수 상한선과 필요경비를 결정하고 ④ 직무상 훈련을 시행하는 것 등이다. (supervision)

또 채무자가 제13장 사건의 상습신청자가 아닌지, 변제계획의 수행 가능성이 있는지, 계획내용이 도산법규에 따라 작성되었는지를 검토한

494) 전병서, 전게서, 460면.

495) 高木 新二郎, 前揭書, 311頁은 상치관재인이 임명된 때에는 그 상치관재인이 개별 사건의 관재인이 된다고 한다.

다. 연방관재관은 매년 제13장 관재인으로부터 업무보고를 받는다. 관재인의 보고에는 총수입 · 변제계획에 따른 지출 · 관재인 보수와 지출경비 · 이자수입 · 채무자에게 반환한 금액 · 연방관재관 기금(the US Trustee System Fund)에 지출한 금액이 포함되어야 한다. 연방관재관은 이 보고서를 기초로 관재인의 회계운영 적정성 여부를 평가한다. (review)

3) 재건절차

연방도산법 제11장(Chapter 11) 사건은 재건절차(reorganization)로서 원칙적으로 관재인이 선임되지 않고 채무자가 도산기업을 계속하여 경영하면서 재단재산을 관리하는 DIP형 절차이다.

연방관재관은 제11장 사건의 초기단계에서 채무자의 긴급명령(emergency orders) 신청을 검토하여 그 신청이 적절한지를 판단한다. 예컨대 채무자가 법원에 전문가를 고용하거나 구제금융(emergency financing)으로 특정채권을 변제하는 허가를 구한다면 이는 채권자의 권리에 영향을 미치고 장차 재건계획안의 내용에도 영향을 주기 때문이다. (first day orders)

연방관재관은 제11장 사건에서 구성할 위원회를 결정하고, 위원을 지명하며, 위원회 활동을 감독한다. 위원회는 담보채권자위원회 또는 무담보채권자위원회와 같이 각 채권자 집단(the creditor group it represents)의 이해관계를 대변하는데 그 권한은 위원회 구성뿐 아니라 위원회가 고용한 변호사나 회계사의 활동을 감독하는 데까지 미친다. (official committees)

또 재건계획안을 검토하고, 명세설명서(disclosure statement)가 적절하고 정확한 내용으로 작성되었는지를 검토한다. 재건계획안이 제11장 사건에서 차지하는 중요성은 두말할 필요가 없고, 계획안 작성자는 명세설명서를 채권자에게 배포한 후에만 계획안에 대한 찬성을 권유

(solicitation)할 수 있기 때문에 이를 연방관재관으로 하여금 검토하도록 하였다. (reorganization plans and disclosure statements)

연방관재관은 보고 · 기한 · 비용 한도가 준수되고 채무자가 도산법규 및 채권자에 대한 성실의무(fiduciary duty)에 적합하게 재산을 관리하는지 감독한다. 채무자는 월간 운영비용 · 환급세액 · 자금수지 일정 · 보험증서 등을 제출하여야 하고, 이러한 자료를 통하여 절차에 진전이 있는지(the debtor's progress toward reorganization) 판단한다. (ensuring compliance)

그 밖에 절차의 불필요한 지연을 방지하고자 제11장 사건의 기각을 신청하거나, 제7장 사건으로 이행(convert)을 신청하거나, 제삼자를 관재인으로 임명할 수 있다. (preventing delay)

또 전문가의 고용 · 보수 지급 · 비용상환을 검토하여 이의를 제기하는데 변호사 · 회계사 · 투자상담역(investment advisors) · 부동산 중개업자가 이에 포함된다. 채무자가 선임하려는 법무법인이 다른 고객과의 관계 때문에 이해관계의 충돌이 일어나는 때에도 이의를 제기한다. 재건계획안이 재정적으로 명백히 수행가능성 없음이 밝혀진 때에는 그 실패한 계획안(a failed reorganization plan)의 작성 수수료에 대하여 이의를 제기한다. (professional employment)

연방관재관은 형사소추를 위하여 범죄 · 사기 · 절차남용(criminal, fraudulent, or abusive conduct)을 조사하고, 명백한 범죄행위는 연방검사(US Attorney)에게 이첩한다.[496] (fraud)

4) 관재인 임명권과 절차감독권

요컨대 연방관재관의 권한은 제7장 · 제13장 사건의 관재인 선임권과 제7장 · 제13장 · 제11장 사건의 절차 진행 감독권의 두 가지로 압축할 수 있다.

496) 윤영신, 전게 「미국의 도산법」, 28면.

(라) 도입 필요성

1) 이중적 지위와 관련하여

우리나라에서도 법관이 관재인이나 채무자와 직접 대면하고, 서면보고 · 전화통화의 방법으로 재단과 기업 운영에 관하여 보고받고 결재할 때가 잦다. 따라서 미국과 마찬가지로 법관의 이중적 지위로 말미암은 충돌이 발생할 소지가 있다.[497)]

법원이 사법적 판단자의 역할을 하는 경우를 구체적으로 세분하면 ① 절차의 개시 · 종료와 관련한 재판 ② 면책신청에 대한 재판 ③ 이해관계인 사이의 권리의무 다툼에 대한 재판으로 구분할 수 있다. ①에는 파산선고 · 회생절차개시결정, 파산종결 또는 폐지 · 회생절차 종결 또는 폐지결정이 포함되는데 이러한 결정은 사법적 판단이라고 하여도 과거에 일어났던 사실 관계를 증거에 의하여 판단하는 전형적 사법판단과는 다르다. 예컨대 파산선고를 하려면 채무자의 지급불능을 인정하여야 하는데 지급불능이라는 개념 자체에 정책적 판단이 내포되어 있기 때문이다. ② 면책도 불허가사유가 있더라도 상당하다고 인정되면 허가결정을 하도록 하였으므로 그 안에 정책판단이 내포된 점은 마찬가지이다. 위 ①, ②는 비록 사법적 판단이지만 어차피 사법판단 안에 정책판단이 내포되어 있으므로 이때에는 법원이 행정적 역할을 동시에 담당한다는 측면이 특히 문제 되지는 않는다.

그러나 위 ③에는 부인 청구 · 조사확정재판이 포함되는데 이는 전형적 사법판단이므로 사법적 판단과 행정적 감독이 겹치면 문제가 발생한다. 미국에서는 따로 연방관재관에게 행정적 감독을 맡기는 방식으로 이 문제를 해결하지만, 독일에서는 도산법원이 실체적 법률문제에

497) 실무에서는 사법적 판단과 행정적 감독이 일체로 어우러져 흘러간다. 파산사건의 예를 들면, 파산선고(사법판단)→관재인 선임(행정적 감독)→채권조사확정재판(사법판단)→파산재단 환가(행정적 감독)→배당 및 종결(사법판단)의 단계를 거치므로 두 가지 기능이 뒤섞여 있다.

관한 분쟁에 개입하지 않고 일반법원으로 하여금 채권이나 부인권 행사에 관한 다툼을 재판하도록 하는 방식으로 처리한다.

절차에 대한 행정적 감독은 별개의 독립한 행정조직이 맡는 편이 간명하지만, 이중적 지위로 말미암은 충돌은 실체적 법률관계에 관한 판단을 일반법원에 맡기는 방법으로 회피할 수도 있다.

2) 원활한 절차 운영과 관련하여

도산절차는 거래실정에 맞게 역동적으로 운영하여야 하는데 법원이 행정적 감독을 맡으면 채무자의 업무처리에 다소 지장을 가져오는 점은 사실이다. 법원은 과거에 일어난 사실을 증거에 기하여 판단하는 사법기관이므로 장래를 향한 기업경영을 검토하는 데에는 적합하지 않기 때문이다.

그러나 절차가 원활하게 운영되느냐는 궁극적으로 채무자(또는 관재인)가 도산기업을 경영하는 과정에서 내리는 경영판단이 존중되느냐에 달렸지 절차 감독자가 법원이냐 연방관재관이냐에 따라 결정되는 문제는 아니다. 기업 경영의 전문가가 전문지식과 경험을 바탕으로 거래나 투자를 하려고 할 때 비전문가인 법관이 당부를 판단하여서는 안 된다.[498] 그러므로 법원은 경영판단의 원칙(the rule of business judgment)에 따라 채무자의 경영판단을 존중하여야 한다.[499] 회생파산법은 채무자의 자주적 활동을 존중하여 관리인 업무를 맡기고 있고, 대법원도 일찍이 위 원칙을 수용하였다.[500] 원래 경영판단의 원칙은 정상적으로 활동하는 기업의 대표이사 등 경영진에게 적용되는 법리이지만, 도산기업의 관리인에게도 확대 적용되어야 한다.

법원이 행정적 감독을 맡으면 절차의 원활한 운영에 차질이 생기기

498) Frank H. Easterbrook, Daniel R. Fischel, 「The Economic Structure of Corporate Law」, Harvard University Press, 1991, at 93.

499) Epstein, Markell, Nickles, Perris, supra note 8, at 233.

500) 대법원 2002. 6. 14. 선고 2001다52407 판결.

는 하지만, 그 이유는 경영판단의 원칙이 제대로 지켜지지 않기 때문이지 연방관재관 제도를 도입하지 않아서는 아니다. 새 제도를 도입하더라도 채무자(또는 관재인)의 경영판단이 존중되어야만 절차가 원활하게 진행될 수 있다.

3) 전문인력의 수급과 관련하여

연방관재관 제도를 도입하려면 관재관 사무소를 운영할 전문인력이 필요하다. 미국에서는 도산과 관련된 전문인력이 약 4만 명에 이르고, 이웃 일본에도 일찍이 사법시험 시절부터 도산법이 선택과목으로 채택되어 법조인력 가운데 도산법 이론과 실무에 정통한 인력이 적지 않다. 그러나 우리나라에는 도산법이나 실무를 전공한 인력이 드물고, 재야 변호사업계에서도 도산이 하나의 전문분야로 자리 잡을 여건이 되지 않는다. 미국처럼 법무부 소속으로 관재관 제도를 창설할 경우, 현실적으로 이 직책을 담당할 인력을 구하는데 어려움을 겪을 수 있다.[501]

4) 민주적 통제와 관련하여

절차에 대한 행정적 감독은 행정권에 속하므로 민주적 통제가 필요한데 법원에서 이 역할을 담당하면 견제와 감시 · 감독이 어려워진다. 이는 법원의 이중적 역할과는 별도로 권한 행사에 대한 민주적 통제라는 관점에서 제기되는 문제이다. 원래 행정행위는 재량권이 넓고 미치는 영향력도 광범위하므로 이를 담당하는 행정기관은 여론이나 언론 · 시민단체 · 기관 내부의 감사 · 감사원 · 국회의 국정감사 등 여러 가지 방법으로 끊임없이 통제를 받는다. 그러나 법원은 전통적으로 사법권 독립 원칙의 영향으로 이러한 감시 · 감독에서 제외되는 특징이 있고, 현실적으로 외부에서 법원 업무를 확인 · 통제할 뚜렷한 방법도 존재하

501) 변호사시험에 도산법을 선택과목으로 부과하는 한편, 실무수습 내용에 도산사건 처리를 포함하게 하여 장기적으로 인력을 양성할 필요가 있다. 또 법무연수원에도 기업도산 관련과정을 설치하여 법무부 · 검찰에 도산사건 전문인력을 미리 양성하여야 한다.

지 않는다. 우리나라에서도 기업도산을 한시적 사태가 아닌 일반적 현상으로 받아들이면서 절차에 대한 사회적 인식이 변화하였고, 절차 운영에 대한 민주적 통제가 필요하다는 국민적 공감대도 형성되고 있다.[502)]

이중적 지위 · 원활한 절차 운영 · 전문인력의 수급이라는 관점에서 보면 연방관재관 제도를 반드시 도입하여야 할 이유는 없지만, 연방관재관이 이론적으로 잘 정비된 제도임은 틀림없고, 특히 그 주목적이 관재인 선임과 관련한 이해관계인의 불신을 해결하는 데 있다는 점을 고려하면 이제는 연방관재관을 도입할 시점이 되었다.[503)]

(3) 프랑스의 상사법원(tribunal de commerce)

프랑스의 도산처리절차에서 상사법원이 담당하는 역할은 매우 크다. 상사법원 제도는 1563년에 창설되었는데 상사법관은 관할지역의 상공회의소 회원과 상사법관에 의하여 상공회의소 단위로 선출되고, 보수가 없는 일종의 명예직이다. 프랑스는 1807년 상법 파산편에서 상인에

502) 이는 행정부에서 절차적인 감독을 맡으면 도산절차가 더 잘 운영되리라는 취지가 아니라 법원은 민주적 통제를 받기에 적합한 기관이 아니라는 의미이다. 사법권 독립의 원칙은 그보다 훨씬 높은 차원의 가치이다.

503) 한국형 제도의 이름은 '기업회생 관리감독관' 정도로 정하면 무난하리라고 본다. (약칭하면 '회생관리관'이 된다.) 우리나라에서는 '파산' 또는 '도산'이라는 말의 이미지가 좋지 않아 그 단어 사용을 피하고, '회생'이라는 긍정적 측면을 부각시키고자 함이다. 그 권한은 연방관재관을 참고하면 되겠지만, 기업재산을 다른 회사로 이전한 다음 원래 회사를 도산신청하여 기존채무를 면탈하려는 행위 · 작전세력의 매수대상 회사(target company)에 대한 악의적인 부도처리 · 개인채무자의 경우 중요한 재산을 감춘 후의 면책신청 등을 조사하려면 금융거래 내용에 대한 추적조사권이 필수적으로 요구된다. 채무자가 절차를 이용하려면 깨끗한 손(Equity must come with clean hands.)으로 들어와야 하므로 금융거래 조사권은 그 정당성을 가진다. 특히 회생기업이 경영과 관련하여 회생관리관의 허가를 신청할 때에는 즉석에서 허가 여부를 결정하도록 하고, 만약 3일 이상 그 결정이 지연되면 허가된 것으로 간주하여 신속한 절차 진행을 보장할 필요도 있다. 회생관리관은 수도권(강원 · 충청 포함) · 영남권 · 호남권(제주 포함)의 3개 권역으로 나누어 각 1명씩 두되, 직원은 50명 · 30명 · 20명 정도로 100명을 넘지 않도록 제한하고, 제반통계 및 실태조사도 함께 담당하는 편이 좋다. 이때 가장 중요한 점은 운영경비인데 절차신청 비용 · 관재인 보수 등을 재원으로 모아 독립채산제로 운용하도록 하여(공기업과 비슷한 형식이다.) 국가 예산의 추가지출을 막아야 한다.

게만 도산절차를 적용하고, 상사법원에 관할권을 부여하였다.[504] 상사법원은 사후적 도산처리를 할 뿐 아니라 기업이 파탄 위기에 처하면 경고절차(procédure d'alerte)를 개시하여 재무상태의 개선책을 제출하도록 요구한다. 기업이 이에 응하지 않으면 상사법원 직권으로 청산절차를 개시한다.[505] 이처럼 광범위한 임무가 부여된 이유는 상사법원은 상인의 후견적 역할을 맡고 있으며, 상사법관은 상인 간의 호선으로 선임된 베테랑 실업가로서 상거래에 관하여 풍부한 지식을 가지고 있기 때문이다. 즉 도산사건에서는 사안의 당부보다 경제에 미치는 영향을 우선적 판단기준으로 삼아야 하고,[506] 채권자 평등의 원칙을 준수하면서도 사건처리의 기동성과 융통성을 발휘하여야 하기 때문이다. 현재 프랑스에는 200개 이상의 상사법원이 파탄 이전의 단계에서부터 기업의 재무정보를 입수하여 관할구역의 사업상황에 적극적으로 관여한다.

프랑스에서는 법원이 스스로 재건계획을 결정하고 기업의 운명과 채권자에 대한 지급조건을 선택하므로 재건계획안에 대한 채권자의 동의가 필요 없다. 만약 채권자가 법정관리인(administrateur judiciaire)이 제안한 채무감액 또는 변제기간 유예에 반대하면 법원은 채무감액 없이 5년에서 15년까지 변제를 강제유예할 수 있다. 결국, 채권자는 법정관리인의 제안 또는 법원의 강제유예 가운데 어느 하나를 선택할 수 있을 뿐이다.[507]

---

504) 상인파산주의는 채권자가 소수인 개인파산에 도산절차를 적용하지 아니하므로 비용과 시간이 절약되는 장점이 있다. 1967년에는 민법상 법인, 1985년 직인 · 수공업자, 1988년 농업 경영자, 2005년 변호사 · 회계사 · 공증인 등이 각각 적용대상으로 추가되었다.

505) 최성근, 전게 「프랑스의 도산법」, 13-14면.

506) 小梁吉章, 前揭書, 122頁은 상사법관은 법률전문가가 아니므로 절차의 적정성을 확보하는 데에는 다소 약점이 있지만, 사안의 당부보다 경제에 미치는 영향을 판단하는 도산사건 처리에는 적합하다고 한다.

507) 최성근, 전게 「프랑스의 도산법」, 16면은 프랑스 절차에서는 이자를 지급하지 않으므로 강제유예는 실질적으로 채무감액과 같은 효과를 발생한다고 한다.

(4) 독일의 도산법원(Insolvenzgericht)

독일에서는 지방법원(Landgericht) 소재지가 있는 구역의 구법원(Amtsgericht)이 도산사건에 대한 전속관할권을 가진다. 따라서 도산법원과 지방법원의 관할구역은 일치하지만, 주정부가 신속한 절차 진행을 위하여 관할구역을 조정한 결과 현재 100개 정도의 도산법원이 있다. (독일 신도산법 제2조) 따라서 독일의 도산법원은 구법원의 도산재판부를 의미한다.

도산재판부는 자격 있는 법관 1인과 1인 이상의 사법관(Rechtspfleger)으로 구성된다. 사법관은 변호사 자격은 없지만, 실무와 직업학교를 거쳐 전문교육을 받은 사법행정 분야의 공무원으로서 소송문제 이외의 도산업무 대부분을 처리한다. 법관이 담당하는 업무는 통상적으로 절차개시 · 관재인 임명 · 면책 불허가 등으로 한정되고, 법관은 자신이 담당할 분야를 더 넓게 지정할 수 있지만, 실무상 그런 사례는 거의 없다.[508]

전통적으로 독일 도산법원은 절차를 개시 · 진행 · 종결하는 절차적 역할에 중점을 두고, 경영판단이나 실체적 법률문제에 관한 분쟁에는 개입하지 않는다. 즉 경영판단은 관재인의 몫이고, 채권이나 부인권 행사에 관한 다툼은 도산법원이 아니라 일반 민사법원이 재판한다.

(5) 회생파산법의 법원

우리 법원은 절차개시 결정과 종결결정 등 절차와 관련한 결정을 하고, 채권자집회 지휘 등으로 절차를 주재하며, 파산관재인 · 회생채무자(관리인 업무를 담당하는 채무자) 등 절차기관을 감독한다. 회생사건의 예를 들면, 법원은 관리인과 조사위원의 임명 및 감독권 · 개시신청 기각권 · 영업활동에 대한 허가권 · 업무보고 요구권 · 인사 감독권 · 부인

508) Axel Flessner, supra note 275, at 330.

청구와 조사확정재판에 대한 결정 · 회생계획안 배제권 · 계획안의 불인가권 · 강제인가권 · 절차폐지권 등 개시신청부터 절차종결에 이르기까지 포괄적인 권한을 행사한다. 이러한 법원의 직무는 다음 5가지로 나눌 수 있다. ① 절차의 개시 · 종료와 관련한 재판 ② 파산관재인의 선임 · 채권자집회의 소집과 지휘 · 채권신고의 수리 등 절차 진행 ③ 관재인 · 관리인 · 채무자 등에 대한 감독 ④ 이해관계인 사이의 권리의무 다툼에 대한 재판 ⑤ 면책신청에 대한 재판이다. 그 중 ①, ④, ⑤는 도산사건의 재판기관으로서의 직무이고, ②, ③은 절차의 진행자로서의 직무이다.[509] 재판기관으로서의 직무(사법적 판단 업무)에는 개시 · 종결결정 이외에도 부인의 청구 · 조사확정재판에 대한 결정이 포함되고, 절차의 진행자로서의 직무(행정적 감독 업무) 가운데 대표적인 경우는 관재인이나 채무자가 재산 처분 · 차재 · 쌍방미이행 쌍무계약의 처리 · 소의 제기 · 화해 · 권리의 포기 · 공익채권(재단채권) 또는 환취권의 승인 · 그 밖에 법원이 지정하는 행위(회생파산법 제61조 제1항, 492조)를 할 때 행사하는 허가권한이다.

우리나라에는 도산사건만을 전담하는 법원은 없고 일반법원에서 담당하는데, 채무자의 주된 사무소 또는 영업소 소재지를 관할하는 지방법원 본원 합의부의 전속관할이다. 다만, 독점규제 및 공정거래에 관한 법률 제2조 제3호에 정한 계열회사의 도산절차가 다른 법원에 계속된 때에는 그 법원에도 개시신청을 할 수 있다. (회생파산법 제3조)

(6) 검토

첫째, 법관의 전문화가 필요하다.[510] 도산사건은 일반 소송사건과는

509) 伊藤眞, 前揭書, 146-147頁.

510) Vanessa Finch, supra note 1, at 12에 의하면 영국의 코크보고서는 단일한 도산법원(a unified system of insolvency courts)이 도산절차를 진행하고, 도산법원은 경험있는 판사와 법원 공무원(registrars)으로 구성하자고 제안하였다고 한다.

성격이 전혀 다르고, 우리 법원의 도산사건에 대한 권한은 매우 광범위하므로[511] 담당법관이 전문화될 필요가 있는데 순환근무 제도 때문에 법관이 도산사건을 담당하는 기간은 2년 정도에 불과하여 전문성을 갖출만한 시간적 여유가 부족하다. 일반법관에게 역동적인 경영판단을 요구함은 무리이므로 프랑스처럼 상사법원을 설립하여 상사법관으로 하여금 도산사건을 처리하도록 하는 방안이 이상적이지만,[512] 현실적으로 그것이 어려우면 차선책으로 미국의 도산법원을 참고하는 방법도 좋다.[513] 미국의 도산법관은 14년 임기로 도산사건만을 담당하여 전문성을 확보하고 있다. 법관과 전문가(사법관)를 함께 도산재판부 구성원으로 임명하여 전문가로 하여금 절차 대부분을 진행하게 하는 독일 방식도 참고할 수 있다.[514]

둘째, 법관은 사법적 판단에 집중하게 하고, 행정적 감독은 다른 기

511) 김재형, 전게 "통합 도산법안의 주요쟁점", 65면. 독일 신도산법 제정 당시 담당참사관이었던 Manfred Balz도 같은 지적을 하였다.

512) 이는 전문성을 갖춘 사람이 도산기업 처리를 담당하여야 한다는 뜻이지, 프랑스처럼 절차를 법원 직권주의로 진행하자는 취지는 아니다.

513) 김재형, "회사정리법, 화의법, 파산법의 개정내용과 장래의 과제", 「한국법학원보 제78호」, 한국법학원, 1998, 24-25면은 ① 도산사건의 건수는 경제상황에 따라 변동할 가능성이 큰데 도산법원을 설치하면 업무량 변동에 신축적으로 대처하기 어렵고 ② 불필요한 인력과 예산이 소요될 우려가 있으며, 정부조직을 축소개편하고 있는 취지에도 들어맞지 않고 ③ 미국의 도산법관은 일반법관보다 지위가 낮고 임기가 보장되어 있지 않은데 우리나라는 이와 상황이 달라 유능한 법관이 도산법원 근무를 선호할지 의문인데다가 ④ 도산법원이라는 용어가 가지는 부정적 이미지로 말미암아 도산법원에 대한 좋지 않은 인식이 만연될 우려가 있다는 이유로 도산법원 도입을 반대한다. 그러나 ① 법원행정처의 사법연감에 따르면 2006-2010년 사이의 5년간 전국의 법인파산은 934건, 법인회생은 1,898건으로 연간 평균 187건, 380건(소수점 이하는 반올림)에 달하고 ② 도산법원을 지방법원에 대응하여 설치하지 않고 고등법원 관할구역에 하나씩 설치하면 예산낭비를 막을 수 있으며, 법원 조직이 제 기능을 발휘하려면 사회 · 경제적 여건의 변화에 발맞추어 적절히 개편할 필요가 있고 ③ 유능한 법관보다는 전문지식을 갖춘 법관이 요구되며, 도산법원 판사를 따로 선발하면 인원은 손쉽게 충원할 수 있는데다가 ④ 도산법원이라는 용어가 좋지 않다면 그 대신에 '회생법원'이라고 명명할 수도 있다. 요컨대 이 문제는 어떻게 하면 이해관계인으로 하여금 도산기업에 관한 법원의 정책적 판단을 믿고 따르게 할 수 있느냐는 데에서부터 출발하여야 한다.

514) 도산법원의 전문화는 우리 도산법 개정과정에서 국제기구가 그 수용을 꾸준히 요구한 사항 가운데 하나이다.

관에 맡겨야 한다. 독일처럼 법원이 경영판단이나 실체적 법률분쟁에 개입하지 않는 방법도 하나의 대안이지만, 행정적 감독을 따로 분리하여 연방관재관에게 맡기는 미국 제도가 더욱 합리적이다.

셋째, 부인 청구 · 조사확정재판[515] 제도에서 결정에 대한 불복절차를 개선할 필요가 있다. 이는 엄격한 판결 절차에 의하지 않고 간편한 절차에서 신속한 결론을 얻고자 도입된 제도이므로 그 취지를 살리려면 이해관계인이 즉시항고로 불복하도록 하거나 또는 이의의 소를 항소심에 제기하게 하는 방식으로 회생파산법을 개정하여야 한다. 지금처럼 이의의 소를 별도로 제기하게 하면 위 사건들은 사실상 4심(결정절차+3심)을 거치게 되어 처리기간이 일반사건보다 오히려 더 늦어져 버린다.

넷째, 관할과 관련한 문제점을 해결하여야 한다. 도산사건은 채무자의 주사무소 · 영업소 소재지를 관할하는 지방법원 본원 합의부의 전속관할인데 회생파산법은 서울동부 · 남부 · 북부 · 서부지방법원의 관할사건을 서울중앙지방법원에서 모두 관할하게 하였다. 이는 헌법상 재판을 받을 권리나 평등권에 대한 침해가 될 소지도 있으므로 적절한 기회에 관할을 다시 정하도록 개정 작업이 이루어져야 하겠다. 덧붙여 관할권 문제를 재검토할 때 개인회생이나 개인파산사건까지 지방법원 본원 합의부 전속관할로 남겨 둘 필요가 있는지도 충분히 논의하기를 바란다.[516]

다섯째, 법원이 절차와 관련한 결정을 할 때에는 사전에 채권자에게

515) 조사확정재판에는 회생파산법 제115조의 출자이행 청구권 · 손해배상 청구권 조사확정과 제170조의 회생채권 · 회생담보권 조사확정이 포함된다.

516) 이 책은 기업도산을 다루므로 개인도산에 대하여 상세한 언급은 피하지만, 김재형, 전게 "회사정리법, 화의법, 파산법의 개정내용과 장래의 과제", 27면은 채무자가 비영업자인 경우에는 파산선고와 동시에 폐지결정을 하는 동시폐지 사건이 많아서 사건이 단순하므로 굳이 본원 관할로 할 필요가 없다고 하면서 개인채무자가 신속 · 편리하게 파산 · 회생절차를 이용할 수 있도록 지원에서도 이러한 사건을 처리함이 바람직하다고 지적한다.

그 사실을 통지하여 참여할 기회를 부여하여야 한다. 미국 연방도산법은 법원이 허가사항을 결정할 때 채권자에게 의무적으로 통지하게 하여 정보를 제공한다. 또 통지를 받고도 채권자가 아무런 이의를 제기하지 않은 때에는 그 자체가 재판에서 DIP의 행위를 정당화하는 근거로서 원용되기도 한다.[517] 우리나라에서도 법원이 어떤 결정을 할 때에는 채권자에게 그 내용을 통지할 필요가 있다. 회생계획안을 결의하는 집회에서는 물론이지만, 그 이전에도 절차의 진행 과정에 채권자를 참여하도록 하여 관재인이나 채무자의 업무처리에 그 의견을 반영하기 위함이다.

나. 관리위원회

회생파산법은 대법원규칙이 정하는 지방법원에 위원장 1인을 포함하여 3인 이상 15인 이내의 위원으로 관리위원회를 설치하게 하였다. 관리위원의 임기는 3년으로 ① 변호사 · 공인회계사 ② 금융기관 등에서 15년 이상 근무한 자 ③ 상장기업의 임원으로 재직한 자 ④ 법률학 · 경영학 · 경제학 등의 석사학위 취득자로서 관련분야에서 7년 이상 종사한 자 ⑤ 이에 준하는 학식 · 경험을 갖춘 자 중에서 지방법원장이 위촉한다. 관리위원회는 재적위원 과반수 출석과 출석위원 과반수 찬성으로 의결한다. (제16조) 관리위원회는 법원의 지휘를 받아 ① 관리인 · 보전관리인 · 조사위원 · 파산관재인 · 회생위원 · 국제도산관리인의 선임에 대한 의견제시 ② 관리인 · 보전관리인 · 조사위원 · 파산관재인 · 회생위원의 업무수행의 적정성 감독과 평가 ③ 회생계획안 · 변제계획안 심사 ④ 채권자협의회 구성과 채권자에 대한 정보제공 ⑤ 절차의 진행상황에 대한 평가 ⑥ 관계인집회 · 채권자집회와 관련한 업무

517) 福岡 眞之介, 前揭書, 21-22頁.

를 행한다. 법원은 허가사항을 관리위원에게 위임할 수 있다. (제18조)

도산사건은 일반 재판업무와는 성격이 다르고 경영이나 경제에 대한 전문적 지식과 감각이 필요한데 법관이 이를 갖추기는 어려우므로 해당 분야의 전문가로 관리위원회를 구성하여 전문성을 보완하려는 제도이다.[518] 그러나 법원의 허가사항이 관리위원에게 위임된 때에는 법관 자격을 갖추지 않은 사람이 법관의 직무를 대행한다는 논란이 생길 수 있다.

관리위원회 제도를 만들 때 미국의 연방관재관(United States Trustee)을 참고하였다고 하지만, 두 제도 사이에는 연관성이 없다. 미국 연방도산법은 절차에 관여하는 공권력 가운데 사법적 역할은 법원에, 행정적 역할은 연방관재관에 각기 분담시켰는데 연방관재관은 법무부장관(Attorney General)이 임명하고 법무부 소속임과 비교하면 관리위원은 지방법원장이 임명하고 법원 소속이므로 두 제도는 전혀 다르다.

다. 조사위원

법원은 관리위원회의 의견을 들어 조사에 필요한 학식 · 경험이 있고, 이해관계 없는 자를 회생절차의 조사위원으로 선임할 수 있다. 조사위원을 선임하면 기간을 정하여 재산가액 평가 · 재산목록과 대차대조표 작성 · 채무자가 회생절차에 이른 사정 · 업무와 재산에 관한 사항을 조사하게 하고, 회생절차 진행이 적정한지에 관한 의견을 제출하게 한다. (제87조) 실무상 조사위원으로는 회계법인이 선임되는데 조사위원은 기업의 청산가치 · 계속기업가치를 산정하고 이를 기초로 회생가능성을 판단하여 법원과 제1회 관계인집회에 보고한다. 조사위원은 채무자의 업무와 재산에 관하여 보고를 요구하고, 장부 · 서류 · 금전 그

---

518) 전병서, 전게서, 83면.

밖의 물건을 검사할 수 있다. 통상적으로 조사위원의 업무는 조사보고서 제출과 함께 종료되지만, 제출된 회생계획안이 재정적으로 수행 가능한지를 조사하기도 한다. 조사위원은 법원의 감독을 받고, 상당한 이유가 있으면 해임된다.

법원은 조사위원의 보고내용에 법률적으로 구속되지 않지만, 특히 사회적 이목이 쏠리는 사건에서 그와 반대방향으로 절차를 진행하기는 어렵다. 따라서 조사보고는 절차의 운명을 사실상 좌우한다고 하여도 지나친 말은 아닌데 그 핵심은 장래 영업전망을 기초로 산정하는 계속기업가치이다. 조사위원은 주로 채무자가 제출한 자료를 참고하여 영업전망을 판단하게 된다.[519] 그런데 채무자는 영업전망을 설명할 때 불리한 자료는 감추고 유리한 측면만 강조하는 경향이 있고, 조사위원이 법원에 조사결과를 보고하는 기한도 그다지 여유가 없으므로 객관적으로 깊이 있게 사안을 검토하지 못하고 채무자가 제출한 자료를 수정·가공하는 데 그치는 경우도 생긴다. 이때에는 아무래도 계속기업가치가 낙관적으로 평가되므로 계획인가 후 수행단계에 이르면 영업실적이 조사위원의 예측과 들어맞지 않아 계획에 따른 변제가 불가능해진다. 조사보고서의 영업전망과 실제의 영업성과 사이에 큰 차이가 발생하여 계획을 수행할 수 없으면 회생계획을 변경하거나 또는 절차를 폐지하는 수밖에 없는데 이러한 사태를 막으려면 채권자도 조사과정에 참여하게 허용하여 채권자·채무자 쌍방이 수긍하는 결론을 도출하도록 힘써야 한다.[520]

519) 강선명, "회사정리절차에서 공인회계사의 역할과 지위", 「공인회계사 97호」, 한국공인회계사회, 2001, 45면은 조사위원이 회사의 예상 매출액과 매출원가·판매관리비·영업이익에 대하여 구체적 자료의 뒷받침도 없이 회사관계자의 증언과 과거의 매출실적만 근거로 장래를 예측하는 사례가 있다고 지적한다. 또 조사위원은 계획인가만 되면 정상기업처럼 영업할 수 있다고 전제하지만, 한번 신용을 상실한 기업이 이를 회복하는 데에는 시간이 필요하다고 한다. 이 논문은 법원도서관의 법고을 LX DVD 2011에서 참조하였다.

520) 조사과정을 단계별로 채권자에게 공개하여 자료제출 또는 반박기회를 부여하고, 조사보고에 채권자의 의견을 기재하게 하는 등의 구체적 방안은 '가치평가'에서 후술한다.

3 회생채무자

가. 회생채무자의 개념

(1) 제도의 취지

채무자는 회생절차가 개시되면 관리인으로 임명되거나 또는 관리인으로 취급되어 개시 전과 마찬가지로 도산기업의 업무수행권과 재산의 관리처분권을 계속하여 행사한다. 절차개시 전에는 자신에게 귀속된 실체법상 권리의무의 주체로서 자신의 이익을 위하여 여러 가지 권능을 행사하였으나, 절차개시 후에는 채권자와 주주(지분권자)로 구성되는 이해관계인 단체의 공적 수탁자로서 위임받은 권능을 행사한다.[521] 즉 회생절차는 채무자의 자주성과 자기책임을 기반으로 진행되고 회생의 성부는 채무자에게 달렸다. 회생채무자[522](回生債務者)는 선량한 관리자의 주의로써 절차를 진행하여야 하고(회생파산법 제82조), 업무를 집행할 때 법원의 감독을 받으며 중대한 의무위반이 있으면 관리인 직에서 해임된다. 이는 미국 연방도산법의 DIP를 변형한 제도이다.[523] 회생파산법이 DIP 제도를 도입한 이유는 ① 기존 경영진이 경영권 박탈을 우려하여 절차신청을 회피하는 폐단을 막고, ② 기존 경영자가 가지는 경영

521) 대법원 1988. 10. 11. 선고 87다카1559 판결.

522) DIP의 정식명칭이 점유를 계속하는 채무자(Debtor in Possession)임과 비교하면 회생채무자를 '회사경영과 재산관리를 계속하는 채무자'라고 하면 정확하겠지만, 표현이 지나치게 길다. 그렇다고 해서 관리인이라고 부르면 채무자라는 본래의 속성을 표현하지 못하고 절차의 제삼자라는 오해를 받을 수 있으며, 연방도산법의 고유명칭인 DIP라고 부르기도 어렵다. 따라서 회생채무자라는 용어를 사용하는데 이는 회생절차 개시 후 관리인으로 임명되거나 취급되는 채무자를 말한다.

523) '변형'이라는 의미는 연방도산법의 DIP는 관재인과 같은 권리의무를 가지는 데 그치지만, 회생파산법은 한 걸음 더 나아가 채무자를 아예 관리인으로 임명하고, 연방도산법은 DIP에 대한 감독체계를 충실히 갖추고 있지만, 회생채무자 제도는 감독체계가 미비하다는 의미이다.

기법(know-how)을 재건절차에서 활용하려는 취지라고 한다.[524] 그러나 ① 절차신청 회피는 경영진에게 도산신청 의무를 부과하면 간단히 대처할 수 있어 굳이 DIP 제도까지 도입할 필요는 없고 ② 기업을 도산하게 한 경영자의 경영기법을 활용하겠다는[525] 발상은 건전한 상식에 어긋난다.

(2) 선임결정과 불선임결정

법원은 회생절차 개시결정과 동시에 채무자 또는 그 대표자를 관리인으로 선임하여야 한다. 또 채무자가 개인 · 중소기업 · 비영리법인 · 합명회사 · 합자회사 · 재정적 부실이 중대하지 않고 일시적으로 현금유동성이 악화한 때 · 기술력, 영업력 또는 시장점유율을 보유하여 조기회생이 가능한 때 · 주요 채권자 사이에 회생계획안의 주요내용이 합의된 때 · 관리인을 선임하지 않는 것이 회생에 도움이 되는 때에는 관리인을 선임하지 않고, 채무자 또는 그 대표자를 관리인으로 본다. 다만, 재정적 파탄원인이 채무자의 재산 유용 또는 은닉이나 그에게 중대한 책임이 있는 부실경영에 기인하는 때, 채권자협의회의 요청이 있거나 채무자의 회생에 필요한 때에는 예외적으로 제삼자를 관리인으로 선임한다. (제74조) 법원은 관리인에게 재산유용, 은닉 또는 부실경영이 있었음이 발견된 때 · 선관주의의무에 위반한 때 · 경영능력이 부족한 때 · 기타 상당한 이유가 있는 때에는 관리인을 해임할 수 있다.[526] (제

524) 오영준, "기존 경영자 관리인제도와 채무자 회사의 지배구조", 「통합도산법」, 법문사, 2006, 223-224면.

525) 구조조정과 재무구조 개선이 기업재건의 관건이지 기존경영자의 유임은 회생절차의 필수적 요소가 아니다.

526) 종전에 관리인을 선임하면서 처음부터 백지 사임서를 받는 경우가 있었는데 이는 해임사유가 없어도 언제든지 관리인을 사실상 해임할 수 있도록 허용하므로 무효이다. 법원이 관리인을 교체할 사유가 생기면 권고사직하게 하거나 아니면 해임권을 정당하게 행사하여야 한다. 특히 채무자는 사직권고에 응하지 않으면 절차 자체가 폐지되거나 계획인가를 받지 못할 위험이 커지므로 권고에 따를 수밖에 없어 백지 사임서를 받을 필요가 없다.

83조)

개시결정이 있고 관리인 선임결정이 있으면 회사의 업무집행권과 재산의 관리처분권은 관리인에게 전속하고, 관리인 불선임 결정 시에도 기존 대표자를 관리인으로 보기 때문에 역시 관리인에 관한 제반규정이 적용된다. 관리인 선임 결정이 있는 때에는 회생절차 진행 중 채무자의 대표자가 변경되어도 이미 선임한 관리인을 경질하고 새로 대표자가 된 사람을 관리인으로 선임할 필요는 없으나,[527] 관리인 불선임 결정으로 기존 대표자를 관리인으로 간주하는 사건에서는 대표자가 경질되면 새로운 대표자에게 업무집행권과 재산의 관리처분권이 귀속된다. 다만, 절차개시 당시 회사의 부채총액이 자산총액을 초과하는 때에는 주주는 의결권을 가지지 않는다고 규정한(제146조) 점을 유추적용하여 절차개시 당시 회사가 채무초과면 주주에게 임원 경질을 위한 주주총회 소집권이 없다고 해석하여야 한다.[528]

(3) 대리인의 의무

채무자가 절차의 기관으로서 선관주의의무를 지는 이상 대리인 변호사도 채무자가 공적 수탁자로서 임무를 수행할 수 있게 협조하여야 한다. 변호사법 제24조 제2항은 변호사가 직무를 수행할 때 진실을 은폐하면 안 된다고 의무를 부과하고, 변호사윤리장전 제2조 제4항도 변호사가 직무의 성과에 구애되어 진실규명을 소홀히 하면 안 된다고 규정하며, 제16조 제2항은 사건 상담을 할 때에는 공정한 입장에서 의뢰인에게 필요한 설명을 할 의무를 부과하기 때문이다. 즉 변호사는 개시신청 단계에서는 의뢰인인 채무자의 이익을 실현하나, 채무자가 관리인

527) 서울중앙지방법원 파산부 실무연구회, 전게 「회생사건실무 상」, 200-201면의 견해로 이에 찬성한다.

528) 高木 新二郎, 前掲書, 316頁은 회사가 채무초과(insolvent)이면 주주는 회사에 대하여 실질적 권리(equity)를 가지지 않으므로 임원 경질을 위한 주주총회 소집을 할 수 없다고 한 미국의 판례이론을 소개한다.

이 된 다음에는 선관주의의무를 이행하도록 조언하고 경우에 따라서는 채무자에 대한 법원의 감독권 발동을 촉구한다. 따라서 대리인 변호사는 일단 개시결정이 되면 채무자도 회생절차의 기관이 된다는 점을 이해시켜야 한다.[529] 또 부인대상행위가 존재하거나 또는 채무자가 손해배상책임을 지는 행위가 존재할 때에는 이를 명백히 밝히도록 채무자를 설득하고, 불가피한 경우에는 이러한 사실을 법원에 알려야 한다.[530] 변호사가 법원에 사실을 알리는 것은 신청인의 대리인이 아니라 관리인의 대리인으로서 하는 행위이므로 변호사법 제26조의 비밀유지의무에 위반되지 않는다.

나. 미국 연방도산법의 DIP 제도

(1) DIP의 개념

DIP는 'debtor in possession'의 약자로서 연방도산법 제11장 재건절차에서 관재인이 선임되지 않은 때 절차를 진행하는 채무자를 가리키는 말이다. 재건절차에서는 채무자가 DIP로서 관재인과 같은 권한을 가지는데(연방도산법 제1107조) 이를 DIP는 관재인의 구두를 신는다고 (This section places a debtor in possession in the shoes of a trustee in every way.) 비유적으로 표현한다. DIP가 절차개시 전의 채무자에게는 인정되지 않던 권리의무를 가지지만, 그렇다고 해서 기존의 채무자와 구별되는 법률상 새로운 주체로 바뀌지는 않는다. DIP는 재단의 대표자인 동시에 채무자라는 이중적 지위를 가지고 있을 뿐이다.[531]

---

529) 多比羅 誠, 前掲 "再生手續における再生債務者の地位と監督委員の職務・權限", 116頁.

530) 伊藤眞, 前揭書, 599-600頁.

531) Epstein, Markell, Nickles, Perris, supra note 8, at 421은 미국 연방대법원도 DIP는 연방도산법상 특별한 권한을 부여받아 미이행계약의 거절권 등을 행사할 뿐 종전의 채무자와 같은 주체이고 새로운 법 주체가 아니라고 본다고 설명한다.

DIP는 현행 연방도산법이 도입한 제도인데 도입이유는 ① 사업 실패는 경영자의 부정 · 무능력보다는 불경기 등 외재적 요인에서 발생하고 ② 사업에 익숙하지 않은 관재인에게 경영을 맡기기보다는 사업에 정통한 종래의 경영진에게 회사재건을 맡기는 편이 재건가능성을 높이며, 관재비용도 줄이는데다가 ③ 관재인 선임을 원칙으로 하면 채무자가 재건절차 신청을 망설이게 되어 결과적으로 채권자의 손해가 커진다는 데 있다.[532]

(2) DIP의 지위

DIP는 관재인의 모든 권한을 행사하고, 그 의무도 전부 수행하여야 한다. 연방도산법은 DIP의 지위가 관재인과 같다고 규정하여 DIP가 재건절차의 기관이라는 점을 명확히 하였으므로(연방도산법 제1107조) DIP는 재단 대표자로서 미이행계약(executory contract)의 거절권 · 부인권 등 절차개시 전의 채무자가 가지지 않았던 도산법상 권한을 행사한다.

DIP 제도는 채무자가 점유를 계속하면서 사업을 경영함을 전제로 하므로 현금담보(cash collateral)를 사용하지 않는 한 DIP는 통지 · 청문절차 없이(without notice and without a hearing) 통상적 영업과정에서 발생하는 거래(transactions in the ordinary course of business)를 재량에 따라 처리할 수 있다. 통상적 거래라 함은 기업의 일상적 활동(daily operations)과 관련된 거래인데 판례는 로비스트의 고용 · 채무자에게 자금을 신규대출하면 그와 관련하여 대출자에게 발생할 법률적 비용을 지급하겠다는 계약 · 대규모 백화점 체인에서 몇 개 점포의 폐쇄 · 채무자의 편의점에서 현금을 수송하려는 목적으로 장갑차 제조회사와 체결한 1년 계약 등을 통상적 거래로 인정하였다. 통상적 거래로

532) 福岡 眞之介, 前揭書, 78頁.

말미암은 채무는 일반 무담보채권에 우선하여 공익채권(administrative expenses)으로 변제된다.[533] 또 법원은 DIP가 합리적인 판단에 따라 사업을 경영하는 한 경영판단에 개입하지 않는다.[534] 원래 경영판단의 원칙(the rule of business judgment)은 대표이사 등 정상적인 기업의 경영진에게 적용되는 법리인데 이를 DIP에까지 확대 적용한다.

채무자가 회사인 때에는 DIP로서 실제로 직무를 행하는 자는 사장(president) 등 집행임원(officers)이다. 제11장 사건이 개시되어도 주주는 이사선임권을 잃지 않고 이사회에서 집행임원이 선임되므로 주주는 주주총회를 개최하여 이사를 개선하고 집행임원을 경질할 수 있다. 다만, 채무자 회사가 채무초과(insolvent)인 경우에는 임원 경질을 위한 주주총회 소집권이 없다. 회사가 정상적으로 운영될 때에는 이사나 집행임원은 주주에 대하여 신탁적(fiduciary) 의무를 부담하나, 제11장 사건이 개시되면 신탁적 의무의 상대방이 재단(estate)으로 바뀐다.[535] 즉 DIP는 협상과정을 좌우하는 채권자(dominant creditor)의 이익만이 아닌 총채권자의 이익을 꾀할 신탁적 의무를 진다.[536]

다. 직무와 책임

(1) 직무

회생채무자의 기본적 직무는 사업을 회생시켜 창출된 수익을 채권자에게 공평하게 분배하는 일이다. 이를 위하여 채무자는 업무와 재산을 관리하고, 재산가액을 평가하여 재산목록과 대차대조표를 작성 · 제출하며, 법원 · 관리위원회 · 제1회 관계인집회에 회생절차의 개시에 이른

533) Scarberry, Klee, Newton, Nickles, supra note 25, at 251-252.
534) Epstein, Markell, Nickles, Perris, supra note 8, at 233.
535) 高木 新二郎, 前揭書, 316-317頁.
536) Vanessa Finch, supra note 1, at 277.

사정, 업무와 재산, 법인 이사의 책임에 관한 사항[537] 등을 보고하고, 신고된 채권 · 담보권을 인부한다. 또 부인권 행사와 쌍방미이행 쌍무계약의 해제 또는 이행을 통하여 재산관계를 정리하고, 회생계획안을 작성 · 제출하며, 인가된 회생계획을 수행한다. 채무자는 관리업무를 시행하는 데 필요하면 법원의 허가를 받아 법률 또는 경영전문가를 고문으로 선임할 수 있다. (회생파산법 제77조)

채무자가 도산기업을 경영하는 과정에서 내리는 통상적 경영판단은 존중되어야 한다. 회생파산법이 채무자의 자주적 활동을 존중하여 관리인 업무를 맡기고 있고, 대법원도 일찍이 미국 연방대법원 판례로 형성된 경영판단의 원칙을 수용한 바 있으므로 법원은 채무자의 경영판단에 개입하거나 간섭하지 말아야 한다.[538]

회생절차가 종결 · 폐지되면 관리인 직무는 종료된다. 채무자는 관리인 직무가 종료되면 지체 없이 법원에 계산보고를 하고, 급박한 사정이

---

537) 채무자의 기존 경영자가 관리인 업무를 담당할 때 자신 또는 동료의 책임에 관한 사항을 법원이나 관계인집회에 사실 그대로 보고할지는 의문이다.

538) 기업 경영의 전문가가 전문지식과 경험을 바탕으로 거래나 투자를 할 때 비전문가인 법관이 그 당부를 판단하여서는 안 된다. 기업의 의사결정은 개시(initiation), 검토(review), 결의(decision making), 실행(execution)의 단계를 거치면서 제한적인 합리성(restricted rationality)에 근거하여 이루어지므로 나중에 추가된 자료를 근거로 당해 시점의 경영판단을 거슬러 올라가 심사할 수는 없다. 이것이 미국 판례법상 인정된 경영판단의 원칙(the rule of business judgement)으로 기업 경영진이 그 권한 안의 범위에서 경험에 따라 합리적 근거에 의하여 회사에 최대이익이 된다고 성실하게 믿고 판단한 경우에는 법원이 간섭하지 않는다는 이론이다. 경영판단으로 인정받는 전제조건은 ① 판단이 충분한 정보에 근거하여 이루어져야 하고 이를 위하여 이사는 필요한 정보수집을 위한 시스템을 갖추고 있어야 한다. 즉 단순한 감각이 아닌 합리적 근거에 의한 판단이라야 한다. ② 회사의 이익을 위하여 전력을 기울여야 한다. 회사의 이익보다 자신이나 제삼자의 이익을 꾀한 때에는 적용되지 않는다. ③ 법령에 위반한 경영판단 · 사회적 책임과 관련되는 부분 · 임무의 포기 등 부작위에는 적용되지 않는다. 대법원도 2002. 6. 14. 선고 2001다52407 판결에서 대출과 관련된 경영판단을 하면서 통상의 합리적 금융기관 임원으로서 합당한 정보를 가지고 적합한 절차에 따라 회사의 최대이익을 위하여 대출심사를 하였다면 의사결정과정에 현저한 불합리가 없는 한 그 판단은 허용되는 재량범위 안의 것으로 선관주의의무 또는 충실의무를 다하였다고 판시하여 경영판단의 원칙을 수용하였다. Frank H. Easterbrook, Daniel R. Fischel, supra note 498, at 93 이하에 경영판단의 원칙에 대한 상세한 설명이 있다.

있으면 후임 관리인이 재산을 관리할 때까지 필요한 처분을 한다. (제84조)

(2) 책임

회생채무자는 선량한 관리자의 주의로 직무를 수행하여야 한다. (제82조) 선관주의의무는 절차기관에 직무를 적정하게 수행할 의무를 부과하는데 이는 내용상으로나(예컨대 채무자가 재산을 적절하게 관리하지 않아 가치를 현저히 감소시킨 때에는 선관주의의무 위반이 된다.) 인적범위의 면에서나(채권자만 아니라 환취권자도 선관주의의무 대상자이다.) 공평성실의무[539]보다 포괄적이고 무거우며, 채권자뿐만 아니라 채무자가 관리하는 회사와 그 주주에게까지 선관주의의무를 진다.

선관주의의무를 위반하면 채무자는 손해배상책임을 지고,[540] 법원은 채무자에 대한 업무감독을 강화하거나 또는 관리인 직에서 해임할 수 있다. 그렇지만, 가장 좋은 해결책은 의무위반행위로 이탈한 재산을 환취하여 재단에 다시 편입하는 방법이다. 이때에는 상대방이 악의인 경우 관리인이 법원 허가 없이 한 행위를 무효로 한 회생파산법 제61조 제3항을 유추적용하여야 한다.[541]

공평성실의무는 선관주의의무의 하위개념에 불과하지만, 채권자에 대한 공평성실의무가 선관주의의무의 핵심임은 틀림없다. 이때 공평의

539) 일본 민사재생절차의 재생채무자는 선관주의의무가 아닌 공평성실의무를 지는데 이는 채권자만을 대상으로 한다. 재생채무자는 제삼자로서의 독립한 지위를 가지지 않고, 채무자라는 기본적 입장을 전제로 하되 채권자 이익도 함께 실현할 의무가 부과된다. (제삼자 또는 절차기관이라는 성격은 뚜렷하지 않다.)

540) 오수근, 전게 「도산법의 이해」, 184면은 이때 손해배상 청구권은 공익채권이 된다고 한다. 구법 시대의 판결이지만, 대법원 2005. 11. 10. 선고 2003다66066 판결은 회사정리법 제208조 제5호는 회사의 업무와 재산에 관하여 관리인이 한 자금차입, 기타의 행위로 생긴 청구권을 공익채권으로 규정하는데 관리인의 행위로 생긴 청구권에는 관리인이 사업경영과 재산관리 및 처분과 관련하여 적법하게 법률행위를 한 때 상대방이 갖는 청구권만 아니라, 관리인이 업무집행과 관련하여 고의 · 과실로 타인에게 손해를 가한 때 그 손해배상 청구권도 포함된다고 판시하였다. 회생파산법에서 이를 달리 해석할 이유는 없다.

541) 田頭章一, 前掲 「企業倒産處理法の理論的課題」, 47-48頁.

무는 회생절차에서 특정채권자를 우대하지 않고 채권자(회생채권자는 물론 공익채권자와 회생담보권자를 포함한다.)를 공평하게 대우할 의무인데 공평은 같은 순위의 채권자 사이에 적용되므로 예컨대 공익채권을 우선 지급하는 행위는 이에 반하지 않는다. 또 성실의무라 함은 자기 또는 제삼자의 이익과 채권자의 이익이 상반할 때 자기 또는 제삼자의 이익을 꾀하여 채권자의 이익에 반하는 행위를 하여서는 안 된다는 의미이다.[542)]

라. 지위

채무자는 회생절차 개시 전에는 자신의 이익을 위하여 재산의 관리처분권을 행사하나, 절차개시 후에는 공적 수탁자로서 관리처분권을 행사한다. 즉 절차개시를 기준으로 채무자의 지위가 달라지지만, 절차개시 전의 채무자가 절차개시 후에는 관리인 업무를 담당하므로 절차의 내부적 법률관계(재단과 관리인의 관계)에서는 채무자의 지위를 논할 실익이 없다.[543)] 그러나 제삼자와의 법률관계에서 회생채무자의 지위는 주의가 필요하다.

회생채무자는 절차기관으로서 회생절차 개시 전에는 인정되지 않던 특별한 권능을 가진다. 절차기관의 성격이 나타나는 장면은 ① 절차개시 전에 발생한 등기원인으로 절차개시 후에 한 부동산 · 선박등기는 회생절차에서 효력을 주장할 수 없고(제66조) ② 부인권을 행사하며(제105조) ③ 쌍방미이행 쌍무계약의 해제 또는 이행을 선택하고(제119조) ④ 계속적 공급계약의 상대방이 회생절차 개시신청 전의 요금체납을 이유로 공급을 거부할 수 없는 점(제122조) 등이다.

542) 加藤哲夫, 前掲「企業倒産處理法制における基本的諸相」, 232頁.

543) 이와는 달리 파산관재인의 내부적 지위는 파산재단과 관재인의 관계를 어떻게 파악하느냐는 문제와 직결되므로 중요하고 파산재단대표설 · 관리기구인격설 등 여러 가지 견해가 대립한다는 점은 전술하였다.

그런데 채무자가 절차기관인 관리인 업무를 담당하는 데에는 문제가 있다. 회생파산법은 채무자가 절차를 진행하면서 처리하는 여러 가지 법률관계에서 채무자 본인으로 취급되느냐 아니면 제삼자로 취급되느냐는 기준을 명확히 설정하지 않았다. 따라서 파산관재인의 외부적 법률관계를 처리하는 방법을 유추하여 처리할 수밖에 없다. 즉 채무자는 제삼자와의 법률관계에서 기본적으로 절차개시 전과 같은 법 주체이지만, 법률이 어떤 법률관계에 대하여 특별한 지위를 부여한 때에는 그에 따른다.[544)]

일본에서는 도산처리절차를 채무자의 재정상황이 악화하여 감에 따라 채무자와 이해관계인이 단계적으로 대응하는 연속적 절차로 이해하고, 사적정리에서는 채무자이던 사람이 재생절차가 개시된 다음 갑자기 제삼자가 된다고 보기는 어렵다고 하여 제삼자로서의 성격을 제한하는 견해가 유력하다.[545)] 실무적 감각에 맞는 탁월한 분석이지만, 채무자를 아예 관리인으로 임명하여 버리는 우리 법제에는 도입하기 어려운 이론이다.

마. 선진국의 관련제도

채무자의 지위 문제는 해석론으로 어느 정도 해결할 수 있지만, 채무자가 주도적으로 회생절차를 진행할 때 이를 어떻게 감독하고 통제하느냐는 문제는 해석론 범위를 벗어난다. 채무자는 업무를 수행할 때 법원의 일반적 감독을 받고, 그 밖에 채권자협의회의 감시를 받는다. (제

---

544) 채무자가 어떤 때에는 제삼자로서 특별한 권한을 행사하고, 어떤 때에는 원래의 채무자로서 행동한다면 채권자는 혼란을 겪게 된다. 예컨대 채무자 자신이 한 행위를 관리인의 권한으로 부인하면 상대방은 당혹스러운 처지에 빠진다. 이때 상대방과의 거래관계를 중시하여 부인권을 행사하지 않는다면 재단이 확보되지 않아 절차의 원활한 진행을 저해한다. 따라서 회생절차에서 채무자의 지위 문제는 자칫하면 도산제도 전체의 사회적 불신으로 연결되는 뇌관에 비유할 수 있다.

545) 田頭章一, 前揭「企業倒産處理法の理論的課題」, 45頁.

20-22조)

그러나 채권자협의회는 관리인 해임청구나 감사선임청구와 같은 실질적 권한을 가지지 않고, 그 활동이 단순한 의견제시 수준에 그치므로 협의회의 의견이 현실적으로 절차에 반영된다는 보장은 없다.[546] 또 채무자의 보고서도 분기별로 법원이 지정하는 서류만 협의회에 제출하게 하여 견제기능을 현저히 약화시켰다. 이처럼 채권자협의회는 미국의 채권자위원회와 이름은 비슷하지만, 직무와 권한은 전혀 다르다.

지금과 같은 협의회 제도로는 채무자의 회생절차 진행을 실질적으로 감시·감독할 수 없으므로 채무자 쪽으로 지나치게 기울어진 무게중심을 채권자 쪽으로 돌리는 수단을 찾고자 선진국의 관련제도를 살펴본다.

(1) 미국의 DIP 감독체계

연방도산법은 DIP에 대하여 강력한 감독체계를 가지고 있다. DIP는 채권자위원회와 연방관재관의 감독을 받는데 채권자위원회는 제11장 절차의 감시자(watchdog)로서 사업을 감독하고 재건계획안을 협의하며, 연방관재관은 DIP로부터 경영상황을 보고받는 등의 방법으로 절차 진행을 감시한다. 이처럼 DIP는 법원의 일반적 감독을 받는 외에 채권자위원회와 연방관재관의 직접적 감독을 받는다. 또 법원은 제삼자 관재인을 임명하거나, 조사위원에게 DIP 직무 일부를 대행하게 할 수 있다. 예컨대 DIP의 재건계획안 제출권을 제한하고, 이를 조사위원(examiner)에게 맡기는 방식이다.

미국에서는 DIP 감독체계와는 별도로 절차 진행을 당사자에게만 맡기지 않고 다양한 전문가(professional person) 집단이 직업윤리와 전문지식을 가지고 절차에 적극적으로 관여한다. DIP도 전문가를 대리인으로 선임할 수 있고, 대리인이 선임된 때에는 합리적 범위에서 대리인

546) 최성근, 전게 "기업도산절차상 채권자협의회의 기능 및 역할", 318면.

보수가 공익채권으로 취급된다. 특히 채권자위원회의 감독기능이 불충분한 중소기업 재건절차에서는 DIP 대리인이 절차기관(officer)으로서 절차의 공정성을 담보한다. DIP 대리인은 DIP만 아니라 이해관계인의 이익도 배려하여야 하고, 회사를 재건할 수 없는 때 또는 부정행위가 있는 때에는 청산절차 이행 또는 사건 기각을 법원에 신청할 의무를 진다. 이 의무에 위반하면 보수 일부가 공익채권으로 인정되지 않는다.[547)]

(가) 채권자위원회(creditors' committee)

채권자는 무담보채권자가 대다수이고 각자의 채권액도 소액이어서 채무자와 개별적 교섭이 어렵다. 또 도산절차에서 채권자가 개별적으로 채무자와 교섭하는 것은 집단적 채권회수라는 제도의 목적에도 어긋나므로 연방도산법은 채권자위원회를 구성하게 하였다.

제11장 재건절차에서는 연방관재관의 선임에 의하여 채권액 상위 제7위까지의 무담보채권자로 채권자위원회가 설치된다. (연방도산법 제1102조) 연방관재관은 담보권자위원회나 주주위원회도 설치할 수 있다. 제7장 청산절차의 채권자위원은 채권자집회에서 투표로 선출함과 달리 제11장 절차의 위원을 연방관재관이 임명하는 이유는 변호사가 고액의 보수를 획득할 목적으로 자신의 의뢰인을 채권자위원장으로 선출되게 하려는 과정에서 큰 폐단이 발생하였기 때문이다.[548)]

채권자위원회는 DIP의 행위 · 재정상태 · 사업현황 · 사업계속의 적정성 등을 조사할 권한을 가진다.[549)] 위원회는 광범위한 권한을 행사하는데 구체적으로는 ① 사건진행과 사업경영에 관하여 관재인 · DIP와 협의하고 상담하는 업무 ② 필요한 조사를 하는 권한 ③ 조사 결과 필

547) 田頭章一, 前掲「企業倒産處理法の理論的課題」, 50頁.
548) 高木 新二郎, 前掲書, 327頁.
549) Scarberry, Klee, Newton, Nickles, supra note 25, at 283-284.

요할 때에는 사업계속의 정지를 구하고, 관재인 또는 조사위원의 선임을 구하는 행위 ④ 채권자의 이익을 지키고자 각종 소송절차에 참가하는 권한 ⑤ 계획안 작성에 대하여 관재인 · DIP와 교섭하고, 제출된 계획안의 수락 또는 거절 투표를 권유하여 그 투표를 집중시키는 일 ⑥ 재건계획에 기한 이행을 감시하는 업무 등이다. (같은 법 제1103조) 이러한 과정에서 채권자위원은 채무자의 비밀정보를 입수하는 경우가 잦은데 만약 이를 이용하여 개인적 이익을 꾀하면 충실의무 위반이 된다. 또 위원회는 변호사 · 회계사 등 전문직을 고용하여 이들로 하여금 여러 가지 기능을 담당하게 하는데 전문직의 보수는 법원이 결정하여 공익채권(administrative expenses)으로 우선 지급한다.

(나) 연방관재관(United States Trustee)

연방도산법은 절차에 관여하는 공권력을 사법과 행정으로 구분하여 사법적 역할은 법원에, 행정적 역할은 연방관재관에 맡긴다.

제11장 재건절차와 관련하여 연방관재관은 DIP로부터 정기적으로 업무보고와 재무보고를 받고, 재건절차의 진행을 감시하여 부당한 지연을 방지하며, DIP가 전문직의 고용을 신청한 때 법원에 의견을 제출하고, 재건계획안을 검토하여 의견을 제출하며, 기일에 출석하여 의견을 진술한다.[550] 연방관재관은 이처럼 광범위한 권한을 행사하면서 DIP를 직접 감독한다.

(다) 제삼자 관재인 임명

DIP가 직무를 수행하면서 신탁적 의무를 준수하지 않은 때[551]에는 계획안 인가 전에는 언제든지 제삼자를 관재인으로 임명할 수 있다. 그 사유는 채무자의 업무에 관하여 사기 · 부정직 · 무능 · 총체적 부실경

550) 高木 新二郎, 前揭書, 302頁.

551) 경영진이 관계회사에 대하여 제대로 권리행사를 하지 않거나, 개시신청 전에 관계회사에 재산을 양도하거나, 회계장부를 허위로 작성하거나, 관계회사와 의심스러운 거래를 하거나, 회사재산을 새로 설립한 자회사로 몰래 이전한 경우가 전형적 사례에 해당한다.

영 등이 있거나 채권자 · 주주 · 재단의 이익에 적합한 때이다. 이해관계인 또는 연방관재관의 신청으로 법원이 관재인 임명을 명하면 연방관재관은 이해관계인과 상의하여 사건과 이해관계가 없는 개인이나 법인을 관재인으로 지명한다. 이때 연방관재관은 자신을 관재인으로 임명할 수는 없고, 관재인 임명은 법원의 승인을 받아야 한다. 만약 채권자가 관재인 선출을 신청하면 연방관재관은 채권자집회를 소집하여 이해관계 없는 사람을 관재인으로 선출하는데 이때에는 일반 무담보채권자만 투표권을 가진다. (연방도산법 제1104조) 실무상 관재인을 선출하는 일은 드물지만, 선출제도는 연방관재관으로 하여금 적합한 사람을 관재인으로 지명하도록 촉진한다. 그렇지만, 재건절차는 DIP가 재단의 관리처분권을 행사하는 것을 전제로 만들어진 제도이므로 관재인 임명은 어디까지나 채권자 보호를 위한 비상수단이다.[552] 어떤 도산사건에도 어느 정도의 무능력이나 부실경영은 존재하므로 관재인 임명을 구하는 당사자(채권자)는 요건을 명백히 입증(clear and convincing evidence)하여야 한다. 또 관재인 임명은 재단에 추가비용을 발생시키는 비상수단이므로 법원은 임명 여부를 신중히 판단하여야 한다.[553]

(라) 조사위원의 DIP 직무 일부 대행

원래 조사위원(examiner)의 임무는 채무자와 경영진의 사기 · 부정직 · 무능 등 업무와 관련된 사항을 조사하여 보고하는 데 있지만, 법원이 DIP에게 허용하지 않은 관재인 직무도 대신 수행한다. 즉 DIP는 법원이 별도로 명하지 않는 한 관재인의 직무를 행하지만, 법원이 그 권한을 제한하여 조사위원에게 일부 직무를 행하도록 할 때도 있다. (연방도산법 제1106조 b항)

552) 福岡 眞之介, 前掲書, 259頁은 실제로 관재인이 선임되는 사건의 비율은 전체사건의 3-4% 정도라고 한다.

553) Scarberry, Klee, Newton, Nickles, supra note 25, at 259.

그러나 재건절차에서 관재인이 선임되지 않은 때에는 DIP에게 점유를 계속하면서 사업을 경영할 권한이 부여되어 있으므로 조사위원에게 관재인과 실질적으로 다름없는 권한을 부여하면(pseudo-trustee) 관재인 선임요건을 회피하여 제삼자 관재인을 선임하는 결과가 되어 DIP의 권리를 본질적으로 침해하므로 부당하다.[554]

(2) 일본의 재생채무자(DIP) 감독체계

일본 민사재생절차의 감독위원(監督委員)은 한걸음 물러선 위치에서 재생채무자를 후견한다. 감독위원은 법원의 선임·감독을 받으나 법원의 보조기관은 아니고, 독립적 판단으로 채무자를 감독하는 재생절차의 기관이다.[555] 감독위원 선임은 법원의 재량이지만, 실무상 모든 사건에서 선임된다. 또 복수의 감독위원이나 법인 감독위원도 선임 가능하나, 변호사가 선임되는 사건이 대부분이고 공인회계사가 선임될 때도 있다. 변호사가 감독위원이 되면 공인회계사를 보조자로 기용하는 사례가 많다. 감독위원은 ① 재생채무자의 일정한 행위에 대하여 동의 여부를 판단하는 직무. 동의가 필요한 행위는 법원 재량으로 정하는데 실무상 법원의 허가사항이 감독위원의 동의대상으로 지정된다. 만약 채무자가 동의가 필요한 행위를 동의 없이 행하면 무효이다. ② 재생채무자의 업무와 재산의 관리상황 기타 법원이 명하는 사항을 보고하는 직무 ③ 법원에서 권한을 부여한 경우 부인권을 행사하는 직무[556] ④ 재생계획 인가결정이 확정된 다음 채무자의 계획수행을 감독하는 직무 등을 수행한다.[557] 감독위원은 선관주의의무를 지고, 이를 위반하면 이

---

554) 高木 新二郎, 前揭書, 325頁은 실제로 조사위원에게 관재인과 거의 동등한 직무를 행하게 하는 사례도 있다고 한다.

555) 伊藤眞, 前揭書, 618頁.

556) 일본과는 달리 미국 연방도산법에서는 DIP가 직접 부인권을 행사한다.

557) 多比羅 誠, 前揭 "再生手續における再生債務者の地位と監督委員の職務·權限", 118頁.

해관계인에게 손해배상책임을 부담한다.

일본 민사재생규칙은 사후보고형 감독방법과 금전수지 제한 등을 규정하여 감독위원이 신축성 있게 절차에 관여하게 하였다. 사후보고형 감독방법은 채무자가 지정된 행위를 한 다음 감독위원에게 그 취지를 보고하는 방식으로 완만한 감독형태이다. 이는 채무자의 업무수행을 필요 이상으로 제약하지 않으려는 취지이다. 이와는 반대로 법원은 금전 기타 재산의 보관방법과 금전수지에 대하여 특별히 정할 수 있다. 법원의 일반적 감독권에 기하여 채무자의 재산관리처분권을 실질적으로 제한하는 방식이다. 예컨대 채무자의 주요재산인 부동산 임대료 수입을 감독위원이 관리하게 하는 제한도 가능하다. 이처럼 폭넓은 감독방법이 인정되는 이유는 채무자의 절차상 지위를 유연하게 취급하여 감독위원으로 하여금 다양한 방법으로 절차에 관여하게 하려는 데 있다. 또 재생계획의 입안을 보조하는 것이 감독위원의 직무에 포함되느냐는 다툼이 있으나, 재건계획 제출을 동의사항으로 하고 감독위원이 동의의 전제로서 계획안 작성을 권고하는 행위는 정당한 직무 집행에 속한다. 채무자는 쌍방미이행 쌍무계약의 이행 · 해제의 선택권을 가지는데 이 선택권 행사를 감독위원의 동의사항으로 하거나 법원의 허가사항으로 할 수도 있다.[558)]

(3) 영국의 이사자격 박탈제도(disqualification of directors)

영국은 1986년 도산법을 개정할 때 관련법규의 하나로 이사자격박탈법(Company Directors Disqualification Act 1986)을 제정하여 도산회사의 이사로부터 일정한 기간 다른 회사의 이사가 될 자격을 박탈한다. 자격박탈은 이사로서 적절하지 않은 자가 그 회사의 도산 후에도 다른 회사 이사로 계속 경영에 관여하면 거래처 또는 사회 전체가 손해를 입

558) 田頭章一, 前揭「企業倒産處理法の理論的課題」, 53-55頁.

는다는 관점에 입각한 제도이다.

영국의 자격박탈제도는 코크보고서의 제안을 받아들인 것인데 보고서는 도산법은 재단을 채권자에게 분배하는 데 그치지 않고, 채권회수를 촉진하며, 조사와 징계로 상도덕을 준수하게 하는 역할도 맡아야 한다고 강조하였다. 도산법과 조사절차를 통하여 숨긴 재산을 찾아내고, 채권의 유효성을 확인하며, 도산원인을 밝히려는 취지이다. 그렇게 하지 못하면 회사의 업무기준(business standard)이 저하되고 도산법에 대한 신뢰가 떨어진다고 하면서 이는 단순히 이사처벌에 그치지 않고, 채권자에게 실상을 공개하여 공적 감시를 장려한다고 설명한다. 보고서는 도산법이 개인 파산자는 엄격하게 취급하면서 도산기업의 이사는 지나치게 관대하게 대우하므로 상인과 도산실무가(insolvency practitioner)가 불만을 느낀다고 지적한다. 이사자격 박탈제도는 기업재건을 촉진하고, 이사의 잘못으로 손해가 확대되는 사태를 막으려는 일련의 개혁조치 가운데 하나이다.[559)]

이사자격박탈법은 다양한 박탈사유를 규정하나, 기업도산과 관련된 사유는 두 가지이다. 하나는 이사가 부당거래로 말미암아 개인적 책임을 부담한 때이고,[560)] 다른 하나가 부적임이사(unfit director)인데 후자가 자주 이용되는 사유이다. 이는 도산회사에서 부적절(unfit)하게 업무를 집행(conduct)한 이사에 대하여 통산성 장관(Secretary of States for Trade and Industry)의 신청으로 2년에서 15년 동안 회사경영과 관계되는 지위에 취임하지 못하게 막는 제도이다. 부적임이사와 관련하여 도산회사의 청산인(liquidator)이나 보전관리인(official receiver)은 회사가 활동한(the company's trading) 최후 3년간 재직한 모든 이사의 행위상

559) Vanessa Finch, supra note 1, at 496-497.

560) 이때 부당거래(wrongful trading)이라 함은 이사가 회사 도산을 피할 수 없는 상황에서 채권자의 손실을 최소한으로 막지 않고 만연히 거래를 계속한 것을 말하고, 청산인의 신청에 의하여 법원이 그 이사에게 청산출자를 명하는 제도이다.

황을 통산성(Department of Trade and Industry) 산하의 도산국(Insolvency Service)에 보고할 의무가 있다. 통산성 장관은 이 보고에 기하여 해당이사의 자격을 박탈하는 것이 공익(public interest)에 합치하면 법원에 박탈명령을 신청한다. 이때 법원은 그 이사가 회사경영에 관여하는 것이 적절하지 않다는 점이 입증되면 이사자격을 박탈하여야 한다. 자격박탈에 해당하는 행위는 회사가 도산상태임에도 거래를 계속하거나, 적정한 회계기록(accounting records)을 보존하지 않거나, 계산서류(accounts)의 준비와 제출을 게을리한 행위 등이다. 여기에서 이사라 함은 배후에서 이사회를 조종하는 자(shadow director)와 사실상의 이사(de facto director)를 포함한다.561)

바. 검토

채무자는 회생절차에서 관리인으로 임명되거나 또는 관리인으로 취급되어 절차의 주도권을 행사한다. 미국 연방도산법의 DIP는 관재인의 권한을 가지고 의무를 부담하는데 그치지만, 회생파산법은 한 걸음 더 나아가 채무자에게 관리인이라는 공적 지위를 부여한다. 그러나 기업을 도산시킨 채무자를 관리인으로 임명하는 제도가 과연 우리나라 실정에 맞는지 다시 한번 생각할 필요가 있다. 채무자에게 관리인 업무를 맡기려면 기업경영에서 일정 수준의 투명성과 건전성이 확보되어야 하는데 아직 우리 기업은 그 수준에 이르지 못하였기 때문이다.562) 또 법리상으로는 채무자가 관리인 업무를 맡으면 그 신분이 공적 수탁자로 변한다고 해석하지만, 실제로 채무자가 공적 수탁자로서 행동할지 또 채권자가 과연 공적 수탁자로 인정해줄지는 의문이다. 예컨대 채무자

561) 本間法之, "Disqualification of Directors", 「英米倒産法 キーワード」, 弘文堂, 2003, 128-129頁.

562) 최성근, 전게 "기업도산절차상 채권자협의회의 기능 및 역할", 328면은 우리 실정에서 회생채무자 제도의 도입은 시기상조라고 한다.

회사의 구경영진이 분식결산(粉飾決算)에 의한 위법배당을 한 때 채무자가 경영책임을 규명하기는 사실상 어려울 것이다. 채무자가 아니라 중립적 제삼자를 관리인으로 임명하여야 공정한 절차운영을 기대할 수 있다.[563)]

굳이 채무자에게 관리업무를 맡기려면 미국 연방도산법의 채권자위원회 · 연방관재관이라는 감독체계를 도입하거나 아니면 최소한 일본처럼 감독위원이라도 선임하여 절차 진행을 감시 · 감독하여야 한다. 일본은 재생절차에서 미국식 DIP 제도를 도입하면서 그 문제점을 보완하려고 감독위원 제도를 신설하였으나, 우리나라는 채무자가 절차를 주도하게 허용하면서도 이를 견제하거나 보완할 장치를 마련하지 않았다. 기업회생이라는 명분으로 채무자의 지위만 일방적으로 강화하면 채권자의 권리 보호에 차질을 가져와 결국 절차의 기반이 무너지고 만다.

그리고 우리나라에서는 이사가 자연인으로서 파산선고를 받으면 위

563) 김재형, "관리인제도의 개선방안에 관한 검토-미국의 DIP 제도의 수용문제-", 「BFL 9호」, 서울대학교 금융법센터, 2005, 27-28면은 DIP 제도의 도입을 다음과 같은 이유로 반대한다. ① 우리나라는 분식회계를 하는 기업이 많고, 구경영진에게 경영파탄의 책임이 있는 경우가 잦은데 관리인을 선임하지 않으면 구경영진의 책임이 은폐될 우려가 있다. ② DIP 제도가 구경영진의 절차신청을 유도하지는 않는다. 대기업이 도산절차를 이용하지 않는 이유는 워크아웃이나 은행관리로 구조조정이 이루어지기 때문이므로 이러한 비정상적 구조조정을 없애기 위한 정책결정이 더욱 시급하다. ③ 회사경영에 특수한 기술을 가진 경영자는 절차에서 유임시키는 것이 효율적인데 DIP 제도는 경영자가 도산을 피하려고 열심히 일할 유인을 제거한다. ④ 경영책임이 없는 경영자만 관리인으로 임명하면 충분하고, 부실경영 책임자까지 보호할 필요는 없다. ⑤ 절차개시와 함께 관리인을 선임하는 편이 법률관계를 명확히 하는 데 도움이 된다. ⑥ 관리인을 통하여 법원이 회사를 더욱 철저하게 감독할 수 있다. ⑦ 구회사정리법 시대인 1980년대에도 구경영진이나 구사주 또는 그 추천을 받은 사람을 관리인으로 선임하였으나, 거의 모든 사건이 재건에 실패하였다. DIP 제도는 구사주로 하여금 절차를 주도하게 하는 법적 근거로 작용할 수 있다. ⑧ 대기업은 관리인이 법원의 감독을 받아 의사결정을 하기보다 주주총회 · 대표이사 · 이사회와 같은 통상적 지배구조로 운영하여야 한다는 주장이 있지만, 우리나라는 기업 지배구조가 비민주적이므로 절차개시 후에도 이를 유지함은 바람직하지 않다. ⑨ 우리나라는 전문경영인에 의한 경영이 적고, 경영진이 대주주이거나 또는 대주주의 영향력하에 있는 경우가 잦으므로 기존 경영진이 관리인이 되면 모든 수단을 동원하여 M&A에 저항할 가능성이 있다. 도산기업을 정상화시키는 데 가장 효과적 방법이 M&A인데 DIP 제도가 도입되면 M&A 추진이 어려워지고, 회생절차가 자칫 채권자의 희생하에 부실기업과 대주주 또는 경영진을 존속시키는 특혜적 절차로 전락할 우려가 있다.

임계약의 종료사유가 되지만,[564] 경영하던 회사에 도산절차가 개시된 점과 관련한 자격제한 제도는 없다. 영국의 이사자격 박탈제도는 ① 회사가 도산상태임에도 거래를 계속하거나 ② 적정한 회계기록을 보존하지 않거나 계산서류의 준비와 제출을 게을리한 이사에 적용된다. 회생파산법의 사고방식은 영국과는 극단적으로 달라 제도의 도입까지는 시간이 걸리겠지만, 적어도 이러한 사유가 있는 사람을 관리인으로는 임명하지 말아야 한다.

① 먼저 회사가 도산상태임에도 거래를 계속한 경우이다. 회생파산법 제74조 제2항 제1호는 이사의 재산유용 · 은닉이나 부실경영으로 채무자 회사가 도산한 때에는 그 이사를 관리인으로 선임하지 못하도록 제한한다. 회사가 도산상태라는 사실을 숨기고(도산사실을 밝히면 상대방이 현금지급 조건이 아니면 거래를 중단하므로) 거래를 계속하여 채권자의 손해를 확대시켰지만, 그 때문에 채무자가 도산한 것은 아닐 때에는 위 제1호에 해당하지 않는다. 그러나 이미 채권자의 신뢰를 잃은 사람을 관리인으로 임명하면 원활한 절차 진행을 기대할 수 없어 이러한 경우는 위 조항 제3호의 '그 밖에 채무자의 회생에 필요한 때'에 해당하여 관리인 결격사유가 된다고 해석하여야 한다. ② 다음으로, 적정한 회계기록을 보존하지 않거나 계산서류의 준비와 제출을 게을리하면 그 자체로 상법 제635조 제1항에 의한 과태료 부과처분의 대상이 되고, 위반행위가 외형적으로 명백하므로 도산상태로 거래를 계속한 경우와 마찬가지로 위 제3호에 따라 관리인이 될 수 없다.

---

564) 이는 상법 제382조 제2항이 회사와 이사와의 관계에 위임규정을 준용하고, 민법 제690조가 위임은 당사자 일방의 파산으로 종료한다고 규정하기 때문이다.

Ⅵ

P·A·R·T

채권과 담보권

도산절차가 개시되면 채무자에 대하여 절차개시 전의 원인으로 생긴 재산상 청구권을 가지는 자는 절차 안에서 권리를 행사하여야 한다. 그렇지만, 재단 · 공익채권자는 재단으로부터 개별적으로 우선 변제를 받으므로 절차에 참가할 필요가 없다. 담보권자는 파산절차에서는 별제권을 가지나, 회생절차에서는 절차에 참가하여야 한다. 이에 비하여 무담보채권자는 파산절차이든 회생절차이든 절차에 참가하지 않으면 배당을 받을 수 없다.

1 채 권

가. 파산 · 회생채권의 성립요건

파산 · 회생채권으로 성립하려면 ① 재산상 청구권이고 ② 채무자에 대한 인적 청구권이며 ③ 집행가능성이 있고 ④ 절차개시 전의 원인에 기하여야 하며 재단채권이나 공익채권이 아니라야 한다. (회생파산법 제118조 제1호, 제423조)

① 재산상 청구권이어야 한다. 파산 · 회생채권은 채무자의 일반재산으로부터 만족을 얻는 청구권으로 금전채권 또는 금전으로 평가할 수 있는 채권이라야 한다. 작위 또는 부작위를 목적으로 하는 채권 가운데 대체적 작위채권은 금전으로 평가될 수 있으므로 재산상 청구권이다. 이에 대하여 대체할 수 없는 행위를 목적으로 하는 채권은 간접강제에 의한 집행은 가능하지만, 권리 자체를 금전적으로 평가할 수 없으므로 재산상 청구권이 아니다. 다만, 절차개시 전의 불이행에 기하여 이미 채권이 손해배상 청구권으로 바뀌었다면 파산 · 회생채권이 된다.[565]

② 인적 청구권이라야 한다. 파산 · 회생채권은 채무자가 일반재산을

565) 伊藤眞, 前揭書, 190頁.

가지고 지급할 책임을 지는 청구권, 즉 채무자에 대한 채권적 청구권을 의미한다.[566] 또 채무자가 아닌 제삼자에 대한 권리는 파산 · 회생채권이 되지 않는다. 채무자에 대한 청구권은 금전채권이거나 금전채권으로 바뀔 수 있는 것을 의미하므로 일반재산을 책임재산으로 하는 권리를 의미한다.

이에 대하여 특정재산의 물권적 청구권자에게는 환취권(제70조, 제407조)이 부여되지만, 파산 · 회생채권자로 인정되지는 않는다. 회생절차에서 담보채권액 가운데 목적물의 평가액을 초과하는 부분은 회생채권이 되고(제141조 제1항), 파산절차에서 별제권 행사로 변제를 받을 수 없는 채권은 파산채권이 된다. (제413조) 다만, 일반재산상 우선권인 일반 우선특권은 우선적 파산 · 회생채권이 된다.

③ 집행가능성이 있어야 한다. 도산은 권리의 강제적 만족을 목적으로 하는 포괄집행이므로 강제적 실현가능성이 없는 청구권은 파산 · 회생채권이 될 수 없다. 따라서 불법원인급여의 반환청구권 · 소멸시효가 완성된 채권 · 부제소계약(不提訴契約)이나 부집행계약(不執行契約)이 있는 채권은 이에 해당하지 않지만,[567] 가집행한 채권은 잠정적 효력을 가지는 데 불과하므로 파산 · 회생채권이 된다.

④ 절차개시 전의 원인에 기하여야 한다. 원래 파산채권이 절차개시 전의 원인에 기한 것으로 한정되는 이유는 파산재단의 범위가 고정주의에 기하여 절차개시 당시의 채무자 재산으로 한정되는 데 대응한다. (제382조 제1항) 즉 파산절차는 절차개시 당시를 기준으로 그 시점의 총자산과 그 시점까지 발생원인이 갖추어진 총채무를 대상으로 하는데 회생절차도 도산절차의 일종이므로 같은 사고방식을 채택하였다. 회사정리법 시대의 판결이지만, 대법원은 정리채권(현재의 회생채권)은 의사

566) 대법원 1994. 8. 12. 선고 94다25155 판결.
567) 최승록, 전게논문, 287면.

표시 등 채권 발생원인이 절차개시 전의 원인에 기한 재산상 청구권을 말하고, 발생원인이 절차개시 전의 원인에 기한 이상 내용이 구체적으로 확정되지 아니하였거나 변제기가 절차개시 후에 도래하여도 상관없다고 판시하였다.[568)]

청구권의 발생원인 전부가 절차개시 전에 발생하여야 하느냐에 대하여 종전에 일부구비설과 전부구비설의 대립이 있었으나, 현재는 일부구비설로 통일되었다. 일부구비설에 따르면 파산 · 회생채권의 발생원인 전부가 절차개시 전에 갖추어질 필요는 없고, 주된 발생원인이 갖추어지면 된다. 예컨대 이행기 미도래의 채권, 조건부채권, 보증인의 구상권 등 장래의 청구권도 발생원인이 절차개시 전에 갖추어졌다면 파산 · 회생채권이 된다. 불법행위에 기한 손해배상채권도 불법행위가 절차개시 전에 있었으면 파산 · 회생채권이 되지만, 손해가 나타나지 않은 청구권에는 문제가 있다. 특히 절차종료 후 손해가 발생하면 손해배상 청구권을 행사할 여지가 없어지기 때문이다.[569)]

예외적으로 절차개시 후의 원인에 기한 채권도 파산 · 회생채권이 되는 경우가 있다. 원래 절차개시 후에 발생한 채권은 파산 · 회생채권이 되지 않지만, 절차수행과 관련하여 발생한 채권은 공평의 견지에서 재단의 부담으로 한다. 예컨대 절차참가의 비용(제118조 제4호, 제439조), 절차개시 후 선의의 어음인수 또는 지급으로 생긴 구상권(제123조 제1항, 제333조), 관재인 · 회생채무자가 쌍방미이행 쌍무계약을 해제한 때 상대방이 가지는 손해배상 청구권(제121조 제1항, 제337조 제1항), 상호계산이 폐쇄됨으로 말미암은 상대방의 잔액지급청구권(제125조, 제343

568) 대법원 2000. 3. 10. 선고 99다55632 판결.

569) 伊藤眞, 前揭書, 193頁은 장차 손해배상 청구권을 행사할 채권자를 위하여 관재인이 신탁재산을 설정하는 방법이 논의된다고 한다. 전병서, 전게서, 166면은 이 문제는 입법적으로 해결하여야 하지만, 그때까지는 손해배상채권을 불확정채권으로 보고 가액을 평가한 다음 평가액을 기준으로 배당하는 수밖에 없다고 한다.

조), 부인 상대방이 가지는 반대급부의 가액상환청구권(제108조 제3항 제3호, 제398조 제2항) 등이 그것이다. 또 파산절차에서는 거래소의 시세 있는 상품매매의 해제와 관련한 손해배상 청구권(제338조), 절차개시 후의 위임사무 처리와 관련한 수임자의 채권(제342조)이 파산채권이 된다. 절차개시 후의 이자와 절차개시 후의 불이행으로 말미암은 손해배상금과 위약금은 회생절차에서는 회생채권이 되나(제118조 제2호 · 제3호), 파산절차에서는 후순위 파산채권이 된다.[570] (제446조 제1항 제1호 · 제2호)

이와는 반대로 절차개시 전의 원인에 기한 채권임에도 재단 · 공익채권이 되기도 한다. 절차개시 전의 원인에 기한 조세채권, 종업원의 임금채권이 그것인데 이는 채무자 회사의 활동에 수반하여 발생한 조세와 임금은 채권자가 공동으로 부담하여야 한다는 취지이다.

나. 파산채권의 현재화 · 금전화

파산절차는 모든 채권자에 대한 일률적 배당을 목적으로 하므로 비례적 금전배당을 시행하기 위한 기술적 필요로[571] 파산채권에 대하여 변제기가 도래하지 않아도 이를 도래시키고(채권의 현재화), 금액이 확정되지 않았으면 확정시키거나 비금전채권은 금전채권으로 전환한다. (채권의 금전화) 다만, 이는 절차 내부에서의 조치이므로 절차 밖의 보증인 · 연대채무자 · 물상보증인 등에게는 그 효력이 미치지 않는다.

이에 비하여 회생절차에서는 채권이 현재화 · 금전화되지 않는다. 기한부채권 · 비금전채권 · 조건부채권 · 장래의 청구권에 대한 평가규정이 있으나 이는 의결권 산정을 위한 조치이다. (제133조 제2항)

570) 일반채권이 채권액 일부만 배당받는 점을 고려하면 후순위 채권은 실제로 배당은 받지 못하고, 이론상 채권으로 취급되는 데 불과하다.

571) 宗田親彦, 前掲書, 265頁.

① 변제기가 도래하지 않은 기한부채권은 파산선고 시에 변제기에 이른 것으로 본다. (제425조) 따라서 채무자가 파산선고를 받으면 기한의 이익을 상실한다.

② 채권의 목적이 금전이 아니거나 그 액이 불확정한 때나 외국의 통화로 정하여진 때에는 절차개시 당시의 평가액을 채권액으로 한다. 정기금채권의 금액 또는 존속기간이 확정되지 않은 때에도 마찬가지이다. (제426조) 채권자가 평가액을 신고하면 평가의 타당성과 평가액에 대하여 채권조사 · 확정절차를 거친다.[572] 만약 채권확정이 되기 전에 절차가 종료하면 금전화의 효과는 발생하지 않는다.

③ 조건부채권과 장래의 청구권은 그 전액을 파산채권으로 한다. (제427조) 조건부채권이라 함은 그 발생원인인 법률행위에 정지조건 또는 해제조건이 붙어 있는 경우이고, 장래의 청구권은 보증인의 구상권 등 법정의 정지조건이 붙은 채권을 말한다.[573] 위 규정은 채권액 전액을 신고할 수 있다는 취지일 뿐이고 배당방법은 별도로 정하여져 있다.

해제조건부 채권자가 중간배당을 받으려면 상당한 담보를 제공하여야 하고(제516조), 정지조건부 채권자와 장래의 청구권자에게는 중간배당액을 임치한다. (제519조 제4호) 또 최후배당에 관한 배당제외기간 안에 해제조건이 성취되지 않으면 채권자가 제공한 담보는 효력을 상실하고(제524조), 정지조건부 채권 또는 장래의 청구권을 배당제외기간까지 행사할 수 없는 때에는 배당에서 제외된다. (제523조)

다. 채권자의 유형

채권자는 다음과 같은 유형으로 분류할 수 있다.

① 금융기관채권자이다. 금융기관은 고정대출 이외에도 당좌대월의

572) 서울중앙지방법원 파산부 실무연구회, 전게 「법인파산실무」, 338-339면.
573) 伊藤眞, 前揭書, 197頁.

형태로 신축성 있는 여신을 제공하여 기업금융에 중요한 역할을 담당한다. 또 금융기관은 상업어음을 할인하고 벤처 캐피털(venture capital)[574]을 제공하기도 한다. 그렇지만, 금융기관은 기업에 자금을 대출할 때 기업가치의 대부분을 담보로 확보하고 대표자 개인과 계열기업의 인적 · 물적 보증까지 요구하는 것이 상례이다. 또 채권금액이 총채권액에서 차지하는 비중도 커 담보채권자 조에서든 무담보채권자 조에서든 집회 결의를 좌우하는 경우가 잦다. 따라서 그 지나친 독주를 견제하고 무담보채권자와 소액채권자를 보호할 방법이 필요하다.

② 상거래채권자이다. 상거래에서는 기업에 상품 또는 서비스를 먼저 제공하고 나중에 대가를 받는 방식이 통상적이다. 일반적으로 상거래채권자는 무담보채권자가 되지만, 리스나 소유권유보부 매매를 이용하면 채무자는 대금을 분산 지급하고 채권자는 절차가 개시되어도 보호를 받을 수 있다.

③ 채무자 회사의 주주 또는 이사이다. 절차개시 전에 주주총회의 결의에 따라 배당금 지급청구권이 발생하였으면 주주도 무담보채권자가 된다. 또 채무자 회사의 이사가 대여금 또는 보증채무 이행에 따른 구상금 채권을 신고하면 이사도 채권자가 될 수 있다.[575] 특히 이사가 채권신고를 한 때에는 배당을 시행하기 전에 그 이사에게 부실경영과 관련한 손해배상책임이 있는지를 철저히 검토하여야 한다.

④ 국가 또는 지방자치단체이다. 파산절차에서는 조세우선권이 인정되므로 조세채권은 전액 재단채권이 되지만, 회생절차에서는 공익채권이 되는 부분과(제179조 제9호) 회생채권이 되는 부분으로 구분되는데

---

574) 벤처 캐피털은 사업의 위험성이 높은 점을 고려하여 평균보다 높은 이자율을 적용하거나 또는 벤처기업의 주식을 요구하기도 한다.

575) 서울중앙지방법원 파산부 실무연구회, 전게 「법인파산실무」, 341면은 이사에게는 기업도산에 대한 도의적 책임이 있고 일반채권자의 감정적 반발도 예상되므로 일반적으로 채권신고의 취하를 권고한다고 한다.

뒷부분은 국가 또는 지방자치단체도 회생채권자가 된다. 다만, 조세채권은 일반채권과는 다른 독립적 지위를 가지므로 권리의 순위를 고려하여 변제조건에 공정 · 형평한 차등을 두지 않아도 되고,[576] 관계인집회에서 의결권도 부여되지 않는다.

⑤ 사채권자이다. 사채권은 기업이 자금조달을 위하여 발행한 증서로 공개시장에서 매각할 수 있고,[577] 사채권자는 매년 정해진 시기에 이자를 지급받고 변제기가 되면 원금을 돌려받는다. 종전에는 주로 금융기관이 사채권자였고, 지급불능 위험이 거의 없는 보증사채가 발행되었으며 무보증사채는 우량기업만 발행할 수 있게 규제하였지만,[578] 공모사채는 일반투자자가 사채권자이므로 발행회사의 신용이 악화한 때 권리를 보전할 장치가 필요하다.[579] 또 사채모집의 위탁을 받은 회사는 사채권자를 위하여 발행회사에 대한 절차개시 신청을 하고, 채권신고도 할 수 있다. (상법 제484조)

⑥ 기업의 고객이다. 통신판매, 여행 · 숙박, 연예 · 스포츠 분야에서는 일반적으로 상품이나 서비스를 받기 전에 미리 대금을 지급한다.[580] 공급처가 상품 또는 서비스를 제공하기 전에 도산하면 고객은 무담보채권자가 된다. 또 기업 재건을 위해서는 고객을 계속 확보하여야 하므로 고객은 잠재적 기업재산이라고도 할 수 있는 중요한 채권자이다.

---

576) 최완주, "정리절차와 조세", 「회사정리법 · 화의법상의 제문제」, 법원도서관, 2000, 534면.

577) 기업의 직접금융은 주식발행에 의한 자기자본조달과 사채발행에 의한 타인자본조달로 나눌 수 있다. 특히 사채발행은 거액의 장기자금을 저렴한 비용으로 조달하는 수단이다.

578) 윤영신, 「사채권자보호에 관한 연구–주주와 사채권자의 이익충돌을 중심으로–」, 서울대학교 박사학위논문, 1997, 4면.

579) 田頭章一, 前揭 「企業倒産處理法の理論的課題」, 214–215頁은 사채권자의 권리보전은 담보제공제한 · 순자산액유지 · 이익유지 · 배당제한 등의 특약에 따라 이루어진다고 한다.

580) 코크보고서는 고객이 상품 또는 서비스를 받으려고 미리 대금을 지급하는 행위와 상인이 먼저 상품이나 서비스를 제공하고 나중에 대금을 지급받는 행위는 마찬가지이고 양자 사이에 본질적 차이는 없다고 본다. Vanessa Finch, supra note 1, at 63.

⑦ 비자발적 채권자(involuntary creditor)이다. 채권관계 성립에 실질적으로 합의한 바는 없지만, 채무자의 불법행위로 피해를 본 사람은 절차에서 무담보채권자가 된다.[581] 비자발적 채권이 존재하거나 앞으로 생길 가능성이 많은 기업은 의도적으로 자발적 채권자에게 담보권을 설정하는 방법으로 무담보채권자의 배당재원을 감소시킬 위험성이 있다. 이와 관련하여 지금처럼 비자발적 채권자를 담보권자보다 후순위로 놓아두느냐, 보험을 통하여 비자발적 채권의 지급을 보장하느냐 또는 비자발적 채권자에게 담보권자보다 배당 우선순위를 부여하느냐가 논의된다.

라. 채권신고

채권자가 배당금 지급청구권 · 집회에서의 의결권 등 절차상 권능을 행사하려면 파산 · 회생채권의 존재 및 금액이 확정되어야 한다. 이를 위하여 회생파산법은 절차 안에 채권의 신고 · 조사 · 확정이라는 제도를 두었다. 먼저 채권자가 채권액과 발생원인 등을 법원에 신고하고, 그 신고에 대하여 관재인 · 회생채무자 또는 이해관계인으로부터 이의가 있으면 조사확정재판이나 그에 대한 이의의 소를 통하여 채권의 존재와 금액을 확정한다. 이는 절차에 참가하는 총채권자의 권리에 대하여 개별적 대처가 아닌 집단적 확정을 목적으로 하는 제도이다.

(1) 신고

채권자와 담보권자가 절차에 참가하려면 그 권리를 신고하여야 한다. 실체법상 채권을 가졌더라도 채권신고를 하지 않으면 채권자로 취급되지 않고 배당도 받지 못하므로 도산절차에서 채권은 절차적 개념이다.[582] 채권신고는 절차가 종료할 때까지 시효중단의 효력이 있다.

581) Lynn M. Lopucki, supra note 192, at 1896.

(회생파산법 제32조) 그러나 개별적 권리행사의 금지라는 절차개시의 효과는 채권신고 여부와 상관없이 발생한다.

채권자는 신고기간 안에 ① 채권액 및 원인 ② 일반의 우선권이 있는 때에는 그 권리 ③ 담보권 · 별제권자는 그 목적과 가액 ④ 채권에 관하여 절차개시 당시 소송이 계속되어 있을 때에는 그 법원 · 당사자 · 사건명 · 사건번호 등을 법원에 신고하고 증거서류를 제출하여야 한다. (제148조 · 제149조, 제447조) 회생절차에는 채무자가 제출한 목록에 기재된 회생채권과 회생담보권은 신고한 것으로 보는 특칙이 있다. (제151조) 만약 목록에 기재가 빠졌거나, 채권내용이 목록과 다른 때에는 권리자가 별도로 신고하여야 함은 물론이다.

파산절차에서는 채권신고 절차가 비교적 자유로워 신고기간 후에 신고한 채권도 관재인이나 채권자의 이의가 없으면 채권조사의 일반기일에 조사할 수 있으나(제453조), 회생절차에서는 채권자 · 담보권자가 책임질 수 없는 사유로 신고기간 안에 신고하지 못한 때에는 그 사유가 끝난 후 1개월 이내에 신고하되 특별조사기일에서 조사한다. (제152조, 제162조) 구법시대의 결정이기는 하나, 대법원은 회사정리절차에서는 개별적인 송달 외에 공고로 송달을 갈음하고 있어 이해관계인이 직접 결정문을 송달받지 못하는 경우가 적지 아니하지만, 채권자가 신고를 게을리하면 실권되는 등 불이익이 큰 점을 고려하여 절차에 중대한 지장을 가져오지 않는 한 '책임질 수 없는 사유'를 넓게 해석하여야 한다고 판시하였다.[583] 이에 따라 실무에서도 제2회 관계인집회 전까지 접수된 추완신고는 그대로 받아 준다. 다만, 회생계획안 심리를 위한 관계인집회가 끝난 후에는 추완신고가 불가능하다. (제152조 제3항)

582) 전병서, 전게서, 162면은 실체법적 측면에서는 절차개시 전의 원인으로 생긴 재산상 청구권을 의미하고, 절차법적 측면에서는 채권신고를 마쳐 배당을 받을 수 있는 채권을 의미한다고 설명한다.

583) 대법원 1999. 7. 26. 자 99마2081 결정.

재단 · 공익채권은 일반적인 신고절차를 거칠 필요가 없지만, 채권자가 이를 파산채권 또는 회생채권으로 신고한 경우 그 효력이 문제 된다. 대법원은 구법시대에 공익채권을 단순히 정리채권으로 신고하여 정리채권자표에 기재된다고 하더라도 공익채권의 성질이 정리채권으로 변경된다고 볼 수는 없고, 또 공익채권자가 자신의 채권이 공익채권인지 정리채권인지에 대하여 정확한 판단이 어려운 경우 채권신고를 하지 아니하였다가 나중에 공익채권으로 인정받지 못하게 되면 실권할 것을 우려하여 일단 정리채권으로 신고할 수도 있을 터인바, 이처럼 공익채권자가 자신의 채권을 정리채권으로 신고한 행위만 가지고 바로 공익채권자가 자신의 채권을 정리채권으로 취급하는 데 대하여 명시적으로 동의하였다거나 또는 공익채권자의 지위를 포기하였다고는 볼 수 없다고 판시하였다.[584] 그러나 재단 · 공익채권자가 예비적으로 채권신고를 하였다면 몰라도 아무런 조건도 붙이지 않고 절차에 참가하였다면 법원은 조사과정에서 채권자의 의사를 명확히 확인하여 파산채권 · 회생채권으로 취급함에 명시적으로 동의하거나 재단 · 공익채권자의 지위를 포기한다면 이를 일반적인 채권으로 취급하여야 한다.[585] 실무상 파산채권 · 회생채권으로 신고하였다가 채권확정이 되면 바로 별소(別訴)를 제기하는 방법으로 원활한 절차 진행을 방해하는 사례가 종종 있기 때문이다.

(2) 조사 · 확정

채권조사는 조사기일에 관재인 · 회생채무자 또는 이해관계인의 이의권 행사를 통하여 진행된다. 법원사무관 등은 신고된 채권 · 담보권을 권리의 성질에 따라 분류하여 채권자표 · 담보권자표를 작성하고 이

584) 대법원 2004. 8. 20. 선고 2004다3512,3529 판결.
585) 이렇게 처리하여도 위 대법원 판결에 저촉되지 않는다.

해관계인의 열람을 위하여 법원에 비치하여야 한다. (제158조 · 제160조, 제448조 · 제449조) 다만, 회생절차에서는 조사기간 안에 신고된 채권 · 담보권에 관하여 채무자 또는 이해관계인은 서면으로 법원에 이의를 제출할 수 있다. (제161조)

관재인 · 회생채무자가 신고채권을 시 · 부인할 때에는 그 이유를 진술할 필요는 없고, 가령 이유를 진술하였다고 하더라도 나중의 조사확정재판에서 이에 구속되지 않는다.[586] 이에 대하여 신고내용이 부인된 채권자는 집행권원이 없는 한 관재인 · 회생채무자를 상대방으로 하여 조사확정재판을 신청하여야 하므로(제170조, 제462조) 시 · 부인에 따라 채권자가 받는 영향은 크다. 실무상 관재인 · 회생채무자는 신고채권이 정말 의심스러운 경우뿐만 아니라 채권자가 조사에 협조하지 않거나 증거서류를 제출하지 않을 때에도 부인한다. 또 채권자가 절차개시 전에 상품을 자력회수하고 그 반환의무를 이행하지 않는 때에도 신고내용을 부인하고, 그 밖에 채무자가 자회사일 때 모회사의 채권은 실질적으로 후순위로 함이 타당하므로 부인하는 예도 있다. 이러한 부인을 전략적 이의(戰略的 異議)라고 한다. 물론 신고채권의 존재에 대하여 아무런 의심이 없음에도 오로지 채권자를 곤란하게 할 목적으로 부인하는 행위는 허용되지 않는다. 그러나 채권자가 충분한 증거서류를 제출하지 않아 채권의 존재에 의문이 있는 때 이외에도 채권자 사이의 실질적 형평을 꾀할 목적으로 시 · 부인권을 행사하거나 또는 이를 통하여 채권자의 협력을 확보하여 재단을 증식하려는 행위는 가능하다.[587]

회생절차에서는 담보채권액 중 담보 목적물 가액을 초과하는 부분이 회생채권으로 되므로(제141조 제4항) 담보권을 조사할 때에는 목적물 가액을 평가할 필요가 생긴다. 만약 평가액이 과다하면 그 변제에 부담이

586) 전병서, 전게서, 365면.
587) 伊藤眞, 前揭書, 454-455頁.

생기고, 과소하면 담보권자의 권리를 침해하게 되므로 일반적으로 공정 · 타당한 회계 관행에 따라 절차개시 당시의 가액을 평가하여야 한다. (제90조, 제94조) 이에 비하여 파산절차에서는 담보권자가 별제권을 행사하여도 변제받을 수 없는 채권액(예정부족액)을 신고할 수 있으나 (제447조 제2항) 실제로 배당을 받으려면 목적물이 처분된 후 변제받지 못한 부족액을 증명하여야 하므로(제525조) 채권조사 과정에서 담보물 평가는 필요 없다.

채권신고 내용에 대하여 조사기간 안에 또는 조사기일에 관재인 · 회생채무자 또는 이해관계인의 이의가 없으면 채권액과 의결권 액수가 확정되고, 우선권 있는 채권에는 우선권이 확정된다. (제166조, 제458조) 또 법원사무관 등이 확정된 채권 · 담보권을 채권자표 · 담보권자표에 기재한 때에는 그 기재는 이해관계인 전원에 대하여 확정판결과 같은 효력이 있다.[588] (제168조, 제460조)

(3) 조사확정재판

신고채권에 관하여 관재인 · 회생채무자 또는 이해관계인이 이의한 때에는 조사기간의 말일 또는 조사기일부터 1개월 이내에 그 채권자는 권리확정을 위하여 이의자 전원을 상대방으로 하여 법원에 채권조사확정재판을 신청할 수 있다. 조사확정재판을 할 때에는 이의자를 심문하여야 하고, 그 재판에서 이의채권의 존부 또는 그 내용을 정한다. (제

588) 대법원 2006. 7. 6. 선고 2004다17436 판결은 조사기일에 관재인 · 채권자의 이의가 없는 때에는 채권액은 확정되고, 확정채권에 관한 채권표의 기재는 채권자 전원에 대하여 확정판결과 같은 효력을 가지는데 이는 기판력이 아닌 확인적 효력을 말하고 절차 내부에서 불가쟁의 효력이 있다는 의미에 지나지 않는다. 따라서 이미 소멸한 채권이 이의 없이 확정되어 채권표에 기재되어 있더라도 채권이 있는 것으로 확정되지는 않으므로, 명백한 오류인 때에는 법원의 경정결정으로 바로잡을 수 있고 그렇지 않으면 무효확인의 판결을 얻어 바로잡을 수 있다. 그러나 채권조사기일 당시 유효하게 존재하였던 채권에 대하여 관재인 등으로부터 이의가 없는 채 채권표가 확정되어 불가쟁의 효력이 발생한 때에는 관재인은 부인권을 행사하여 그 채권의 존재를 다툴 수 없게 되고, 이미 확정된 채권표 기재의 효력을 다투어 무효확인을 구하는 행위도 허용되지 않는다고 판시하였다.

170조, 제462조)

조사확정재판의 결정에 불복하는 자는 그 송달을 받은 날부터 1개월 이내에 이의의 소를 제기할 수 있는데 이의의 소는 회생법원의 관할에 전속하고, 같은 이의채권에 관하여 여러 개의 소가 계속된 때에는 변론을 병합하며, 부적법하여 각하하는 경우를 제외하고는 조사확정재판을 인가하거나 변경하는 판결을 한다. (제171조, 제463조) 그러나 이는 간편한 절차에서 신속한 결론을 얻고자 도입된 제도이므로 그 취지를 살리려면 즉시항고로 불복하도록 하거나 또는 이의의 소를 항소심에 제기하게 하는 방식으로 불복방법을 고치는 편이 바람직하다.[589)]

절차개시 당시 이의채권에 관하여 소송이 계속된 때에는 채권자가 이의자 전원을 그 소송 상대방으로 하여 소송절차를 수계하여야 한다. (제172조, 제464조) 그러나 당사자를 채무자에서 단순히 관리인으로 바꾼 경정신청은 수계신청이 아니다.[590)] 구법시대의 판결이지만, 대법원은 수계신청을 하지 않고 부적법한 정리채권확정의 소를 제기하였다가 수계의 대상인 종전 소송을 취하한 경우, 그 시점이 정리채권확정의 소 제기기간 경과 후라면 새로운 정리채권확정의 소 제기도 불가능하고, 위 소 취하로 기존의 부적법한 정리채권확정의 소의 하자가 치유되지도 않는다고 판시하였다.[591)]

또 채권자 · 담보권자는 이의의 소 및 수계한 소송절차에서 이의채권의 원인 및 내용에 관하여 채권자표 · 담보권자표에 기재된 사항만 주장할 수 있다. (제173조, 제465조) 따라서 채권신고를 하여 채권자표에 기재되고 조사대상이 되었던 채권에 대한 소송만 허용되고, 신고하지 아니한 채권의 확정을 구하는 소는 부적법하다.[592)] 이와 관련하여 대법

589) 조사확정재판 이외에 부인 청구에도 같은 문제가 있다는 점은 '법원'을 설명할 때 전술하였다.

590) 대법원 1997. 8. 22. 선고 97다17155 판결.

591) 대법원 2001. 6. 29. 선고 2001다22765 판결.

원은 신고채권과 그 발생원인사실부터 별개의 채권 확정을 구함은 허용되지 않으나 채권자표에 기재된 권리와 급부 내용 · 액수 · 청구의 기초가 같지만, 그 발생원인이 다른 권리의 확정을 구하는 경우와 같이 비록 법률상의 성격은 다르더라도 사회경제적으로 동일한 채권의 확정을 구하는 행위는 관재인이나 다른 채권자의 이의권을 실질적으로 침해하지 않는다면 허용된다고 판시하였다.[593)]

집행력 있는 집행권원 또는 종국판결이 있는 채권에 대해서는 이의자는 채무자가 할 수 있는 소송절차에 의하여서만 이의를 주장할 수 있다. (제174조, 제466조) 이와 관련하여 구법시대에 서울고등법원은 회사정리법 제152조는 정리채권 중 종국판결이 있는 것에 관하여 이의자는 회사가 할 수 있는 소송절차에 의하여서만 그 이의를 주장할 수 있다고 규정하므로 이 사건 약속어음금과 같이 확정판결이 있는 정리채권에 대한 이의주장은 원칙적으로 이의자인 원고에게 출소책임이 있다. 그렇지만, 회사정리법 제147조와 제152조는 집행권원이나 종국판결이 있는 정리채권과 없는 정리채권에 대한 이의의 후속 절차에 본질적인 차이를 두었고, 집행권원이나 종국판결이 있는 정리채권으로 위 법 제152조의 적용을 받으려면 채권자는 채권신고 당시 그 취지를 명시하고 증거자료를 제출하든지 아니면 늦어도 조사기일까지 이를 추완하여야 한다. 만약 채권자가 이를 게을리한 때에는 집행권원이나 종국판결이 있는 정리채권으로 취급받을 수 없어 위 법 제147조에 따라 정리채권자가 정리채권 확정의 소를 제기하여야 한다고 판단하였다.[594)] 채권자가 집행권원이나 종국판결이 있다는 사실을 밝히지 않는 경우에 이의자가 이를 알기는 어려우므로 그에게 출소책임을 지울 수 없다. 위 판

592) 대법원 2003. 5. 16. 선고 2000다54659 판결.
593) 대법원 2007. 4. 12. 선고 2004다51542 판결.
594) 서울고등법원 2005. 9. 2. 선고 2004나81224 판결.

결에 찬성한다.

마. 재단 · 공익채권

파산 · 회생채권은 집단적 절차 안에서 재단으로부터 만족을 구하는 권리임에 비하여 재단 · 공익채권은 절차에 의하지 않고 수시로 변제받는 채권이다. (회생파산법 제180조 제1항, 제475조) 재단채권은 파산채권보다 우선 변제하고(제476조), 공익채권은 회생채권 · 회생담보권에 우선하여 변제한다.[595] (제180조 제2항)

재단 · 공익채권은 다음 세 가지 유형으로 분류할 수 있다. (제179조, 제473조) ① 절차 수행에 필요한 비용이다. 이는 채권자 전체의 이익을 위하여 지출되므로 절차의 원활한 진행을 꾀하고자 우선하여 변제한다. 채권자의 공동이익을 위한 재판상 비용청구권 · 절차개시 후의 업무 및 재산관리와 처분에 관한 비용 · 관재인 보수 · 채권자협의회의 활동 비용 등이 이에 해당한다. ② 절차의 수행과정에서 관재인 · 회생채무자의 법률행위 또는 불법행위 등에 기하여 발생하는 채권이다. 관재인 · 회생채무자가 채권자의 이익을 실현하려고 활동하는 이상 제삼자의 부담으로 재단이 이익을 얻는 경우는 물론, 재단이 이익을 얻지 않는 경우에도 공평의 관점에서 그 행위에 기인한 제삼자의 권리를 재단 · 공익채권으로 하였다. 관재인이 한 행위로 말미암은 청구권 · 회생채무자가 절차개시 후에 차입한 자금 · 절차개시 이후 사무관리 또는 부당이득으로 말미암아 생긴 청구권 · 쌍방미이행 쌍무계약의 이행을 선택한 때 상대방이 갖는 청구권 등이 이에 해당한다. ③ 정책적 고려

---

595) 대법원 1993. 4. 9. 선고 92다56216 판결은 공익채권을 정리채권과 정리담보권에 우선하여 변제한다는 회사정리법 제209조 제2항은 회사의 일반재산으로부터 변제를 받는 경우에 우선한다는 의미이지, 정리담보권이 설정된 특정재산의 경매매득금으로부터 우선 변제를 받는다는 의미는 아니며, 정리담보권이 설정된 재산 위에 공익담보권이 설정된 경우에는 정리담보권이 우선한다고 판시하였다. 이 법리는 회생파산법에도 그대로 적용된다.

에 기하여 법률이 우선적 지위를 부여한 경우이다. 근로자의 급여 · 파산선고 전의 원인에 기한 조세채권[596]이 이에 속한다. 이 유형의 채권도 재단에 속하는 재산의 형성과정에서 채권자가 공동으로 부담하여야 할 비용이므로 위의 두 가지 유형과 공통점이 있다. 다만, 그 범위와 성질은 어디까지나 정책적 판단에 따를 수밖에 없다.[597]

재단채권의 강제집행에 대하여 구법시대에 대법원은 파산절차는 포괄적인 강제집행절차로서 이와 별도의 강제집행은 원칙적으로 필요하지 아니하므로 구파산법에 이를 허용하는 특별한 규정이 있거나 해석상 허용하여야 할 특별한 사정이 있지 않은 한 파산재단에 속하는 재산에 대한 별도의 강제집행은 허용되지 않는다. 이는 재단채권에 기한 강제집행도 마찬가지로서 재단채권자의 정당한 변제요구에 관재인이 응하지 아니하면 재단채권자는 법원에 대하여 감독권 발동을 촉구하든지, 관재인을 상대로 손해배상청구를 하는 등의 별도조치를 취할 수는 있을 것이나, 그 채권 만족을 위해 파산재단에 대해 개별적 강제집행에 나아감은 허용되지 않는다고 판시하였다.[598] 이에 비하여 공익채권은 강제집행이 가능하다는 전제 아래 회생파산법 제180조 제3항은 공익채권에 기한 강제집행 또는 가압류가 회생에 현저한 지장을 가져오고 채무자에게 환가하기 쉬운 다른 재산이 있는 때에는 법원이 그 중지나 취소를 명하도록 규정하였다.

596) 회생절차에서는 개시결정 전에 발생한 조세채권은 회생채권이다. 구법시대의 판결이지만, 대법원 2002. 9. 4. 선고 2001두7268 판결은 정리회사에 대한 조세채권이 개시결정 전에 과세요건이 충족되어 있으면 그 부과처분이 절차개시 후에 있어도 그 조세채권은 정리채권이 되고, 제2회 관계인집회 전까지 신고하지 않으면 실권 소멸한다고 판시하였다. 회생파산법에도 마찬가지 법리가 적용된다.

597) 伊藤眞, 前揭書, 217頁.

598) 대법원 2007. 7. 12. 자 2006마1277 결정.

2 담보권

파산재단에 속하는 재산에 유치권 · 질권 · 저당권 · 전세권을 가진 자는 파산절차에 의하지 않고 별제권을 행사하고, 별제권 행사로 변제받을 수 없는 채권액에 대해서는 파산채권자로서 권리를 행사한다. (회생파산법 제411-413조) 담보권자는 파산절차에서는 별제권을 가지므로 절차개시 전과 비교하여 지위에 큰 변동이 없다. 이에 반하여 회생절차에서는 절차개시 당시 채무자 재산상에 존재하는 유치권 · 질권 · 저당권 · 양도담보권 · 가등기담보권 · 전세권 · 우선특권으로 담보된 범위의 것이 회생담보권이 되고, 채권액 중 담보 목적물의 평가액을 초과하는 부분은 회생채권이 된다. (제141조) 회생담보권은 회생채권과 마찬가지로 절차참가가 강제되고, 담보권 실행이 금지되며, 회생계획에 따라 채권을 변제받아야 하는 등 여러 가지 제한을 받는다. 이처럼 담보권자는 청산형 절차에서는 절차에 구애받지 않고 자유로이 권리를 행사하지만, 재건형 절차에서는 채무자의 사업재건을 위하여 권리행사에 제한을 받고 때로는 권리내용까지 변경된다.

가. 담보권의 종류

회생파산법은 유치권 · 질권 · 저당권 · 전세권을 회생담보권 · 별제권으로 인정하고, 그 밖의 회생담보권 유형 즉 양도담보권 · 가등기담보권 · 우선특권에 대하여는 명문규정은 없으나 해석에 의하여 별제권이 부여된다. 이하에서 담보권을 종류별로 살펴보면서 검토한다.

① 유치권은 회생담보권 · 별제권으로 인정된다. 일본 회사갱생법은 상사유치권만 담보권으로 인정하나 우리나라는 민사유치권도 담보권

에 포함한다. 예컨대 제품이나 중요한 생산부품을 창고업자에게 보관시켰을 때 창고업자가 보관료 때문에 유치권을 행사하면 생산활동에 차질이 생길 수 있다. 민법 제327조는 채무자는 상당한 담보를 제공하고 유치권소멸을 청구할 수 있다고 규정하는데 이는 상사유치권에도 적용되므로 회생절차가 개시된 후에도 유치권 소멸청구를 할 수 있다.[599)]

② 질권은 회생담보권 · 별제권으로 인정된다. 질권은 동산질권과 권리질권, 민사질권과 상사질권을 모두 포함한다. 유치권소멸청구를 질권에 유추적용하여야 한다는 견해도 있으나, 유치권은 법정담보권이기 때문에 유치권자가 채무자 의사와 관계없이 사업에 필요한 재산을 유치할 때가 있지만, 질권은 채무자 스스로 설정하는 약정담보권이기 때문에 굳이 유치권소멸청구를 유추적용할 필요는 없다.[600)] 실무상 자주 이용되는 채권질권에서 지명채권에 대한 질권은 통지 · 승낙이라는 대항요건을 갖추어야 한다. 절차개시 당시 대항요건을 갖추지 못한 질권자는 도산절차에서 담보권을 주장할 수 없다.

③ 저당권도 회생담보권 · 별제권으로 인정된다. 저당권에는 민법상 저당권은 물론 공장저당권, 광업재단저당권, 입목저당권, 자동차 · 항공기 · 선박저당권 등이 모두 포함된다. 근저당권도 포함되나 이때에는 피담보채권액의 확정이 필요하다.

④ 양도담보는 부동산 · 동산 · 주식 · 채권을 목적으로 다양하게 설정되는데 종류에 관계없이 모두 회생담보권으로 취급한다. 양도담보의 목적이 금전채권인 때에는 절차개시 후 변제기가 도래하여도 양도담보권자가 직접 추심하여 변제충당할 수는 없고, 제3채무자가 변제액을 공

599) 김재형, “도산절차에서 담보권자의 지위”, 「통합도산법」, 법문사, 2006, 6-7면도 같은 취지이다.

600) 우성만, “회사정리법상 담보권자의 지위”, 「도산법강의」, 법문사, 2005, 533면.

탁하면 그 공탁금 위에 담보권이 존속한다. 담보목적이 금전채권이 아닌 때에는 변제기가 도래하면 담보권자가 인도를 청구하여 그 목적물 위에 담보권을 가지게 된다.

비록 명문규정은 없으나 파산절차에서도 양도담보에 별제권을 부여하는 것이 옳다. 실체법상으로 양도담보는 담보의 일종으로 취급되고, 양도담보권자를 소유자로 보아 환취권을 인정하면 파산재단에 속하여야 할 잉여가치까지 담보권자에게 귀속시키는 불합리한 결과를 가져오기 때문이다.[601)]

집합물양도담보는 재고상품과 외상매출금 채권이라는 집합물을 그 목적물로 하는데 양도담보설정자가 집합물에 속하는 개개의 동산과 채권에 대하여 자유처분권을 가지는 한편, 영업활동을 하는 과정에서 새로이 취득하는 동산과 채권에도 양도담보 효력이 미친다. 집합물양도담보는 내용이 변동하는 재산을 대상으로 하므로 집합물의 특정과 대항요건 구비가 문제 되는데 집합동산과 집합채권으로 나누어 후술한다.

어음양도담보는 금융기관 등이 거래처에 대출하면서 채무자가 소지한 제삼자 발행 상업어음을 배서양도 받는 것을 말한다. 채무자에게 도산절차가 개시되면 어음소지자가 회생담보권자가 되느냐 아니면 회생채권자가 되느냐가 논의되는데 어음담보대출이라는 제목으로 후술한다.

⑤ 가등기담보권은 정리담보권 · 별제권으로 인정된다.

가등기담보라 함은 금전채무를 담보하려고 채무자 또는 제삼자 소유 부동산에 대하여 대물변제예약 또는 매매예약을 체결하고 가등기로 장래의 소유권이전등기청구권을 보전하는 것을 말한다. 채무자가 파산선고를 받으면 담보가등기권리에 저당권 규정을 준용하므로(가등기 담보 등에 관한 법률 제17조 제1항) 가등기담보권에도 별제권이 부여된다.

601) 전병서, 전게서, 308-309면.

⑥ 전세권도 회생담보권 · 별제권으로 인정된다.

⑦ 우선특권은 다른 채권보다 우선하여 변제를 받을 수 있는 권리이고, 상법상 선박우선특권 · 해난구조자의 우선특권 · 근로자의 임금채권 우선변제권 · 조세 및 공과금의 우선징수권 · 체납 우편요금의 우선징수권 등이 이에 포함된다. 우선특권은 명확한 공시방법이 갖추어지지 않아 거래의 안전을 해하고 재단을 잠식할 위험이 있다. 이때 채무자의 일반재산에 대한 우선변제권은 회생담보권이 되지 않고, 특정재산에 대한 우선변제권만 회생담보권이 된다. 따라서 상법상 우선특권은 회생담보권이 되지만, 나머지는 우선적 회생채권이 됨에 그친다. 또 체납조세와 체불임금은 회생파산법이 특별규정을 두었으므로 그에 따라 처리한다.[602]

파산절차에는 명문규정이 없으나, 마찬가지로 해석하여 상법상 우선특권은 별제권이 되고, 나머지는 채무자의 일반재산에 대하여 우선변제권을 가지는 데 불과하므로 우선적 파산채권이 된다. (제441조)

나. 별제권

파산절차에서는 전형담보이든 비전형담보이든 담보권자는 별제권을 행사할 수 있다. 별제권은 담보권자가 파산재단에 속하는 재산에 대하여 절차에 의하지 않고 우선적 · 개별적 만족을 얻을 수 있는 권리이다. (회생파산법 제411조, 제412조) 그렇지만, 담보 목적물도 재단에 속하므로 관재인은 담보권자의 별제권 실행에 대하여 이해관계를 가진다. 목적물 가치가 피담보채권액을 초과하면 그 잉여가치는 배당재원이 되고, 목적물의 환가대금에 따라 담보권자의 파산채권액이 결정되므로 다른 채권자의 배당에 영향을 미치기 때문이다. 별제권은 파산절차의

602) 김재형, 전게 "도산절차에서 담보권자의 지위", 13-14면.

영향을 받지 않는다는 점에서 환취권과 비슷하나, 재단에 속하는 특정재산의 금전적 가치를 우선하여 취득하는 권리이므로 특정재산 그 자체를 재단으로부터 환취하는 환취권과 다르다.[603] 또 별제권은 재단 소속의 특정재산으로부터 변제를 받는 데 비하여 재단채권은 재단 전체에서 변제를 받으며 특정재산을 대상으로 하지 않으므로 먼저 별제권을 변제한 다음 남은 재산에서 파산채권에 우선하여 변제받게 된다.

별제권을 행사하면 담보권 본래의 실행방법에 의하여 피담보채권을 회수한다. 따라서 민사집행법에 의한 경매 · 동산질권의 간이변제충당 · 채권질권의 직접추심[604] 등이 인정된다. 또 담보권자가 법률에 정한 방법에 의하지 않고 약정에 기하여 목적물을 임의처분할 권리를 가진 때에는 임의처분권을 실행할 수 있다. 어떤 방법에 의하든 환가대금에서 피담보채권을 회수하고 잔액이 있으면 관재인에게 지급하여야 한다. 관재인은 별제권자에게 목적물을 제시하라고 요구할 수 있고, 관재인이 이를 평가할 때 별제권자는 거절할 수 없다. (제490조) 또 별제권자가 목적물을 환가하지 않는 때에는 관재인은 민사집행법에 따라 환가할 수 있다. (제497조) 별제권자가 목적물의 임의처분권을 가지는 때에는 관재인은 법원에 그 처분기간을 정하여 달라고 신청할 수 있고, 별제권자가 정해진 기간 안에 목적물을 처분하지 않으면 처분권을 잃는다. (제498조)

별제권자가 부족액을 파산채권으로 행사하려면 피담보채권액 · 담보목적물 · 예정부족액을 미리 신고하여야 하는데(제447조 제2항) 채권자집회의 의결권은 부족액을 기준으로 한다. 부족액을 신고하여도 배당

603) 전병서, 전게서, 304면.

604) 대법원 1996. 12. 10. 선고 96다19840 판결은 파산재단에 속하는 재산상에 존재하는 유치권 · 질권 · 저당권 또는 전세권을 가진 자는 그 목적인 재산에 관하여 별제권을 가지고, 이는 파산절차에 의하지 아니하고 행사할 수 있으므로 정기예금채권에 대한 질권자가 그 원리금을 수령한 행위는 별제권 행사로서 적법하다고 판시하였다.

제외기간 안에 별제권자가 목적물 처분에 착수하였음을 증명하고, 부족액을 소명하지 않으면 배당에서 제외되며(제512조 제2항), 소명이 있어도 배당액은 부족액이 확정될 때까지 임치한다. (제519조 제3호) 그리고 최후배당의 배당제외기간 안에 별제권자가 부족액을 증명하지 않으면 배당에서 제외되고, 임치한 금액은 다른 채권자에게 배당된다.[605] (제526조)

다. 일본의 담보권 소멸청구

일본의 도산법제 정비과정에서 재건형 절차는 사업계속을 위하여, 청산형 절차는 무담보채권자와 담보권자의 이익 조화와 청산절차의 원활한 진행을 위하여 담보권의 효력이나 실행에 제약을 가하는 방법이 논의되었다. 그 결과 민사재생 · 회사갱생 · 파산절차에 각기 특징을 고려하여 담보권 소멸청구 제도가 신설되었다. 이 제도는 우리나라의 절차 운영과 앞으로의 입법에 큰 참고가 되므로 간략히 그 내용을 소개한다.

(1) 민사재생

(가) 개요

민사재생 절차의 담보권 소멸청구는 채무자의 사업에 불가결한 목적물에 대하여 그 가액을 지급하고 담보권을 소멸시키는 제도이다. 재생절차에서는 담보권은 별제권으로서 절차에 의하지 않고 행사할 수 있지만, 채무자의 사업계속에 불가결한 재산에 담보권이 실행되면 기업재생이 불가능해지기 때문이다. 이는 목적물의 청산가치 한도까지만

605) 전병서, 전게서, 317-318면은 별제권 실행이 완료되기 전이라도 담보의 일부해제나 감정인의 평가액을 이용하여 별제권자를 배당에 참가시키는 방안을 검토하자고 제안한다. 일본 신파산법 제198조 제3항은 담보채권의 전부 또는 일부가 파산선고 후 담보되지 못하게 되었다는 사실을 증명하면 담보권자도 배당절차에 참가할 수 있도록 허용하였다.

담보권을 인정하고 잉여부분은 다른 채권자와 동등하게 무담보채권으로 취급하려는 취지이다.

재생절차의 소멸청구와 갱생절차의 소멸청구는 다음과 같은 차이가 있다. ① 민사재생에서는 이용시기에 제한이 없지만, 갱생절차에서는 계획안을 결의에 부치는 결정이 있은 다음에는 담보권 소멸제도를 이용할 수 없다. ② 재생절차의 담보권 소멸은 목적물의 계속 이용을 목적으로 하므로 그 재산이 사업계속에 불가결하다는 요건이 필요하지만, 갱생절차에서는 유휴자산의 매각도 절차목적에 포함되므로 사업갱생에 불가결하다는 요건은 필요 없다. ③ 재생절차에서는 담보권은 별제권으로 취급되므로 피담보채권액이 목적물 가액보다 큰 때에만 소멸제도를 이용하지만, 갱생절차에서는 피담보채권액이 목적물가액보다 작은 때에도 이용할 수 있다. ④ 마지막으로 재생절차에서는 담보권자가 별제권자이므로 납부된 목적물 가액이 즉시 담보권자에게 배당되지만, 갱생절차에서는 바로 배당되지 않는다.[606]

(나) 절차

담보권 소멸청구의 대상은 재생채무자의 재산으로서 사업계속에 불가결한 것이라야 한다. 소멸은 법원의 허가를 받아야 하는데 허가신청서에는 목적재산과 소멸시킬 담보권을 특정하고, 재산의 가액을 기재한다. 민사재생법에는 담보권자의 참여가 보장되어 있지 않지만, 실무상 법원은 신청서 부본을 송달하여 담보권자의 의견을 듣는다. 담보권자가 채무자의 신청가액에 이의가 있으면 법원에 가액결정의 청구를 할 수 있고, 이때 법원은 평가인을 선임하여 재산 가액을 정한다.[607]

606) 田頭章一, “再建型手續における擔保權の消滅制度”, 「倒産處理法制の理論と實務」, 經濟法令硏究會, 2006, 186-189頁.

607) 馬杉榮一, “擔保權消滅請求 1”, 「倒産手續と擔保權」, 金融財政事情硏究會, 2007, 124-125頁.

파산절차에서 관재인이 담보권 소멸을 청구할 때에는 가액의 상당성을 다투는 담보권자는 담보권 실행 신청과 매수신청으로 대항할 수 있지만, 재생절차에서는 사업계속을 위하여 목적물을 유지함을 목적으로 하므로 가액결정 청구라는 방법으로 담보권자에게 적정한 가액을 주장할 기회를 부여한다. 제도의 목적은 다르나, 갱생절차에도 유사한 규정이 있다. 가액결정 청구가 있으면 법원은 평가인을 선임하여 재산평가를 명하고 그 평가에 기하여 가액을 결정하여야 한다. 평가는 가액결정 시의 처분가격[608]을 기준으로 한다. 가액결정 청구의 비용은 법원의 결정으로 정한 가액이 재생채무자의 신청액을 초과한 때에는 재생채무자가 비용을 부담하고, 결정가액이 신청액을 초과하지 않는 때에는 담보권자가 비용을 부담한다. 다만, 신청액을 초과하는 액수가 비용에 미치지 못하면 초과액 상당은 재생채무자가 부담하고, 나머지는 담보권자가 부담한다.

채무자는 가액결정 청구가 있은 때에는 법원의 결정으로 정한 가액, 그 청구가 없었던 때에는 신청액을 법원에 납부하고, 목적물 가액이 납부되면 담보권은 소멸한다. 법원은 납부된 금전을 담보권자에게 배당한다.

(2) 회사갱생

(가) 개요

도산처리 기법의 하나로 영업양도가 유용하게 사용되는 점을 고려하여 회사갱생법은 갱생담보권자의 이익을 보호하면서 신속한 영업양도를 가능하게 하려고 갱생계획에 의하지 않고 담보권을 소멸시키는 제도를 신설하였다.

---

608) 伊藤眞, 前揭書, 756-757頁은 처분가격의 의미에 대하여 경매가격설과 조기매각가격설이 있다고 한다. 어느 설에 의하여도 실제 가치보다는 상당한 감액이 불가피하다.

(나) 절차

소멸청구의 대상은 사업갱생을 위하여 담보권을 소멸시킬 필요가 있는 재산이고, 민사재생과 달리 목적물 그 자체의 불가결성은 요건이 아니다. 따라서 민사재생보다 요건이 완화되어 목적물의 사용·수익이 필요한 때 이외에 이를 처분할 필요가 있는 때에도 소멸청구를 할 수 있다. 즉 영업양도 대상자산 이외에도 담보 잉여를 취득하거나 또는 관리비용을 줄일 목적으로 매각하려는 유휴자산도 소멸청구의 대상이 된다.

관재인이 목적물 가액을 납부한 때 담보권이 소멸하는 점은 민사재생과 마찬가지이다. 또 납부된 금액과 그 용도는 이해관계인에게 중요한 정보이므로 갱생계획의 필수적 기재사항이다. 소멸청구된 담보권자를 갱생계획에서 어떻게 취급하는지는 특별한 규정이 없지만, 다른 담보권자와 실질적 평등을 기하여야 함은 물론이다.[609]

(3) 파산

(가) 개요

파산관재인은 재단에 속하는 재산 위에 담보권이 존재하여도 그 목적물을 임의매각하는 편이 채권자 일반의 이익에 적합할 때에는 재산을 임의매각하여 대금에서 재단 편입금을 공제한 금액을 법원에 납부하고 담보권을 소멸시킬 것을 신청할 수 있다. 이는 구파산법 시대에 관재인·별제권자·매수희망자의 합의로 목적재산의 담보권 소멸과 임의매각을 일괄적으로 처리하고, 매각대금의 일정비율을 파산재단에 편입하던 실무운용을 법제화한 제도이다.

(나) 특징

파산절차의 소멸청구는 목적물을 임의매각하여 그 처분가치를 최대화하고 채권자에게 귀속시킬 부분을 재단에 편입함을 목적으로 한다.

---

609) 松下淳一, “更生擔保權”, 「新しい會社更生法」, 有斐閣, 2004, 199頁.

민사재생과 같이 목적물을 사업자산으로 유지하려 함이 아니고, 회사갱생과 같이 매각대금 전체를 사업자금으로 사용하려는 취지도 아니다.

재생절차에서는 담보권자의 환가권 발동을 막으려고 소멸청구를 이용하지만, 파산절차에서는 목적물의 처분가치를 최대화하고자 함이 제1차적 목적이므로 담보권자의 환가권 발동을 막을 이유는 없다. 따라서 파산절차에서는 담보권자가 담보권을 실행하여 관재인의 소멸청구에 대항할 수 있다.

목적물의 대가는 재생절차에서는 담보권자에게 교부되고, 갱생절차에서는 갱생회사의 사업자금으로 이용된다. 이에 비하여 파산절차에서는 매각대금이 담보권자에게 우선변제하는 부분과 파산채권자를 위하여 재단에 편입되는 부분으로 나누어진다. 이는 파산절차의 소멸청구가 목적물의 처분가치에 포함된 일반채권자 귀속분을 현재화하여 재단에 편입하는 데 목적이 있기 때문이다.[610]

(다) 절차

관재인이 대금 일부를 파산재단에 편입하려는 때에는 편입금액에 대하여 미리 담보권자와 협의하여야 한다. 허가신청에는 목적물 · 매매대금 · 매각 상대방 · 소멸하는 담보권 · 담보채권액 · 재단 편입금을 기재하고, 매매계약 내용을 기재한 서면을 첨부한다. 담보권자가 관련서류를 송달받은 지 1개월 이내에 담보권을 실행하면 소멸신청은 기각된다. 또 담보권자는 매매대금의 5% 이상을 가산한 금액으로 목적물 매수신청을 할 수 있다. 담보권자가 담보권 실행에 착수하지 않은 때에는 법원은 관재인이 신청한 매각 상대방 또는 매수신청자를 상대방으로 하여 담보권 소멸을 허가한다. 매매대금 전액이 납부되면 담보권은 소멸하고, 법원은 배당표에 기하여 대금을 담보권자에게 배당한다.[611]

610) 伊藤眞, 前揭書, 485-486頁.

611) 多比羅 誠, "擔保權消滅請求 2", 「倒産手續と擔保權」, 金融財政事情硏究會, 2007, 142-144頁.

관재인이 매매대금 일부를 재단에 편입하는 근거는 일반적으로 담보 목적물을 임의매각하는 편이 담보권을 실행할 때보다 높은 가격을 받을 수 있기 때문이다. 이때 재단편입 금액은 관재인과 담보권자가 사전에 협의하게 되어 있으나 분쟁의 소지가 있다. 담보권자가 재단 편입액이 과대하다고 주장할 때에는 법원이 판단하지만, 특별한 주장이 없으면 관재인이 편입금액의 상당성에 관한 자료를 제시하지 않아도 허가 결정을 한다.[612)]

(4) 검토

회생파산법 제497조는 관재인이 민사집행법에 따라 별제권의 목적물을 환가할 수 있다고 규정한다. 이때 비록 명문규정은 없지만, 관재인이 목적물을 환가하려면 ① 별제권자가 권리행사를 지체하여 파산절차의 수행에 지장을 가져올 염려가 있고 ② 별제권자가 권리 실행에 착수하지 않았으며 ③ 잉여금액이 생길 가능성이 있어야 한다고 해석한다.[613)] 또 목적물을 별제권이 붙은 채 관재인이 임의매각하는 방법도 이용된다.[614)]

그러나 담보 목적물의 환가나 임의매각은 단순히 배당재원을 확충한다는 일방적 관점에서 접근하지 말고,[615)] 담보권자의 우선변제권을 존중하면서 합리적 목적을 실현한다는 균형잡힌 시각을 가져야 한다. 담보권자의 보호와 절차의 원활한 운영을 조화시키려면 우리나라도 일본 회사갱생 절차와 파산절차의 담보권 소멸청구 제도를 도입하여 절차

612) 笠井正俊, 前揭論文, 35-36頁.

613) 임준호, "파산절차상 담보권의 처리", 「파산법의 제문제 하」, 법원도서관, 1999, 111-112면.

614) 서울중앙지방법원 파산부 실무연구회, 전게 「법인파산실무」, 278-279면.

615) 전게서 279면은 관재인에게 별제권자를 설득하여 환수금액을 대폭 감액하게 한 후 목적물 매각대금 일부를 재단에 편입하라고 주문한다. 그렇지만, 별제권자가 확보한 담보 가치는 채무자의 도산 여부를 불문하고 우선변제권이 보장되어야 하는 개인의 재산권이므로 적어도 경매절차에 의하여 회수할 수 있는 금액 정도는 지급하여야 한다.

진행 중의 담보 목적물 환가방법, 요건, 효과를 명확히 정비할 필요가 있다.[616)]

616) 우리나라에는 담보권자가 별제권을 가지는 민사재생절차는 존재하지 않기 때문에 갱생절차와 파산절차의 소멸청구 제도만 참고하면 충분하다.

3 비전형담보

유치권 · 질권 · 저당권과 같은 전형담보는 그 설정요건과 효력이 법률로 명확히 규정되고 공시방법도 갖추어져 도산절차에서 그대로 담보권으로 인정하여도 무방하지만, 비전형담보는 집단적 채권회수라는 절차의 목적을 실현하는 데 지장이 없어야 담보권으로 인정할 수 있다. 특히 무점유동산담보는 거래에 활발하게 이용되지만, 확실한 공시방법이 없다는 단점이 있다. 따라서 절차에서 이를 제한 없이 담보권으로 인정하면 무담보채권자가 책임재산에 속한다고 믿었던 재산이 절차개시 후 갑자기 재단으로부터 이탈하여 예기치 못한 손해를 입게 된다.[617]

집합동산양도담보와 집합채권양도담보는 영업과정에서 내용이 수시로 변동하는 집합물을 채무자가 스스로 관리하면서 담보로 제공한다. 무점유동산담보는 아니지만, 비전형담보에 속하는 어음담보대출은 채무자가 소지하던 상업어음을 담보 목적으로 채권자에게 이전한다.

이하에서 집합동산양도담보 · 집합채권양도담보 · 어음담보대출을 절차에서 어떻게 취급하여야 하는지를 살펴본다.

가. 집합동산양도담보

(1) 일반적 요건

기업이 금융기관으로부터 자금을 조달할 때 재고상품 · 제품의 원료 · 원자재와 같은 유동자산을 담보제공하는 방법이 많이 이용된다. 다만, 동산은 개개의 독립한 물건으로서는 경제적 가치가 크지 않아 이를 집합하여 한 개의 물건처럼 취급할 때 비로소 담보로서 경제성을 가

617) 木川裕一郎, 前掲書, 116頁은 폭리행위에 가까운 무점유동산담보가 독일 구파산법과 구화의법의 기능부전을 가져온 원인의 하나라고 지적한다.

지므로 집합물을 담보로 제공한다. 대법원도 일단의 증감 변동하는 동산을 하나의 물건으로 보아 담보목적으로 삼는 집합물양도담보가 가능하며 아때 목적 동산이 담보설정자의 다른 물건과 구별될 수 있도록 그 종류 · 장소 또는 수량지정에 의하여 특정되면 전부에 하나의 재산권으로 유효하게 담보권이 설정되었다고 판시하여 집합동산양도담보를 인정하였다.[618)]

원래 양도담보는 독일에서 동산양도담보의 필요성 때문에 판례이론으로 발달하였는데 독일에서는 집합동산양도담보의 유효성을 인정하면서도 개별동산 위의 소유권이 각각 양도되어 복수의 양도담보가 성립하고 이들이 일괄하여 효력을 발생한다는 분석론이 통설이다. 독일에서는 집합물 개념을 인정하지 않기 때문이다. 그러나 우리나라와 일본에서는 집합물 개념을 인정하고 다수의 개별동산이 경제적 일체성을 가지면 이를 1개의 물건으로 취급하여 1개의 물권을 설정할 수 있다는 집합물론이 통설 · 판례이다.[619)]

집합동산양도담보의 범위를 확정하려면 집합물의 범위가 특정되어야 하는데 특정은 집합동산의 종류 · 소재장소 · 양적 범위를 지정하는 방법으로 한다. 예컨대 특정창고 안의 재고상품 전부(현재의 입고상품과 장래 입고할 상품 전부)와 같이 목적물이 채무자의 일반재산으로부터 구별될 정도면 된다. 다른 재산으로부터 담보물을 구별하는 데 중요한 표지(標識)는 소재장소인데 특히 담보물이 비담보물과 섞여 있거나 또는 재고상품 일부를 담보 제공하는 때에는 소재장소를 명확히 하여야 한다.[620)] 예컨대 '을 창고 안의 와인 중 1/3', '병 창고 안의 커피 중

618) 대법원 1990. 12. 26. 선고 88다카20224 판결.

619) 伊藤眞, 前揭書, 344-345頁; 宗田親彦, 前揭書, 454頁; 일본 最高裁判所 1987. 11. 10. 판결.

620) 이정구, "집합물에 대한 양도담보", 「대법원판례해설 11호」, 법원도서관, 1988, 378-379면. 이 논문은 법원도서관의 법고을 LX DVD 2011에서 참조하였다.

1,000,000원어치'로 수량을 지정하여도 어느 물건이 '1/3'이나 '1,000,000원어치'인지 명시되지 않았으므로 그 범위가 특정되지 않는다. 따라서 일정한 장소 안의 물건 중 일부를 목적물로 지정할 때에는 수량 지정 외에도 장소를 구분하는 조치가 병행되어야 한다.[621)]

(2) 도산절차에서의 효력

집합동산양도담보가 유효하게 성립하려면 범위의 특정 외에도 물권변동을 외부에서 인식할 공시방법이 필요하다. 동산양도담보에서는 채무자가 담보물을 계속 점유하고 담보권자는 간접점유를 하므로 외부에서 물권변동을 인식하기 어려워 공시방법의 구비가 특히 중요하다. 명인방법을 사용하여 일정한 장소에 있는 상품에 대하여 담보 목적물이라고 구체적으로 표시하여야 한다는 견해도 있지만,[622)] 통설 · 판례는 점유개정을 공시방법으로 인정한다.[623)] 따라서 설정계약 당시 양도담보권자가 집합동산의 점유를 점유개정의 방법으로 일단 취득하면 그 후 채무자가 집합동산을 이루는 개개의 물건을 반입할 때마다 별도로 점유개정을 하지 않더라도 집합동산양도담보는 절차에서 회생담보권 · 별제권으로 인정된다.

그런데 기업이 도산하지 않고 정상적으로 활동할 때에는 점유개정을 공시방법으로 인정하여도 별다른 문제가 발생하지 않는다. 집합동산이 채무자 소유인 줄로 알고 집행하려던 채권자는 다른 재산을 강제집행하여 그 목표를 달성하면 되기 때문이다. 그러나 도산절차에서는 점유개정을 공시방법으로 인정할 수 없다. 일반채권자가 집합동산이 담보

621) 신봉근, 「유동집합동산의 양도담보에 관한 연구」, 전북대학교 박사학위논문, 2004, 110-113면.

622) 伊藤眞, 前揭書, 346頁은 명인방법을 사용하면 그 자체로 설정자의 신용이 하락한다는 비판이 있지만, 부동산에 저당권을 설정할 때에도 마찬가지 문제가 발생하므로 신용하락은 집합동산양도담보의 공시방법을 완화할 이유가 되지 않는다고 주장한다.

623) 대법원 1988. 12. 27. 선고 87누1043 판결.

에 제공되었다는 사실을 인식할만한 아무런 표지가 없는데도 절차개시와 함께 갑자기 양도담보권자가 우선변제권을 취득하면 거래의 안전을 현저히 해하기 때문이다. 원인행위가 있은 날부터 15일을 경과한 후 갖춰진 요건구비행위가 부인대상이 되는 점과 비교하면 (제394조) 관념적 인도방법인 점유개정은 더욱 효력을 인정하기 어렵다.

독일의 소수설이지만, 회니거(Höniger)는 집합동산양도담보의 설정자에게 개별동산의 처분권을 부여한다는 사실은 양도담보권자가 처분되는 물건을 간접점유 하지 않는다는 의미를 가지므로 담보설정요건으로서의 인도가 이루어지지 않아 설정계약 자체가 무효라고 주장한다. 간접점유의 요건인 점유대리관계는 간접점유자가 목적물에 대한 반환청구권을 가지는 것을 전제로 하는데 집합동산양도담보에서는 채무자가 자신의 이름으로 자신의 이익을 위하여 목적물을 처분할 권한을 가지므로 반환청구권이 존재하지 않는다는 견해이다.[624] 집합동산양도담보가 도산절차에서 유효한지를 검토할 때 회니거(Höniger)의 이론은 그대로 적용할 수 있다.

입법론으로는 미국 통일상법전(UCC)의 등록제도와 같은 공시방법을 도입하여 문제를 해결하여야 한다.[625] 일본에서는 점유개정이 공시방법으로 충분하지 않은 점이 지적되어 특별법을 제정하여 법인이 그 소유 동산을 양도할 때에는 동산양도등기에 의하여 대항요건을 갖추게 하였다.[626]

---

624) 신봉근, 전게논문, 20면.

625) 집합동산양도담보의 공시방법은 집합채권양도담보와도 긴밀한 관련이 있으므로 통일상법전(UCC) 등록제도의 내용은 '영미법의 부동담보 제도'에서 후술한다.

626) 籠池信宏, "非典型擔保 2", 「倒産手續と擔保權」, 金融財政事情硏究會, 2007, 177頁은 동산양도등기는 법인만 이용할 수 있지만, 목적물이 개별동산이냐 집합동산이냐는 묻지 않고 담보목적의 양도에만 한정되지도 않는다고 한다.

나. 집합채권양도담보

(1) 개념과 요건

거래처에 대한 기업의 매출채권을 일괄하여 양도담보에 제공하고 금융을 얻는 방법이 실무상 널리 이용된다. 집합채권양도담보라 함은 채무자가 1개 또는 여러 개의 거래처에 대하여 현재 가지는 매출채권 및 장차[627] 취득할 매출채권[628]을 일괄하여[629] 양도담보의 목적으로 하는 경우를 말한다. 채무자가 목적채권을 특정하여 담보를 위하여 양도한 때 대항요건이 갖추어지면 양도담보권자는 절차상 담보권자 · 별제권자로 취급된다.[630]

집합동산양도담보에서는 집합동산을 1개의 집합물로 파악하지만, 집합채권양도담보에서는 집합채권을 1개의 집합물로 보지 않는다.[631] 집합채권은 거래상 하나로 취급되지 않고, 개별채권 사이에 일체성이 존재하지 않기 때문이다. 이를 일괄하여 양도담보의 목적으로 하더라도 어디까지나 개별채권이 함께 양도된 데 불과하다.[632]

채무자는 양도담보 설정 후에도 개개의 채권에 대하여 임의 처분권을 가지고, 채무자가 처분한 채권은 양도담보에서 벗어난다. 반면에 채무자가 기업운영과 관련하여 새로이 취득하는 채권은 담보의 범위에

627) 대법원 1996. 7. 30. 선고 95다7932 판결은 장래의 채권도 양도 당시 기본적 채권관계가 어느 정도 확정되어 있어 그 권리의 특정이 가능하고 가까운 장래에 발생할 것이 상당 정도 기대되는 때에는 이를 양도할 수 있다고 판시하였다.

628) 기존채권은 채권질권이나 양도담보가 그 설정요건이나 효력에 별다른 차이가 없지만, 장래의 채권은 채권질권 설정이 불가능하므로 양도담보가 힘을 발휘한다.

629) 무한정의 포괄적 채권양도는 채무자가 취득할 모든 대금채권을 우선변제에 사용할 권한을 양도담보권자에게 부여하므로 채권자 평등의 원칙에 위반된다. 이는 실질적으로 책임재산 전부를 특정채권자에게 담보제공하는 행위이므로 일종의 탈법행위로서 허용되지 않는다.

630) 伊藤眞, 前揭書, 347頁; 우성만, 전게논문, 538-539면.

631) 일본 最高裁判所 平成 13. 11. 22. 판결.

632) 오영준, "집합채권양도담보와 도산절차의 개시", 「사법논집 43집」, 법원도서관, 2006, 224-225면.

속하는 한 그 목적물로 편입된다. 집합채권양도담보는 채무자의 사업 활동에 수반하여 내용이 수시로 변동하는 채권을 목적물로 하므로 대항요건을 갖추고, 그 범위를 특정하여야 한다.

집합채권양도담보를 제삼자에게 대항하려면 통지 · 승낙[633]이 필요한데 늦어도 대항요건 구비시점까지는 집합채권에 속하는 개개의 채권이 특정되어야 한다. 특정을 위한 요건[634]은 제3채무자의 이름 · 채권의 발생원인 · 채권액 · 지급기일이 거론되나, 최소한 제3채무자의 이름과 채권 발생원인은 명시하여야 한다.[635]

(2) 예약형과 정지조건형

금융실무에서는 집합채권양도담보가 설정된 사실을 외부에 알리면 채무자의 신용불안과 제3채무자의 변제혼란을 가져온다는 이유로 즉시 대항요건을 갖추지 않고 채무자의 지급정지 등 경제적 위기가 발생할 때까지 채권양도 통지를 유보하는 예가 일반적이다. 금융권에서 많이 사용되는 방법은 일자를 백지로 한 채권양도통지서를 양도담보권자(금융기관)에게 미리 교부하고 나중에 담보권자가 채무자의 대리인으로서 제3채무자에게 통지하는 방법이다. 양도통지는 대부분 채무자의 경제적 파탄이 표면화된 다음 행하여지므로 채권양도 시로부터 15일 이상 경과되어 부인대상이 된다.[636] 그래서 이를 회피하려고 예약형 또는 정

633) 지명채권 양도의 대항요건이다.

634) 대법원 1997. 7. 25. 선고 95다21624 판결은 채권양도에서 사회통념상 양도 목적 채권을 다른 채권과 구별하여 동일성을 인식할 수 있을 정도이면 채권은 특정되었고, 채권양도 당시 채권액이 확정되어 있지 않아도 이행기까지 이를 확정할 수 있는 기준이 설정되어 있다면 채권양도가 유효하다고 판시하면서 채권자와 채무자 · 채권의 종류와 발생원인 · 급부의 내용 등을 특정을 위한 요건으로 제시하였다.

635) 伊藤眞, 前掲書, 347頁.

636) 회생파산법 제103조 제1항 · 제394조 제2항은 지급정지 또는 도산신청 후 권리의 설정 · 이전 또는 변경을 제삼자에게 대항하는 데 필요한 행위를 하였을 때 그 행위가 권리의 설정 · 이전 · 변경이 있은 날부터 15일을 경과한 후에 지급정지 또는 파산신청이 있음을 알고 행한 것인 때에는 관재인 · 회생채무자에게 대항요건 구비행위에 대한 부인권을 부여한다.

지조건부 집합채권양도가 고안되었다.

집합채권양도담보의 원형인 본계약형은 양도담보 설정 시점에 집합채권을 양도하는 유형이다. 기존채권은 물론이고, 장래에 발생할 채권도 계약체결 시에 양도담보권자에게 양도되기 때문에 장차 발생하는 개별채권이 집합채권에 편입될 때에도 별도의 설정절차가 필요 없다. 계약과 동시에 채권양도의 통지를 하면 집합채권이 책임재산에서 제외된다는 뜻을 외부에 명백히 알리게 되어 일반채권자가 채무자의 책임재산 변경사실을 제때에 파악할 수 있으므로 절차상 특별히 문제 될 소지는 없다.

예약형은 담보설정행위를 채권양도의 예약에 그치도록 하고 채무자의 경제적 파탄 발생 시에 양도담보권자가 예약완결권을 행사하여 미리 백지로 교부받은 채권양도통지서를 보충하여 발송시키는 유형이고, 정지조건형은 채무자의 지급정지를 효력발생의 정지조건으로 하여 예약형과 같은 방법으로 담보권자가 채권양도의 통지를 하는 유형이다. 집합채권양도담보에서는 예약형과 정지조건형의 효력을 인정하여 양도담보권자를 담보권자 · 별제권자로 취급하느냐 아니면 부인하여 일반채권자를 보호하느냐가 논의된다.

(3) 학설과 판례

(가) 부인권행사 부정설과 긍정설

예약형 또는 정지조건부 양도담보는 채무자의 위기시기에 비로소 채권양도의 효력이 발생하므로 그 직후에 행하여진 대항요건 구비행위(채권양도통지)는 부인대상에서 제외된다는 논리로 만들어진 방식인데 과연 이러한 행위가 유효한지가 문제이다. 즉 회생파산법 제103조 · 제394조의 15일이라는 기간의 기산점을 예약이나 정지조건부 계약 시점으로 보느냐 아니면 예약완결 또는 정지조건 성취 시점으로 보느냐가 관건이다. 이와 관련하여 여러 견해가 치열하게 대립한다.

먼저 부인권 행사 부정설은 예약형 집합채권양도담보에서 양도담보의 예약은 채무자의 경제적 파탄 이전에 체결되었고, 지급정지 이후에 예약완결권이 행사되었다고 하더라도 이는 채무자가 아닌 양도담보권자의 행위이므로 부인대상이 아니라고 한다. 즉 채무자로부터 미리 교부받은 백지 양도계약서와 양도통지서를 사용하여 양도담보권자가 예약완결의 의사표시와 채권양도통지를 하면 부인권 행사의 여지가 없고, 정지조건부 양도담보는 예약완결의 의사표시조차 필요 없으므로 더욱 부인대상이 되지 않는다고 한다. 부정설에서는 예약 또는 정지조건은 집합채권을 양도담보로 이용하는 데 거래상 불가피한 것이라고 본다.[637]

이에 대하여 부인권 행사 긍정설은 세 가지로 나누어진다.[638] ① 비전형담보설이다. 예약형 양도담보의 계약(예약)시점에 집합채권에 대한 비전형담보권이 설정되지만, 피담보채권의 변제기까지는 외부적으로 채권이전의 형식을 취하지 않을 뿐이라는 견해이다. 위기시기에 갑자기 갖추어진 대항요건의 효력을 인정하면 무담보채권자의 이익을 현저히 해하므로 양도담보계약 시점으로부터 15일을 경과한 요건구비행위는 부인대상이라고 한다. 피담보채권의 변제기가 도래하여 양도담보권자가 예약완결 의사를 표시하면 외부적으로도 채권이전의 효과가 생긴다고 설명한다.[639] 정지조건부 양도담보에 대하여도 마찬가지로 이론을 구성한다. 비전형담보설에 대해서는 당사자는 채무자의 경제적 파탄이 발생하면 양도담보권자에게 담보권을 부여하려고 하는데 처음부

637) 飯島敬子, "集合債権譲渡擔保契約の否認", 「判例タイムズ 1108号」, 判例タイムズ社, 2003, 20頁.

638) 宇野聰, "集合債權讓渡の對抗要件具備行爲と否認", 「倒産判例百選(第3版)」, 有斐閣, 2002, 74-75頁.

639) 伊藤眞, 前揭書, 404頁.

터 담보권이 발생한다는 해석은 당사자 의사를 무시한다는 비판이 있고, 비전형담보권의 내용이 분명하지 않다는 비판도 있다.

② 예약 또는 정지조건 부분만 무효라는 견해이다. 이는 집합채권양도담보에 예약 또는 정지조건을 부관으로 덧붙여 부인권 행사를 저지하고, 예약완결권 행사 또는 정지조건 성취에 따라 갑자기 일반채권자보다 우월한 지위를 얻고자 하는 특약은 채권자 사이의 공평을 무너뜨리므로 무효라는 견해이다.[640] 양도담보의 대상이 되는 채권이 이미 발생한 경우(기존의 매출채권)에는 양도담보 설정계약 시에 채권양도의 효과가 발생한 것으로 보고, 발생하지 않은 채권(장래의 매출채권)은 발생 시에 채권양도가 된 것으로 보아 그때부터 15일을 기산한다. 이 견해에 대해서는 예약 또는 정지조건과 계약의 본체는 밀접불가분의 관계에 있으므로 예약 · 정지조건의 효력이 부정되면 계약의 본체 부분도 효력이 유지될 수 없다는 비판이 있다.

③ 예약형 또는 정지조건부 양도담보는 채무자의 지급정지 발생과 동시에 책임재산에 속한 채권을 곧바로 일탈시키려고 미리 의도하였으므로 편법으로 도산법의 기본원칙을 회피한다는 견해이다. 채무자의 지급정지와 동시에 목적채권의 양도라는 권리변동을 발생시키고, 목적채권을 우선적 · 배타적으로 취득하는 효과에 목적을 두어 계약체결 시점에 장차 일반채권자를 해한다는 사실을 쌍방 모두 알고 있었으므로 부인대상이라는 취지이다. 양도담보권자와 채무자의 의사를 실상에 맞게 파악하고, 채권자가 책임재산으로 간주하던 재산이 갑자기 이탈함을 방지한다는 이론 구성도 적절하여 가장 무난한 견해이다. 일본 최고재판소는 채무자의 지급정지를 정지조건으로 하는 집합채권양도계약은 위기시기 전에 계약이 체결되지만, 계약 당사자는 위기시기에 이를 때까지 집합채권을 채무자의 책임재산에 속하게 두었다가 위기시기가

640) 日本 上智大 田頭章一 교수의 견해이다.

도래하면 즉시 양도담보권자에게 귀속시켜 이를 책임재산에서 이탈시키려고 미리 의도하였으므로 도산절차상 부인권의 실효성을 잃게 하고, 채무자에게 위기시기가 도래한 후 행하여지는 채권양도와 실질적으로 같으므로 부인대상이라고 판시하여 이 견해를 채택하였다.[641)]

(나) 대법원 판례

대법원 2002. 7. 9. 선고 2001다46761 판결은 채무자가 단기대출금 만기를 연장하려고 금융기관에 매출채권을 양도하면서 ① 제3채무자별 채권금액 및 지급기일 명세를 금융기관에 제출하고 변동 시 수시보고하며 ② 채무자가 기한의 이익을 상실하면 금융기관이 채무자를 대리하여 채권양도 통지를 할 수 있고 ③ 채무자는 채권양도계약서 및 채권양도통지서를 백지로 제출하고 금융기관은 양도받을 채권을 확정하여 백지 양도계약서와 양도통지서에 제3채무자 및 채권금액을 기재할 권한을 가진다고 약정한 사건에서 다음과 같이 판시하였다.

대법원은 먼저 이 사건 약정은 대출채무를 담보하려고 채무자와 금융기관이 매출채권 양도를 목적으로 한 대물변제의 예약을 체결한 것으로 예약형 집합채권양도담보에 해당하고, 예약을 일방적으로 완결할 수 있는 예약완결권 및 대물변제로 양도 · 양수할 매출채권을 선택할 수 있는 선택권을 금융기관에 부여하는 한편 선택권과 예약완결권을 행사할 때 채무자를 대리하여 제3채무자에게 채권양도사실을 통지할 수 있는 대리권까지 함께 부여한 계약으로 해석하였다. 이러한 계약해석을 전제로 하여 채무자가 금융기관과 통모하여 예약완결권을 행사하였다고 볼 수 없고 달리 그 예약완결권 행사를 채무자의 행위와 동일시할 사정도 없다고 하면서, 예약완결권 행사 시로부터 15일 이내에 채권양도의 통지가 있은 이상 도산절차상 부인대상이 아니라고 판단하였

---

641) 일본 最高裁判所 2004. 7. 16. 선고 平成 13제1797 판결. 松下淳一, "停止條件附集合債權讓渡契約と否認權", 「倒産判例百選(第4版)」, 有斐閣, 2006, 70頁.

다.[642)]

(다) 판례 검토

대법원은 예약형 집합채권양도담보에 대하여 부인부정설을 취하였다. 그러나 위기시기에 뒤늦게 갖춰진 대항요건의 효력을 무비판적으로 인정하면 채권자의 이익을 현저히 해한다.

금융기관에서 기업에 자금을 대출할 때에는 대표자 개인의 인적 · 물적 보증을 요구하고, 계열기업이 있으면 계열사에도 연대보증을 요구하는 것이 상례이다. 그 결과 하나의 기업이 지급불능에 빠지면 대표자 개인도 연쇄부도를 내고, 계열사 전체가 함께 존폐의 갈림길에 선다. 계열기업 간의 상호지급보증은 1997년 외환위기의 주원인 가운데 하나로 손꼽힐 정도이다. 게다가 금융기관은 기업과 거래할 때 핵심자산을 담보로 확보하여 영업상 필요한 예치금에 질권을 설정하거나, 부동산에 저당권을 설정하거나, 공장설비에 저당권을 설정하거나, 비전형담보인 양도담보를 설정하는 방식으로 기업의 실질적 교환가치 대부분을 애초부터 확보한다. 따라서 금융기관은 절차에서 유리한 위치를 선점하고, 특히 별제권 · 대물변제예약의 완결권 · 상계권 · 백지어음 및 수표의 보충권 행사 또는 계열사 상호 간의 지급보증 등을 적시 적소에서 활용한다. 이러한 실정에서 금융기관으로 하여금 채무자의 매출채권까지 선택적으로 양도담보할 수 있도록 허용하고 이를 부인대상에서 제외하면 기업도산사건에서 관재인이 환가할 목적물(또는 채무자가 기업회생에 사용할 운영자금)이 아예 존재하지 않을 위험성이 크다.

만약 대법원과 같이 부인부정설을 취하면 회수가능성이 있는 채권은 금융기관이 선택하여 양도받고, 관재인 · 회생채무자는 경제적 가치가

642) 대법원 2004. 2. 12. 선고 2003다53497 판결도 예약형 집합채권양도담보에서 목적물인 집합채권은 대물변제예약 때가 아니라 예약완결권을 행사할 때 이전되므로 예약완결일로부터 15일 이내에 제3채무자에게 통지한 이상 부인할 수 없다고 판시하였다.

없다고 판단하여 남겨 놓은 부실채권 회수만 담당하게 된다. 그렇게 되면 기업도산사건은 절차비용이 부족하여 제대로 진행되지 못하고 초기에 폐지되는 사례가 늘어날 것이다.[643] 이러한 의미에서 집합채권양도담보를 부인권의 실효성을 잃게 하는 탈법행위로 보는 견해는 사안의 본질을 꿰뚫은 탁견이다. 절차를 진행할 비용[644]이나 무담보채권자를 위한 최소한의 배당재원을 마련하려면 집합채권양도담보는 부인대상이 되어야 한다.

(4) 영미법의 부동담보 제도

(가) 영국의 부동담보(floating charge)

영국에서는 19세기부터 부동담보(floating charge)가 인정되었는데 이는 원래의 고정설비가 나중에 다른 재산으로 대체되더라도 채무자의 새로운 행위를 기다리지 않고 그 재산 취득 시에 자동으로 유효한 담보권이 설정된다는 이론이다. 부동담보는 담보확보라는 채권자의 요구와 통상적 영업수행과정(in the ordinary course of business)에서 담보목적인 유동자산을 자유 처분하려는 채무자의 요구를 조화시킨 제도이다. 영국의 부동담보는 일물일권주의를 무시하고 기업의 재산을 총체적으로 파악하는 불특정담보로서 기업의 현재 또는 장래 영업재산에 부동산과 동산 · 채권을 불문하고 담보물을 특정하지 않은 채 설정하는 제도이다. 채무자는 재산을 자유 처분하거나 사용하면서 자금을 원활하게 조달하고, 채권자는 충분한 담보가치를 확보하는 장점이 있다. 영국에서는 회사등기관(registrar of company)에게 부동담보를 등기하여 채권자가 회사의 재무내용(예컨대 부채와 자본의 비율)을 알 수 있도록 공시

643) 김주학, 전게 「파산절차상의 부인권」, 95-97면.

644) 중소기업 도산사건에서는 재무 · 회계자료가 없어진 경우가 잦아 관재인은 몇 달이 지나야 비로소 사건의 전체적 윤곽을 파악할 수 있다. 관재인이 매출채권을 일부라도 회수할 수 있으면 그 자금으로 절차를 진행하지만, 그렇지 못하면 재단부족으로 절차를 폐지하는 길밖에 없다.

하고, 신용조회기관과 같이 회사의 신용위험도를 평가하려는 자에게 신용정보를 제공하여 재무분석가나 잠재적 투자자가 회사의 위험요소를 확인하게 돕는다.[645)]

(나) 미국의 부동담보(floating lien)

미국에서는 우리나라와 달리 부동담보(floating lien)가 약정담보권의 중심 역할을 한다. 미국의 부동담보는 제품 · 상품 · 생산 중인 제품 · 원재료와 같은 영업용 재고자산과 외상매출금 등의 미수금 채권을 대상으로 하고, 부동산이 포함되지 않는 점에서 영국과 다르다.[646)] 이때 재고자산(inventory)은 매각 · 임대 · 역무제공을 위하여 보유하는 동산 또는 사업에 사용 · 소비되는 원료 · 생산 중인 제품 · 재료와 곡물 · 가축을 포함하고, 미수금 채권(receivable)은 지급을 받을 수 있는 권리를 말한다. (연방도산법 제547조 a항) 또 그 효력은 담보권 설정 후 채무자가 취득한 동산에도 미치고, 담보물이 가공되어 변형되어도 그 제품 위에 존속한다. 미국 통일상법전(UCC)은 제삼자가 채무자 재산의 부동담보 제공 여부를 알 수 있도록 채무자에게 등록을 요구하지만, 거래등록제도(transaction filing system)가 아닌 공시등록제도(notice filing system)를 채택하였다.[647)] 거래등록은 담보계약서(security agreement) 자체를 등록하는 데 비하여 공시등록은 채무자가 어떤 채권자와 담보거래 중이거나 담보거래를 할 예정이라는 사실을 나타내는 신용관계 공시서(financial statement)를 등록한다. 따라서 공시등록을 열람하여도 구체

---

645) Vanessa Finch, supra note 1, at 102-103에 의하면 코크보고서는 부동담보가 영국 금융거래에서 핵심적 위치를 차지하는 유용한 제도이지만, 무담보채권자로부터 담보권자에게 도산가치를 과도하게 이전하고, 고정담보(fixed charge)와 부동담보를 구분할 기준이 명확하지 않은 단점이 있다고 지적하였다. 코크보고서의 지적은 미국의 부동담보 제도에도 타당하다.

646) 高木 新二郎, 前揭書, 171頁.

647) 森田修, 「初期融資者の優越の法理」, 商事法務, 2005, 87頁 이하에 두 가지 등록제도(filing system)에 대한 설명이 있다.

적으로 채무자의 어떤 재산에 담보권이 설정되었는지는 알 수 없지만, 채무자와 거래하려는 제삼자에게 채무자가 이미 누군가와 담보거래를 하고 있을지도 모른다고 경고하여 조사를 위한 출발점을 제공한다. 등록할 사항은 채무자와 담보권자의 이름과 주소 · 목적물의 종류 · 채무자의 서명 등인데 담보물에 대한 기재는 일반적 설명으로 충분하므로 밭작물이나 수목이 담보물이면 밭작물과 수목이 있는 토지 설명이 포함되면 된다. 등록부는 일반에게 공개되고 누구나 등록부를 열람 · 등사할 수 있다. 또 제삼자는 담보권의 상세한 내용을 당사자에게 문의할 수 있고, 채무자는 채권자에게 담보권의 개별 목적물과 미회수 채권액을 조회할 권한을 가진다.

미국 연방도산법상 부인권의 원칙에 따르면 부인대상기간(신청일로부터 90일 전까지) 중에 재산에 담보권을 설정하는 행위는 부인대상이 된다. 그러나 통일상법전(UCC)에 따라 설정된 부동담보는 개시신청 전 90일 동안에 목적물이 교체되어도 부인대상에서 제외된다. 다만, 개시신청 당시 그 가치가 90일 전보다 상승하면 상승한 부분은 부인대상이 된다. 예컨대 부동담보권자가 개시신청 직전에 채무자에게 상품 · 원재료를 대량 구매하게 하여 종래보다 재고를 증가시킨 결과 담보가치가 증가하면 부인대상이다. 즉 재고자산 · 미수금 채권과 그 환가물에 담보권을 설정하고 대항요건을 갖춘 행위는 부인대상에서 제외되지만, 무담보채권자의 부담으로 담보채권자의 지위가 개선된 때는 부인대상이 된다. (연방도산법 제547조 c항) 담보채권자의 지위가 개선된 때란 절차신청 당시 부동담보권자의 담보부족액이 부인대상기간의 담보부족액보다 감소한 때를 말한다. (improvement in position test) 가령 담보권자의 지위가 개선되어도 무담보채권자를 해하지 않는 때에는 부인대상이 아니다. 예컨대 재고의 재평가로 말미암아 담보가치가 증가하여 담보권자가 유리하게 된 때는 부인대상이 아니다.[648]

(다) 입법론

현재 우리나라에서도 집합채권 또는 집합동산양도담보가 금융거래에 활발히 이용되는데 해석론으로 담보권의 요건과 효과를 규율함은 한계가 있다. 물권변동 이론에 적합한 담보설정방법과 효력을 명확히 규정하고, 제삼자에 대한 새로운 공시방법을 도입할 필요가 시급하다. 세계적 모델로 자리 잡은 미국 통일상법전(UCC)의 등록제도는 좋은 참고가 된다.[649] 일본에서는 특례법을 제정하여 법인이 채권을 양도한 때 채권양도등기 파일에 등기하면 채무자 이외의 제삼자에게 확정일자 있는 증서에 의한 통지가 있는 것으로 본다. 그러나 제3채무자에 대한 대항요건은 여전히 민법상 통지 또는 승낙에 의하게 하여 제3채무자의 보호를 꾀한다.[650] 우리나라도 자산유동화 계획에 따른 채권양도는 자산유동화에 관한 법률에 대항요건 특례가 규정되어 있지만, 적용범위가 그다지 넓지 않기 때문에 담보거래의 효율성을 살리면서 일반채권자도 보호할 수 있는 입법이 요망된다.

(5) 동산 · 채권 등의 담보에 관한 법률

이와 관련하여 우리나라에서는 2012. 6. 11.부터 동산 · 채권 등의 담보에 관한 법률이 시행될 예정이다. 이 법은 담보등기라는 간편한 공시방법으로 채무자의 동산과 채권을 포괄적으로 담보할 수 있게 허용하면서 장래에 취득할 동산 · 채권까지도(after-acquired collateral) 그 범위에 포함하였다. 다만, 법인 또는 상업등기법에 따라 상호등기한 사람만 이 법에 따라 담보권 설정을 할 수 있고, 제3채무자에게는 등기사

648) 福岡 眞之介, 前揭書, 167-168頁.

649) 김재형, "동산담보제도의 새로운 전개 - 집합동산 양도담보와 그 개선방향을 중심으로", 「BFL 5호」, 서울대학교 금융법센터, 2004, 48-49면은 공시방법의 도입을 검토할 때 대륙법 체계와 영미법 체계의 조화가 이루어져야 한다고 조언한다.

650) 여러 차례 법 개정이 있었으나 현재는 2005. 10. 시행된 '動産及び債權讓渡の對抗要件に關する民法の特例等に關する法律'로 규율한다.

항 증명서를 건네주는 방법으로 담보설정 사실을 통지하거나 제3채무자가 이를 승낙하지 아니하면 대항하지 못하게 규정하였다. 이 법이 시행되면 기업의 담보거래에 큰 변화가 일어나면서 기업가치를 담보권자가 독점하게 되어 무담보채권자의 보호가 시급한 사회적 과제로 등장하리라고 예상한다.[651] 이는 담보거래의 효율성에만 집중하고, 일반채권자 보호에는 역행하는 법률이다.

다. 어음담보대출

(1) 개념

어음담보대출이라 함은 금융기관 등이 채무자가 소지한 제삼자 발행 어음을 배서양도 받는 방식으로 상업어음[652]을 담보로 하여 거래처에 대출하는 행위를 말한다. 채권자(금융기관)는 담보로 받은 어음의 만기가 도래하면 어음금을 추심하여 대출금 변제에 충당한다. 이를 어음양도담보라고 부르기도 하는데 피배서인인 채권자에게 어음이 이미 교부되어 담보물은 채무자의 영업재산에서 분리되었고, 피배서인은 어음채권 보전을 위하여 선관주의의무를 지며, 어음은 복수의 어음채무자에 대한 권리를 표상하는 유가증권이라는 점에서 일반적 양도담보와는 성질이 크게 다르다. 따라서 어음담보대출이 더 정확한 용어이다.

이와 관련하여 채무자에게 회생절차가 개시되면 채권자가 회생절차 안에서 변제받아야 하는지 아니면 절차개시 후에도 만기가 도래하면 어음금을 추심하여 변제충당할 수 있는지가 논의된다.[653] 파산절차가 개시된 때에는 채권자는 담보어음에 대하여 별제권을 가지고, 별제권 행사로 회수하지 못한 금액에 대해서는 파산채권을 행사한다. 즉 어음

651) 이 문제는 '현대 도산법의 새 과제 - 무담보채권자의 보호'에서 상세히 서술하였다.
652) 상업어음은 매매대금의 지급을 위하여 발행된 어음을 총칭하는 용어이다.
653) 서울중앙지방법원 파산부 실무연구회, 전게 「회생사건실무 상」, 392면.

담보대출과 관련한 논의는 회생절차에만 해당한다.

(2) 담보권설과 채권설

어음담보대출을 한 채권자를 절차에서 어떻게 취급하는지를 놓고 회생담보권설 · 회생채권설 · 절충설이 대립한다.[654] ① 회생담보권설은 당사자가 어음할인이 적합하지 않다고 판단하여 양도담보를 선택하였고, 거래의 실질이 담보이며, 채권질은 회생담보권으로 취급하면서 어음담보는 회생채권으로 취급하면 균형이 맞지 않는데다가, 담보어음이 회사 재산에서 완전히 이탈하지는 않았다는 점을 그 근거로 든다. 담보권설 안에서도 구체적으로 양도담보권자는 만기에 어음금을 추심하여 보관하여야 한다는 견해 · 담보권자로서 채권신고하고 어음상 채무자에게 공탁을 청구한다는 견해 · 채무자와 합의하여 어음금을 추심하되 이를 채무자 명의로 별단예금하여 그 위에 질권을 설정한다는 견해 · 채권신고기간이 만료할 때까지는 추심금을 수시로 변제충당할 수 있다는 견해 등이 대립한다. 담보권설에 의하면 어음금액이 그대로 담보권액으로 인정되는 것은 아니고, 채무자를 제외한 어음지급 의무자의 변제능력에 따라 담보권액이 결정된다. ② 회생채권설은 어음담보대출은 채무변제의 편의를 위하여 어음을 양도하였으므로 그 실질이 어음할인과 마찬가지라고 하면서 어음상 지급의무자를 보증인과 같이 취급하여 회생절차에 의하지 않은 어음금의 변제충당을 인정한다.[655] 담보목적으로 어음이 배서 양도되었지만, 어음에 대한 지배권이 채권자에게 귀속되어 어음담보 대출자는 담보어음을 자신의 재산으로 지배하므로 피담보채권은 회생채권이 된다고 한다.[656] 채권설은 어음담보대출을 실질적으로 어음할인(매매)으로 보아 어음 추심금의 변제충당을 인정하고

654) 我妻學, "手形の譲渡擔保權者の地位", 「倒産判例百選(第4版)」, 有斐閣, 2006, 105頁.
655) 加藤哲夫, 前揭 「破産法」, 173頁.
656) 伊藤眞, 前揭書, 343-344頁.

담보 부족분은 회생채권으로 취급하는 점에서 담보대출을 어음할인보다 두텁게 보호하므로 형평에 반한다는 비판이 있다. ③ 절충설은 어음담보대출에는 어음할인과 담보라는 두 가지 형태가 포함되어 있으므로 당사자 약정을 합리적으로 해석하여 구분하자는 견해이다. 어음할인 형태는 담보권으로 취급하지 않고, 담보 형태에서도 개시결정 때까지 변제충당한 부분을 제외한 잔액만 회생담보권으로 인정한다. 담보권 여부는 어음금과 대출금의 차액과 어음할인 대가를 비교하고, 어음 추심금을 채무자에게 반환하고 신규로 어음을 배서 양도받는지, 또 부동산도 함께 담보로 설정되었는지를 기준으로 하여 구분한다. 절충설에서 말하는 어음할인과 담보권을 구체적으로 구별하는 것이 곤란하다는 비판이 있다.

(3) 검토

일본의 도산실무는 어음담보대출자가 자신의 채권을 회생채권으로 신고한 다음 만기일에 어음금을 추심하여 채권변제에 충당하고 변제액만큼 채권신고를 취하하는 사례와 회생담보권으로 신고한 다음 만기일에 추심한 금액을 담보권자가 보관 또는 공탁하여 놓고 회생계획에 따라 변제충당하는 사례로 나누어진다.[657] 서울중앙지방법원에서는 어음담보대출을 회생담보권으로 취급하여 회생계획에 따라 분할변제를 하면서도 어음 만기가 도래하면 추심금을 담보권자에게 지급하는 형태로 처리한다.[658]

회생절차에서 담보권자의 별제권 행사를 막고 회생계획으로 권리를 변경하는 이유는 목적물이 도산기업의 재건에 필요하므로(예컨대 공장 건물 · 기계 · 원료 · 제조 중인 제품 등) 이를 환가 · 처분하지 못하게 하여

657) 我妻學, 前揭論文, 105頁.
658) 서울중앙지방법원 파산부 실무연구회, 전게 「회생사건실무 상」, 392면.

채무자로 하여금 계속 사용 · 수익하게 하려는 데 있다. 그런데 금융기관에 담보제공된 상업어음은 이미 배서양도되어 채무자의 손을 떠났고, 기업활동에 필수불가결한 재산도 아니므로 굳이 회생담보권의 목적이 된다고 해석할 이유가 없다. 또 담보어음은 어음담보대출 때 채무자의 점유를 이탈하면서 책임재산에서 제외되었으므로 채권자가 어음금을 추심하여 자신의 채권변제에 충당하여도 일반채권자에게 예측하지 못한 손해를 입히지 않는다. 현재와 같이 어음담보대출자에게 분할변제를 하면서도(회생담보권으로 취급) 추심금을 지급하는(사실상의 별제권 인정) 실무 처리는 절차에 오히려 혼란을 가져온다. 어음담보대출을 둘러싼 법률관계를 간명하게 처리한다는 취지에서 회생채권설에 찬성한다.

VII

P·A·R·T

법률관계의 조정

1 환취권

환취권(還取權)이라 함은 환취권자가 파산관재인 또는 회생채무자[659]가 재단에 속하지 않는 재산을 지배하지 못하도록 배제하는 권리를 말하는데 실체법에 기한 경우를 일반환취권(회생파산법 제70조, 제407조), 회생파산법에 기한 경우를 특별환취권이라고 한다. (제71-73조, 제408-410조)

가. 일반환취권

(1) 의의

절차개시 당시를 기준으로 하여 채무자가 점유한 동산과 채무자 명의의 부동산은 모두 관재인의 관리하에 들어간다. 관재인은 집행기관이 아니지만, 실제로는 채무자에게 속하지 않는 제삼자의 재산이 재단에 속하게 되어 관재인이 점유 · 관리하는 경우도 있다. 그렇지만, 절차개시 전부터 제삼자가 채무자에 대하여 어떤 재산을 자신에게 인도하라고 청구할 수 있는 권리를 가진 때에는 이를 관재인에게 주장할 수 있다. 이러한 제삼자의 권리를 환취권이라고 하는데 환취권은 법률상 당연히 있어야 할 법정재단과 현실적으로 점유 · 관리하는 현유재단과의 불일치를 바로잡는 기능을 가진다.[660] 다만, 제삼자의 권리는 압류채권자와 동일시되는 관재인에게도 대항할 수 있는 내용이라야 한다.

일반환취권은 민법 · 상법 등 실체법상의 권리이고, 회생파산법이 창설한 권리는 아니다. 채무자에게 속하지 않는 재산이 재단에 편입되어

659) 회생채무자도 파산관재인과 마찬가지로 환취권 행사의 상대방이 되나, 서술의 편의를 위하여 이하에서는 관재인으로 대표하여 표기한다.

660) 宗田親彦, 前揭書, 446頁.

도 환취권자의 실체법상 권리에는 아무런 영향을 미치지 않으므로 환취권자가 재단으로부터 목적물 반환을 구할 수 있음은 당연하다. 환취권과 별제권은 재단 가운데 특정재산에 대한 권리라는 점은 공통되지만, 별제권은 특정재산에 대한 담보권을 실행하여 우선변제를 받는 권리이고, 환취권은 특정재산에 대한 관재인의 지배를 배제하는 권리라는 점에서 다르다.

(2) 환취권의 기초가 되는 권리

환취권은 제삼자가 목적물에 대하여 가지는 실체법상 지배권으로서 절차개시에 의하여 영향을 받지 않는다. 따라서 어떠한 권리가 환취권으로 취급되느냐는 실체법에 의한 물건의 지배권이 인정되느냐 또 그 지배권에 대하여 대항요건이 갖추어졌느냐를 기준으로 하여 결정된다.

(가) 소유권

소유권은 목적물에 대한 배타적 지배권을 내용으로 하므로 환취권의 기초로서 인정되지만, 소유권자의 지배권이 제한되는 때에는 환취권이 부정된다.[661] 또 관재인이 각종 실체법규에 의하여 제삼자로서 보호받을 때에도 관재인에 대한 소유권 주장이 제한된다.

소유권자의 환취권과 관련하여 양도담보 · 소유권유보부 매매 · 금융리스가 종전부터 논의되어왔다. 즉 형식적으로 소유권자인 양도담보권자, 소유권유보부 매도인, 리스회사에 그 소유권을 근거로 하는 환취권이 인정되느냐 아니면 양도담보권자 등의 소유권의 실질은 담보권에 불과하므로 목적물에 대한 배타적 지배권이 부정되어 담보권 · 별제권이 되는 데 그치느냐는 다툼이다. 양도담보는 담보권 · 별제권이 된다는 점은 전술하였고, 소유권유보부 매매와 금융리스는 쌍방미이행 쌍

661) 전병서, 전게서, 286면은 재단이 임차권을 가지는 때에는 소유권자라 하더라도 임대차가 종료되지 않으면 환취할 수 없다는 예를 든다.

무계약에서 후술한다.

(나) 기타 물권

용익물권(用益物權)과 담보물권이 환취권의 기초가 될 수 있느냐는 그 권리의 성질에 따라 다르다. 지상권 등의 용익물권은 목적물 점유를 권리내용으로 하므로 관재인이 목적물을 점유할 때에는 권리자는 환취권 행사로서 목적물 인도를 구할 수 있다. 또 점유권도 환취권의 기초가 될 수 있다. 질권과 유치권처럼 점유를 수반한 담보물권도 마찬가지이다. 이에 반하여 저당권은 점유를 수반하지 않으므로 점유이전을 위한 환취권을 주장하지 못한다.

(다) 채권적 청구권

채권적 청구권이 환취권의 기초가 되느냐도 그 권리의 성질에 따라 다르다. 어떤 재산이 재단에 속하고 관재인의 관리처분권 대상이라는 전제하에 채권적 청구권을 주장하는 자는 파산 · 회생채권자로서 취급되고 환취권자로는 인정되지 않는다. 이에 비하여 채권내용이 관재인의 지배권을 부정하고 인도를 구할 수 있으면 채권적 청구권이라도 환취권의 기초가 된다.[662] 채무자가 전차한 물건에 대하여 전대인이 전대차 종료를 이유로 환취권을 주장하는 때가 이에 해당한다.[663] 그 밖에 형성권인 사해행위취소권이 환취권의 기초가 되는 수도 있다. 예컨대 절차개시 전에 제삼자가 채무자에게 특정재산을 양도한 때 제삼자의 채권자가 양도행위를 사해행위로 취소하고 관재인에게 목적물 반환을 구하는 경우이다.

(라) 신탁관계상의 권리

특정재산이 신탁재산이 된 때 수탁자에 대하여 파산절차가 개시되어도 신탁재산은 파산재단에 속하지 않는다. (신탁법 제22조) 따라서 파산

662) 伊藤眞, 前揭書, 312頁.
663) 서울중앙지방법원 파산부 실무연구회, 전게 「회생사건실무 상」, 334면.

절차 개시로 수탁자의 임무가 종료하고(같은 법 제11조 제1항), 신수탁자가 선임되면(같은 법 제17조) 신수탁자는 수탁자의 관재인에게 신탁재산에 관한 환취권을 행사할 수 있다.

(마) 매매위탁자의 권리

위탁매매인에게 도산절차가 개시된 때 위탁자가 목적물 환취권을 주장할 수 있느냐가 문제 된다. 위탁매매인이 위탁자로부터 받은 물건 또는 유가증권이나(판매위탁) 위탁매매로 취득한 물건 · 유가증권 · 채권은(구매위탁) 위탁자와 위탁매매인 또는 위탁매매인의 채권자 사이의 관계에서는 이를 위탁자 소유로 본다. (상법 제103조) 따라서 위탁자가 위탁매매인에게 판매물건을 인도한 때나 구매자금을 지급한 때에는 환취권이 인정된다. 이는 경제적으로 위탁자의 소유이고, 위탁매매인의 채권자는 위탁매매인과 일체라고 보아야 하기 때문이다. 물론 대금이 지급되지 않은 때에는 위탁자를 보호할 이유가 없으므로 환취권이 부정되고, 대금지급의무와 물품인도의무의 쌍방미이행 쌍무계약으로서 위탁매매인의 관재인이 이행 또는 해제를 선택할 수 있다. 한편, 위탁매매인이 물건을 판매하고 대금을 수령하기 전에 절차가 개시되었다면 위탁자는 대체적 환취권을 갖는다.[664]

(3) 환취권의 행사

환취권은 재단 소속재산을 환취하는 권리이므로 관재인에게 행사한다. 그러나 절차의 제한을 받지 않으므로 채권신고는 필요 없고, 소송상 또는 소송 외의 적절한 방법으로 하면 된다. 제삼자가 환취권 행사로서 목적물 인도 등을 구할 때 관재인이 이를 다투면 이행소송을 제기하지만, 다툼이 없으면 관재인으로부터 임의 인도를 받는다. 다만, 관재인이 일정한 가액 이상의 환취권을 승인할 때에는 법원의 허가를 받

664) 전병서, 전게서, 288면.

아야 한다. (회생파산법 제61조 제1항, 제492조) 반대로 관재인이 제삼자가 점유하는 목적물에 대하여 인도청구소송을 제기한 때에는 제삼자는 그 목적물에 대한 지배권을 주장하면서 환취권 항변을 할 수 있다.

나. 특별환취권

일반환취권은 목적물에 대하여 실체법상 지배권을 가짐을 근거로 하지만, 특별환취권은 그와 별도로 회생파산법이 특별히 창설한 권리이다.

(1) 운송 중인 매도물의 환취권

매매계약의 매수인이 도산한 때 매도인의 목적물인도의무와 매수인의 대금지급의무가 쌍방미이행이면 계약관계는 쌍방미이행 쌍무계약의 법리에 따라 처리된다. (제119조, 제335조) 또 매도인의 인도의무가 이행되었으면 그 대금채권은 파산 · 회생채권이 된다. 이와 관련하여 회생파산법은 격지자 사이의 매매에 관한 특칙을 두어 이미 매도인이 목적물을 발송한 때에도 매수인이 그 대금 전액을 변제하지 않고, 도달지에서 목적물을 수령하지 않은 상태에서 매수인에 대하여 도산절차가 개시되면 매도인에게 환취권을 인정한다.[665] (제71조, 제408조) 매도인이 환취권을 행사할 때 목적물에 대하여 실체법상 지배권을 가진다는 점을 입증할 필요는 없다. 또 환취권은 매도인의 특별한 권한이므로 환취권이 행사되어도 소유권 귀속이나 매매계약 그 자체의 효력에는 영향을 미치지 않는다.[666]

---

665) 宗田親彦, 前揭書, 459頁에 의하면 이는 원래 영미법상 운송 중의 중지권(right of stoppage)이라는 제도인데 대륙법계 국가가 수입하였다고 한다.

666) 서울중앙지방법원 파산부 실무연구회, 전게 「회생사건실무 상」, 336면은 매도인이 운송중지와 목적물반환을 구할 수 있고, 현재에는 운송기간의 단축과 신용조사수단의 발달에 의하여 매수인의 신용정보도 쉽게 얻을 수 있기 때문에 실제로 위 환취권을 적용할 여지는 거의 없다고 설명한다.

매도인에게 환취권이 인정되려면 다음 세 가지 요건이 갖추어져야 한다. 즉 ① 격지자 사이의 매매이어야 한다. 이는 매도인이 목적물을 제삼자에게 운송하게 하느냐에 따라 결정되고, 매도인 스스로 또는 그 대리인이 운송하는 때에는 격지자 매매가 아니다. ② 매수인이 대금 전액을 지급하지 않아야 한다. ③ 절차개시 당시 매수인이 도달지에서 목적물을 수령하지 않아야 한다. 이때 수령은 매수인이 목적물의 현실적 점유를 취득함을 의미하고, 화물상환증 · 선하증권 등의 유가증권을 교부받은 정도로는 충분하지 않다. 또 수령은 원래 도달지에서 하여야 하므로 운송 도중에 매수인이 목적물을 수령하여도 환취권은 성립한다.[667] 또 절차개시 후 관재인이 목적물을 현실적으로 수령한 때에도 개시결정 당시를 기준으로 요건이 갖추어졌으면 환취권이 인정된다.

이때 매도인의 환취권 행사에 대항하여 관재인은 대금 전액을 지급하고 환취권을 소멸시켜 운송인에게 목적물 인도를 청구할 수 있다. 관재인이 대금을 지급하고 목적물 인도를 받으면 매매계약은 소멸한다. 반면에 매도인이 환취권을 행사하여 목적물 점유를 회복하면 매매계약은 쌍방미이행 쌍무계약이 된다. (제71조 제2항, 제408조 제2항)

(2) 위탁매매인의 환취권

매수위탁을 받은 위탁매매인이 매수한 물품을 위탁자에게 발송한 때에도 위탁자가 도산하면 위탁매매인에게 환취권이 부여된다. (제72조, 제409조) 격지자 사이의 거래에서 위탁매매인과 위탁자와의 관계는 격지자 사이의 매매와 유사하므로 특별환취권을 부여하였다. 성립요건은 매도인의 경우와 마찬가지이다.

위탁매매인이 환취권을 행사하여 목적물 인도를 받으면 점유가 회복되므로 상사유치권을 취득하고 담보권 · 별제권이 인정된다.[668] 그러나

667) 加藤哲夫, 前揭「破産法」, 202頁.

위탁매매인이 환취권 행사로 물품의 점유를 회복한 때 위탁매매인과 위탁자 사이에 쌍방미이행 쌍무계약의 법리는 적용되지 않는다.[669] 위탁매매에는 회생파산법 제71조 제2항, 제408조 제2항이 준용되지 않기 때문이다. 다만, 위탁자의 관재인은 보수와 비용 전액을 지급하고 환취권을 소멸시킬 수 있다.

다. 대체적 환취권

(1) 의의

일반환취권이건 특별환취권이건 그 목적은 환취권자가 관재인이 지배하는 목적물을 반환받는 데 있다. 그러나 목적물이 이미 양도되어 재단에 현존하지 않을 때 목적물에 갈음하는 반대급부 또는 그 청구권에 대하여 환취권을 인정하는 제도가 대체적 환취권이다. 또 대체적 환취권을 행사하여도 환취권자에게 손실이 있는 때에는 그 손실은 목적물을 채무자가 양도한 때에는 파산 · 회생채권, 관재인이 양도한 때에는 재단 · 공익채권이 된다.[670]

채무자와 관재인이 목적물을 제삼자에게 양도한 때 선의취득(민법 제249조) 등의 이유로 목적물 소유권이 제삼자에게 이전하면 환취권자는 목적물 자체를 제삼자로부터 환취할 수 없고, 대체적 환취권 행사로 만족하여야 한다. 그러나 선의취득이 성립하지 않으면 목적물을 환취할 수 있으므로 이때에는 제삼자에 대한 환취권과 대체적 환취권을 선택하여 행사한다.[671]

특별환취권에서는 실체법상 소유권 귀속과는 관계없이 매도인과 위

668) 前揭書, 203頁.
669) 伊藤眞, 前揭書, 318頁.
670) 전병서, 전게서, 300면.
671) 伊藤眞, 前揭書, 321頁.

탁매매인에게 목적물에 대한 점유권한이 부여된다. 그러나 채무자와 관재인이 목적물을 제삼자에게 양도한 때에는 환취권자는 관재인에 대하여 점유권한을 실행할 수 없다. 따라서 일반환취권과 마찬가지로 특별환취권에서도 대체적 환취권이 인정된다.[672)]

(2) 반대급부가 이행되지 않은 때

예컨대 제삼자 소유 동산을 점유하는 채무자가 절차개시 전에 목적물을 양도하고 아직 그 대금을 수령하지 않은 때에는 대금채권은 재단소속재산이 된다. 이때 제삼자는 관재인에게 목적물 자체에 대한 환취권을 행사할 수는 없다. 또 목적물 대금 상당액에 대하여 손해배상 청구권과 부당이득반환 청구권을 행사하여도 이는 채무자의 행위를 이유로 하므로 원칙적으로 파산 · 회생채권이 됨에 그친다. 그러나 채무자는 권한 없이 타인의 재산을 양도하였고, 대금채권은 목적물의 대위물로서 다른 재산과는 명백히 구별되므로 회생파산법은 대금채권 즉 반대급부 청구권에 대하여 대체적 환취권을 인정한다. (제73조 제1항, 제410조 제1항) 환취권자는 관재인에게 반대급부 청구권 양도의 의사표시와 대항요건으로서의 통지를 요구할 수 있다.

일단 목적물이 재단에 편입되고 나서 관재인이 그것을 제삼자에게 양도한 때에도 마찬가지이다. 이때에는 일반원칙에 의하면 관재인의 불법행위가 성립하고 재단은 그로 말미암아 부당이득을 얻었으므로 환취권자의 권리는 재단 · 공익채권으로 보호된다. 그러나 재단이 부족한 경우에는 재단 · 공익채권이라고 해서 완전한 만족이 보장되지는 않으므로 회생파산법은 대체적 환취권을 부여하여 그 보호를 꾀한다.

672) 전병서, 전게서, 301면.

(3) 반대급부의 이행을 받은 때

절차개시 전에 채무자가 목적물을 양도하고 그 반대급부를 수령하면 이는 일반재산 가운데 혼입되므로 환취권자에게 특별한 지위를 부여할 수 없다. 가령 급부 목적물이 특정물이어도 결론은 마찬가지이다. 따라서 환취권자는 부당이득반환 청구권과 손해배상 청구권을 파산 · 회생채권으로 행사하는 방법밖에 없다.[673)]

이에 대하여 목적물이 재단에 편입되고 나서 관재인이 이를 처분하여 반대급부를 수령한 때에는 관재인의 불법행위 또는 재단에 의한 부당이득으로서 환취권자는 재단 · 공익채권자가 된다. 이때 환취권자는 관재인이 반대급부로 받은 재산의 반환을 청구할 수 있다. (제73조 제2항, 제410조 제2항) 다만, 대체적 환취권이 성립하려면 대위물이 다른 재산과 구별되어야 하므로 반대급부는 특정물이라야 한다. 따라서 금전과 같이 불특정물인 때에는 환취권자는 재단 · 공익채권자로만 취급된다.[674)]

673) 서울중앙지방법원 파산부 실무연구회, 전게 「회생사건실무 상」, 339면.
674) 加藤哲夫, 前揭 「破産法」, 205頁.

2 부인권

가. 개념

(1) 부인권의 기능

부인권(否認權)은 도산절차가 개시되기 전에 행하여진 채무자의 재산관계 변동의 효력을 부인하고, 재단으로부터 일탈한 재산을 회복시키고자 파산관재인 또는 회생채무자[675]가 행사하는 권능을 말한다. 절차개시 전의 혼란기에 채무자가 재산을 특정채권자에게 이전하면 도산절차의 공평성을 유지할 수 없다. 부인권은 절차의 집단적 성격을 보호하고 안분배당을 보장하여 일반채권자의 희생으로 특정채권자가 부당한 만족을 얻지 못하게 막는다.[676] 이는 재단과 상대방 사이에서 재산관계의 변동을 소급하여 실효시키는 실체법상 형성권이다. 다만, 부인권은 도산이 개시되지 않았다면 유효하게 취급되었을 법률관계에 개입하여 그 효력을 부정하므로 소송 · 부인의 청구 · 항변으로 재판절차에서만 행사할 수 있다. 이처럼 부인권은 절차개시 전의 행위를 개시 후에 평가하는 평가규범이다.[677]

부인권은 재단을 충실하게 확보하는 기능을 발휘하지만, 채무자가 도산하였다는 이유로 거래가 무효로 되어 상대방이 재산을 반환하여야 하는 점에서 거래의 안전을 위협하는 요인도 되므로 부인권 제도를 운용할 때에는 이처럼 상반되는 두 가지 법익을 잘 조화시켜야 한다.

---

675) 회생채무자도 파산관재인과 마찬가지로 부인권을 행사하나, 서술의 편의를 위하여 이하에서는 관재인으로 대표하여 표기한다.

676) Vanessa Finch, supra note 1, at 398.

677) 宗田親彦, 前揭書, 340頁.

(2) 부인의 대상

부인권 행사의 대상은 행위가 아니라 법적 효과이고, 법률행위가 아니라도 넓게 법률적 효과를 발생하는 행위는 부인할 수 있다. 부인권의 목적은 채무자의 행위를 실효시키는 데 있지 않고, 도산법 질서에 위반하여 변동된 재산관계를 원상으로 회복하는 데 있기 때문이다.

즉 부동산과 동산의 매각 · 증여 · 채권양도 · 채무면제 같은 협의의 법률행위에 한하지 않고 변제 · 채무승인 · 법정추인 · 채권양도의 통지와 승낙 · 등기 · 등록 · 동산의 인도와 같은 법률효과를 발생시키는 일체의 행위를 포함한다. 또 사법상(私法上) 행위에 한하지 않고 소송법상 행위인 재판상 자백 · 청구포기 및 인낙 · 재판상 화해 · 소와 상소의 취하 · 상소권의 포기 · 공정증서의 작성 · 염가(廉價)의 경매도 대상이 되고, 공법상 행위도 그 대상이 된다. 나아가 신주발행 · 회사설립 · 현물출자 · 합병과 같은 회사법상 행위도 대상이 된다.

또 부인대상이 되는 행위는 반드시 법률적으로 유효할 필요는 없고, 허위표시 · 착오 · 사회질서에 반하는 법률행위와 같이 무효 · 취소사유가 있더라도 무방하다. 채무자의 급부가 불법원인급여에 해당하여 채무자는 반환을 청구할 수 없어도 관재인은 이를 부인하고 반환을 청구할 수 있다.[678] 왜냐하면, 관재인은 재단을 중립적 입장에서 관리 · 처분하는 독립한 기관으로서 제삼자의 지위를 가지기 때문이다.[679] 관재인은 행위의 무효 · 취소와 부인을 동시에 주장할 수도 있고, 부인만 주장할 수도 있다.

(3) 파산절차의 부인권과 회생절차의 부인권

두 절차의 부인권은 입법목적과 규정내용이 거의 같다. 다만, 파산절

678) 서울중앙지방법원 파산부 실무연구회, 전게 「법인파산실무」, 232면.

679) 坂本惠三, 前揭論文, 36-37頁.

차에서는 이탈한 재산을 회복하여 이를 환가한 다음 채권자에게 배당함을 목적으로 하지만, 회생절차에서는 재산 환가가 일차적 목적이 아니고 이탈한 재산을 회복한 다음 이를 기업재건에 사용하여 기업의 수익력을 회복함을 목적으로 한다.[680)]

또 파산절차에서 담보권자는 별제권을 가지므로 절차개시 전에 담보권을 실행하여도 부인대상이 되지 않지만, 회생절차에서 담보권 실행이 부인대상이 되는지는 견해가 대립한다. 회사정리법 시대의 판결이지만, 이와 관련하여 대법원은 채무자의 지급정지 후 회사정리절차 개시 전에 채권자가 질권의 목적물을 처분하여 만족을 얻은 행위는 부인대상이라고 판시하였다.[681)] 학설도 대법원 판결을 지지하여 민사집행법의 실행방법에 의하여 질권이 실행된 경우와의 균형상 질권자가 직접 질권을 실행한 때에도 부인대상이 된다고 해석하는 견해가 다수설이다.[682)]

소수설로는 회생절차에서도 편파행위 여부는 담보권 실행으로 취득한 가치와 청산가치를 비교하여 판단하고, 그에 상응하는 담보권 감축이 수반되면 편파행위가 되지 않는다는 견해가 있다. 이론구성은 다수설과 다르지만, 이 견해도 회생절차에서 담보권이 감축된다는 사실을 당연한 전제로 하고 있다.[683)]

그러나 담보권자가 담보권을 실행한 이후에 채무자에게 파산절차가 개시되면 그 효력에 영향이 없지만, 회생절차가 개시되면 부인할 수 있다고 해석하면 담보권자의 권리와 거래의 안전을 심각하게 해한다.

---

680) 서울중앙지방법원 파산부 실무연구회, 전게「회생사건실무 상」, 289-290면.

681) 대법원 2003. 2. 28. 선고 2000다50275 판결.

682) 김형두, "담보권의 실행행위에 대한 관리인의 부인권",「민사판례연구 26권」, 박영사, 2004, 572면. 이 논문은 법원도서관의 법고을 LX DVD 2011에서 참조하였다.

683) 김성용, "미국 파산법상의 부인권 개관-우리 법과의 비교를 더하여-",「법조 507호」, 법조협회, 1998, 139면. 이 논문은 법원도서관의 법고을 LX DVD 2011에서 참조하였다.

① 개시된 절차의 종류가 파산이냐 회생이냐는 것은 담보권자나 그 목적물을 취득한 제삼자에게는 우연한 사정에 불과하고 ② 담보권 실행으로 담보권자가 회수한 가치는 회생절차가 개시되더라도 어차피 회생담보권으로 인정되어 담보권자의 몫으로 확보될 부분이며,[684] 가령 부인권을 행사하여도 반환된 재산 또는 상환한 금액 위에 담보권이 부활하므로 그 실익이 없는데다가 ③ 회생절차가 개시되었다고 해서 담보권이 반드시 제한되어야 할 근거가 없고(다수설과 판례는 담보권이 어느 정도 감축된다는 사실을 당연한 전제로 한다.) ④ 목적물이 사업수행에 필수 불가결하였다면 채무자가 질권을 설정하지 않았을 것이므로 이미 처분된 목적물을 채무자 회사가 굳이 반환받아야 할 이유도 없다. 따라서 담보권자의 정당한 담보권 행사는 회생절차가 개시되어도 부인대상이 되지 않는다.[685] 다만, 처분가격이 지나치게 낮아 상당성을 잃은 때에는 예외적으로 부인대상이 된다.

나. 성립요건

고의부인 · 위기부인 · 무상부인에 각기 특유한 요건이 있지만, ① 행위의 유해성 ② 부당성 ③ 채무자의 행위라는 세 가지 요건은 모든 유형에 공통되는 일반적 요건이다.[686]

---

684) 미국 연방대법원은 채무자가 저당권 실행을 사해행위라고 하면서 부인권을 행사한 사안에서 사해행위 부인요건인 '합리적 가치'는 공정한 시장가격이 아니라 담보권 실행대금이라는 논리로 부인권 행사를 허용하지 않았다. BFP v. Resolution Trust Corp., 511 U. S. 545 (1994). 각주에 인용하는 연방대법원 판결은 모두 http://web2.westlaw.com 에서 인용하였다.

685) 임채웅, "담보권의 임의적 실행행위와 부인권에 관한 연구–대법원 2003. 2. 28. 선고 2000다50275 판결을 중심으로–", 「BFL 1호」, 서울대학교 금융법센터, 2003, 81면은 대법원이 법률을 무리하게 확장해석하여 채권자의 임의적 실행행위를 사후에 부인하도록 허용함으로써 담보권을 무력화시키고 채권확보방법을 찾을 수 없게 만든다는 실무계의 강력한 반론을 소개한다. 이 논문은 법원도서관의 법고을 LX DVD 2011에서 참조하였다.

686) 부인권의 성립요건, 고의부인 · 위기부인 · 무상부인, 행사의 효과는 김주학, 전게 「파산절차상의 부인권」, 17–26, 36–49, 50–67면을 수정 · 가필하였다.

(1) 유해성

부인권이 채권자의 이익을 실현한다는 목적을 가지는 이상 그 대상이 되는 행위가 채권자에게 유해하여야 함은 당연한 요건이다.[687] 회생파산법은 고의부인이나 위기부인의 요건을 규정하면서 채권자를 해한다는 표현을 사용한다.[688] 채권자를 해한다는 말은 채권자를 위한 배당재원을 감소시킨다는 의미이나, 여기에는 채무자의 일반재산을 절대적으로 감소시키는 사해행위(재산감소행위) 외에 채권자 사이의 평등을 저해하는 편파행위도 포함된다는 해석이 통설 · 판례이다.[689]

재산감소행위는 재산의 염가매각이 전형적인 예로서[690] 적극재산의 감소 이외에 소극재산의 증가도 포함되지만, 재단의 증가를 방해하는 데 그치는 행위는 포함되지 않는다. 따라서 증여의 거절이나 상속 · 유증의 포기는 부인할 수 없다. 재산매각 후 가격이 급등한 것 자체는 부인할 수 없고, 염가매각 후 가격이 하락한 때나 고가로 구매한 이후 가격이 급등한 때에도 부인할 수 없다.

유해성 있는 행위는 일의적으로 설명할 수 없고, 행위 당시의 채무자의 재산상태 · 처분재산이 채무자 재산에서 차지하는 중요성 · 행위의 형태 · 행위의 동기 및 목적의 정당성 · 수단과 방법의 타당성 · 상대방과의 관계에 의하여 종합적으로 판단한다. 유해성은 객관적 개념이므로 가령 채무자가 유해하다고 잘못 판단한 때에도 객관적으로 그 행위가 유해하지 않으면 유해성이 없다. 한편, 일체로 이루어진 행위의 유

687) 伊藤眞, 前揭書, 378-379頁.

688) 파산절차의 부인권 일반규정은 회생파산법 제391조이고, 회생절차의 일반규정은 제100조이다. 두 조문은 내용이 거의 같고, 파산절차에서는 채권자를 파산채권자라고 표현하고, 회생절차에서는 회생채권자 또는 회생담보권자라고 표현한 정도만 다르다. 서술의 편의를 위하여 이하에서는 파산채권자 · 회생채권자 · 회생담보권자를 통틀어 채권자라고 표기한다.

689) 전병서, 전게서, 238면; 대법원 2005. 11. 10. 선고 2003다271 판결.

690) 山本和彦, 前揭書, 79頁.

해성은 그 행위 전체가 채권자에게 미치는 영향을 보아 판단하여야 하고, 전체를 통틀어 불이익을 주지 않으면 개별약정만 따로 분리하여 유해성을 인정할 수는 없다.[691]

(2) 부당성

유해성이 있는 때에도 사회적으로 필요하고 정당한 재산변동은 채권자가 감수하여야 한다. 예컨대 채무자가 재건을 위하여 부득이 담보권을 설정하고 운영자금을 차입한 때에는 부인할 수 없다.[692]

부당성을 부인의 독립한 요건으로 보느냐(요건설), 아니면 상당성을 부인조각사유로 보느냐(조각사유설)는 견해가 갈린다. 요건설에 대해서는 부당성은 채무자의 행위를 평가하는 개념인데 이를 다시 독립한 요건으로 삼는다면 기존의 요건인 유해성, 채무자의 행위성에 더하여 옥상옥(屋上屋)이 된다는 비판이 있다. 부당성을 부인요건으로 보면 관재인이 증명책임을 부담하여 업무수행에 부담을 주게 되므로[693] 상대방이 문제 된 행위가 정당하다는 점을 증명하여야 부인을 면한다는 조각사유설이 타당하다.[694] 대법원은 부인대상이 되는 행위가 채권자에게 유해하여도 행위 당시의 개별적 · 구체적 사정에 따라 사회적으로 필요하고 상당하거나, 불가피하다고 인정되어 재단의 감소나 불공평을 감수하여야 할 때에는 부인권을 행사할 수 없다고 하면서 행위의 상당성

691) 대법원 2002. 9. 24. 선고 2001다39473 판결.

692) 宗田親彦, 前揭書, 359頁.

693) 회사가 도산하면 경영진이 책임추궁을 우려하여 업무와 관련된 중요서류를 은닉 · 훼손하는 사례가 많다. 지급불능 발생과 절차개시와는 상당한 시차가 있고, 그 사이에 행하여진 재산감소행위나 편파행위는 부인대상이 되지만, 바로 그 점 때문에 관련증거가 훼손된다. 따라서 관재인이 회계관련 서류를 세무서에서 입수하고, 잠재적 부인 상대방인 금융기관으로부터 거래자료를 제출받는 등 정상적 기업에서는 상상할 수 없는 일이 생긴다. 이러한 여건 아래 관재인이 부인소송에서 정교한 입증을 하는 일은 불가능하다. 加藤哲夫, 前揭「企業倒産處理法制における基本的諸相」, 297頁도 자료가 흩어지고 담당자는 퇴직하여 관재인이 요건 입증에 큰 어려움을 겪고, 확실한 증인은 채무자밖에 없는 경우가 잦다고 한다.

694) 伊藤眞, 前揭書, 381頁.

여부는 신의칙과 공평의 이념에 비추어 구체적으로 판단하며 증명책임은 상대방인 수익자에게 있다고 판시하여,[695] 통설인 조각사유설을 취하였다.

사회적으로 필요하고 정당한 행위의 구체적 사례는 종업원의 임금을 지급하려고 양도담보를 설정한 때 · 생계비와 자녀 학자금을 마련하려고 유일한 동산을 양도담보한 때 · 어선을 양도담보하고 출어자금을 차용한 때 · 영업을 계속하여 변제자금을 조달하려고 부동산을 양도담보한 때 · 영업 활성화를 위하여 장래 채무에 양도담보를 설정한 때 · 영업을 계속하려고 현재 및 장래채무에 양도담보를 설정한 때 등이다.[696]

(3) 채무자의 행위

회생파산법은 부인할 수 있는 행위를 규정하면서 채무자가 한 행위라는 표현을 사용하고 있는데 채무자의 행위가 개재되지 않고도 재단이 감소할 때가 있다. 예컨대 채권자의 강제집행이나 상계권 행사 또는 대물변제예약의 완결권 행사로 재단이 감소하면 채무자의 행위가 없으므로 애초에 부인대상이 안 되는지 아니면 그러한 경우에도 유해성이 있으면 부인할 수 있는지가 문제이다.

이에 대한 학설은 행위필요설 · 행위불요설 · 절충설로 나뉜다. ① 행위필요설은 채무자의 행위 또는 이와 동일시할 수 있는 행위가 필요하다는 견해이다. 대상을 채무자의 행위로 한정하므로 부인의 성립 여부에 대한 예측가능성이 있다는 장점이 있다. 다만, 마땅히 부인되어야 할 사안이 채무자의 행위가 없다는 이유로 대상에서 제외되어 재단 충실화에 지장을 줄 수 있고, 채무자의 행위와 동일시할 수 있는 행위라는 개념이 명확하지 않다는 비판을 받는다. ② 행위불요설은 부인을 도

695) 대법원 2004. 3. 26. 선고 2003다65049 판결.

696) 본문의 예는 일본 판례가 사회적으로 상당한 행위로 인정하여 부인권 또는 사해행위취소권 행사를 부정한 사례이다. 宗田親彦, 前揭書, 370-371頁.

산법 질서에 위반한 법적 효과를 제거하여 침해된 법질서를 회복하는 제도라고 이해하고, 질서 위반은 채권자의 행위로도 생길 수 있으므로 채무자의 행위가 없어도 부인할 수 있다는 견해이다. 채무자의 행위가 없어도 된다면 그 범위를 지나치게 확대할 위험이 있다는 비판이 있지만, 행위불요설에서는 부인의 유형과 한계를 명확히 하면 상관없다고 반론한다.[697] ③ 절충설은 고의부인에서는 채무자의 행위가 필요하지만, 위기부인에서는 필요하지 않다는 견해이다. 채무자의 인식은 그 행위에 대한 것이므로 채무자의 인식이 필요 없는 위기부인에서는 채무자의 행위도 필요 없다는 논리이다.[698]

대법원 판례는 행위필요설을 취한다.[699] 행위필요설도 부인대상을 채무자의 행위에 엄격히 한정하지 않고, 동일시할 수 있는 행위라는 보충개념을 두고 있으므로[700] 이에 찬성한다. 동일시할 수 있는 행위를 평가할 때 어차피 전술한 유해성과 부당성으로 돌아가 행위의 전체적 맥락을 파악하게 되므로 그 대상이 부당하게 좁아지지는 않는다.

채무자(유아복 회사)를 전자회사와 합병하였다가 분할하는 과정에서 합병으로 분할전 회사(전자회사)에 귀속되었던 유아복 상표권을 다시 채무자에게 돌려주기로 한 분할계획에 위반하여 상표권 명의자인 분할전 회사가 양수인에게 이를 양도한 사안[701]에서 서울중앙지방법원은 다음과 같이 판결하였다. 채무자는 위 분할 이후에 이 사건 상표권을 제삼자에게 담보로 제공하거나 양도하는 내용의 계약을 채무자 회사 명의로 체결한 사실이 있고, 채무자가 부도를 낸 당일 상표권을 제삼자에게

697) 宗田親彦, 前揭書, 342-344頁.

698) 伊藤眞, 前揭書, 382頁은 위기부인에서 채무자의 행위가 필요 없다는 견해는 해석론으로서는 지나치다고 지적한다.

699) 대법원 2004. 2. 12. 선고 2003다53497 판결.

700) 加藤哲夫, 前揭「破産法」, 291頁.

701) 채무자가 양도계약의 당사자로 되어 있지 않으므로 과연 '채무자의 행위'라는 요건을 갖추었는지가 쟁점이 된다.

이전하려고 하면서 그 과정에서 발생할 수 있는 법률적 문제를 검토하였으며, 상표권 양도계약은 분할전 회사 명의로 체결되었으나 그 양수인이 채무자 회사의 회장으로 활동하면서 회사 경영에도 깊이 관여한 자이다. 따라서 비록 이 사건 양도계약이 분할전 회사와 양수인 사이에 체결되었다고 하더라도 상표권의 귀속주체 · 상표권에 대한 종전의 거래 형태 · 양도계약이 이루어진 시기 · 계약 당사자의 지위와 역할을 고려하면 상표권을 양도한 실질적 당사자는 채무자이고, 양수인 또한 이를 충분히 인식하고 분할전 회사 · 채무자와 통모하여 양도계약을 체결하였으므로 이는 부인대상이 된다는 취지이다.[702] 행위필요설에 따르면서도 구체적 타당성을 갖춘 탁월한 판결이다.

다. 고의부인 · 위기부인 · 무상부인

회생파산법 제100조, 제391조는 부인의 유형을 고의부인 · 위기부인 · 무상부인으로 나누어 각기 요건을 규정한다.

(1) 고의부인

고의부인(故意否認)은 채무자가 채권자의 이익을 해한다는 사실을 알면서 한 행위에 대한 부인이다. 채권자를 해한다고 함은 총채권자의 공동담보인 채무자의 일반재산을 감소시킴으로써 채권자에게 손해를 입히는 행위를 말한다. 이는 주관주의적 부인 유형으로 채권자취소권과 논리적 기초를 같이한다. 고의부인의 성립요건은 ① 객관적으로 채권자를 해하는 행위가 있어야 하고(사해행위) ② 주관적으로 채무자가 행위 당시 채권자를 해한다는 사실을 알고 있어야 한다. (사해의사) 사해행위와 사해의사에 대한 증명책임은 관재인에게 있다. 또 명문규정은 없

702) 서울중앙지방법원 2010. 9. 3. 선고 2010가합22649 판결. (이 판결은 대법원 2011다38370호로 심리불속행 기각되어 그대로 확정되었다.)

지만, 사해행위가 행하여질 때 채무자가 실질적 위기시기에 있어야 한다. 고의부인은 관재인이 개별채권자의 사해행위취소권을 하나로 묶어 총채권자의 공동권리로서 행사하는 제도이다.[703] 다만, 수익자가 행위 당시 채권자를 해하는 사실을 알지 못한 때에는 고의부인을 할 수 없다.

(가) 사해행위

채권자를 해하는 행위는 총채권자의 담보가 되는 채무자의 일반재산을 일탈시켜 재단을 감소시키는 행위(재산감소행위) 이외에도 채권자 평등의 원칙에 위반하여 특정채권자를 유리하게 취급하는 행위(편파행위)를 포함한다. 그러나 영업계속에 필수적인 거래는 실질적으로 편파행위에 해당하여도 부인대상이 되지 않는다. 사해행위에 편파행위가 포함된다는 의미는 고의부인의 주된 대상은 어디까지나 재산감소행위이지만 사해의사가 인정되면 편파행위도 그 대상이 된다는 취지이다. 회생절차 개시신청이나 파산선고가 있은 날부터 1년 전에 한 행위는 위기부인을 할 수 없지만(제111조, 제404조), 이때에도 고의부인은 가능하다. 대법원도 채권자를 해하는 행위에는 총채권자의 공동담보인 일반재산을 절대적으로 감소시키는 사해행위만 아니라 특정채권자에 대한 변제나 담보제공 같이 다른 채권자와의 공평에 반하는 편파행위도 포함된다고 판시하였다.[704]

또 사해행위가 성립하려면 채무자가 행위 당시 실질적 위기시기[705]에 있어야 하고, 채무자의 재산상태가 건전한 시기에는 재산감소행위를 하여도 사해행위가 되지 않는다. 대법원도 장차 파산절차에서 배당재원이 재단채권과 파산채권을 전부 변제할 수 없게 될 개연성이 있어

703) 水元宏典, "總破産債權の消滅と否認權の行使", 「倒産判例百選(第3版)」, 有斐閣, 2002, 53頁.

704) 대법원 2005. 11. 10. 선고 2003다271 판결.

705) 지급불능이나 채무초과 시를 실질적 위기시기라 하고, 지급정지 또는 도산신청 시를 형식적 위기시기라 하며, 양자를 통틀어 경제적 위기시기라고 한다. 부인권은 경제적 위기시기에 채무자가 행한 재산감소행위 또는 편파행위의 효력을 부정하는 기능을 발휘한다.

야 사해행위가 된다고 판시하였다.[706)]

(나) 사해의사

사해의사는 경제적 파탄상태에 빠진 채무자가 재산을 처분함으로 말미암아 그만큼 재산이 감소하고 채권자의 공동만족이 저하된다는 인식이다.[707)] 채무자가 재산이 감소하는 법적 과정이나 효과를 정확히 인식할 필요는 없고, 재단에 손해를 입히는 원인사실을 인식하면 된다. 사해의사는 사해의도 또는 악의까지 요구하지는 않고 인식만 있으면 된다는 인식설이 통설이다.[708)] 다만, 사해행위는 현재 자신의 변제자력이 부족하다는 사실과 그 행위로 일반재산이 감소한다는 인식으로 충분하나, 편파행위는 이에 추가하여 장차 도산절차가 개시되면 적용되는 채권자 평등의 원칙을 회피하려고 특정채권자에게 변제한다는 인식이 필요하다. 대법원도 편파행위는 채권자 평등의 원칙을 회피하려고 특정채권자에게 변제한다는 인식이 필요하다고 판시하여 통설과 같은 입장을 취한다.[709)] 만약 채무자 본인이 아니라 그 대리인이 행위한 때에는 대리인을 기준으로 사해의사를 판단한다. 법인은 원칙적으로 대표자를 기준으로 판단하지만, 기업의 규모나 거래장소에 따라서는 담당자를 기준으로 할 때도 있다.

사해의사는 채무자만 아니라 수익자에게도 있어야 한다. 수익자는 부인대상이 된 행위의 상대방을 말하고, 채무자의 부작위가 부인된 때에는 그 부작위에 의하여 직접적으로 이익을 받는 자를 말한다. 예컨대 시효중단을 게을리한 행위가 부인된 때에는 취득시효에 의하여 권리를 취득한 자가 수익자이고, 집행행위의 부인에서는 집행채권자 · 배당을 받은 자 · 경락인 등이 수익자이다. 다만, 관재인이 수익자의 사해의사

706) 대법원 2005. 11. 10. 선고 2003다271 판결.
707) 宗田親彦, 前揭書, 350頁.
708) 伊藤眞, 前揭書, 385頁.
709) 대법원 2005. 11. 10. 선고 2003다271 판결.

를 입증할 필요는 없고 수익자가 부인을 면하려면 자신이 선의임을 입증하여야 한다. 선의의 내용은 채권자를 해하는 사실을 알지 못한 것이고,[710] 채무자의 사해의사를 알지 못한 것까지는 요구하지 않는다. 수익자의 과실로 채권자를 해한다는 사실을 알지 못한 때에도 부인을 면한다. 왜냐하면, 수익자가 채무자의 재산상태에까지 주의를 기울일 의무는 없기 때문이다.[711] 대리인을 통하여 거래가 이루어진 때에는 본인과 대리인 모두가 선의라야 하고, 행위와 법적 효과의 발생 사이에 시간적 간격이 있는 때에는 시종일관(始終一貫) 선의가 유지되어야 한다.

수익자의 선의와 관련하여 적정가격매매가 부인대상이 되는지가 논의된다. 채무자가 부동산을 적정가격으로 매각한 때에는 책임재산이 감소하지는 않았지만, 재산의 종류가 확실성이 높은 부동산에서 소비·은닉이 쉬운 금전으로 변경되었기 때문이다. 대법원은 채무자가 자기의 유일한 재산인 부동산을 매각하여 소비하기 쉬운 금전으로 바꾸는 행위는 사해행위가 되고, 채무자의 사해의사는 추정되므로 수익자가 악의가 없었음을 입증하여야 한다고 채권자취소권에 관하여 판시한 바 있다.[712] 이 판례와 관련하여 적정가격매매는 수익자의 사해성을 의심할 계기가 없으므로 관재인에게 증명책임을 부담시켜야 한다는 유력한 반론이 있다.[713] 일본에서는 적정가격매매의 상대방을 보호하려는 목적으로 신파산법에서 부인요건을 강화하였다.[714]

---

710) 加藤哲夫, 前揭「破産法」, 291頁.

711) 伊藤眞, 前揭書, 385頁.

712) 대법원 1998. 4. 14. 선고 97다54420 판결.

713) 전병서, 전게서, 245-246면.

714) 일본 신파산법 제161조 제1항의 부인요건은 ① 채무자가 재산처분으로 상당한 대가를 취득할 것 ② 그 행위가 부동산의 금전 환가 기타 재산종류의 변경으로 채무자에게 은닉·무상공여 기타 채권자를 해하는 처분을 할 우려를 생기게 할 것 ③ 채무자가 대가로 취득한 금전에 대하여 은닉 등을 할 의사를 가질 것 ④ 상대방이 채무자가 은닉 등을 할 의사를 가졌다는 사실을 알 것이고, 관재인이 증명책임을 진다.

(다) 구체적 사례

판례가 고의부인을 인정한 사례는 임금우선특권이 인정되는 재단채권자에게 명예퇴직금을 지급한 때 · 모그룹이 부도로 무너져 대주주인 종합금융사도 영업정지를 당하고 더는 채무자가 자금을 조달하지 못하는 상황에서 질권설정계약 1개월 전에 자본금이 전액 잠식된 결산재무제표가 공표된 다음 채권에 대하여 질권설정을 한 때 · 유동성 부족으로 예금인출사태를 겪는 회사(금융기관)가 채권자(다른 금융기관)에게 제삼자 발행의 약속어음을 담보제공한 때 · 부도유예 대상기업으로 지정되어 몇 달 동안 채권행사가 유예됨에도 담보 목적으로 채권양도를 한 때 · 부도 5일 전에 연이율 10.5%인 단기대여금채무를 연이율 12%인 환매대금채무로 전환한 때 · 지급정지 후 전세금반환채무를 담보하려고 근저당권을 설정한 때 · 신용등급이 하향된 지 5일 만에 회사정리절차 개시신청 4일 전에 특정채권자에게 변제한 때 등이다.[715)]

이행기가 도래한 채무를 본지에 따라 변제하는 행위도 고의부인 대상이다. 채무자가 형식적 위기시기(지급정지나 도산신청)에 있을 때 특정채권자에게 변제하는 행위는 편파행위로 위기부인 대상이고, 실질적 위기시기(지급불능이나 채무초과)에 있을 때 특정채권자에게 변제하는 행위는 고의부인 대상이다. 학설도 채무자가 경제적 파탄상태에 빠지면 채권의 실질가치가 액면금액을 밑돌므로 채권을 액면 그대로 변제하는 행위는 채권자를 해한다고 보는 견해가 다수설이고,[716)] 대법원도 같은 견해를 취한다.[717)]

(2) 위기부인

채무자가 지급정지 또는 도산신청 후에(형식적 위기시기) 한 채권자를

715) 서울중앙지방법원 파산부 실무연구회, 전게 「법인파산실무」, 234면.

716) 전병서, 전게서, 243-244면.

717) 대법원 2005. 11. 10. 선고 2003다271 판결.

해하는 행위와 담보제공 또는 채무소멸에 관한 행위는 부인할 수 있다. 지급정지나 도산신청이라는 경제적 위기상황을 전제로 하므로 위기부인(危機否認)이라고 하고, 채무자의 사해의사를 필요로 하지 않는 객관주의적 부인유형이다. 또 고의부인은 사해의사를 근거로 하는 주관주의적 부인유형으로 사해행위취소권과 뿌리를 같이하는 데 비하여, 위기부인은 경제적 위기시기에 행한 행위라는데 근거를 두고 도산절차에서 비로소 인정된다는 의미에서 특별부인이라고 한다. 이때 지급정지는 변제자력의 결핍으로 변제기가 도래한 채무를 일반적 · 계속적으로 변제할 수 없다는 뜻을 외부에 표시하는 채무자의 행위이다.[718] 부인대상행위가 채무자의 의무에 속하는지(의무행위), 아닌지(비의무행위)에 따라 요건과 증명책임이 다르다.

(가) 의무행위

채무자가 지급정지 또는 도산신청 후에 한 채권자를 해하는 행위 · 담보제공 · 채무소멸에 관한 행위를 채무자의 사해의사 유무와 관계없이 부인하는 것이다. (제100조 제1항 제2호, 제391조 제2호) ① 채권자를 해하는 행위란 담보제공 · 채무소멸과 같은 편파행위가 아닌 사해행위 즉 재산감소행위를 말한다. 종전에는 고의부인의 대상은 재산감소행위이고, 위기부인의 대상은 편파행위라고 해석하였지만, 현재는 재산감소행위 외에 편파행위도 고의부인의 대상이 된다는 견해가 통설 · 판례이고, 위기부인에서 채권자를 해하는 행위는 재산감소행위라고 해석한다.[719] 재산감소행위가 고의부인의 주된 대상이라는 점은 부인권 제도가 존재하는 한 바뀔 수 없는 법리이지만, 위기부인의 대상에도 포함한 이유는 고의부인은 관재인이 사해의사를 입증할 책임을 지므로 그 입

718) 지급정지 개념은 '파산원인'에서 전술하였다.

719) 사해행위가 형식적 위기시기에 행하여지면 위기부인 대상이 된다는 취지일 뿐 위기부인의 주된 대상이 편파행위라는 점에는 변함이 없다.

증이 필요 없는 위기부인의 범위를 넓히려는 취지이다. ② 의무행위에서 담보제공이라 함은 채무자가 특정채권자와 이미 체결한 담보권 설정계약에 따라 의무이행으로 담보제공을 하는 행위를 말한다. 기존의 담보제공의무를 이행하는 행위라도 형식적 위기시기에는 채권자 평등의 이념이 담보제공의무에 우선한다.[720] 담보제공은 질권 · 저당권 이외에 양도담보나 가등기 담보도 포함한다. 거래상 필요한 변칙적 담보도 포함한다고 해석하여야 위기부인의 목적을 달성할 수 있기 때문이다. ③ 채무소멸에 관한 행위는 특정채권자에 대한 기존채무를 소멸시키는 행위를 말하고, 이행기가 도래한 기존채무에 대한 변제 · 기존의 약정에 따른 특정채권자에 대한 갱개(更改) · 대물변제가 이에 포함된다. 채무소멸에 관한 행위는 그 방법과 시기도 의무에 속하여야 한다.[721]

의무행위를 부인하려면 ① 객관적으로 채권자를 해하는 행위 · 담보제공 또는 채무소멸에 관한 행위가 있어야 하고 ② 시기적으로 채무자가 지급정지 또는 도산신청 후 한 행위이라야 하며 ③ 주관적으로 수익자가 행위 당시 지급정지 또는 도산신청이 있은 사실을 알고 있어야 한다. 세 가지 요건에 대한 증명책임은 관재인에게 있다는 점에서 수익자가 그 책임을 지는 고의부인과 다르다.[722] 의무행위는 채무자가 채권자에게 이행함이 당연하고 담보제공이나 채무소멸에 아무런 하자가 없지만, 형식적 위기시기에 행하여졌다는 이유로 부인하므로 관재인이 증명책임을 부담한다. 이와 관련하여 대법원은 위기부인 대상에는 채무자의 일반재산을 절대적으로 감소시키는 사해행위 외에 채권자 평등을 저해하는 편파행위도 포함되고, 변제기가 도래한 채권을 변제하는 본지변제(의무행위)가 형식적 위기시기에 이루어지면 불평등 변제로서 위기부인 대상이 된다고 판시하였다.[723]

720) 伊藤眞, 前揭書, 390頁.
721) 전병서, 전게서, 252면.
722) 오수근, 전게 「도산법의 이해」, 254면.

의무행위에 대한 위기부인에서 수익자가 특수관계인인 때에는 악의로 추정된다. 특수관계인은 채무자의 재산상태를 잘 알고 있고, 양자 사이에 편파행위가 행하여질 위험성도 크기 때문이다. 관재인은 객관적 요건과 시기적 요건만 입증하면 되고, 부인을 면하려면 특수관계인이 자신의 선의를 입증하여야 한다. 회생파산법 시행령 제4조는 배우자 · 8촌 이내의 혈족 · 4촌 이내의 인척 · 계열회사 및 그 임원 등을 특수관계인으로 열거한다.

(나) 비의무행위

채무자의 의무에 속하지 아니하는 담보제공 또는 채무소멸에 관한 행위를 부인대상으로 하는 것이다. (제100조 제1항 제3호, 제391조 제3호) 비의무행위는 의무행위보다 시기적 요건을 완화하여 지급정지나 도산신청이 있기 전 60일 이내에 이루어진 행위까지 그 대상이 되고, 수익자가 자신의 선의를 입증하여야 한다.

비의무행위에 대한 위기부인 요건은 ① 객관적으로 담보제공 또는 채무소멸에 관한 행위로서 그 행위 자체나 방법 또는 시기가 채무자의 의무에 속하지 아니하는 행위이라야 하고, ② 시기적으로 지급정지나 도산신청 후 또는 그전 60일 이내에 한 행위라야 한다. 두 가지 요건에 대한 증명책임은 관재인에게 있다.[724] 행위 자체가 의무에 속하지 아니하는 예는 담보제공의무가 없음에도 담보를 제공한 때 · 타인의 채무를 변제한 때 · 변제기한의 유예를 받으려고 담보를 제공한 때이다. 방법이 의무에 속하지 아니하는 예는 대물변제 약정이 없음에도 대물변제를 한 때 · 동산담보제공 약정을 하였음에도 부동산을 담보제공한 때이고, 시기가 의무에 속하지 아니하는 예는 변제기 도래 전에 채무를 변제한 때이다.

---

723) 대법원 2004. 3. 26. 선고 2003다65049 판결.

724) 서울중앙지방법원 파산부 실무연구회, 전게 「법인파산실무」, 236면.

수익자가 부인을 면하려면 지급정지나 도산신청이 있은 사실 또는 채권자를 해하는 사실을 알지 못한 것 즉 선의를 입증하여야 한다. 비의무행위는 의무행위보다 유해성이 강하기 때문에 부인요건을 완화하였다.

실무상 문제 되는 사례는 여신거래약정서의 채무자의 신용변동 · 담보가치의 감소 · 기타 채권보전상 필요한 경우 담보나 추가담보의 제공 또는 보증인을 세우거나 이를 추가한다는 약관에 따라 채무자가 추가담보를 제공하는 행위가 의무에 속하는지의 여부이다. 이에 대하여 대법원은 비의무행위의 위기부인에서 의무는 일반적 · 추상적 의무로는 부족하고 채권자가 구체적 의무의 이행을 청구할 권리를 가지는 경우를 의미한다고 해석하면서 여신거래약정서의 약관은 채무자에게 일반적 · 추상적 담보제공의무를 부담시키는 데 불과하고 구체적 의무를 부담시키지 않으므로 약관에 따른 담보제공은 채무자의 의무에 속하지 않아 부인할 수 있다고 판시하였다.[725] 이 판결은 채무자의 의무를 적절하게 해석하여 금융기관의 일방적 업무처리 관행에 제동을 건 데 그 의의가 있다.

비의무행위도 특수관계인에 대한 특칙이 있다. 상대방이 특수관계인인 때에는 지급정지나 도산신청이 있기 전 60일 이내라는 시기적 요건을 1년으로 연장하고, 특수관계인을 악의로 추정한다.

(다) 고의부인과의 관계

위기부인은 지급정지 발생으로부터 절차개시 시점까지 행하여진 재산감소행위의 효력을 재단과의 관계에서 상실시키고, 일탈한 재산을 원상으로 회복하는 제도이다. 한편, 고의부인은 지급정지 발생 전에 행한 채무자의 재산감소행위의 효력을 상실시켜 그 재산을 재단에 복귀시킴으로써 위기부인을 보완하는 기능을 가진다.[726]

---

725) 대법원 2002. 2. 8. 선고 2001다55116 판결.

이처럼 위기부인과 고의부인은 별개의 부인유형이고 요건과 효과가 다르지만, 서로 보완하고 융합하여 가는 관계에 있으므로 관재인은 어느 한 쪽을 선택하거나, 양쪽을 동시에 주장하거나, 주위적 · 예비적으로 주장할 수 있다. 위기부인과 고의부인은 어느 한 쪽이 다른 쪽을 배척하는 관계에 있지 아니하므로 법원에서도 관재인이 주장하는 청구원인에 매이지 않고 재량으로 다른 유형의 부인을 선택하여 판결할 수 있다.

(3) 무상부인

회생파산법 제100조 제4호, 제391조 제4호는 채무자가 지급정지 또는 도산신청 후 또는 그전 6월 이내에 한 무상행위 및 이와 동일시할 유상행위를 부인할 수 있게 하였는데 이를 무상부인(無償否認)이라고 한다. 그 대상은 사법행위(私法行爲) · 소송행위 · 법률행위를 묻지 않고, 증여 · 채무면제 · 권리포기 · 시효이익의 포기 · 사용대차 · 지상권의 무상설정 · 시효중단의 해태 · 소의 취하 · 청구의 포기 · 인낙 · 재판상 자백 등 대가를 받지 않고 재산을 감소시키거나 채무를 증가시키는 일체의 행위이다.[727] 무상행위와 동일시할 유상행위라 함은 상대방이 반대급부로서 출연한 대가가 지나치게 근소하여 사실상 무상행위와 다름없는 경우를 말한다.[728] 무상부인은 대가를 수반하지 않아 채권자의 이익을 해할 위험성이 현저하므로 채무자 또는 수익자의 주관을 고려하지 않고 부인하는 순객관주의적 부인유형이다. 채권자는 자신의 급부를 이행하고도 채무자의 급부는 아직 수령하지 못한 상태인데, 만약 무상행위에 기한 채권자를 마찬가지로 취급하면 재단에 아무런 급부도

726) 中西正, "否認權", 「論点解說 新破産法 上」, 金融財政事情研究會, 2005, 190頁.

727) 宗田親彦, 前揭書, 370頁.

728) 서울중앙지방법원 파산부 실무연구회, 전게 「법인파산실무」, 237면은 연대보증한 채권금액이 1,040억 원인데 반대급부가 72억 원인 때를 무상행위와 동일시한 판례를 소개한다.

하지 않은 자에게 배당을 시행하는 불공평한 결과를 가져오기 때문이다.[729)]

무상부인의 요건은 ① 객관적으로 무상행위 및 이와 동일시할 수 있는 유상행위가 있어야 하고 ② 시기적으로 채무자가 지급정지 또는 도산신청 후 또는 그전 6월 이내에 한 행위라야 하는데 증명책임은 관재인에게 있다. 시기적 요건을 충족할 수 없는 무상행위 즉 형식적 위기시기보다 6개월 이전에 행한 무상행위는 고의부인의 대상이 되는데 이때 무상행위는 사해의사를 입증하기 쉽다. 판례는 계열회사에 대한 지급보증 · 대가 없는 약속어음 배서행위 · 부도 후 부동산을 증여한 행위는 무상부인할 수 있다고 하였고, 또 계약직 사원으로 고용형태를 변경하면서 퇴직금 외에 별도로 6개월에서 22개월분 평균임금을 명예퇴직금으로 지급한지 5개월이 못되어 회사의 BIS 비율이 마이너스인 상태에서 18개월분 평균임금을 다시 명예퇴직금으로 지급한 행위도 무상부인 대상이 된다고 하였다.[730)]

금융기관이 기업에 운영자금을 융자할 때 흔히 계열회사와 경영자 개인의 보증을 요구하는데 그 기업이 도산하면 계열회사나 경영자도 연쇄도산하여 보증행위가 무상행위로 부인되는 사례가 있다. 계열회사나 경영자가 기업의 채무를 보증할 때 별도로 보증료는 받지 않으므로 무상행위에 해당한다.[731)] 그러나 채권자 측에서 보면 보증은 융자의 보상이라는 면이 있고, 보증에 기한 융자금으로 기업경영이 가능해져 계열회사는 그 기업과 거래관계를 유지하는 이익을 얻었으며, 경영자도 경영을 계속할 수 있는 이익을 얻었으므로 무상행위라고 하기 어렵다는 비판도 있다.[732)] 금융기관의 무분별한 보증요구에 제동을 걸어 기업

729) 中西正, 前揭論文, 191頁.
730) 서울중앙지방법원 파산부 실무연구회, 전게 「법인파산실무」, 238면.
731) 우리나라와 일본의 판례이자 다수설이다.
732) 山本和彦, 前揭書, 80頁.

의 연쇄도산을 막을 필요가 있으므로 보증은 무상부인의 대상이라고 보아야 한다.

독일 신도산법은 명문규정을 두어 관습상 증여(gebräuchliche Gelegenheitsgeschenke)를 무상부인에서 제외한다. 즉 크리스마스 선물 · 신년축하선물 · 생일선물 · 약혼기념품 · 결혼축의금 등이 이에 해당한다.[733] 회생파산법에는 이러한 명문규정이 없지만, 마찬가지로 해석할 수 있다.

무상행위가 부인되면 상대방은 급부를 재단에 반환하여야 하나, 선의인 상대방은 현존이익만 상환하면 된다. 또 특수관계인이 상대방인 때에는 그 시기적 제한이 지급정지 또는 도산신청이 있기 전 6월 이내에서 1년 이내로 연장된다.

라. 행사의 효과

부인권이 행사되면 재산관계 변동이 소급하여 무효가 되어 이탈한 재산은 재단에 복귀한다. (제108조 제1항, 제397조 제1항) 이는 재산이 당연히 재단에 복귀한다는 의미에서 물권적이고,[734] 관재인과 절차와의 관계에서 효력이 있다는 의미에서 상대적이다.[735] 또 상대방이 급부를 반환하거나 가액을 상환하면 상대방의 채권은 원상회복되고, 수반된 권리도 함께 부활한다.

---

733) 宗田親彦, 前揭書, 370頁.

734) 부인권 행사의 효과에 대하여 종전에는 이탈재산이 재단으로 당연히 복귀하지 않고 상대방에게 원상회복을 청구할 수 있을 뿐이라는 채권적 효과설과 재산이 재단에 당연히 복귀한다는 물권적 효과설이 대립하였다. 지금은 물권적 효과설로 통일되었고 채권적 효과설을 주장하는 학자는 없다. 다만, 물권적 효과는 관념상의 것이므로 상대방이 재산을 반환하지 않는 때에는 관재인은 부인소송을 제기하여야 한다. 재산을 현실적으로 재단에 복귀시키려면 어차피 소송을 거쳐야 하므로 실무상으로 양설의 차이는 미미하다.

735) 대법원 2005. 12. 22. 선고 2003다55059 판결도 부인권 행사 효과는 재단과 상대방과의 사이에서 상대적으로 발생할 뿐 제삼자에게는 효력이 미치지 않는다고 판시하였다.

(1) 유형에 따른 효과

부인의 효과는 부인대상이 되는 행위의 유형에 따라 달라진다.

(가) 재산감소행위와 편파행위

재산감소행위는 재산을 염가로 매각하거나, 시가 보다 비싼 가격으로 구매한 결과 상대방의 반대급부 가치가 채무자의 급부 가치보다 낮은 경우를 말한다. 이때에는 반대급부와 급부의 가치 차액만큼 책임재산이 감소한다. 재산감소행위를 원상회복하려면 법률행위 전체를 취소하여 상대방은 채무자의 급부를 반환하고, 관재인은 반대급부를 반환한다. 재산감소행위가 부인된 때에는 상대방도 반대급부를 반환받으므로, 편파행위가 부인된 때 상대방은 자신이 받은 급부는 반환하여야 함에도 반대급부를 반환받을 수 없는 점과 차이가 있다. 또 재산감소행위의 부인에서는 편파행위와 달리 채권의 부활이 없다.

편파행위는 특정채권자에게 변제 또는 담보제공을 하는 행위이고, 이를 원상회복하려면 편파행위를 취소하여 수령한 변제 또는 담보를 반환(소멸)시킨 다음 다른 채권자와 같은 조건으로 배당을 시행하여야 한다. 예컨대 매매대금 채권의 변제를 부인한 때에는 변제는 실효되나 매매계약은 계속 유효하므로 상대방이 변제금을 반환하면 매매대금 채권이 부활한다. 또 담보권 설정계약이 부인되면 담보권은 소멸하지만, 피담보채권이나 이를 기초로 하는 법률행위는 계속 유효하다. 상대방은 부활한 채권 또는 계속 유효한 채권을 신고하여 나중에 배당을 받는다. 편파행위 부인은 기본적으로 신용거래를 대상으로 하고, 재산감소행위 부인은 비신용거래 즉 동시교환적 행위를 대상으로 하는 점이 다르다.[736)]

736) 中西正, 前掲論文, 192-194頁.

(나) 권리이전행위와 담보권 설정행위

재단에 복귀할 물건 또는 권리가 상대방에게 현존하는 때에는 부인권 행사의 효과로 그 물건이나 권리가 물권적으로 복귀한다. 다만, 관재인이 현실적으로 목적물의 점유를 회복하거나 대항요건을 갖추려면 부인소송을 제기하여야 한다.[737] 채권양도가 부인되면 채권은 법률상 당연히 재단에 복귀하지만, 부인의 효과는 관재인과 상대방 사이에서 상대적으로 발생할 뿐이므로 제3채무자에게 이를 대항하려면 통지 · 승낙이 필요하다. 또 원상회복하기 전에 목적물이 멸실되었을 때에는 가액배상을 구할 수 있다.

담보권 설정행위가 부인된 때에는 그 담보권은 재단과의 관계에서 당연히 소멸한다. 담보권이 소멸하더라도 피담보채권의 효력에는 영향을 미치지 않는다. 제삼자가 담보부동산을 경락받고 나서 설정행위가 부인된 때에는 상대방(담보권자)에게 배당금액과 지연이자의 반환을 구할 수 있다.

(다) 금전교부행위

채무자의 금전교부행위를 부인하면 이탈재산은 물권적으로 재단에 원상복귀하지만, 이 '물권적'이라는 용어는 관념적 의미에 불과하므로 목적물에 대한 현실적 점유까지 원상회복된다는 뜻은 아니다. 상대방이 교부받은 금전이 그의 일반재산에 혼입된 때에는 금전 자체의 원상회복은 불가능하고 또 이를 고집할 필요도 없다. 왜냐하면, 금전은 개성을 가지지 않고 그 자체가 일정한 가치를 표상하는 데 불과하기 때문이다. 따라서 상대방은 교부받은 금전과 같은 금액과 그에 대한 지연이자를 반환하면 되는데 이율은 금전교부행위가 상행위인 때에는 상사법

---

737) 부인권은 부인소송 · 부인의 청구 또는 항변에 의하여 행사하는데 관재인이 부인소송이나 부인의 청구를 하는 때에는 바로 목적물의 점유회복을 구하지만, 부인의 항변에 의하여 수익자의 청구가 기각되게 한 때에는 반대청구를 하려면 다시 소송을 제기하여야 한다.

정이율인 연 6푼의 비율에 의한다는 것이 통설 · 판례이다.[738)]

(라) 채무자의 일방적 행위

채무자의 채무면제나 권리포기를 부인하면 재단과의 관계에서 그러한 면제나 포기가 없었던 것으로 된다. 즉 면제에 의하여 소멸한 채권은 부활하고, 포기된 권리는 원래의 모습대로 회복되어 재단에 귀속된다.[739)] 채무자의 보증행위가 부인되면 수익자는 보증채권자로서의 지위를 잃게 되지만, 주채무자에 대하여 가지는 채권이나 물적담보는 영향을 받지 않는다. 채무면제 · 권리포기 또는 보증행위와 같은 채무자의 일방적 행위가 부인되면 채무자가 의도하였던 효과는 소급하여 무효로 되지만, 대가로 취득한 반대급부나 이익이 없으므로 반환 문제는 생기지 않는다.

(2) 부동산 처분행위

부동산은 채무자의 재산 중에서 가치나 확실성의 면에서 차지하는 비중이 높아 부동산 처분행위는 우선적 부인대상이 된다. 부인의 효과에 관한 학설 · 판례도 부동산 처분에 집중되어 있는데 이하에서 살펴보는 내용은 부인의 등기 부분만 제외하면 부동산 처분이 아닌 다른 재산처분행위에도 마찬가지로 적용된다.

부동산 처분행위가 부인되면 처분행위는 절차와의 관계에서 효력을 잃고, 상대방에게 이전되었던 재산권은 당연히 재단에 복귀한다. 다만, 관재인이 그 재산권을 실제로 관리 · 처분하려면 재산을 임의로 반환받거나 강제집행하는 등의 구체적 행위가 필요하다. 또 재산권 자체의 반환이 불가능한 때에는 반환에 갈음하여 가액상환을 청구할 수도 있다.

---

738) 임종헌, "일본 파산법상의 부인권에 관한 연구", 「외국사법연수논집 12권」, 법원행정처, 1994, 827면.

739) 전병서, 전게서, 277면.

(가) 현물반환

1) 관재인의 청구내용

관재인은 부인의 청구 또는 부인의 소를 제기하여 상대방에게 부동산 인도와 부인의 등기를 구할 수 있다. 또 부동산 인도가 완료되지 않은 상태에서 절차개시 후 상대방이 관재인을 상대로 부동산 인도를 구하는 소송을 제기한 때에는 관재인은 부인의 항변을 할 수 있다. 상대방이 부동산소유권을 취득하고 나서 임대료를 수령한 때에는 그 부당이득반환도 청구한다.

2) 반대급부에 관한 상대방의 권리

부인권은 재단을 원상회복함을 목적으로 하므로 그 이상으로 재단에 부당이득이 생겨서는 안 된다. 따라서 채무자의 행위가 부인된 때에는 상대방은 자신이 한 반대급부의 반환을 청구할 수 있다. (제108조, 제398조) 반대급부라 함은 채무자로부터 받은 급부의 대가로 상대방이 급부한 것을 말하나, 그 이외에 부담부증여의 부담과 같이 대가는 아니지만 급부의 보상으로 볼 수 있는 것도 포함한다. 또 반대급부는 적극적 이익에 한정되지 않고 소극적 부담의 감소를 포함한다. 전득자에게는 반대급부 반환청구권이 인정되지 않고, 수익자가 전득자에게 담보책임을 이행한 때 비로소 수익자가 반대급부 반환을 청구할 수 있다. 반대급부에 관한 상대방의 권리는 다음 세 가지 경우에 따라 그 내용이 달라진다.

① 반대급부가 현존할 때이다. 반대급부가 재단 중에 현존할 때에는 상대방이 반환을 청구할 수 있다. 부인의 효과로 반대급부의 소유권은 당연히 상대방에게 복귀하므로(물권적 효과) 상대방은 반대급부에 대한 환취권을 가진다. (제70조, 제407조) 반대급부의 현존 여부를 판단하는 기준시점에 대해서는 부인권을 행사한 시점 · 상대방이 반환 청구한 시점 · 부인소송의 사실심 변론종결 시점 등의 학설이 있는데 통설은 변

론종결 시점을 기준으로 한다.[740] 상대방의 원상회복의무와 관재인의 반대급부 상환의무는 동시이행의 관계에 있다.

② 반대급부가 현존하지 않을 때이다. 반대급부가 재단 중에 현존하지 않을 때에는 상대방은 반대급부의 가액상환청구권을 가지는데, 반대급부로 말미암아 생긴 이익이 현존하는 때에는 그 한도 내에서 가액상환청구권이 재단 · 공익채권으로 취급된다. (제108조 제3항 제2호, 제398조 제1항) 상대방의 원상회복의무와 관재인의 재단 · 공익채권 변제의무는 동시이행의 관계에 있고, 어느 쪽에서든 상계할 수 있다. 현존이익의 존재에 대한 증명책임은 상대방에게 있다.

반대급부로 말미암아 생긴 이익이 현존하지 아니하는 때에는 가액상환청구권은 파산 · 회생채권으로 취급되고, 반대급부의 가액이 현존이익보다 큰 때 그 차액도 파산 · 회생채권이 된다. (제108조 제3항 제3호 · 제4호, 제398조 제2항) 여기에서 주의할 점은 상대방은 파산 · 회생채권인 가액상환청구권에 대하여 동시이행의 항변이나 상계를 주장할 수 없고, 먼저 자신의 원상회복 의무를 이행하여야만(선이행) 파산 · 회생채권자가 된다는 것이다. 상대방이 관재인에게 원상회복 의무를 이행하고, 채권자로서 권리를 행사하려면 채권신고 절차를 거쳐야 함은 물론이다.

③ 반대급부가 금전인 때이다. 채무자가 부동산을 매각하고 상대방이 매매대금을 금전으로 지급한 때 재단 중에 이익이 현존하는지를 놓고 학설상 다툼이 있다. 재산을 염가매각한 채무자가 대금을 그대로 보관하는 일은 드물고, 매매대금이 은행예금 등으로 일반재산에 혼입되어 금전의 특정성을 잃은 다음 사용되는 사례가 많기 때문이다. 적극설은 이익의 현존을 인정하나, 이에 따르면 상대방이 그 금액에 대하여

740) 石井教文, "否認の効果", 「論点解説 新破産法 上」, 金融財政事情研究會, 2005, 245頁.

언제나 재단채권자가 된다는 폐단이 있다. 절충설은 반대급부로 구매한 자산이 현존하거나 반대급부로 우선권 있는 채권을 지급한 때에는 그 한도에서 현존이익을 인정하지만, 금전의 불특정성 때문에 자산구매나 채권변제가 반대급부에 의한 것이라는 입증이 어려워 실무 운용상 애로점이 있다. 통설인 소극설은 반대급부가 특정계좌에 입금되어 따로 관리된 때[741] 외에는 이익이 현존하지 않는다고 해석한다.[742] 이 해석에 의하면 상대방은 반대급부에 대하여 파산 · 회생채권자로 취급됨으로 말미암아 손실(손실액=반대급부액—파산배당액)을 보고, 재단은 그만큼 이익을 얻는데 이는 부인대상행위를 행한 자에 대한 징벌이라고 설명한다. 징벌이라는 표현은 조금 지나치지만, 채무자가 부동산 매매대금을 반환할 정도로 현금을 가진 경우는 거의 없으므로 자금지출을 억제하여 절차비용을 확보한다는 취지에서 소극설에 찬성한다. 염가매매라고 할지라도 그 대금반환의무(반대급부)가 재단채권이 된다면 상대방에게 동시이행의 항변권이 있으므로 자금조달이 어려운 관재인으로서는 쉽사리 부동산 처분행위를 부인할 수 없기 때문이다.

(나) 가액상환

1) 가액상환의 내용

목적물의 멸실 · 훼손이나 제삼자에 대한 전매로 이를 재단에 복귀시키기 불능 또는 곤란한 때에는, 관재인은 수익자에게 목적물 반환에 갈음하여 가액상환을 청구할 수 있다. 목적물 반환이 불가능하다고 하여 상대방으로 하여금 그 이득을 보유하게 허용한다면 공평에 반하고, 목적물 자체가 아닌 가치를 상환시켜도 재단 충실화에는 지장이 없기 때문이다. 상대방의 가액상환 규정은(제109조 제1항, 제399조) 관재인이 수

741) 계약상의 특별약정에 기하여 매매목적물에 대한 소유권이전절차가 완료될 때까지 매매대금에 질권을 설정한 경우를 상정할 수 있다.

742) 임종헌, 전게논문, 834-835면; 전병서, 전게서, 277면.

익자를 상대로 가액상환청구를 할 수 있다는 법리를 당연한 전제로 한다.[743] 대법원도 출자증권 처분행위를 부인한 경우 그 증권이 처분되어 대금이 상대방의 일반재산에 혼입되었다면 가액상환을 청구할 수 있다고 판시하였다.[744]

2) 가액산정의 기준시점

채무자가 처분한 부동산의 가격이 중간에 변동된 때 가액산정의 기준시점에 관하여는 변론종결시설 · 부인권행사시설 · 처분시설 · 행위시설 · 소유권취득시설 · 선고시설 · 행위 시점과 처분 시점을 병용하는 설 · 행위 당시로부터 변론종결까지의 시점 가운데 관재인이 임의로 선택한다는 설 · 공평의 견지에서 가장 타당한 시점이라는 설 등의 다양한 견해가 있다.[745]

가액산정의 기준시점을 언제로 보느냐 하는 점은 부인소송의 성격이나 부인권 행사의 효력발생시기를 어떻게 보느냐와 관련된 문제이다. 다수설인 부인권행사시설에서는 부인소송을 이행 · 확인소송이라고 보고, 부인권 행사의 효력도 소장송달 또는 항변제출에 의하여 부인의 의사표시가 된 때 발생한다고 한다. 즉 부인권은 형성권으로 의사표시를 한 때 효력이 발생하므로 행사 시점을 기준으로 상환가액을 결정하여야 한다는 취지이다.[746] 우리나라와 일본의 주류적 판례는 관재인이 부인권을 행사한 시점을 기준으로 삼고 있다.[747]

가액상환을 청구하는 경우 관재인은 수익자에게 가액산정의 기준시로부터 연 6푼의 지연손해금도 아울러 청구할 수 있다.[748]

---

743) 전병서, 전게서, 279면.

744) 대법원 2003. 2. 28. 선고 2000다50275 판결.

745) 栂善夫, "否認による價額償還", 「倒産判例百選(第4版)」, 有斐閣, 2006, 82-83頁은 여러 가지 학설을 소개한다.

746) 宗田親彦, 前揭書, 416頁.

747) 서울중앙지방법원 파산부 실무연구회, 전게 「법인파산실무」, 248면.

748) 물론 부인대상행위가 상행위일 때 그렇다는 말이지만 기업도산 사건에서는 대부분 상사법정이율이 적용된다. 회사는 상행위를 하지 않아도 상인으로 보기 때문이다. (상법

(다) 부인의 등기

등기의 원인행위 또는 등기가 부인된 때에는 관재인은 부인의 등기를 신청하여야 한다. (제26조 제1항) 관재인은 소유권이전등기의 원상회복을 위하여 말소등기가 아닌 부인의 등기를 신청하는데 부인의 등기는 말소등기에 갈음하여 인정된 특별한 등기라는 특수등기설이 통설·판례이다.[749] 특수등기설은 채무자의 행위가 부인된 경우 이탈재산은 물권적으로 재단에 복귀하지만, 부인의 효과는 재단과의 관계에서 상대적으로 발생하기 때문에 이를 공시하려고 부인의 등기가 생겼다고 설명한다. 따라서 말소등기나 이전등기와는 달리 예컨대 '소유권이전등기의 원인행위 부인의 등기'라는 식으로 등기의 목적을 기재한다.

이와 관련하여 부인의 등기를 하면 수익자의 등기 명의가 남아있기 때문에(말소등기를 하는 경우와 비교하여) 관재인의 환가에 지장을 준다는 비판이 있었는데, 회생파산법은 관재인이 재산을 임의매각한 때 부인의 등기·부인된 행위를 원인으로 하는 등기·부인된 등기를 법원이 말소촉탁하도록 함으로써 이러한 문제점을 입법적으로 해결하였다. (제26조 제4항) 일반인이 부인의 등기를 이해하기 어려운 점은 사실이므로 등기권리자로 관재인을 기재하고, 등기의무자로 부인 상대방을 기재하여 부인에 따른 물권변동의 결과를 쉽게 이해할 수 있게 처리하여야 한다는 지적도 있다.[750]

부인의 등기를 구하는 부인의 청구 또는 소송에서 승소가 확정되면 관재인은 부인의 등기를 신청하고, 등기공무원은 소유권이전등기에 대하여 부인의 등기를 한다. 그 후 관재인이 부동산을 임의매각하여 소유

제5조 제2항)

749) 전병서, 전게서, 278면. 임종헌, 전게논문, 827-828면은 부인의 등기에 관한 학설을 정리하여 소개한다.

750) 春日偉知郎, "否認の登記と轉得者", 「倒産判例百選(第4版)」, 有斐閣, 2006, 78-79頁.

권이전등기가 된 때에는 법원은 이해관계인의 신청에 의하여 위와 같이 부인의 등기 등을 말소촉탁한다. 이는 관재인이 부동산을 임의매각할 때 매수인 쪽에서 등기부상의 복잡한 기재내용을 정리하여 달라고 요구하는 사례가 많아 등기명의인의 동의 없이도 법원에서 관련된 등기를 말소하게 함으로써 환가를 촉진하려는 취지이다.

관재인이 부인의 청구나 부인소송에 의하지 않고 재판상 또는 재판외에서 부동산을 회복하는 내용으로 화해한 경우에는 부인의 등기를 할 수 없고, 소유권이전등기의 말소나 그에 갈음한 이전등기를 하게 된다.

(3) 상대방의 채권

(가) 원상회복

채무자의 행위가 부인되어 상대방이 그가 받은 급부를 반환하거나 가액을 상환한 때에는 상대방의 채권은 원상으로 회복된다. (제109조 제1항, 제399조) 부인된 행위를 한 때로부터 채권부활 시까지는 부활한 채권에 대하여 소멸시효가 진행되지 않고, 제척기간 계산에서도 그 기간은 공제된다. 채권의 부활은 채무소멸행위(예컨대 매매대금 지급)만 부인된 때 적용된다. 또 채무소멸행위인 이상 본지변제 · 비본지변제 · 대물변제 · 집행행위 가운데 어느 쪽이라도 관계없고, 채무자가 물상보증인으로서 책임진 경우도 포함된다. 만약 채무발생의 원인행위(예컨대 매매계약)가 부인된 때에는 반대급부 반환의 법리가 적용된다. 따라서 채무자가 상대방으로부터 부동산을 매수한 때 매매계약이 부인되면 상대방은 반대급부의 반환 법리에 따라 보호받지만, 매매계약은 부인되지 않고 채무자의 대금지급 행위만 부인되면 채권부활 규정이 적용된다.

상대방의 채권은 변제받은 금액을 관재인에게 상환한 때 원상복귀하고, 부인에 의하여 당연히 부활하지는 않는다. 또 상대방은 변제받은 때로부터 반환할 때까지의 지연이자도 함께 지급하여야 한다. 일부 상환은 그 비율만큼 채권이 부활한다. 상대방은 상환의무와 부활하는 채권의 동시이행 또는 상계를 주장할 수는 없다. 부활한 채권에 대하여 절차에서 권리를 행사하려면 채권신고를 하여야 하는데 회생절차에서는 부인된 날부터 1개월 이내에 신고를 보완할 수 있다는 특별규정이 있다.[751] (제109조 제2항) 관재인이 부인권을 행사하여 부인의 청구 또는 부인소송이 계속 중이고 아직 판결이 선고되지 않은 때에는 채권부활 여부가 결정되지 않았지만, 상대방은 예비적으로 채권신고를 할 수 있다.

(나) 수반된 권리

상대방이 수령한 급부를 재단에 반환하여 채권이 부활하면, 그에 붙어 있던 연대채무나 보증채무 · 물상보증 등 이에 수반한 권리도 부활하는지가 논의된다.

일본의 통설 · 판례는 채무자의 변제가 부인되어 급부가 재단에 복귀한 때에는 그 변제로 말미암아 일단 소멸하였던 연대채무 · 보증채무 · 물상보증 · 저당권 · 대물변제예약상의 권리 등도 부활한다고 해석한다.[752] 즉 채무자의 도산으로 채권자가 충분한 만족을 얻을 수 없는 때야말로 인적 · 물적보증이 그 목적을 달성할 때라는 취지이다. 저당권부채권의 변제에 의하여 저당권 설정등기가 말소되었다면 관재인은 회복등기를 하든지, 다른 부동산에 새로운 담보권을 설정함으로써 저당권을 부활시키는 것과 같은 경제적 이익을 제공할 의무를 진다. 또 부활한 담보권은 부활할 때까지 사이에 설정된 새로운 담보권에는 대항할 수 없으나, 말소 전부터 후순위이었던 자에게는 등기 없이도 대항할 수 있다.[753]

---

751) 파산절차에서는 신고기간이 지나도 채권신고에 큰 지장이 없으므로 최후배당의 배당제외기간(제521조)까지 신고하면 된다.

752) 宗田親彦, 前揭書, 419頁.

753) 伊藤眞, 前揭書, 432頁.

(4) 무상부인의 특칙

무상행위가 부인된 경우 상대방이 선의일 때에는 현존이익만 상환하면 된다. (제108조 제2항, 제397조 제2항) 무상부인은 상대방의 선의 · 악의와 상관없이 인정되므로 그 효과를 제한함으로써 선의의 상대방을 보호하려는 취지이다. 여기에서 선의라 함은 채권자를 해한다는 사실이나 지급정지 또는 도산신청 사실을 알지 못하였음을 의미하고, 과실 유무는 묻지 않는다. 그 증명책임은 상대방에게 있다. 또 현존이익이라 함은 목적물 · 과실 · 그 멸실로 말미암은 보험금청구권 등을 말한다. 상대방이 행위 당시에는 선의였으나 나중에 악의가 되면 가액 전부를 반환하여야 한다. 즉 무상부인의 상대방이 선의자로서 보호를 받으려면 선의의 계속성이 요구된다.[754] 한편, 무상행위와 동일시할 수 있는 유상행위가 부인된 때에도 선의의 상대방은 현존이익을 상환하면 충분하므로 상대방의 반대급부가 재단 중에 현존하는 때에도 그 반대급부의 반환청구를 인정할 필요까지는 없다.[755]

마. 미국 연방도산법의 부인권(avoiding powers)

파산관재인 또는 DIP[756]는 부인권을 행사하여 이전된 재산을 반환받거나, 반환받을 수 없을 때에는 가액상환을 받아 재단의 충실을 도모한다. 연방도산법의 부인유형은 크게 편파행위와 사해행위로 나눌 수 있고, 그 밖에도 관재인은 강한 팔 조항(strong arm clause)을 이용하여 부인권을 행사한다. 우리 제도를 검토하는 데 참고하고자 이를 개괄적으로 살펴본다.

754) 임종헌, 전게논문, 832면.

755) 전병서, 전게서, 279면.

756) 부인권 행사와 관련하여 DIP도 파산관재인과 마찬가지의 권한을 가지나, 서술의 편의를 위하여 이하에서는 관재인으로 대표하여 표기한다.

(1) 편파행위(preference)

편파행위 부인은 도산신청을 전후한 시기에 채권자가 경쟁적으로 채무자 재산을 해체하는 행위(racing to the courthouse to dismember the debtor during his slide into bankruptcy)를 막고, 채권자 평등(equality of distribution)을 실현하는 데 목적이 있다.[757] (연방도산법 제547조) 부인 대상은 개시신청 전 90일 이내의 행위이지만 재산을 이전받은 자가 내부자(insider)일 때에는 1년 전까지 소급된다. 또 행위자의 의향(intent)이 아니라 행위의 결과(effect)에 초점을 맞추므로 채권자 · 채무자의 동기 · 의향 · 귀책사유와 관계없이 객관적 요건만 충족되면 부인할 수 있다. 편파행위의 요건은 ① 개시신청 전 90일 이내에 행하여진 행위라야 하는데 이를 편파행위 기간(preferential period) · 소급가능 기간(reachback period) 또는 공격가능 기간(vulnerable period)이라고 한다. 채무자에게 지배력을 행사하는 내부자는 이 기간이 1년으로 연장된다. 예컨대 거래은행의 권유에 따라 고용한 고문(consultant)의 충고를 받고 채무자가 그 은행에 채무변제 · 담보설정을 한 사안에서 거래은행은 채무자에게 지배력을 행사하는 내부자이므로 편파행위 기간이 연장된다.[758] ② 채무자의 재산상 권리가 이전되어야(transfer of an interest of the debtor in property) 한다. 특정채권자에게 변제하는 조건으로 융자받은 돈을 조건대로 변제한 때에는 재산상 권리의 이전이 없으므로 편파행위가 되지 않으나,[759] 무담보채권자에게 변제할 자금을 차입하면

757) 田頭章一, "Preference", 「英米倒産法 キーワード」, 弘文堂, 2003, 194頁.

758) 高木 新二郎, 前揭書, 143-144頁.

759) 유사한 사안에 대하여 일본 최고재판소는 차입 전과 변제 후를 비교하여 채무자의 적극재산의 감소나 소극재산의 증가가 생기지 않았고, 채무자가 융자자와 구채권자의 입회하에 차입 즉시 그 자리에서 특정채권을 변제하기로 약정하여 차입금이 특정채권 변제에 충당되는 것이 확실하였으며, 만약 다른 용도로 사용한다면 차입 자체가 불가능하였던 사안에 대하여 차입금으로 특정채무를 변제하여도 채권자의 공동담보를 감소시키지 않아 유해성이 없다고 판시하였다. (最高裁判所 平成 5.1.25. 판결, 「倒産判例百選(第4版)」, 有斐閣, 2006, 54頁) 우리나라에서도 같은 해석이 가능하다.

서 신채권자에게 담보를 설정한 때에는 편파행위가 된다. 또 이전은 간접적 이전(indirect transfer)이라도 관계없는데, 예컨대 은행에 담보를 설정하고 신용장(letter of credit)을 개설하여 채권자에게 기존채무 담보목적으로 교부한 때에도 편파행위가 성립한다. 예금행위도 예금자 의사와 상관없이 상계대상을 증대시키는 결과를 가져오므로 편파행위가 될 수 있다. ③ 채권자에 대한 이전 또는 채권자를 수익자로 하는 이전(to or for the benefit of a creditor)이어야 한다. 이전의 직접 상대방 이외의 다른 채권자를 이롭게 하는 행위도 편파행위가 된다. 예컨대 담보가치가 부족한 선순위 담보권자에 대한 변제는 선순위자에 대하여 편파행위가 됨과 동시에 변제의 결과 새로이 발생한 담보가치를 보유하게 된 후순위 담보권자에게도 편파행위가 된다. 또 보증인은 보증채무를 실제로 이행하기 전에도 조건부채권(contingent claim)을 가지고 있으므로 채무자가 보증부채무를 변제한 때에는 채권자에게(to) 보증인의 이익을 위하여(for the benefit of) 변제하므로 채권자만 아니라 보증인에게도 편파행위를 구성한다. ④ 기존채무를 위한 이전(a debt owed prior to the time of the transfer)이어야 한다. 기존채무를 위한 이전이라도 같은 가치의 담보물 교환은 편파행위가 되지 않는다. ⑤ 채무자가 채무초과(insolvent)인 상태에서 이전이 행하여져야 한다. 채무초과란 총채무액이 총자산액을 초과함을 의미하는데 자산과 부채를 대조하여(balance sheet test) 공정한 시장가격(fair market value)으로 평가한다.(같은 법 제101조) ⑥ 파산배당을 가정한 가치 즉 제7장 청산사건에서 채권자가 받는 배당액(청산가치)보다 많은 가치를 이전받아야 한다.

다만 신가치(new value)의 동시교환(contemporaneous exchange) · 통상적 거래(normal financial or business relations) · 구매대금 담보권(purchase money security interest) · 재산이전 후 신가치 부여 · 부동담보(floating lien) · 제정법상 리엔(statutory lien) · 소비자 파산사건에서

총액 600달러를 초과하지 않는 재산이전 등은 편파행위의 예외로서 상대방(수익자)이 예외사유의 존재를 증명하면 부인대상에서 제외된다.[760] (같은 법 제547조 c항)

(2) 사해행위(fraudulent transfer)

연방도산법의 사해행위에는 모든 종류의 재산이전 또는 채무부담 행위가 포함되고 사해의사가 없는 불공정한 거래도 대상으로 하며,[761] 절차개시 신청 전 2년 이내의 행위를 부인대상으로 한다.[762] 로마법 시대로부터 채무자가 채권자의 추심을 피하려고 재산을 숨기거나 또는 가까운 자에게 매우 저렴한 가격으로 재산을 양도하는 행위는 금지되었다. 연방도산법은 주관적 요건(사해의사)을 중시하는 전통적 사고방식에 따르고 있는데 사해의사에는 채무자에게 실제로 사해의사가 있는 경우(actual fraudulent)와 사해의사가 의제되는 경우(constructive[763] fraudulent)가 포함된다. 전자의 경우(actual fraudulent) 관재인은 채권자를 방해 · 지연 · 기망할 의도로(with intent to hinder, delay, or defraud creditors) 행한 재산이전 · 채무부담을 부인할 수 있다. 이때 채무자의 의도는 직접적 증명이 곤란하므로 간접사실(사기의 징후, badge of fraud)로 증명하는데[764] ① 채무자가 받은 대가가 적절한지 ② 양수인과 채무자와의 관계 ③ 채무자가 재산이전 후에도 재산을 지배하는지 ④ 채무자가 경제적 곤경에 빠진 다음에 행한 행위인지 ⑤ 재산이전

760) 田頭章一, 前掲 "Preference", 196-197頁.

761) Theodore Eisenberg, 「Bankruptcy and Debtor-Creditor Law(Third Edition)」, Foundation Press, 2004, at 406.

762) 佐藤鐵男, "Fraudulent Transfer", 「英米倒産法 キーワード」, 弘文堂, 2003, 182頁은 일반적 사해행위취소에 대해서는 1984년 통일법인 Uniform Fraudulent Transfer Act가 제정되어 40개 주가 이를 채택하였다고 한다.

763) Epstein, Markell, Nickles, Perris, supra note 8, at 162는 constructive의 사전적 의미는 'legally imputed, having an effect in law though not necessarily in fact'이지만 간편하게 'let's pretend'로 대치할 수 있다고 설명한다.

764) Id. at 161.

상대방이 내부자인지 ⑥ 재산이전의 정보가 공개되었는지 ⑦ 재산이전 전에 채무자에 대한 소송제기가 있었는지 ⑧ 이전된 재산이 중요한지 등이 사기의 징후로 거론된다.[765] 후자의 부인대상(constructive fraudulent)은 절차개시 전 1년 이내의 재산상 권리이전(transfer)과 채무부담행위이다. 절차개시 전 1년 이내에 ① 이전 · 채무부담과 교환하여 채무자가 합리적 가치보다 낮은 대가를 받은 때(less than a reasonably equivalent value)[766] ② 이전 · 채무부담을 할 당시 채무초과(insolvent)이던가 또는 그에 의하여 채무초과로 된 때,[767] 이전 · 채무부담을 이행하고 남은 재산만으로는 채무자의 사업이 과소자본(unreasonably small capital)으로 되는 때,[768] 부담한 채무의 변제기가 도래하면 변제능력을 초과함(beyond the debtor's ability to pay as such debts matured)을 알고 채무부담을 한 때에는 사해의사가 의제되어(constructive fraudulent) 부인대상이 된다.

모회사와 자회사 사이의 채무보증이 사해행위가 되는지는 경우에 따라 다르다. 우선 대주주 또는 유일한 주주인 모회사가 자회사의 차입을 보증하는 행위는 사해행위가 되지 않는다. 자회사의 가치 취득은 모회사에도 가치 취득이 되기 때문이고 이를 순보증(down-stream guaranty)이라고 한다. 반대로 자회사가 모회사의 차입을 보증하는 역보증(up-stream guaranty) 또는 자회사가 다른 자회사의 차입을 보증하는 상호보증(cross-stream guaranty)은 피보증회사와 동시에 가치를 취득하지 않으므로 부인대상이 된다. 그러나 융자를 받은 관련회사가 영

765) 福岡 眞之介, 前揭書, 176頁.

766) 이때 대가는 교환적으로 수령하여야 하므로 단순한 장래의 약속(future performance)은 대가가 아니다.

767) 이전되는 재산을 제외하거나 새로이 부담한 채무를 더한 결과 총채무액이 총자산액을 초과하면 그에 따라 채무초과로 되었다고 본다.

768) 과소자본의 여부는 회계사 등의 전문적 통계조사에 따른 같은 규모 · 같은 업종의 평균 자본액을 참고한다. 만약 연방도산법의 기준을 우리나라에 적용한다면 중소기업 가운데 상당수가 과소자본으로 평가될 가능성이 있다.

업을 계속함에 따라 보증한 회사도 조업 계속이라는 경제적 이익을 취득하는 때에는 무조건 부인대상이 된다고는 할 수 없다.

또 인수 · 합병과 관련하여 LBO(leveraged buyout)가 사해행위로 부인되는 사례가 많다. LBO는 어떤 기업의 자산 또는 과반수의 주식을 매수하면서 그 자금의 대부분을 매수대상 회사(target company)의 자산을 담보로 하여 제삼자의 융자를 얻어 조달하는 거래이다. 합병을 이용한 LBO는 ① 매수자가 매수를 위하여 지주회사를 설립하여 지주회사가 금융기관에서 자금을 차입한 다음 ② 지주회사가 매수자로부터 거둔 자본금과 금융기관 차입금으로 매수대상 회사의 주식을 매수하고 ③ 지주회사가 매수대상의 과반수 주식을 매수하면 그 회사와 지주회사를 합병하여 매수대상 회사의 소수주주에게는 현금을 교부하고 주주 지위를 상실시키며(freeze out) 합병에 따라 지주회사의 차입금은 대상회사의 차입금이 되고 ④ 매수자가 지배하게 된 매수대상 회사는 금융기관에 담보를 제공하고 그 수익으로 차입금을 변제하는 과정을 거친다. 전형적 LBO는 기업매수자가 은행에서 융자를 받을 때 대상회사가 주요자산에 담보를 설정하여 보증하는 형태이고, 변형으로서 매수대상 회사가 자산을 담보로 융자를 받아 이를 매수자에게 전대하는 방법 또는 매수자가 은행의 융자금으로 대상회사를 매수한 다음 이를 흡수합병하여 그 회사의 자산을 추가담보로 은행에 제공하는 방법도 사용된다. 연방대법원은 전형적 형태는 물론 변형에 대하여도 사해행위로 부인을 허용하고, 학설도 이에 찬성한다.[769)]

(3) 기타 유형

편파행위 · 사해행위의 부인 외에도 관재인은 ① 채무자의 전재산에 대하여 재판상 리엔(judicial lien)을 가지는 채권자 ② 강제집행을 하였

769) 高木 新二郎, 前掲書, 167頁.

으나 채권만족을 얻지 못한 채권자 ③ 부동산을 선의 매수하여 대항요건을 갖춘 양수인(bona fide purchaser)과 같은 지위를 가지고, 절차개시 당시 이들이 가지는 부인권을 행사할 수 있다. (연방도산법 제544조) 이를 강한 팔 조항(strong arm clause)이라고 하는데 채권자의 이익대표자라는 관재인의 지위가 잘 드러나는 규정이다.

바. 검토

(1) 회생채무자의 부인권 행사

파산절차에서는 파산관재인이 부인권을 행사하나, 회생절차에서는 채무자가 부인권을 행사한다. 그런데 채무자에게 자신이 한 재산감소행위나 편파행위를 부인하라고 요구하는 방식은 무리가 있고, 특히 상대방이 채무자 영업에 불가결한 거래처인 때에는 사실상 부인권을 행사할 수 없다는 문제점이 있다. 이러한 부작용을 막으려고 조사위원으로 하여금 부인대상행위를 조사하게 하고, 채권자협의회가 부인권행사명령 신청을 하며, 법원이 부인권행사 명령을 하는 방안이 제시된다.[770] 그러나 채무자가 부인권 행사에 소극적이라면 어느 방안도 그다지 실효성이 없다. 근본적으로는 제삼자를 관리인으로 선임하여 회생절차를 진행하도록 제도를 손질하여야 하지만, 차선책으로 일본의 민사재생절차처럼 감독위원을 두어 그로 하여금 부인권을 행사하도록 법을 개정하는 방법도 있다.

(2) 예외사유의 구체화

미국 연방도산법은 신가치의 동시교환 · 통상적 거래 · 구매대금 담보권 등 편파행위 예외사유를 명문으로 규정하여 통상의 거래과정에서 이루어지는 균형 있는 가치교환을 보장한다. 우리나라에서는 이를 사

770) 서울중앙지방법원 파산부 실무연구회, 전게 「회생사건실무 상」, 291-292면.

해의사 또는 부당성이라는 요건문제로 처리해왔는데 앞으로는 예외사유를 구체적으로 입법하여 편파행위 기간 내에 행하여진 이해관계인의 도산회피 노력을 보호할 필요가 있다.[771] 예컨대 위기시기의 담보제공은 부인대상이 되는 것이 원칙이지만, 이 원칙을 관철하면 채무자가 경영을 정상화하려고 신규융자를 얻으면서 새로이 담보권을 설정하는 행위(구제금융)도 부인되므로 구제금융을 제공한 사람이 무담보채권자가 되어버린다. 구제금융을 제공한 채권자는 채무자의 위기상태를 잘 알고 있기(악의) 때문이다. 그렇게 되면 경영 정상화가 가능한 기업이 지나치게 빠른 단계에서 파탄으로 내몰릴 수 있다. 예외사유를 구체적으로 정하면 이처럼 신규금융과 담보설정이 동시에 이루어진 경우는 신가치의 동시교환에 해당하여 처음부터 부인대상에서 제외된다.[772]

(3) 부인유형의 체계화

고의부인에서는 재산을 처분하면 채권자의 공동만족이 저하된다는 인식이 채무자에게 있으면 사해의사를 인정한다. 고의부인의 원형인 사해행위취소권이 일반재산 즉 공동담보의 감소를 방지하는 기능을 가지기 때문이다. 이처럼 재산상황이 악화한 때 재산을 처분하면 사해의사가 있다고 해석하면 고의부인에서 주관적 요건은 그 의미를 상실하게 되므로[773] 사해적 재산처분행위를 위기부인 유형에 포함하여 요건을 통합함이 바람직하다.

또 편파행위는 주로 위기부인의 대상이지만, 위기부인은 편파행위 이외에 사해행위도 그 대상으로 한다. 즉 회생파산법은 사해행위와 편파행위의 구별에 구애되지 않고, 행위의 성격(의무행위 여부, 무상행위 여부) · 행위의 시기 · 채무자와 수익자의 주관적 요건을 기준으로 부인제

771) 加藤哲夫, 前掲「企業倒産処理法制における基本的諸相」, 309頁.
772) 山本和彦, 前掲書, 82頁.
773) 加藤哲夫, 前掲「企業倒産処理法制における基本的諸相」, 298頁.

도를 구축하였다. 본지변제에 대하여 고의부인 가능성을 인정하는 통설 · 판례의 입장에도 이처럼 편파행위와 사해행위의 한계가 명확하지 않다는 점이 반영되었다.[774] 행위자의 의향이 아니라 행위의 결과에 초점을 맞추어 객관적 요건만 충족되면 부인할 수 있는 편파행위 부인제도의 신설이 요망된다.

774) 田頭章一, 前揭 "Preference", 203-204頁.

3 쌍방미이행 쌍무계약

채무자가 제삼자와 계약을 체결하였지만, 절차개시 전에 계약상 의무가 모두 이행되었다면 계약관계가 소멸하므로 도산절차가 개시되고 나서 계약관계를 정리할 여지는 없다. 그러나 채무자나 상대방 가운데 일방 또는 쌍방의 의무가 이행되지 않은 때에는 절차의 원활한 진행을 위하여 이를 정리할 필요가 있다. 회생파산법은 파산관재인 또는 회생채무자[775]에게 쌍방미이행 쌍무계약(雙方未履行 雙務契約)의 이행 또는 해제를 선택하도록 하였다. 여기에서 쌍무계약이라 함은 쌍방 당사자가 상호 대등한 대가관계에 있는 채무를 부담하고, 쌍방의 채무 사이에 성립 · 이행 · 존속상 법률적 · 경제적으로 견련성이 있어 서로 담보로서 기능 하는 계약을 말한다.[776] 전형계약 가운데 매매 · 교환 · 임대차 · 고용 · 도급 · 조합 · 화해는 쌍무계약이고, 소비대차 · 위임 · 임치도 유상인 때에는 쌍무계약이다. 또 미이행의 사유는 묻지 아니하므로[777] 귀책사유 또는 정당한 사유의 여부는 상관없다. 계약상 채무와 관련이 있어도 소구할 수 없는 막연한 협력의무는 쌍무계약의 채무에 해당하지 않고,[778] 본질적 의무가 이행된 때에는 부수적 의무의 미이행을 이유로 해제권을 행사할 수는 없다.[779]

---

775) 쌍방미이행 쌍무계약과 관련하여 회생채무자도 파산관재인과 마찬가지의 권한을 가지나, 서술의 편의를 위하여 파산 · 회생절차에 공통되는 부분은 주체를 관재인으로 대표하여 표기한다.

776) 대법원 2004. 2. 27. 선고 2001다52759 판결.

777) 대법원 1998. 6. 26. 선고 98다3603 판결.

778) 대법원 1994. 1. 11. 선고 92다56865 판결.

779) 일본 最高裁判所 平成 12. 2. 29. 판결. 水元宏典, "預託金會員制ゴルフクラブの會員の破産と破産管財人の解除權", 「倒産判例百選(第4版)」, 有斐閣, 2006, 143頁 참조.

가. 일반적 법리

(1) 일방미이행 쌍무계약

이는 미이행의 당사자가 채무자인 때와 상대방인 때로 나누어지는데 회생파산법에 그 처리에 관한 특칙은 없다.

하나는 채무자가 의무를 이행하지 않은 경우이다. 매도인이 목적물을 인도하였으나 이에 대하여 매수인이 대금지급의무를 이행하지 않은 상태에서 매수인에 대하여 절차가 개시된 사례를 가정한다. 상대방의 대금채권은 절차개시 전의 원인에 기하므로 파산 · 회생채권이 되어(제118조 제1호, 제423조) 채권액 일부만 배당을 받는다. 절차개시 당시 상대방이 동시이행의 항변권을 포기하고 목적물을 먼저 인도하여 채무자에게 신용을 제공한 이상 다른 채권자와 함께 안분배당을 감수하여야 하기 때문이다. 그와는 반대로 매도인이 도산한 때 목적물인도의무만 미이행이면 이는 파산 · 회생채권이 되고, 매수인의 대금지급의무만 미이행이면 매도인의 관재인이 재단 소속재산으로 채권을 행사한다.[780)]

다른 하나는 상대방이 의무를 이행하지 않은 경우이다. 매수인은 대금지급의무를 이행하였으나 매도인이 목적물인 동산의 인도의무를 이행하기 전에 매수인에 대하여 절차가 개시된 사례를 가정한다. 이때 채무자가 가지는 목적물 인도청구권은 재산상 권리이므로 재단에 귀속하고(제382조) 관재인이 이를 상대방에게 행사하여 목적물 인도를 받는다. 상대방은 채무자에 대한 계약상 의무를 이행하여야 하므로 매수인의 도산으로 아무런 영향을 받지 않는다. 상대방이 의무이행을 게을리하면 관재인은 손해배상을 청구하지만, 이는 인도청구권에 대하여 관재인이 관리처분권을 행사하기 때문에 파생하는 실체법상 권리이고, 절차개시에 의하여 계약관계 자체나 계약상 권리의무가 변경되지는 않

780) 伊藤眞, 前揭書, 258-259頁.

는다.

(2) 쌍방미이행 쌍무계약

절차개시 당시 쌍무계약에 관하여 쌍방의 채무 전부 또는 일부가 남아있는 때에는 관재인은 채무를 이행하고 상대방에게 채무이행을 청구하든지(이행의 선택), 또는 해제 · 해지권을 행사하여 계약관계를 소멸시키든지(해제의 선택) 선택권을 행사할 수 있다. (제119조, 335조) 이 선택권은 권리이고, 관재인에게 이행 또는 해제를 선택할 의무가 부과되지는 않는다.[781] 이행을 선택하여 계약관계가 존속하는 때에는 상대방의 권리는 재단 · 공익채권으로 취급된다. (제179조 제7호, 제473조 제7호) 한편, 관재인이 해제를 선택한 때에는 계약관계는 소멸하지만, 상대방은 목적물에 대한 환취권 또는 가액상환에 관한 재단 · 공익채권을 행사할 수 있다. 또 상대방은 해제에 의한 손해배상을 구할 수 있으나 이는 파산 · 회생채권이 됨에 그친다. (제121조, 제337조) 원래 이 손해배상청구권은 관재인의 해제권 행사로 말미암아 발생하므로 전형적인 파산 · 회생채권은 아니지만, 만약 이를 재단 · 공익채권으로 정하면 재단에 큰 부담을 주게 되어 관재인에게 해제권을 특별한 권능으로 부여한 취지를 살릴 수 없기 때문이다.[782] 해제권을 행사할 때에도 사전최고는 필요 없고 직접적으로 해제의 의사표시를 하지 않더라도 해제를 전제로 하여 이미 급부한 목적물의 반환이나 원상회복을 구하는 방법으로도 가능하다.[783] 파산절차에서 관재인이 선택권을 행사할 때에는 시한이 없으나, 회생절차에서는 회생계획안 심리를 위한 관계인집회가 끝나거나 또는 계획안을 서면결의에 부치는 결정이 있은 다음에는 채무

781) 宗田親彦, 前揭書, 162頁.

782) 伊藤眞, 前揭書, 260-261頁.

783) 박병대, “파산절차가 계약관계에 미치는 영향”, 「파산법의 제문제 상」, 법원도서관, 1999, 446면.

자는 계약을 해제 · 해지할 수 없다.

선택권을 행사하더라도 행사의 내용이 신의칙에 위반하면 안 된다.[784] 예컨대 채무자가 절차개시 전에 소유부동산을 이중양도하고 이전등기를 하지 않은 때에는 가령 제2매수인의 매수가액이 고액이더라도 관재인이 제1매매를 해제하고 제2매매를 이행하는 선택은 허용되지 않는다.[785]

관재인이 이행을 선택한 때 상대방의 권리를 재단 · 공익채권으로 취급하는 이유는 ① 공평을 기하려는 데 있다. 쌍무계약에서 쌍방 당사자의 의무는 동시이행 관계에 있고 서로 담보기능을 가지는데 관재인이 이행을 선택한 때 상대방의 권리가 파산 · 회생채권이 되면 관재인은 완전한 이행을 받는데도 상대방은 안분배당을 받으므로 공평에 반한다. ② 상대방이 계약을 이행하면 채권자 전체가 이익을 받으므로 재단에서 반대급부를 이행함이 당연하기 때문이다.

쌍방미이행 쌍무계약의 상대방은 관재인이 선택권을 행사할 때까지는 계약을 이행하거나 계약이행을 청구할 수 없는데[786] 이때 관재인이 선택권을 행사하지 않아 법률관계가 장기간 불안정한 상태에 놓이는 위험을 방지하고자 상대방에게 최고권을 부여하였다. 즉 상대방은 관재인에게 이행이냐 해제냐 선택하도록 최고할 수 있는데 파산절차에서는 상당한 기간 안에 확답이 없으면 계약을 해제한 것으로 보고, 회생절차에서는 30일 이내에 확답이 없으면 해제권을 포기한 것으로 본다.[787] (제119조 제2항, 제335조 제2항) 관재인이 계약이행을 선택하거나,

784) 田頭章一, 前掲「企業倒産處理法の理論的課題」, 136-138頁은 관재인이 골프회원계약을 쌍방미이행 쌍무계약이라는 이유로 해제하고 예탁금 반환을 구한 사안에서 상대방에게 현저히 불공평한 결과가 발생한다는 이유로 해제권을 부정한 일본 最高裁判所 平成 12. 2. 29. 판결을 소개한다.

785) 서경환, "회사정리절차가 계약관계에 미치는 영향", 「회사정리법 · 화의법상의 제문제」, 법원도서관, 2000, 651면.

786) 대법원 1992. 2. 28. 선고 91다30149 판결.

787) 이는 파산절차는 사업의 해체 · 청산을 목적으로 하고, 회생절차는 사업계속을 목

회생채무자가 해제를 선택할 때에는 법원의 허가가 필요하다. (제61조 제1항 제4호, 제492조 제9호)

(3) 상대방의 계약해제

관재인이 이행을 선택하면 상대방은 재단에 대하여 채무를 이행하여야 하고 자신의 채권은 재단 · 공익채권으로 행사할 수 있으나, 재단 · 공익채권이라고 해서 언제나 완전한 변제가 보장되지는 않는다. 그래서 상대방은 관재인이 이행을 선택하여도(아니면 이행을 선택하기 전에) 스스로 계약을 해제하거나 계약조건의 변경을 요구할 수 있다.

① 상대방은 절차개시 전의 불이행을 이유로 해제권을 행사할 수 있다. 관재인이 상대방에게 계약의 효력을 주장하는 이상 상대방은 그에 부착된 항변으로 관재인에게 대항할 수 있어야 공평하기 때문이다.[788] 절차개시 전에 이미 해제권 발생요건이 충족된 때에는 상대방은 해제권을 행사할 수 있지만, 이때 관재인은 민법 제548조의 제삼자에 해당하므로 관재인에게 원상회복을 주장할 수는 없다.[789]

② 상대방은 불안의 항변권[790]을 행사할 수 있다. 특히 의무이행이 장기간에 걸치는 계속적 공급계약은 상대방이 재단 측의 의무이행 가능성에 대하여 불안을 느끼게 된다. 관재인이 일단 이행을 선택하고 나면 일반계약법이 적용되므로 불안의 항변권을 배제할 이유는 없다. 따라서 상대방이 선이행의무를 부담하는 때에도 관재인의 이행이 곤란할

적으로 하는 데에서 오는 차이이다.

788) 加藤哲夫, 前揭「破産法」, 231頁.

789) 전병서, 전게서, 119-120면.

790) 서태환, "쌍무계약에 있어서 민법 제536조 제2항 소정의 불안의 항변권의 인정요건", 「대법원판례해설 51호」, 법원도서관, 2005, 182면은 불안의 항변권 성립요건으로 계약성립 후의 재산상태의 악화 · 상대방의 이행곤란 징표 · 청구권 행사의 위험 · 신의칙상 용인될 것이라는 네 가지를 든다. 대법원 2003. 7. 8. 선고 2003다13079 판결, 2004. 6. 25. 선고 2004다8791 판결 참조. 이 논문은 법원도서관의 법고을 LX DVD 2011에서 참조하였다.

현저한 사유가 있는 때에는 관재인이 반대급부를 이행할 때까지 상대방은 채무이행을 거절할 수 있고, 반대급부 이행을 위한 담보제공도 요구할 수 있다. (민법 제536조) 또 불안의 항변권에 의한 계약해제에 관하여는 도산절차에서는 이행거절과 담보요구까지만 인정되고, 계약해제는 관재인의 선택권을 무의미하게 만들기 때문에 허용되지 않는다는 견해[791]도 있으나, 채무자의 도산으로 말미암아 상대방이 평상시보다 더 불리하게 취급될 이유가 없으므로 상당한 기간 안에 해결될 가망이 없는 때에는 해제권도 인정하여야 한다. 만약 계약이 해제되지 않고 불확정상태로 계속 존속하면 관재인이 채무를 이행하지 않고 담보제공을 하지 않아도 상대방은 언제나 이행할 준비를 하여야 하므로 큰 불이익을 입기 때문이다.[792]

③ 도산해제조항(ipso facto clause)은 무효이다. 도산해제조항이라 함은 도산상태에 빠진 자와 계약관계를 유지하는 데 불안을 느껴 한쪽 당사자에 대하여 도산절차의 개시 · 개시신청 · 지급정지가 발생하면 채무불이행이 없어도 상대방은 계약해제를 할 수 있다는 특약을 말한다. 대법원은 도산해제조항을 일률적으로 무효로 보면 계약자유의 원칙을 심각하게 침해하고, 채무자의 도산으로 초래될 법적 불안정에 대비하려는 상대방의 이익을 무시하므로 이는 유효하다고 판시하였다.[793] 그러나 그 유효성을 인정하면 상대방이 해제권을 언제든지 행사할 수 있어 쌍방미이행 쌍무계약에 관한 관재인의 선택권이 의미를 잃게 되므로 도산해제조항은 무효라고 보아야 한다.[794] 이때 상대방은 불

---

791) 伊藤眞, 前揭書, 264頁.

792) 임건면, "쌍무계약에 있어서의 동시이행의 항변권과 불안의 항변권", 「비교사법 제4권 1호」, 한국비교사법학회, 1997, 190면. 이 논문은 법원도서관의 법고을 LX DVD 2011에서 참조하였다.

793) 대법원 2007. 9. 6. 선고 2005다38263 판결.

794) 전병서, 전게서, 120면. 오수근, 전게 「도산법의 이해」, 403면은 원칙적으로 무효라고 한다.

안의 항변권으로 충분히 보호받을 수 있다.

일본 최고재판소도 절차개시 신청의 원인사실이 발생한 것을 소유권 유보부 매매의 해제사유로 하는 특약은 채권자 · 주주 기타 이해관계인의 이해를 조정하여 곤궁에 처한 회사의 재건을 도모하려는 회사정리절차의 목적을 해하므로 무효라고 판시하여 같은 견해를 취하였다.[795]

또 미국 연방도산법은 미이행계약(executory contracts) · 기간 미완료 임대차(unexpired lease)에 대하여 채무자가 채무초과(insolvency) 기타 재정적 곤경(financial condition)에 처하였을 때 · 연방도산법의 절차개시 · 연방도산법에 의하지 않은 도산처리절차의 개시 · 재산청산신탁의 수탁자 선임 등이 계약종료 사유로 정해져 있어도 미이행계약 또는 기간 미완료 임대차는 종료 · 변경되지 않고 관재인 · DIP는 이를 인수(assume) 또는 양도할 수 있다고 명문규정을 두어 도산해제조항의 효력을 제한한다. (연방도산법 제365조 e항)

나. 회생 · 파산절차에 공통되는 유형

(1) 지급결제제도

지급결제제도[796] · 청산결제제도[797] · 적격금융거래는 쌍방미이행 쌍

795) 일본 最高裁判所 昭和 57. 3. 30. 판결.

796) 현금을 지급수단으로 사용하는 경우에는 그 자체로서 지급결제가 마무리되지만 그렇지 않은 때에는 지급 · 청산 · 결제의 세 단계를 거쳐 지급결제가 이루어진다. 먼저 지급(payment)은 개인이나 기업 등 경제주체가 서로 주고받을 채권 · 채무를 해소하기 위하여 어음 · 수표 등의 지급수단을 직접 건네주거나 금융기관에 개설된 예금계좌로 자금을 이체해 주는 행위를 말한다. 청산(clearing)은 거래은행이 서로 다른 경제주체 사이에 어음이나 수표 또는 금융기관 송금 등 현금 이외의 지급수단으로 지급이 이루어졌을 때 금융기관들이 서로 주고받을 금액을 계산하는 절차이다. 결제(settlement)는 이러한 청산과정을 거쳐 확정된 금액을 중앙은행 당좌예금 계정의 자금이체 등을 통하여 서로 주고받는 과정을 말한다. 이 내용은 http://www.bok.or.kr에서 인용하였다.

797) 청산결제제도는 유가증권매매시장에서 증권이 거래된 이후 증권을 인도하고 대금을 지급하는 방식으로 거래 쌍방이 채권 · 채무를 이행하여 거래를 완결시키는 제도를 말한다.

무계약의 일반적 법리를 적용하여 관재인이 해제 · 해지권을 행사하면 제도운영에 큰 지장을 가져올 수 있으므로 적용을 배제하는 특칙을 두었다. (제120조, 제336조)

지급결제제도의 참가자에 대하여 도산절차가 개시된 경우 그 참가자에 관련된 이체지시 또는 지급 및 이와 관련된 이행 · 정산 · 차감 · 증거금 등 담보제공 · 처분 · 충당 기타 결제에 관하여는 이 법의 규정에 불구하고 그 지급결제제도를 운영하는 자가 정한 바에 따라 효력이 발생하며 해제 · 해지 · 취소 및 부인대상이 되지 않는다.

청산결제제도의 참가자에 대하여 도산절차가 개시된 경우 그 참가자와 관련된 채무인수 · 정산 · 차감 · 증거금 그 밖의 담보제공 · 처분 · 충당 기타 청산결제에 관하여는 이 법의 규정에 불구하고 그 청산결제제도를 운영하는 자가 정한 바에 따라 효력이 발생하며 해제 · 해지 · 취소 및 부인대상이 되지 않는다.

기본계약에 근거하여 다음 각 호의 거래(적격금융거래)를 행하는 당사자 일방에 대하여 도산절차가 개시된 경우 적격금융거래의 종료 및 정산에 관하여는 이 법의 규정에 불구하고 기본계약에서 당사자가 정한 바에 따라 효력이 발생하고 해제 · 해지 · 취소 및 부인대상이 되지 않으며, 제4호의 거래는 중지명령 및 포괄적 금지명령의 대상이 되지 않는다. 다만, 채무자가 상대방과 공모하여 파산 · 회생채권자나 담보권자 · 별제권자를 해할 목적으로 적격금융거래를 행한 경우에는 그렇지 않다.

1. 통화 · 유가증권 · 출자지분 · 일반상품 · 신용위험 · 에너지 · 날씨 · 운임 · 주파수 · 환경 등의 가격 또는 이자율이나 이를 기초로 하는 지수 및 그 밖의 지표를 대상으로 하는 선도 · 옵션 · 스왑 등 파생금융거래로서 대통령령이 정하는 거래

2. 현물환거래 · 유가증권의 환매거래 · 유가증권의 대차거래 및 담

보 콜거래

3. 제1호 내지 제2호의 거래가 혼합된 거래

4. 제1호 내지 제3호의 거래에 수반되는 담보제공 · 처분 · 충당

(2) 임대인의 도산

임대인은 계약기간 동안 임차인에게 목적물을 사용하게 할 의무와 기타 부수적 의무가 있고, 이에 대하여 임차인은 차임지급과 목적물반환 기타 의무가 있으므로 임대차기간 중에 한쪽 당사자에 대하여 도산절차가 개시되면 임대차계약은 쌍방미이행 쌍무계약이 된다.

그런데 임대인의 도산에 쌍방미이행 쌍무계약의 법리를 적용하여 임대인의 관재인이 해지를 선택하면 임차인은 자신과 관계없는 임대인의 도산이라는 사유로 임차권을 잃게 된다. 따라서 주택 또는 상가건물의 임대차계약이 대항요건을 갖춘 때에는 쌍방미이행 쌍무계약에 대한 관재인의 선택권은 인정되지 않는다. (제124조 제4항, 제340조 제4항) 다만, 동산임대차나 대항요건을 갖추지 않은 부동산임대차에는 쌍방미이행 쌍무계약의 일반적 법리가 적용되어 이행 또는 해지의 선택권이 인정된다. 대항력 없는 부동산임대차도 임차보증금이 있는 때에는 관재인이 해지를 선택하면 임차인은 목적물반환의무와 보증금반환청구권의 동시이행 항변을 할 수 있다.[798)]

관재인의 해지권이 제한된 결과 임대차계약이 존속하는 경우에는 관재인이 이행을 선택한 때와 마찬가지로 임차인이 가지는 청구권은 재단 · 공익채권이 된다. 한편, 임대인의 차임채권은 재단 소속재산이 된다. 또 절차개시 전에 임차인이 차임을 채무자에게 선급하였거나 또는 채무자가 개시 후의 차임채권을 제삼자에게 양도하고 대항요건을 갖추

798) 서경환, 전게논문, 659면은 임차인의 동시이행 항변으로 절차가 장기화하는 폐단을 막으려면 항변권 행사를 제한할 필요가 있다고 주장한다. 그러나 임대인의 도산으로 임차인의 정당한 권리행사가 제한받을 이유가 없다.

었어도 절차개시 당시를 기준으로 당기와 차기의 것을 제외하고는 절차에서 효력을 주장할 수 없고, 그와 관련한 손해배상 청구권은 파산 · 회생채권이 된다. (제124조 제1항 · 2항, 제340조 제1항 · 제2항) 임차인이 파산 · 회생채권을 자동채권으로 하고 차임채권을 수동채권으로 하여 상계할 때 절차개시 후의 차임채무에 관하여는 당기와 차기의 것에 한하여 상계할 수 있으나, 보증금이 있는 때에는 그 후의 것도 상계할 수 있다.[799] (제144조 제2항, 제421조 제1항)

(3) 상호계산

상호계산은 상인 사이에 또는 상인과 비상인 사이에 일정한 기간 거래로 발생한 총채권과 총채무를 상계하고 그 잔액을 지급하는 약정이다. (상법 제72조) 상호계산은 서로의 신용을 기초로 하므로 한쪽 당사자에 대하여 도산절차가 개시되면 당연히 종료하고 각 당사자는 잔액지급을 청구할 수 있다. (제125조, 제343조) 채무자의 잔액청구권은 재단소속재산이 되고, 상대방의 잔액청구권은 파산 · 회생채권이 된다.

(4) 소유권유보부 매매

(가) 쌍방미이행 쌍무계약인지의 여부

소유권유보부 매매(소유권유보약관부 매매)라 함은 매도인이 매수인에게 목적물을 인도하여 사용 · 수익을 허용하지만, 대금이 완납될 때까지 소유권을 매도인에게 유보함을 내용으로 하는 당사자 사이의 특약이다. 주로 동산의 할부판매에서 사용된다. 형식적으로는 대금완납을 조건으로 하는 조건부매매이지만, 소유권을 유보하는 이유가 대금채권을 담보하려는 데 있으므로 일종의 담보거래이다.

---

799) 伊藤眞, 前揭書, 271-272頁에 의하면 일본에서는 절차개시 전의 차임 선급과 처분행위의 효력을 도산절차에서 제한할 이유가 없고(부인대상이 될 수는 있으나), 차임채권을 수동채권으로 하는 상계를 제한하는 것도 불합리하다는 비판이 있어 신파산법에서 이러한 제한을 폐지하였다고 한다.

매수인이 도산한 때 소유권유보부 매매를 쌍방미이행 쌍무계약으로 취급하여 관재인이 해제 또는 채무이행을 선택할 수 있는지가 논의되는데 학설이 세 가지로 갈라진다.[800] ① 적용긍정설이다. 매매계약에서 매도인은 매수인에게 목적물 소유권을 이전할 의무를 부담하므로 매수인이 완전한 소유권을 취득하여야 이행이 완료되는데 매도인에게 소유권이 유보된 이상 아직 의무가 완전히 이행되지 않았다고 본다. 일본의 옛 통설이다. ② 구분적용설이다. 등기 · 등록을 요하는 재산이 목적물이면 미이행 쌍무계약이 되고, 그 밖의 일반동산이 목적물이면 미이행 쌍무계약이 아니라는 견해이다. 전자는 인도만으로 소유권이 이전되는 후자와는 달리 등기 · 등록을 이전하지 않는 한 매도인의 채무가 완전히 이행되지 않았다는 취지이다. 우리나라 법원의 실무는 구분적용설을 취한다.[801] ③ 적용부정설이다. 소유권유보의 실질이 담보설정이라는 데 착안하여 매도인은 유보소유권이라는 담보권을 가지고 있을 뿐 모든 측면에서 그 의무이행을 완료하였다는 견해이다.[802] 일본 법원의 실무는 적용부정설을 취한다.

소유권이 유보된 이상 의무가 완전히 이행되지 않았다고 보는 것이 논리적이고, 절차의 원활한 진행을 위하여 관재인에게 법률관계를 정리할 선택권을 부여할 필요성이 있으며, 해제를 선택한다고 해서 매도인이 현저한 불이익을 입지도 않으므로 소유권유보부 매매는 쌍방미이행 쌍무계약으로 보아야 한다. 궁극적으로는 독일 신도산법 제107조와 같이 소유권유보부 매매를 쌍방미이행 쌍무계약으로 취급하는 명문규정을 두어 논란의 여지를 없애는 쪽이 바람직하다.

800) 고원석, "할부계약에 있어서 매수인의 도산과 매도인의 권리 —소유권유보부매매의 경우를 중심으로—", 「재판자료 제64집」, 법원도서관, 1994, 374-377면. 이 논문은 법원도서관의 법고을 LX DVD 2011에서 참조하였다.

801) 伊藤眞, 前揭書, 337頁; 전병서, 전게서, 309-310면; 서울중앙지방법원 파산부 실무연구회, 전게 「법인파산실무」, 132면.

802) 加藤哲夫, 前揭 「破産法」, 173-174頁.

(나) 환취권 성립 여부

전술한 미이행 쌍무계약 문제 이외에도 매수인에게 도산절차가 개시되면 매도인이 담보권 · 별제권을 가지는 데 그치느냐 아니면 목적물 환취권을 가지느냐가 논의된다. 우리나라와 일본의 통설은 매도인이 소유권을 유보한 목적은 대금채권 담보에 있다는 이유로 매도인을 담보권 · 별제권자로 취급하여 환취권을 인정하지 않고,[803] 우리 법원의 실무도 소유권유보부 매매를 회생담보권으로 취급한다.[804] 그러나 대법원은 동산의 매매계약을 체결하면서 소유권유보 특약을 한 때 목적물 소유권을 이전한다는 당사자 사이의 물권적 합의는 매매계약을 체결하고 목적물을 인도한 때 이미 성립하지만, 이는 대금이 모두 지급됨을 정지조건으로 하므로 목적물이 매수인에게 인도되었다고 하더라도 매도인은 대금이 모두 지급될 때까지 매수인은 물론 제삼자에게도 유보된 목적물의 소유권을 주장할 수 있다고 판시하였다.[805] 대법원이 말하는 '소유권 주장'의 핵심은 환취권이므로 이 판결은 매도인의 권리를 담보권으로 구성하는 통설과 상반된다. 그러나 이처럼 매도인의 소유권 주장을 허용하면 목적물이 재단에 귀속되는지가 확정되지 않아 절차의 안정을 해한다. 매도인은 언제든지 환취권을 행사할 수 있지만, 관재인에게는 아무런 대항수단이 없기 때문이다. 이점에서도 소유권유보부 매매는 쌍방미이행 쌍무계약으로 취급함이 옳다.

독일의 통설은 매수인이 도산하면 매도인에게 담보권 · 별제권이 부여되고, 매도인이 매매대금 미지급을 이유로 계약을 해제한 때에는 환취권을 행사할 수 있다고 해석한다. 그러나 관재인이 계약이행을 선택하면 환취권이 발생하지 않고, 이행을 거절한 때에만 발생한다. 따라서 관재인이 이행을 거절하면 매도인은 재단을 상대로 목적물 인도를 구

803) 우성만, 전게논문, 541면.
804) 서울중앙지방법원 파산부 실무연구회, 전게 「회생사건실무 상」, 391면.
805) 대법원 1999. 9. 7. 선고 99다30534 판결.

함과 동시에 그로 말미암은 손해를 도산채권으로 신고하게 된다.[806] 소유권유보를 미이행 쌍무계약으로 보면, 우리나라에서도 마찬가지로 처리할 수 있다.[807]

(다) 입법론

영국에서는 도산절차와 관련한 소유권유보부 매매(retention of title)의 문제점으로 다음 세 가지가 논의된다. ① 소유권유보 약정은 공시방법도 없이 목적물을 재단으로부터 제외하여 무담보채권자의 권리를 침해한다. 또 목적물 소유권이 유보된 때 채무자가 이를 구매한 것으로 회계처리하는 관행도 문제이다. ② 소유권유보부 매매를 이용할 수 없는 채권자도 있다. 연료 · 페인트 · 식량 등은 소비하면 없어지므로 유보약정을 할 수 없어 무담보채권으로 남을 수밖에 없다. ③ 유보약정을 목적물 대금에 한정하지 않고 매도인과 매수인 사이의 기존거래로 확대하면[808] 무담보채권자의 배당재원이 예상보다 훨씬 적어진다. 코크 보고서는 소유권유보의 문제점을 확실성을 향한 절규(cry for certainty)라고 요약하면서 미국 통일상법전(UCC)의 공시등록제도(notice filing system)를 채택하자고 제안하였다.[809]

그런데 막상 미국에서는 소유권유보를 포괄적 담보거래의 일종으로 보면서도 공시등록을 요구하지 않는다. 미국에서 소비재의 매도인은 매매목적물에 대하여 구매대금 담보권(purchase money security interest)을 취득하는데 통일상법전(UCC) 제9장은 매도인이 구매대금 담보권에 관하여 공시등록하지 않아도 자동으로 대항력을 부여한다.[810]

806) 木川裕一郎, 前揭書, 113頁.

807) 회생파산법 제121조, 제337조는 계약해제의 상대방은 현존하는 반대급부의 반환을 청구할 수 있다고 규정하고, 할부거래에 관한 법률 제8조 제3항도 소유권유보부 매매에서 매도인이 계약을 해제하면 목적물 환취권을 가진다고 하기 때문이다.

808) 독일에서는 이를 확장된 소유권유보(Erweiterter Eigentumsvorbehalt)라고 한다.

809) Vanessa Finch, supra note 1, at 467-469.

810) 김재형, 전게 "도산절차에서 담보권자의 지위", 15면.

소유권유보부 매매를 비롯한 비점유동산담보 전반의 문제점은 채권자가 책임재산에 속한다고 믿고 있던 재산이 절차개시 후 갑자기 담보목적물로 변하는 데 있다. 우리나라에도 무담보채권자 보호를 위하여 공시등록을 시행하는 제도가 마련되어야 하겠지만, 그때까지는 소유권유보부 매매를 쌍방미이행 쌍무계약으로 취급하여 관재인에게 이행 또는 해제의 선택권을 부여하여야 한다.

(5) 금융리스

(가) 개념과 성질

리스(lease)는 크게 금융리스(finance lease)와 운용리스(operating lease)로 구분한다. 금융리스는 리스이용자(lessee)가 직접 리스물건공급자(supplier)와의 사이에서 리스물건을 결정하면 리스회사(lessor)는 물건대금을 공급자에게 지급하고 일정기간 리스료를 받는 조건으로 이용자로 하여금 리스물건을 이용하게 하는 거래이고, 대체로 범용성(汎用性) 없는 물건을 대상으로 한다. 이에 대하여 운용리스는 리스이용자가 원하는 물건을 리스회사가 조달하여 리스업자의 유지 · 관리책임 아래 일정기간 리스료를 받고 리스이용자에게 이용하게 하는 거래로서 대체로 컴퓨터 · 자동차 · 복사기 등 범용성 있는 물건을 대상으로 한다.[811] 운용리스는 불특정 다수 이용자에게 물건 자체를 사용하게 함을 목적으로 하므로 임대차로 취급하면 충분하지만, 금융리스는 임대차와 금융계약의 요소를 함께 가지고 있고 리스료도 물건사용 대가라기보다는 대금 분할지급의 의미가 강하다. 금융리스에서 리스물건 소유권은 리스회사에 유보되고, 리스기간 동안 투하자금을 회수할 수 있도록 리스물건의 구매가격 · 이자 · 비용에 이윤을 포함하여 리스료가 산정된

811) 片山英二, 中村閑, “非典型擔保 1”, 「倒産手續と擔保權」, 金融財政事情研究會, 2007, 156-157頁.

다.[812)]

대법원은 금융리스는 리스회사가 이용자가 선정한 특정물건을 취득하거나 대여받아 그 물건에 대한 직접적 유지 · 관리책임을 지지 아니하면서 이용자에게 일정기간 사용하게 하고 리스료를 정기적으로 분할 지급받으며 기간종료 후 물건의 처분은 약정으로 정하는 계약으로 형식에서는 임대차와 유사하나 실질이 물적 금융이므로 비전형계약(무명계약)이라고 판시하였다.[813)] 독일과 일본의 통설은 금융리스를 특수임대차계약으로 보지만, 이 견해도 금융리스가 순수한 임대차가 아니라는 점은 인정하므로 구체적 결론에서는 비전형계약설과 큰 차이가 없다.[814)]

(나) 담보권설과 미이행 쌍무계약설

회생파산법에는 금융리스에 관한 명문규정은 없지만, 법원 실무에서 리스채권은 담보권 · 별제권으로 취급한다.[815)] 리스물건의 실질적 소유권은 이용자에게 이전되고 리스회사의 유보소유권은 담보로서 기능 한다고 보기 때문이다.[816)] 대법원도 리스계약은 형식에서는 임대차와 유사하나 실질은 리스물건을 취득하는 데 소요되는 자금의 금융 편의를 제공하는 물적 금융이라고 판시하여 담보적 기능을 중시한다.[817)]

---

812) 대법원 2004. 9. 13. 선고 2003다57208 판결은 금융리스의 리스료는 리스회사가 이용자에게 제공하는 취득자금의 분할변제 및 이자 · 비용의 변제기능을 가짐은 물론이고 그 외에도 리스회사가 이용자에게 제공하는 편익을 포함하여 거래관계 전체의 대가로서 의미를 지닌다고 정의하였다. 또 리스료 채권은 채권관계가 일시에 발생하여 확정되고 다만 변제방법이 일정기간 분할변제로 정하여진 데 불과하기 때문에 매회 리스료가 취득원가 분할액과 이자 등으로 구성되어 있어도 이는 계산방법에 불과하여 리스료를 금융채권과 같이 원금과 이자로 나눔은 타당하지 않다고 판시하여 리스료의 특수성을 인정하였다.

813) 대법원 1986. 8. 19. 선고 84다카503,504 판결.

814) 김정만, "파산절차와 은행 · 보험 · 리스관계", 「파산법의 제문제 상」, 법원도서관, 1999, 554면.

815) 서울중앙지방법원 파산부 실무연구회, 전게 「법인파산실무」, 333면; 전게 「회생사건실무 상」, 391면.

816) 宗田親彦, 前掲書, 171頁.

817) 대법원 1996. 8. 23 선고 95다51915 판결.

그러나 금융리스는 담보권이 아니라 쌍방미이행 쌍무계약으로 보아야 한다. 왜냐하면, 리스회사는 물건의 인도 후에도 계속하여 이용자로 하여금 물건을 사용·수익하게 할 채무, 각종 세금을 납부하거나 보험에 가입할 의무 등을 부담하고, 이용자는 리스료를 지급할 채무 외에 기간이 만료되면 리스물건을 리스회사에 반환할 채무를 부담하기 때문이다. 또 목적물 사용으로 재단이 이익을 얻는 때에는 리스료를 재단·공익채권으로 하여 재단이 부담하여야 공평하고,[818] 리스물건을 계속 사용할 필요가 없는 때에는 리스회사에 반환할 수 있어야 절차가 원활하게 진행된다.

리스계약을 쌍방미이행 쌍무계약으로 취급하면 관재인이 리스계약의 해지를 선택하면 리스회사는 환취권을 행사하여 리스물건을 반환받을 수 있고 이때 손해배상채권은 파산·회생채권이 되며, 관재인이 이행을 선택하면 절차개시 전의 리스료는 파산·회생채권, 개시 후 리스료는 재단·공익채권이 된다.[819]

다. 회생절차에서 문제 되는 유형

(1) 계속적 공급계약

계속적 공급계약(繼續的 供給契約)은 공급자가 일정한 기간 또는 기간의 정함이 없이 회귀적·반복적으로 종류물의 공급의무를 부담하고 수령자는 일정 기간의 급부에 대하여 정기적으로 대가를 지급할 의무를 부담하는 쌍무계약이다. 급부에 가분성이 없는 때, 즉 개개의 부분 급

818) 伊藤眞, 前掲書, 276頁은 그 밖에도 계약내용을 존중하는 한 이용자가 리스기간 개시와 함께 조건부 소유권을 취득하였다가 기간이 종료되면 소유권을 확정적으로 취득한다는 이론구성을 하기 어렵고, 그렇다고 해서 리스회사가 이용자의 사용권 상에 권리질을 설정하였다고 보는 것도 당사자의 의사에 합치하지 않는다는 점을 그 이유로 든다.

819) 이연갑, "리스계약과 도산절차", 「민사판례연구 28권」, 박영사, 2006, 966-967면. 이 논문은 법원도서관의 법고을 LX DVD 2011에서 참조하였다.

부가 모두 이행되어야 계약목적을 달성할 수 있는 때에는 계속적 공급계약이 아니다.[820] 계속적 공급계약에서 수령자가 도산한 때 그 처리는 주의가 필요하다. 예컨대 공급자가 전기 · 가스 · 수도 등을 계속하여 공급하고 채무자는 매월 말 공급물량만큼 대금을 지급하기로 약정한 사안을 가정한다. 기본계약이 존재하는 이상 중간에 채무자에 대하여 도산절차가 개시되면 쌍방에 장래의 미이행의무가 생기므로 이는 쌍방미이행 쌍무계약에 해당한다.[821] 따라서 채무자는 기본계약을 이행하느냐 해제하느냐를 선택하는데 해제를 선택하면 개시 전의 공급 대가인 미지급대금과 해제에 기한 손해배상 청구권은 회생채권이 된다. 반면에 채무자가 이행을 선택하면 공급자가 절차개시 후에 공급한 물건의 대가는 공익채권이 된다.

다음으로, 절차개시 전의 미지급 대금채권은 개시 전의 원인에 기하였으므로 회생채권이 되지만, 채무자가 이행을 선택하여도 공급자가 대금 미지급을 이유로 새로운 공급을 거절하면 결국 미지급대금 전액을 지급하여야 하므로 선택권이 아무런 의미가 없어진다. 따라서 회생파산법은 회생채권인 개시신청 전의 대금을 지급하지 않았다는 이유로 공급자가 절차개시 후의 의무이행을 거절할 수 없도록 하였다. 또 개시신청 후의 공급대금은 공익채권이 된다. (제122조 제1항, 제179조 제8호) 다만, 근로자의 기본권을 고려하여 단체협약에는 위 규정의 적용이 배제된다. (제122조 제2항)

공급거절권을 제한한 위 규정은 회생절차에만 적용되는데 파산절차에서도 계속기업적 청산을 할 때에는 영업을 계속하여야 하므로 예외적으로 전기 · 가스 · 수도 등을 공급받을 필요가 있다. 일본 신파산법이 공급자의 거절권을 제한하는 규정을 신설한 이유도 바로 여기에 있

820) 서경환, 전게논문, 655면.
821) 加藤哲夫, 前揭「破産法」, 232頁.

다. 공급자가 공급중단을 무기로 자신의 채권을 사실상 우선 변제받으면 절차비용을 소진시키고, 무담보채권자를 위한 배당재원을 현저히 감소시키므로 파산절차에서도 공급거절권을 명문으로 제한하여야 한다.[822]

(2) 정리해고

사용자에 대하여 회생절차가 개시되어도 단체협약에 관하여는 쌍방미이행 쌍무계약의 일반적 법리가 적용되지 않으므로(제119조 제4항) 채무자는 단체협약에 구속된다. 따라서 채무자가 경영상 이유에 의하여 근로자를 해고하려면 ① 긴박한 경영상의 필요가 있고 ② 해고를 피하기 위한 노력을 다하여야 하며 합리적이고 공정한 해고의 기준을 정하고 이에 따라 대상자를 선정하여야 하고 ③ 노동조합에 해고예정일 50일 전까지 통보하여 성실하게 협의하여야 한다. (근로기준법 제24조) 또 단체협약에서 해고절차에 관하여 구체적 규정을 둔 때에는 이에 따라야 한다.

근로자가 해고되어 퇴직하면 14일 이내에 임금 · 보상금 · 그 밖에 일체의 금품을 지급하여야 하고(같은 법 제36조) 이에 위반한 사람은 3년 이하의 징역 또는 2천만 원 이하의 벌금이 과해진다. (같은 법 제109조) 대법원은 구법시대에 정리회사 관리인이 법원에 제출한 자금집행 계획서에 퇴직금 지급에 소요될 재원이 계상되어 있었더라도 그러한 사정만으로 필요자금이 실제로 마련되었거나 마련될 수 있었다고 단정할 수 없으므로 자금 사정의 악화로 도저히 그 자금을 마련할 수 없었던 때에는 퇴직자와 지급기일 연장의 합의가 없었어도 관리인에게 임금체불의 죄책을 물을 수 없다고 판시하여 관리인의 형사책임을 완화하였다.[823] 그러나 이는 제삼자 관리인에 대한 판결이므로 회생파산법하

822) 전병서, 전게서, 123면.

에서 채무자가 관리인 업무를 맡으면 근로기준법의 일반적 법리가 그대로 적용된다.

채무자의 해고는 법원 감독하에 이루어지고, 채무자는 채권자와 주주의 이해관계를 조정하는 지위에 있으므로 정리해고에는 부당노동행위 규정이 적용되지 않는다고 보는 견해가 있다.[824] 그러나 사용자에 대하여 회생절차가 개시되어도 근로기준법 등의 노동관계법은 이를 배제한다는 특칙이 없는 한 그대로 적용된다고 보아야 한다.

라. 파산절차에서 문제 되는 유형

(1) 거래소의 시세 있는 상품의 정기매매

증권거래소에서 거래되는 유가증권 · 상품거래소에서 거래되는 상품 · 기타 거래소에서 거래되는 상품매매는 거래의 성질상 일정한 일시 또는 일정한 기간 안에 이행하지 않으면 계약목적을 달성할 수 없다. 따라서 한쪽 당사자의 채무불이행이 있으면 최고 없이 해제할 수 있고 (민법 제545조), 상사매매에서는 해제가 의제된다. (상법 제68조) 이러한 실체법의 원칙을 전제로 파산절차에서도 거래소의 시세 있는 상품매매에 관하여 이행기 전에 한쪽 당사자에 대하여 파산절차가 개시되면 계약이 해제된 것으로 본다. (회생파산법 제338조 제1항) 이는 목적물 인도를 전제로 하는 현물매매에 한정되지 않고, 반대거래에 기한 차액결제만을 예정하는 선물거래에도 적용되지만, 정기행위가 아닌 일반적 상품매매에는 적용되지 않는다. 만약 관재인이 이행 또는 해제를 선택할 때까지 기다리면 정기행위의 실정에 맞지 않아 상대방이 부당한 손해를 입을 우려가 있으므로 계약관계를 신속히 종결하여 시세변동에 따른 차액결제 문제로 전환하려는 취지이다.[825] 따라서 거래소에서 달리

823) 대법원 1995. 11. 10. 선고 94도1477 판결.

824) 서경환, 전게논문, 663면.

규정한 처리방법이 있으면 그에 의한다.

손해배상액은 이행지에서 동종의 거래가 같은 시기에 이행되는 때의 시세(파산선고 당시의 시세)와 매매대금과의 차액으로 상대방의 손해배상 청구권은 파산채권으로 취급되고(제338조 제2항), 만약 채무자가 차액청구권을 가지는 때에는 그것은 재단 소속재산이 된다.

(2) 임차인의 파산

임차인의 파산[826]은 민법 제637조에 특칙이 있는데 일반적인 쌍방미이행 쌍무계약과 비교하면 두 가지 특징이 있다. ① 임차인의 관재인만 아니라 계약 상대방인 임대인에게도 해지권이 부여된다. 임차인이 주택임대차보호법 제4조 또는 상가건물임대차보호법 제9조의 적용을 받을 때에도 민법 제637조에 기한 임대인의 해지권은 제한되지 않는다.[827] ② 해지로 말미암은 손해배상을 청구하지 못한다. 관재인이나 상대방은 상당한 기간을 정하여 그 기간 안에 계약해지나 이행 여부를 확답할 것을 최고할 수 있고, 그 기간 안에 확답하지 아니한 때에는 계약을 해지한 것으로 본다. (회생파산법 제339조, 제335조 제2항) 계약이 해지된 때에는 파산선고 시점으로부터 목적물 인도까지의 차임청구권은 재단채권이 되고, 파산선고 이전의 연체차임 청구권은 파산채권이 된다. 임대차가 존속하는 때에는 파산선고 이후의 차임청구권은 재단채권이 된다.

(3) 도급계약

도급계약은 수급인이 일을 완성할 의무를 지고 이에 대하여 도급인은 보수를 지급할 의무를 지므로(민법 제664조) 쌍무계약이고, 수급인

825) 伊藤眞, 前揭書, 284頁.

826) 임차인에 대하여 회생절차가 개시된 때에는 쌍방미이행 쌍무계약의 일반적 법리에 따라 채무자가 이행 또는 해지의 선택권을 행사한다.

827) 서울중앙지방법원 파산부 실무연구회, 전게「법인파산실무」, 135면.

의 일이 완성되지 않아 보수 전액이 지급되기 전에 수급인 또는 도급인의 어느 한 쪽에 대하여 파산절차가 개시되면 쌍방미이행 쌍무계약이 된다.

(가) 도급인의 파산

도급인의 파산은 민법 제674조에 특칙이 있는데 관재인은 물론 수급인도 계약을 해제할 수 있고,[828] 수급인은 완성된 부분에 대한 보수와 보수에 포함되지 않은 비용을 파산채권으로 행사하지만, 각 당사자는 상대방에게 계약해제로 말미암은 손해배상을 청구하지 못한다.[829] 관재인이나 상대방은 상당한 기간을 정하여 계약해지나 이행 여부를 확답할 것을 최고할 수 있고, 그 기간 안에 확답하지 아니한 때에는 계약을 해지한 것으로 본다. (회생파산법 제339조, 제335조 제2항) 대법원은 도급인이 파산선고를 받은 때에는 민법 제674조가 적용되므로 쌍방미이행 쌍무계약에 관한 구파산법 제50조 제1항이 적용될 여지가 없고, 이때 도급계약의 해제는 장래에 향하여 도급의 효력을 소멸시킴을 의미한다고 판시하였다.[830]

또 파산재단 중에 수급인의 공사 결과물이 존재하고 그것이 수급인 소유이면 수급인은 환취권을 행사할 수 있다. 이때 수급인의 보수청구권은 파산채권이 된다. 수급인이 해제권을 행사하지 않고, 관재인도 계약이행을 선택한 때에는 수급인은 일을 완성하여야 하고 그 보수청구권은 전액 재단채권이 된다. 이론적으로는 절차개시 전에 완성한 일과 파산선고 후에 완성한 일을 비율로 나누어 파산채권과 재단채권으로 구분하여야 하지만, 수급인의 의무는 원래 불가분이므로 이를 비율로

828) 도급인에 대하여 회생절차가 개시된 때에는 쌍방미이행 쌍무계약의 일반원칙으로 돌아가 채무자만이 이행 또는 해제의 선택권을 행사한다.

829) 일본 신파산법은 관재인이 해제를 선택하면 수급인은 해제로 말미암은 손해배상 청구권을 파산채권으로서 행사할 수 있게 개정하였다.

830) 대법원 2002. 8. 27. 선고 2001다13624 판결.

양분하는 것이 오히려 부자연스럽기 때문이다.[831)]

관재인이 이행을 선택하여 건축공사 수급인이 그 일을 완성한 때 건물소유권의 귀속은 수급인과 도급인 사이에 특약이 있으면 그에 따르고, 특약이 없으면 주된 재료의 공급자가 어느 쪽인지, 보수의 주요부분이 지급되었는지 등을 고려하여 소유자를 정한다. 소유권이 도급인에게 귀속하는 때는 관재인이 목적물의 관리처분권을 행사하지만, 수급인은 저당권설정청구권(민법 제666조) 또는 상사유치권을 행사할 수 있다.

(나) 수급인의 파산

일이 완성되기 전에 수급인에 대하여 파산절차가 개시된 때에는 도급인의 파산과 달리 민법에 특칙이 없다. 다만, 수급인의 관재인이 수급인에게 필요한 재료를 제공하여 일하게 하고, 대체성 있는 일은 제삼자에게 하게 하여 보수청구권을 파산재단에 편입하는 것을 인정하여(회생파산법 제341조) 재단증식을 위하여 관재인이 계약에 개입하는 권한을 부여하였다.[832)]

수급인이 파산한 때 도급계약이 쌍방미이행 쌍무계약이 되는지가 논의되는데 다수설은 수급인이 법인이면 이에 해당한다고 본다.[833)] 수급인이 개인인 때에는 도급은 수급인의 개인적 노무제공을 목적으로 하므로 그 계약관계는 관재인의 관리처분권 대상이 되지 않지만, 수급인이 법인인 때에는 도급계약을 순전히 재산적 측면에서 파악하여도 아무런 문제가 없으므로 관재인이 이행 또는 해제의 선택권을 가지고, 만약 이행을 선택하면 보수청구권은 파산재단 소속재산이 된다고 한다.[834)]

---

831) 宗田親彦, 前掲書, 173頁; 金子宏直, "請負契約における注文者の破産", 「倒産判例百選(第4版)」, 有斐閣, 2006, 139頁.

832) 관재인의 개입권은 파산절차에서만 인정되고, 회생절차에서는 인정되지 않는다.

833) 박병대, 전게논문, 478면.

수급인이 하수급인을 시켜 도급계약을 이행한 때에는 수급인의 보수청구권은 파산재단에 귀속하고 하수급인의 하도급대금채권은 파산채권이 되지만, 수급인이 파산하면 하수급인 보호를 위하여 도급인이 하도급대금을 하수급인에게 직접 지급할 수 있고, 그 한도에서 수급인에 대한 채무가 소멸한 것으로 간주한다. (건설산업기본법 제35조 제1항 제4호)

(4) 위임계약

위임은 위임인이 수임인에게 사무처리를 위탁하고 수임인이 이를 승낙하면 성립하는 편무 · 무상계약이나(민법 제680조), 실제로는 유상위임의 특약이 있는 경우가 잦은데 유상위임은 쌍무계약이다.

같은 법 제690조는 위임계약이 서로의 신뢰관계에 기한다는 점을 중시하여 위임자 또는 수임자가 파산하면 위임이 당연히 종료한다는 특칙을 두었다.[835] 따라서 이때에는 쌍방미이행 쌍무계약의 일반적 법리는 적용되지 않고, 장래에 향하여 위임계약의 효력이 소멸한다.[836] 위임종료는 그 사유를 상대방에게 통지하거나 상대방이 그 사실을 안 때에만 대항할 수 있으므로(같은 법 제692조) 위임자가 파산한 때 수임자가 그 사실을 알지 못하고 위임사무를 처리하면 수임자는 비용상환청구권과 보수지급청구권을 가진다. 이 청구권은 개시결정 후의 원인에 기하지만 파산채권이 된다. (회생파산법 제342조) 그리고 위임사무를 파산재

---

834) 伊藤眞, 前揭書, 280頁은 수급인이 개인이든 법인이든 상관없이 쌍방미이행 쌍무계약의 법리가 적용되어야 한다고 주장한다. 절차개시 당시 수급인이 공사의 일정부분을 완성한 때에는 그 부분에 대한 보수청구권은 파산재단에 속하여야 하는데 다수설은 수급인이 공사를 완료하면 보수청구권 전액이 자유재산이 된다고 해석하므로 부당하다는 취지이다. 그러나 재단의 충실화라는 재산권적 법익보다는 개인적 노무제공을 강요받지 않는다는 자유권적 법익이 더 중요하다는 점에서 다수설이 타당하다.

835) 이는 파산절차에만 적용되고, 위임인 또는 수임인에 대하여 회생절차가 개시된 때에는 쌍방미이행 쌍무계약의 일반적 법리가 적용된다.

836) 대법원 2002. 8. 27. 선고 2001다13624 판결.

단의 이익을 위하여 처리한 때에는 사무관리에 해당하므로 수임자의 청구권은 재단채권이 된다. 또 위임계약 종료 후의 행위에 기한 비용상환청구권도 재단채권이 될 가능성이 있다. (제179조 제6호, 제473조 제5호) 위임종료와 관련하여 대법원은 콘도미니엄 시설의 공유제회원과 콘도미니엄회사와의 시설이용계약은 위임계약이 아니므로 콘도미니엄회사에 대한 파산선고로 말미암아 계약관계가 당연히 종료하지 않는다고 판시하였다.[837)]

당사자 사이에 파산절차가 개시되어도 위임이 종료하지 않는다는 특약을 하였을 때 그 효력은 두 가지로 나누어 보아야 한다. 먼저 수임인이 파산한 때 위임인이 수임인을 여전히 신뢰하여 위임관계를 지속시키는 약정은 유효하다. 그러나 위임인이 파산한 때에도 위임계약이 지속된다는 특약은 관재인의 재산관리처분권을 침해하므로 무효이다.[838)]

주식회사와 이사의 관계도 위임에 속하므로(상법 제382조 제2항), 수임자인 이사에 대한 파산절차가 개시되면 이사는 그 지위를 잃는다. 그런데 위임자인 회사가 파산한 때에도 이사가 지위를 상실하는지는 논의가 있다. 회사가 파산하면 파산재단에 속하는 재산은 관재인이 관리처분권을 가지고, 이사회의 권한도 상실된다. 그러나 파산재단의 관리처분과 관계없는 조직법상 활동, 예컨대 회사설립무효의 소에 대한 응소를 관재인의 임무로 하면 업무부담만 주고 재단의 증식에는 도움이 되지 않으므로 이를 파산법인의 이사에게 담당하게 할 필요가 있다. 따라서 재단과 관계없는 사항에는 이사의 지위가 존속한다고[839)] 보아야 하지만, 조직법상 소송이라도 재산관계에 영향을 미치는 때에는 관재인이 처리하여야 한다.[840)]

837) 대법원 2005. 1. 13. 선고 2003다63043 판결.

838) 박병대, 전게논문, 481면; 전병서, 전게서, 145면.

839) 전병서, 전게서, 145면.

840) 박병대, 전게논문, 484면은 파산회사의 이사로 취임할 사람을 구할 수 없어 일본에

(5) 보험계약

보험계약은 손해 보상과 보험료 지급이 대가관계에 있으므로(상법 제638조) 보험기간 중에 보험회사 또는 보험계약자에 대하여 파산절차가 개시되면 쌍방미이행 쌍무계약이 된다.

첫째, 보험회사가 파산한 때에는 계약 상대방인 보험계약자가 계약을 해지할 수 있고, 보험계약자가 해지하지 않더라도 파산선고 후 3개월이 지나면 보험계약은 당연히 실효한다. (같은 법 제654조) 보험계약자가 보험료를 지급하는 동안 보험사고가 발생하면 보험금청구권은 재단채권이 된다. 이는 보험계약자를 보호하고 보험법률관계를 신속히 청산하고자 하는 규정이다. 따라서 관재인은 보험계약을 해지할 수 없다.

실무상 보험회사가 도산하면 다른 우량 보험회사와 합병하거나 또는 자산 · 부채 이전방식(Purchase & Assumption)에 의하여 주요자산과 부채를 다른 보험회사에 매각한 다음 기존법인은 청산 또는 파산하는데 이때 보험계약은 다른 보험회사로 이전된다. 따라서 보험회사에 대한 쌍방미이행 쌍무계약의 적용문제는 논의의 실익이 없다.[841)]

둘째, 보험계약자에 대하여 회생 또는 파산절차가 개시된 때에는 상법에 특칙이 없으므로 관재인은 쌍방미이행 쌍무계약의 일반원칙에 따라 계약관계를 정리하면 된다.[842)] 다만, 실무상 손해보험에서는 보험기간에 대한 보험료를 미리 지급하는데 보험료의 미지급분이 없을 때에는 보험계약은 미이행 쌍무계약이 되지 않는다.

(6) 고용계약

고용계약은 노무자(근로자)의 노무제공의무와 사용자의 임금지급의

서도 종전의 이사에게 조직법상 업무를 맡기고 있지만, 회사의 조직에 관한 사항과 재산에 관한 사항이 확연히 구별되지 않고 오히려 혼재된 영역이 많다는 점에 문제가 있다고 지적한다.

841) 서경환, 전게논문, 667면.

842) 伊藤眞, 前揭書, 283頁은 개인파산에서는 생명보험계약의 해지가 문제 된다고 한다.

무가 대립하는 쌍무계약이므로(민법 제655조) 계약 기간에 한쪽 당사자가 도산하면 쌍방미이행 쌍무계약이 된다. 그러나 회생파산법 제119조 제4항은 회생절차에서는 단체협약에 관하여 미이행 쌍무계약의 법리가 적용되지 않음을 명확히 하였고(사용자에 대한 회생절차 적용제외), 제32조의 2는 도산절차가 개시되었음을 이유로 하는 근로자에 대한 취업제한 또는 해고를 금지하므로(근로자에 대한 회생 · 파산절차 적용제외) 쌍방미이행 쌍무계약의 법리는 결국 사용자가 파산한 때에만 적용된다.

채무자 회사와 노동조합 사이에 사전협의 없이 일방적으로 도산절차를 신청하지 않는다는 약정을 체결한 때 이에 위반한 개시신청의 효력이 문제 될 수 있다. 그러나 도산절차는 채무자가 총채권자에 대한 채무를 완제할 수 없을 때 총재산을 채권자에게 공평하게 분배하는 집단적 · 강제적 채권회수절차이고 채권자 일반의 이익을 위한 제도이므로 특정채권자와의 합의로 개시신청을 제한할 수는 없다. 따라서 그 효력에 아무런 영향이 없다.[843)]

(가) 쌍방의 해지권

민법 제663조는 사용자가 파산하면 고용기간의 약정이 있는 때에도 근로자 또는 관재인은 고용계약을 해지할 수 있으나, 각 당사자는 계약해지로 말미암은 손해배상을 청구하지 못한다는 특칙을 두었다. 원래 고용기간이 정해지지 않은 때에는 양쪽 다 언제든지 계약을 해지할 수 있으므로(같은 법 제660조) 기간이 정해진 계약에 대하여도 파산을 원인으로 하는 해지권을 쌍방에 인정하였다. 관재인만 아니라 근로자에게도 해지권을 인정한 이유는 관재인이 이행을 선택할 때 근로자가 관재인을 상대로 하여 종래의 고용관계에 구속되는 것이 바람직하지 않기

843) 선재성, “파산과 노동관계”, 「파산법의 제문제 상」, 법원도서관, 1999, 521면은 이 때 근로자의 기대권을 침해하였다는 의미에서 회사 측의 채무불이행이 될 수는 있다고 주장한다.

때문이다. 또 사용자의 손해배상 청구권이 부정되는 것은 전직을 위한 근로자의 자유로운 해지권 행사를 보장하는 의미가 있고, 근로자의 배상청구권이 부정되는 불이익은 해고 예고기간과 예고수당을 정한 근로기준법 제26조에 의하여 어느 정도 보완된다. 이때 관재인이나 근로자는 상대방에게 이행 또는 해지를 확답하라고 최고할 수 있고, 확답이 없으면 계약을 해지한 것으로 본다. (회생파산법 제339조, 제335조 제2항)

(나) 관재인의 해고

관재인에 의한 계약해지 즉 해고는 민법 제663조를 근거로 하나, 해고에 관한 근로기준법의 요건을 충족하여야 한다. 파산한 기업이 사업폐지를 위한 청산과정에서 근로자를 해고하는 조치는 해고만을 위한 위장파산이나 노동조합의 단결권을 방해하려는 위장폐업이 아닌 한 기업경영의 자유에 속하고, 관재인이 파산선고 후 사업폐지를 위하여 행하는 해고는 정리해고가 아니라 통상해고이다.[844] 또 관재인이 해고권 행사의 형식을 취하지 않고, 희망퇴직을 모집하여 근로자가 이에 응한 경우에도 그것이 실질적으로 해고와 마찬가지일 때에는 해고권 행사로 취급한다.

근로자를 해고하려면 노동조합의 동의를 얻거나 또는 협의하도록 정한 단체협약이 존재하여도 관재인은 이에 구애되지 않고 해고할 수 있다.[845] 단체협약은 우위에 선 사용자와 약한 처지에 있는 근로자와의 대등한 관계를 이루려는 취지인데 파산으로 사업주체가 이미 상실되었으므로 협약이 기능을 발휘할 수 없기 때문이다.[846] 실제로 단체협약에서는 사용자의 파산선고를 실효사유로 정하는 경우가 잦다.[847] 또 단체협약은 노사 쌍방에 대하여 각종 의무를 부과하는 점에서 쌍방미이행

844) 대법원 2003. 4. 25. 선고 2003다7005 판결.
845) 加藤哲夫, 前掲「破産法」, 238頁.
846) 宗田親彦, 前掲書, 172頁.
847) 선재성, 전게논문, 507면.

쌍무계약이므로 관재인은 단체협약의 이행 또는 해제를 선택할 수 있다.[848)]

사업계속이나 청산업무 수행을 위하여 근로자를 계속하여 고용하려는 때에는 관재인은 종전의 고용계약을 일단 해지한 다음 새로운 계약을 체결한다. 물론 종전 고용계약의 이행을 선택할 수도 있지만, 그렇게 하면 종전의 계약조건에 구속되므로 파산업무에 차질을 가져올 우려가 있기 때문이다.

대법원은 동아건설 파산관재인이 파산선고 이후에도 영업을 계속하면서 근로자를 전원 해고한 다음 그 가운데 1,680명을 선별하여 1년 기간으로 보조인 임용계약을 체결한 사안에서 이는 부당해고 또는 부당노동행위에 해당하지 않는다고 판시하였다. 판결이유는 ① 기업이 근로자를 보조인으로 사용하여 영업을 계속하는 행위는 파산재단을 충실하게 하려는 잠정조치로서 기존의 사업이 완료됨에 따라 사업장도 점차 축소되어 마침내 전부 소멸하게 되고 ② 사업장 축소에 따라 수시로 정리해고를 하면 그 정당성을 둘러싼 분쟁으로 절차 진행이 어려워지며 임금채권이 과다하게 발생하는데다가 ③ 관재인의 근로계약 해지가 정리해고라는 특별규정도 없다는 데 있다.[849)]

마. 미국 연방도산법의 미이행계약

(1) 개념

미국 연방도산법에서 파산관재인 또는 DIP[850)]는 법원 허가를 받아 미이행계약(executory contracts) · 기간 미완료 임대차(unexpired lease)[851)]를 인수(assume)하거나 또는 이행을 거절(reject)할 수 있다. 이

848) 전병서, 전게서, 135면.
849) 대법원 2004. 2. 27. 선고 2003두902 판결.
850) 미이행계약과 관련하여 DIP도 파산관재인과 마찬가지의 권한을 가지나, 이하에서는 서술의 편의를 위하여 주체를 관재인으로 대표하여 표기한다.

제도의 취지는 도산 전부터 존재하는 미이행계약에 구속되어 재단이 감소하지 않도록 관재인에게 계약처분권을 부여하는 데 있다. 즉 미이행계약을 재단재산으로 보고 그 재산을 절차에 편입하느냐 아니면 포기하느냐를 선택한다는 사고방식이다.[852)]

미이행계약이란 채무자와 상대방 쌍방의 계약상 의무가 이행되지 않았고, 그 불이행이 다른 당사자의 의무이행을 면하게 할 정도로 중대한 의무위반을 구성하는 계약을 말한다. 이는 한쪽 당사자는 자신의 의무를 완전히 이행하고 남은 한쪽만 미이행 상태에 있는 계약(일방미이행 쌍무계약, executed contract)과 구분되는 개념이다. 또 기간 미완료 임대차는 진정한 임대차(true lease)라야 하고, 대출금을 담보하려고 임대차 형식을 취한 금융리스는 이에 해당하지 않는다. 인수 · 거절의 허가기준에 대하여 명문규정은 없으나, 법원은 경영판단의 원칙(the rule of business judgment)에 따라 관재인의 경영판단을 존중한다.[853)] 이는 원래 정상적으로 활동하는 기업의 대표이사 등 경영진에게 적용되는 법리인데 이를 도산기업의 관재인에까지 확대하였다.

관재인은 절차개시 전에 채무자가 미이행계약을 채무불이행한 때에는 원칙적으로 인수 · 거절할 수 없지만, 다음의 요건을 모두 갖추면 계약을 인수할 수 있다. ① 채무불이행을 실제로 치유하거나 또는 지체없이 치유할 적절한 보증(adequate assurance)을 제공할 것 ② 채무불이행에 의하여 상대방이 현실적으로 입은 금전적 손해를 배상하거나 또는 지체 없이 배상할 적절한 보증을 제공할 것 ③ 미이행계약의 장래

---

851) 이하에서는 서술의 편의를 위하여 미이행계약 · 기간 미완료 임대차 대신 미이행계약으로만 표기한다.

852) 우리나라에서는 쌍방미이행 쌍무계약에 대하여 계약해제를 할 수 있으나, 연방도산법은 이행거절(reject)이라는 방법을 채택하므로 이론 구성이 다르다. 또 우리나라에서는 파산절차에서 이행을 선택할 때와 회생절차에서 해제를 선택할 때 법원의 허가가 필요하나, 연방도산법에서는 인수 · 거절 모두 법원의 허가를 받는다.

853) Epstein, Markell, Nickles, Perris, supra note 8, at 233.

이행에 대하여 적절한 보증을 제공할 것이다. (연방도산법 제365조 b항) 또 관재인은 미이행계약 전부를 인수하거나 거절하여야 하고, 계약 일부의 인수나 이행거절은 허용되지 않는다.[854]

(2) 인수 · 양도가 금지되는 미이행계약

상대방을 보호할 목적으로 미이행계약의 인수 · 양도가 금지될 때도 있다. 법령이 상대방에게 채무자 이외의 제삼자와의 거래를 거부할 권리를 부여한 때에는 관재인은 상대방 동의 없이 그 계약을 인수 · 양도할 수 없다. (같은 법 제365조 c항) 예컨대 대정부기관 계약은 법령으로 양도가 금지되고, 가수가 무대에서 노래하는 채무와 같은 개인적 채무(personal service)나 고용계약도 관재인이 인수 · 양도할 수 없다.

또 채무자에게 대출 기타 금융 편의(financial accommodation)를 제공하는 계약 또는 채무자의 증권(security)을 발행하는 계약은 인수 · 양도가 금지된다. 채무자와 금융기관이 대출조건을 미리 약정하고 채무자의 요구에 따라 융자하기로 한 계약에서 채무자가 도산하여도 대출의무를 이행하여야 한다면 금융기관이 심각한 신용위험에 처하므로 이러한 불합리한 결과를 막으려는 취지이다.[855] 우리나라에서도 대주가 목적물을 인도하기 전에 채무자가 파산선고를 받으면 소비대차는 효력을 잃는다. (민법 제599조)

(3) 인수 · 거절의 효과

관재인이 미이행계약을 인수하면 계약에 기한 채무는 물론 그 불이행에 의한 손해배상채무도 공익채권(administrative expenses)이 된다. 미이행계약을 인수하고 장래 이행에 대한 적절한 보증을 제공한 때에는 이를 제삼자에게 양도할(assign) 수 있다. 계약상의 지위양도를 금지

854) 福岡 眞之介, 前揭書, 118頁.
855) 前揭書, 116頁.

하거나 제한하는 특약이 있어도 관재인의 양도행위에는 그 효력을 미치지 못한다.[856]

관재인이 미이행계약을 거절하면 장래에 향하여 계약상 의무를 면함에 그치므로 회생파산법에서 계약해제를 선택한 때 계약이 소급하여 무효가 되는 점과는 다르다.[857] 또 관재인의 거절은 채무불이행이 되는데 그 성립시기는 ① 계약을 인수하지 않고 거절한 때에는 절차개시 신청일의 직전 ② 일단 계약을 인수한 다음 거절한 때에는 거절한 때가 된다. 따라서 위 ①의 경우에는 관재인의 이행거절로 말미암은 상대방의 손해배상 청구권은 신청 전에 발생한 무담보채권으로 취급된다. 그러나 위 ②의 경우에는 손해배상 청구권이 이행거절 당시 발생하므로 신청 후에 발생한 채권이 되어 공익채권이 된다. (연방도산법 제365조 g항)

(4) 단체협약

1898년의 구연방도산법은 단체협약(collective bargaining agreements)이 미이행계약에 포함되는지 명문규정을 두지 않았으나, 판례는 단체협약도 미이행계약의 일종이고 관재인은 단체협약 당사자가 아닌 새로운 주체(new entity)이므로 노동관계법의 제한을 받지 않는다고 해석하였다. 다만, 일반적 미이행계약은 관재인이 경영판단(business judgment)에 따라 인수 · 거절할 수 있으나, 단체협약은 단순한 재무내용의 개선을 넘어 형평의 조화(balance of the equities) 또는 협약을 거절하지 않으면 채무자가 파멸하는 상태, 즉 재정적 붕괴기준(financial collapse test)을 요구하였다.[858] 그런데 1978년 연방도산법은 철도재건사건에만 단체협약 변경을 금지한 결과 협약파기를 주목적으로 한 재건절차 신청이 폭증하였다. 1983. 4. 미국 5대 정육가공업자의

856) 高木 新二郎, 前揭書, 124頁.
857) 田村陽子, "Executory Contract", 「英米倒産法 キーワード」, 弘文堂, 2003, 169頁.
858) 高木 新二郎, 前揭書, 133-134頁.

하나인 오클라호마(Oklahoma)의 윌슨푸즈(Wilson Foods)는 절차신청 후 근로자 6천 명과의 단체협약을 파기하고 임금을 40-50% 삭감하였으며, 미국 제8위의 항공사인 콘티넨털(Continental)항공은 개시신청 직후 단체협약 거절허가를 받아 종업원 12,000명을 해고하였다가 이틀 후 종전의 1/2 이하 임금으로 4,200명을 재고용하였다.[859] 이러한 폐단을 방지하고자 1984년 개정법(BAFJA)이 제정되었는데 이에 따르면 ① 관재인이 노동조합에 단체협약 개정을 제안하고 ② 제안은 그 시점에서 가장 신뢰할 수 있는 정보에 기초하며 ③ 제안에 따른 수정내용이 채무자의 재건에 필요하고 ④ 모든 이해관계인을 공정 · 형평하게 취급하며 ⑤ 노동조합이 제안을 검토함에 필요한 정보를 제공하고 ⑥ 제안 후 법원의 심문기일까지 상당한 회수의 협의를 거치며 ⑦ 쌍방이 만족하는 합의에 이를 수 있도록 성실히 교섭하였으나 ⑧ 그럼에도 노동조합이 정당한 이유 없이 제안을 거부하므로 ⑨ 단체협약을 거절하는 것이 명백히 형평의 균형을 이루는 경우(the balance of the equities clearly favors rejection of such agreement) 법원은 협약거절을 허가한다. (같은 법 제1113조)

바. 검토

절차개시 전에 이미 채무불이행이 발생하면 절차개시 후에는 계약이행이 더 어려워진다. 그런데도 회생파산법은 채무불이행이 발생한 쌍무계약에 대하여 관재인이 이행을 선택할 때 상대방을 보호하는 조치를 마련하지 않았다. 이행을 선택하려면 미국 연방도산법처럼 금전적 손해를 배상하거나 또는 적절한 보증을 제공하도록 법을 개정할 필요가 있다.

859) 前揭書, 136-137面.

또 법원이 관재인에게 계약해제를 허가할 때에는 해제로 말미암은 상대방의 손해 유무와 금액을 함께 결정하여 상대방이 가지는 손해배상채권을 자신의 원상회복의무와 상계하게 허용하여야 한다.[860] 미이행 쌍무계약에 대한 선택권이 원활한 절차수행에 필수적 제도임은 틀림없지만, 상대방이 그로 말미암아 불필요한 손해를 입으면 안 되기 때문이다. 상대방이 자신의 손해액을 산정하여 채권신고를 하고 이에 대하여 다시 관재인의 시부인을 거치는 것은 재단 측의 업무 편의를 위하여 절차적으로 상대방에게 큰 불편을 끼치는 일이다. 따라서 계약해제에 대한 허가결정을 하면서 법원이 손해배상 문제도 일괄처리하는 방안이 필요하다.

대법원은 도산해제조항을 유효라고 해석하는데 그렇게 되면 상대방이 해제권을 언제든지 행사할 수 있어 쌍방미이행 쌍무계약에 관한 관재인의 선택권이 의미를 잃게 된다. 따라서 입법을 통하여 도산해제조항의 효력을 제한함이 바람직하다.

그리고 소유권유보부 매매와 금융리스를 담보권 · 별제권으로 취급하는 것이 법원 실무인데 목적물 사용으로 재단이 이익을 얻는 때에는 계약이행을 선택하여 할부대금 또는 리스료를 재단이 부담하고, 목적물을 계속 사용할 필요가 없을 때에는 계약을 해지하여 이를 반환하는 방법이 가장 간편하다. 소유권유보부 매매와 금융리스는 필수적 기업자산에 대하여 많이 이용되므로 회생파산법에 쌍방미이행 쌍무계약의 법리에 따라 처리한다는 명문규정을 두어야 한다.

끝으로 회생파산법은 단체협약에 대하여 채무자의 이행 또는 해제의 선택권을 배제하는데 회생절차 안에서 정리해고가 많이 행하여지는 실정을 고려하면 미국 연방도산법을 참고하여 일정한 요건하에 단체협약의 해지를 허용할 필요가 있다.

---

860) 田頭章一, 前掲「企業倒産處理法の理論的課題」, 146頁.

4 상계권

가. 행사방법

상계권이란 쌍방이 서로 같은 종류를 목적으로 하는 채무를 부담한 경우 쌍방의 채무 이행기가 도래한 때 각 채무자가 상대방에 대한 상계 의사표시로 대등액에 관하여 그 채무를 면하는 권능을 말한다. (민법 제492조 제1항) 상계 의사표시를 하는 채권자, 즉 자동채권의 채권자는 상계에 의하여 자신의 채무(수동채권)에 대한 이행의무를 면한다. 금전채권인 자동채권 · 수동채권에 대하여 상계권자의 자력에 여유가 있고, 상대방의 자력이 불충분할 때 상계가 허용되지 않으면 상계권자는 자동채권은 변제받지 못하면서 수동채권은 전액 지급하여야 하므로 경제적 손실을 본다. 상계의 기능은 금융기관이 상계권자로서 대출금채권을 자동채권, 예금채권을 수동채권으로 하여 상계할 때 명확히 드러난다. 상계권은 상대방의 자력이 악화하였을 때 자동채권 회수가 곤란해질 위험을 회피하게 하므로 자동채권에 대하여 담보기능을 발휘한다. 미국 연방도산법은 담보기능에 치중하여 상계권을 행사할 수 있는 채권은 상계 가능액 범위에서 담보권으로 취급한다.[861)]

회생파산법은 절차가 개시되어 재단에 대한 관리처분권이 파산관재인 또는 회생채무자[862)]에게 이전하여도 절차에 의하지 않고 파산 · 회생채권(회생담보권)[863)]을 자동채권으로 하여 채권자가 절차개시 당시 채

861) 福岡 眞之介, 前揭書, 149頁. 따라서 담보권 실행의 자동중지와 그에 대한 구제절차도 상계권자에게 그대로 적용된다.

862) 상계권과 관련하여 회생채무자도 파산관재인과 마찬가지의 지위에 있으나, 이하에서는 서술의 편의를 위하여 주체를 관재인으로 대표하여 표기한다.

863) 자동채권에는 파산채권 · 회생채권 · 회생담보권이 모두 포함되지만, 이하에서는 편의상 파산 · 회생채권으로만 표기한다.

무자에게 부담한 채무를 수동채권으로 한 상계를 허용한다. (제144조 제1항, 제416조) 상계의 담보기능을 존중하여 다른 채권보다 우선적 지위를 부여하려는 취지이다. 최근에는 별제권 실행에 의한 경매보다 상계권 실행이 더 빠르고 확실하다는 이유로 상계권이 점점 더 중시되는 추세이다.[864] 이때 채권자는 관재인에게 상계 의사표시를 하면 되고, 자동채권을 파산 · 회생채권으로 신고할 필요는 없다.[865] 만약 관재인이 수동채권의 이행을 구하는 소송을 제기하면 그 소송에서 상계 항변을 하여도 상관없다.

파산절차에서는 채권이 현재화 · 금전화되어 자동채권의 범위가 확장되고 상계권 행사시기에도 제한이 없지만, 회생절차에서는 채권이 현재화 · 금전화되지 않고 상계권은 채권신고기간 만료 전까지 행사하여야 한다. (제144조 제1항) 이는 파산절차는 담보권에 별제권을 부여하여 절차에 의하지 않은 실행을 허용하지만, 회생절차는 담보권을 정리담보권으로 취급하여 자유로운 권리 행사를 허용하지 않는 데 대응한다.[866] 또 회생절차에서 파산절차처럼 상계를 광범위하게 허용하면 기업회생에 차질이 있고, 채권 · 채무가 확정되어야 이를 기초로 회생계획안을 작성하기 때문이다.

나. 관련된 유형

회생파산법이 규율하는 상계는 파산 · 회생채권을 자동채권, 재단 소속채권을 수동채권으로 하는 채권자의 상계이다. 다음의 유형은 그 대상이 아니므로 도산법의 일반적 법리에 따라 가부를 판단한다.

① 재단 소속채권을 자동채권, 파산 · 회생채권을 수동채권으로 하는

864) 宗田親彦, 前揭書, 425頁.

865) 加藤哲夫, 前揭「破産法」, 218頁.

866) 김동윤, "회사정리절차 및 화의절차에 있어서의 상계의 제한", 「회사정리법 · 화의법상의 제문제」, 법원도서관, 2000, 566면.

관재인의 상계이다. 자동채권과 수동채권이 바뀌었을 뿐 대립하는 채권 그 자체는 회생파산법이 규율하는 경우와 마찬가지이지만, 채권자가 아닌 관재인이 상계권을 행사하는 점에 차이가 있다.

파산관재인의 상계권 행사에 대해서는 견해가 대립한다. 일본 구파산법 시대의 다수설은 이러한 상계를 허용하면 채권자 평등의 원칙에 위반하여 절차 밖에서 특정채권자에게만 변제한 결과가 되므로 상계는 무효라고 보았다. 그러나 관재인의 상계는 어디까지나 재단 소속재산인 채권을 추심하는 방법의 하나이고,[867] 이때 상대방의 파산 · 회생채권에는 상계권이라는 일종의 담보적 이익이 부착되어 있으므로 관재인의 상계를 허용한다고 해서 상대방에게 부당한 이익을 주지 않으며, 게다가 상계권을 행사하여 법률관계를 신속히 정리하는 장점도 있다.[868] 또 재단보다 상대방의 경제적 상황이 더 나쁠 때에는 상계권을 행사하는 편이 채권자에게 오히려 이득이 된다. 따라서 관재인도 법원의 허가를 받아 적극적으로 상계권을 행사할 수 있다.[869] (제492조 제16호)

한편, 회생절차에 관하여 대법원은 관리인의 상계는 정리절차에 의하지 않으면 정리채권을 소멸시킬 수 없다는 회사정리법 제112조(회생파산법 제131조에 해당한다.)에 따라 원칙적으로 허용되지 아니하지만, 법원의 허가가 있으면 가능하다고 판시하였다.[870] 파산관재인의 상계권 행사를 위와 같이 해석하는 한, 두 절차 사이에 근본적인 차이는 없다.

그런데 관재인이나 채권자 어느 쪽에서든 상계권 행사가 가능함에도 명시적 의사표시가 없는 사이에 배당이 시행되거나, 회생계획이 확정

867) 조병현, “파산절차상의 상계권 행사”, 「파산법의 제문제 하」, 법원도서관, 1999, 331면.

868) 전병서, 전게서, 323-324면.

869) 일본 신파산법은 재단 소속채권과 파산채권의 상계가 채권자 일반의 이익에 적합한 때에는 관재인이 법원의 허가를 받아 상계권을 행사할 수 있다는 명문규정을 신설하여 논쟁의 여지를 없앴다.

870) 대법원 1988. 8. 9. 선고 86다카1858 판결.

될 때가 있다. 그렇게 되면, 파산 · 회생채권이 절차에서 완전히 변제되는 일은 일어나지 않으므로 채권자의 채권은 감축되는 반면 재단 소속재산인 채권은 100% 완전하게 행사되므로 크게 불공평한 결과가 발생한다. 이를 막으려면 관재인이 법원의 허가를 받아 먼저 상계한 다음 남은 부분을 재단소속 재산으로 취급하여 차액을 추심하든지(재단 쪽의 채권금액이 더 큰 경우) 아니면 차액을 파산 · 회생채권으로 취급하여야 한다. (채권자의 채권금액이 더 큰 경우) 이는 회생파산법이 상계권을 채권자가 도산절차에서 행사하는 권리로 구성하고(제144조, 제416조), 독일 신도산법(Insolvenzordnung) 제94조와 같이 절차개시 당시 채권자가 가진 상계권은 도산절차에 의하여 영향을 받지 않는다고 정하지 않았기 때문에 빚어지는 혼란이다. 이해관계인에게 불편을 주지 않으려면 독일 방식을 참고하여 입법적으로 깨끗이 해결할 필요가 있다.[871)]

② 재단 · 공익채권과 재단 소속채권과의 상계이다. 재단 · 공익채권은 절차에 의하지 않고 수시로 변제받을 수 있으므로 재단 · 공익채권자 또는 관재인의 어느 쪽에서도 상계할 수 있다.[872)] 이때 관재인의 상계를 제한할 이유는 없고, 파산 · 회생채권을 자동채권으로 하는 상계가 허용되는 점을 고려하면 채권자가 그보다 우선순위에 있는 재단 · 공익채권에 기하여 상계권을 행사함을 부정할 이유도 없다.

③ 공제(控除)이다. 공제는 하나의 계약관계에서 발생한 채권 · 채무를 서로 가감하여 정산하는 제도이므로 별개의 계약관계에서 발생한 채권 · 채무를 대등액에 관하여 소멸시키는 상계와는 다르다. 예컨대 임대차 종료 후 그 목적물이 반환될 때 보증금에서 임대차와 관련한 임차인의 채무를 별도 의사표시 없이 공제함이 이에 해당한다. 이 법리가

871) 채권자에게는 채권금액 일부만 배당하면서 재단에서 받을 돈은 전액 회수하겠다는 업무처리는 불공평의 극치이다.

872) 宗田親彦, 前揭書, 432頁.

적용될 때에는 회생절차에서 채권신고기간 만료 전까지 채권자가 상계권을 행사하여야 하는 제한은 적용되지 않는다.[873)]

대법원은 생명보험계약 약관에 보험계약자가 해약환급금 안의 범위에서 보험회사가 정한 방법에 따라 대출을 받은 때에는 그 원리금을 언제든지 상환할 수 있고, 만약 상환하지 아니한 동안에 보험금이나 해약환급금의 지급사유가 발생하면 이를 공제하고 나머지 금액만 지급한다고 규정되어 있다면, 위 약관에 따른 대출계약은 보험계약과 별개의 독립한 계약이 아니라 보험계약과 일체를 이루는 하나의 계약이고, 대출금의 경제적 실질은 보험회사가 장차 지급할 보험금이나 해약환급금을 미리 지급하는 선급금과 같은 성격이다. 따라서 약관에서 비록 '대출'이라는 용어를 사용하고 있더라도 이는 일반적인 대출과 달리 소비대차의 성격을 가지지 않고, 보험금이나 해약환급금에서 원리금을 공제하는 행위도 민법상 상계와는 성질이 다르다. 즉 생명보험계약의 해지로 말미암은 해약환급금과 보험약관 대출금 사이에는 상계의 법리가 적용되지 않으므로 그 계약이 해지되기 전에 보험회사에 대한 회사정리절차가 개시되고 채권신고기간이 만료하였다고 하더라도 회사정리법 제162조 제1항의 상계제한 규정은 적용되지 않는다고 판시하였다.[874)] 탁월한 해석이다.

다. 자동채권 · 수동채권의 요건

상계권을 행사하려면 절차개시 당시 채권자와 채무자 사이에 채권 · 채무가 대립하고, 자동채권과 수동채권의 목적이 같은 종류이며, 두 채권의 이행기가 도래하여야 한다. 그러나 파산절차에서는 자동채권인 파산채권이 기한 미도래인 때에도 변제기에 이른 것으로 보고(현재화),

873) 서울중앙지방법원 파산부 실무연구회, 전게 「회생사건실무 상」, 345면.
874) 대법원 2007. 9. 28. 선고 2005다15598 전원합의체 판결.

비금전채권도 금전화되므로 자동채권의 범위가 확장된다. (제425조, 제426조) 한편, 회생절차에서는 자동채권의 범위가 확장되지 않고, 민법상 일반원칙에 따른다.

파산절차에서 이처럼 상계요건을 완화한 것은 결과적으로 도산법 고유의 우선권을 창설하므로 입법론적 검토가 필요하다는 지적이 있다.[875] 실체법상 상계적상에 이르지 않은 사안에까지 상계권을 부여하면 일반채권자의 이익을 심각하게 침해하므로 위 지적에 전적으로 공감한다. 이와 관련하여 독일 신도산법 제95조 제1항은 절차개시 당시 상계할 두 채권 또는 한쪽 채권이 정지조건부 또는 기한 미도래이거나 두 채권이 같은 종류를 목적으로 하지 않는 때에는 그 요건이 갖추어진 다음에 상계할 수 있다고 규정하고, 파산채권의 현재화 · 금전화 규정을 상계에 적용하지 않는다.

(1) 자동채권의 요건

파산절차에서 자동채권의 요건완화는 채권이 기한부인 때와 조건부인 때로 나눌 수 있다.

① 자동채권이 기한부인 때에는 절차개시 당시 기한 미도래라도 파산선고 시에 변제기에 이른 것으로 본다. 채권자는 이를 전제로 상계에서도 기한의 도래를 기다리지 않고 기한부채권을 자동채권으로 할 수 있다. (제417조) 다만, 자동채권의 액수에는 일정한 제한이 있다. 기한이 파산선고 후에 도래하는 이자 없는 채권은 절차개시 후의 중간이자를 공제하고, 기한이 불확정한 이자 없는 채권은 채권액과 파산선고 당시 평가액의 차액을 공제하며, 정기금채권도 일정한 부분을 공제한다. (제420조 제1항, 제446조 제1항) 이는 후순위 파산채권이 상계에 의하여 일반 파산채권보다 우선적 만족을 얻지 못하게 하려는 취지이다.

875) 전병서, 전게서, 327면.

기한부의 이자 있는 채권은 절차개시 전에 발생한 이자는 자동채권액에 포함되지만, 절차개시 후의 이자는 포함되지 않는다. 상계권이 행사되면 절차개시 당시로 소급하여 자동채권 소멸의 효과가 발생하고, 절차개시 후의 이자는 후순위 파산채권이기 때문이다.[876]

② 자동채권이 해제조건부인 때에는 해제조건부 채권 자체는 이미 발생하였으므로 그 전액으로 상계할 수 있다. (제417조) 다만, 파산절차 중에 조건이 성취되면 자동채권이 소멸하므로 채권자는 자동채권이 존재하지 않음에도 수동채권의 부담을 면한 결과가 된다. 그래서 채권자가 상계권을 행사하려면 상계액에 관하여 담보를 제공하거나 임치하게 하여(제419조) 해제조건이 성취된 때에는 담보 또는 임치금이 파산재단에 편입된다. 그러나 해제조건이 최후배당에 관한 배당제외기간 안에 성취되지 않으면 담보 또는 임치금은 채권자에게 반환된다. (제524조)

③ 자동채권이 정지조건부인 때에는 정지조건이 성취되기 전에는 채권이 아직 발생하지 아니하므로 상계할 수 없다. 현실화되지 않은 장래의 청구권도 마찬가지이다. 따라서 채권자는 수동채권 즉 파산재단에 대한 자신의 채무를 이행하여야 한다. 그러나 절차 진행 도중에 정지조건이 성취되거나 장래의 청구권이 현실화할 가능성이 있으므로 상계권을 전면적으로 부정할 수는 없다. 따라서 채권자가 채무를 변제하는 때에는 후일의 상계를 위하여 채권액 한도에서 변제액의 임치를 청구할 수 있다. (제418조) 그러나 최후배당에 관한 배당제외기간 안에 정지조건이 성취되지 않거나 장래의 청구권이 현실화되지 않으면 임치금은 다른 채권자에게 배당한다. (제526조)

④ 자동채권이 비금전채권인 때이다. 비금전채권 · 금액 불확정의 금전채권 · 외국통화채권 · 금액 또는 존속기간이 확정되지 않은 정기금채권은 개시결정 당시의 평가액이 파산채권액이 되므로 평가액을 자동

876) 이에 반하여 회생절차 개시 후의 이자는 회생채권이 된다.

채권으로 하여 상계할 수 있다. (제426조)

(2) 수동채권의 요건

기한부 · 조건부 또는 장래의 청구권도 수동채권이 될 수 있다. (제144조 제1항, 제417조) 원래 채권자가 자신이 이행할 수동채권에 대한 기한의 이익, 조건성취와 불성취의 기회를 포기하는 것은 자유이지만, 이를 주의적으로 규정하였다. 회생절차에서는 채권신고기간 만료 전에 상계권을 행사하여야 하나, 파산절차에서는 기간제한이 없으므로 채권자는 바로 상계하지 않고 일단 자동채권을 채권신고한 다음 수동채권의 기한 도래 또는 정지조건 성취를 기다려 상계권을 행사할 수도 있다. 이때 절차개시 후에 정지조건이 성취되면 절차개시 후에 부담한 채무는 수동채권이 될 수 없다는 상계금지조항에 해당하는지가 문제 된다. (제145조 제1호, 제422조 제1호) 그러나 정지조건부 채무는 절차개시 당시 조건성취만 되지 않았을 뿐 채무 자체는 이미 성립하였으므로 정지조건이 성취되면 상계권을 행사할 수 있다.[877] 대법원도 구파산법 제90조(회생파산법 제417조에 해당한다.)가 파산채권자는 조건부 채권을 수동채권으로 하여서도 상계할 수 있다고 규정하므로 이에 해당하는 경우에는 그 조건이 파산선고 후에 성취되었다고 하더라도 상계가 적법하다고 판시하였다.[878]

수동채권이 해제조건부인 때에도 채권자는 해제조건 성취기회를 포기하고 상계권을 행사할 수 있다. 그 후 해제조건이 성취되어도 파산 · 회생채권이 소급하여 부활하지는 않으므로 채권을 행사하지 못한다. 또 채권자가 해제조건 불성취를 기다려 상계권을 행사하여도 절차개시 당시 수동채권이 존재하는 이상 상계금지조항에는 저촉되지 않는다.

877) 전병서, 전게서, 330-331면.

878) 대법원 2002. 11. 26. 선고 2001다833 판결.

라. 상계금지와 상계남용론

민법과 상법의 상계금지조항에 위반한 상계는 도산절차에서도 무효이다. 채무의 성질이 상계를 허용하지 않거나, 상계금지의 특약이 있는 때(민법 제492조)·불법행위 채권이나 압류금지 채권을 수동채권으로 한 때(제496조, 제497조)·주금납입의무를 수동채권으로 한 때(상법 제334조) 등이 이에 해당한다. 그러나 실체법상 상계가 가능한 경우에도 다른 채권자를 해하거나 채권자 평등의 원칙에 위반하는 상계는 금지된다.

① 담보권 여부와 범위가 절차개시 당시를 기준으로 결정됨과 마찬가지로 상계권의 범위도 절차개시 당시를 기준으로 결정된다. (회생파산법 제144조 제1항, 제416조) 따라서 절차개시 후에 수동채권을 부담하거나 타인의 채권(자동채권)을 취득하여 이를 기초로 하는 상계는 금지된다. (제145조 제1호·제3호, 제422조 제1호·제3호)

② 채권자가 절차개시 당시 상계권을 가지고 있어도 지급정지나 도산신청이 있음을 알고 채무(수동채권)를 부담하거나 자동채권을 취득한 때에는 상계가 금지된다. 다만, 법정의 원인·채권자가 선의일 때 생긴 원인·절차개시로부터 1년 전에 생긴 원인에 의한 때에는 예외이다. (제145조 제2호·제4호, 제422조 제2호·제4호)

상계금지조항은 강행규정이고, 관재인을 상대로 하는 채권자의 상계 이외에도 절차개시 전에 채권자가 한 상계, 절차개시 전에 채권자와 채무자 합의에 따른 상계, 절차개시 후에 관재인과 채권자 합의에 따른 상계에도 적용된다.[879] 이와 관련하여 일본 최고재판소는 상계금지조항은 채권자 사이의 실질적 평등을 꾀하려는 강행규정이므로 그 효력을 배제하는 관재인과 채권자 사이의 합의는 무효라고 판시하였다.[880]

879) 조병현, 전게논문, 342면.
880) 일본 最高裁判所 昭和 52. 12. 6. 판결.

(1) 수동채권의 부담시기에 의한 상계금지

(가) 절차개시 후 부담한 채무

상계권 유무는 절차개시 당시의 채권 · 채무를 기준으로 결정되므로 채권자가 절차개시 후에 채무자 또는 재단에 대하여 채무를 부담하여도 이를 수동채권으로 하여 상계하지 못한다. 예컨대 관재인과의 거래에 의하여 발생하는 채무 · 쌍방미이행 쌍무계약의 이행을 선택한 때 상대방의 채무 · 부인권을 행사한 결과로 생긴 상대방의 반환채무 · 재단 소속재산의 낙찰로 말미암은 낙찰대금지급채무 등이 이에 해당한다. 또 금융기관이 채권자인 때 제삼자가 절차개시 후 채무자 계좌로 자금을 이체한 결과 금융기관이 재단에 대하여 예금반환채무를 부담하게 되어도 상계가 금지된다. 이러한 채무는 재단에 대하여 현실적으로 이행될 필요가 있고, 채권자 측에서도 절차개시 당시 상계기대를 하지 않았기 때문이다. 절차개시 후 부담한 채무라는 점은 관재인이 증명책임을 진다.[881)]

채권자가 재단에 대하여 채무를 부담하는 제삼자의 채무를 인수한 때에도 상계가 금지된다. 대법원도 채권자가 파산선고 후 재단에 대하여 채무(수동채권)를 부담한 때 파산채권과 상계하도록 허용하면 그 금액에 대하여 다른 채권자들에 우선하여 변제받는 것을 용인하여 채권자 사이의 공평을 해친다고 하면서 파산선고 전에 발생한 제삼자의 재단에 대한 채무를 파산선고 후 인수하는 경우도 상계금지대상에 포함되고, 그 인수는 포괄승계로 말미암은 것이라도 관계없다고 판시하였다.[882)]

(나) 지급정지 또는 도산신청이 있었음을 알고 부담한 채무

지급정지가 있으면 채무자의 경제적 파탄이 외부로 널리 알려지고

881) 김동윤, 전게논문, 589면.
882) 대법원 2003. 12. 26. 선고 2003다35918 판결.

채권의 실질적 가치가 하락하여 채권자는 완전한 만족을 기대할 수 없게 된다. 이러한 상황에서 채권자가 채무자로부터 물건을 매수하여 대금지급채무를 부담하고, 그 채무와 자신의 채권을 상계하면 채권자는 완전한 만족을 얻는다. 이를 절차개시 전의 채무부담이라고 하여 제한 없이 상계를 허용하면 채권자 평등의 원칙에 반하므로 편파행위 부인과 같은 취지에서 상계를 금지한다. 지급정지 또는 도산신청 사실, 채권자의 악의에 대한 증명책임은 관재인이 부담한다. 회생파산법에 명시되지는 않았으나, 지급불능이 있었음을 알고 부담한 채무도 마찬가지로 해석한다.[883)]

위 금지에는 세 가지 예외사유가 있는데 그 증명책임은 채권자에게 있다. ① 채무부담이 법정의 원인에 의한 때이다. 상속과 합병과 같은 일반승계, 사무관리와 부당이득에 의하여 채권자가 채무자에게 채무를 부담할 때가 이에 해당한다. 이때에는 채권의 실질적 가치를 보전할 목적으로 채무를 부담한 것이 아님이 명백하므로 상계를 허용하여도 채권자 평등의 원칙을 해하지 않기 때문이다.[884)] ② 채무부담이 채권자가 지급정지나 도산신청이 있었음을 알기 전에 생긴 원인에 의한 때이다. 금융실무에서 채무자의 거래은행 · 채무자 · 제삼자 사이의 약정으로 제삼자가 채무자에게 지급할 상거래대금을 거래은행의 채무자 계좌로 입금하게 하여 이를 대출금채권의 담보로 하는 경우(계좌이체지정)가 있다. 지급정지 또는 도산신청 후 제삼자로부터 이체가 있어도 그전에 계좌이체지정이 있었다면 상계가 허용된다.[885)] ③ 절차개시로부터 1년 전에 생긴 원인에 의한 때이다. 이는 지급정지로부터 1년 이상 지나 절차개시가 되었다면 지급정지와 절차개시 사이에 인과관계가 있다고 보

883) 전병서, 전게서, 335면.
884) 조병현, 전게논문, 346면.
885) 전병서, 전게서, 337면; 김동윤, 전게논문, 599면.

기 어렵고, 채권자의 지위를 장기간 불안정한 상태에 두지 않으려는 취지에서 둔 규정이다.[886] 회생절차 개시신청 또는 파산선고로부터 1년 전에 한 행위는 지급정지의 사실을 안 것을 이유로 하여 부인권을 행사하지 못한다는 규정(제111조, 제404조)과 입법취지가 같다.

(2) 자동채권의 취득시기에 의한 상계금지

(가) 절차개시 후 취득한 타인의 파산 · 회생채권

상계권의 범위는 절차개시 당시를 기준으로 하므로 채무자에게 채무를 부담하는 자가 절차개시 후에 타인의 파산 · 회생채권을 취득하여도 이를 자동채권으로 하는 상계는 허용되지 않는다. 파산 · 회생채권의 취득원인이 거래에 의한 것이냐 상속 등 법정원인에 기한 것이냐는 묻지 않는다. 이는 채무자에게 채무를 부담하는 자가 가치가 하락한 파산 · 회생채권을 취득하여 상계에 의하여 재단에 대한 채무이행을 면함으로써 일반채권자의 이익을 해하는 것을 막으려는 취지이다. 증명책임은 관재인에게 있다.

채무자에게 채무를 부담하는 사람이 다른 파산 · 회생채권자에게 채무자에 갈음하여 제삼자 변제를 하여 채무자에 대한 구상권을 취득하는 경우는 실질적으로 타인의 파산 · 회생채권을 양수하는 것과 마찬가지이므로 상계가 금지된다. 다만, 채무자의 보증인이 절차개시 후 보증채무를 이행함으로써 취득한 구상금채권은 절차개시 당시 이미 장래의 구상채권으로서 파산 · 회생채권으로 인정되었으므로(제126조, 제430조) 이를 자동채권으로 하여 채무자에 대한 채무와 상계할 수 있다.[887]

(나) 지급정지 또는 도산신청이 있었음을 알고 취득한 채권

절차개시 전에 취득한 채권을 자동채권으로 하는 상계는 원칙적으로

886) 대법원 2004. 3. 26. 선고 2003다65049 판결.
887) 조병현, 전게논문, 352-353면.

허용된다. 그러나 지급정지 또는 도산신청으로부터 절차개시까지의 위기시기에는 이미 채무자의 파탄이 외부에 알려지고 채권의 실질적 가치가 하락하므로 이를 자동채권으로 하는 상계를 무조건 허용하면 재단이 감소하여 일반채권자의 이익을 해한다. 따라서 채권을 취득한 자가 지급정지 또는 도산신청이 있었음을 안 때에는 상계가 금지되는데 악의의 증명책임은 관재인이 부담한다. 상계금지는 타인의 파산·회생채권을 취득한 때는 물론이고 자신의 행위에 의하여 파산·회생채권을 취득한 때에도 적용된다. 그리고 회생파산법에 명시되지는 않았으나, 지급불능이 있었음을 알고 취득한 채권도 마찬가지로 상계가 금지된다.

다만, 금융기관이 위기에 처한 채무자의 요청을 받고 운영자금을 대출한 경우(구제금융) 대출채권과 예금반환채무를 상계하는 행위는 허용되어야 한다. 기업도산을 막으려고 상계권자(금융기관)가 긴급자금을 제공한 이상 그에 기한 파산·회생채권을 자동채권으로 하는 상계를 허용하여도 다른 채권자를 특별히 해하지 않기 때문이다.[888] 이때에도 상계금지가 적용되어야 한다는 견해도 있지만,[889] 금융기관이 실질적 가치가 하락한 채권을 취득한 것이 아니라 위기시기에 채무자의 도산회피 노력에 동참하는 과정에서 대출채권이 발생한 데 불과하므로 일률적으로 금지규정을 적용할 수는 없다. 일본 신파산법은 금융거래를 위축시키지 않으려고 구제금융과 같이 계약에 의한 취득채권은 상계가 허용된다는 명문규정을 두었다.[890]

위 상계금지에 대한 예외사유는 지급정지 또는 도산신청이 있었음을 알고 부담한 수동채권에 대한 예외사유와 같다. ① 파산·회생채권의 취득이 법정의 원인에 의한 때이다. 예컨대 상속과 합병과 같은 일반승

888) 伊藤眞, 前揭書, 369頁.
889) 전병서, 전게서, 339면; 김동윤, 전게논문, 605면.
890) 宗田親彦, 前揭書, 440頁.

계 · 사무관리 · 부당이득 · 불법행위에 의하여 채권을 취득할 때가 이에 해당한다. 그러나 채무자의 다른 채권자에 대한 채무를 부탁 없이 변제한 경우와 같이 상계권자의 작위가 개입될 때에는 구상채권을 자동채권으로 하여 상계할 수 없다. ② 파산 · 회생채권의 취득이 지급정지나 도산신청이 있었음을 알기 전에 생긴 원인에 의한 때이다. 예컨대 할인어음의 환매청구에 의한 환매대금채권, 지급정지 전에 체결된 매매계약을 절차개시 후에 해제함으로 말미암은 대금반환채권이 이에 해당한다.[891] ③ 파산 · 회생채권의 취득이 절차개시로부터 1년 전에 생긴 원인에 의한 때이다.

(3) 상계남용론

상계남용론은 동행상계(同行相計)에 대처하려는 법리이다. 할인어음이 부도났을 때 위 어음채권과 채무자(어음발행인 또는 배서인)의 예금채권을 상계하는 행위를 동행상계라고 한다.[892] 채무자의 자력이 충분한 때에는 동행상계가 문제 되지 않으나, 도산한 때에는 은행이 할인의뢰인에게 환매청구권을 행사하여 환매에 응하면 의뢰인은 채무자에게 파산 · 회생채권을 가지는 데 그치지만, 동행상계가 되면 의뢰인은 어음할인과 관련한 채무를 면하므로 채무자의 예금채권으로부터 간접적으로 우선변제를 받는 결과가 된다. 따라서 동행상계는 상계금지조항에 해당하지는 않지만, 절차에서의 효력이 문제 된다.[893]

상계금지조항은 원래 위기부인으로부터 유래하였으나 상계는 채권자의 단독행위이므로 부인권 행사가 곤란하다고 보고 특별히 금지조항을 둔 것이다. 또 부인 유형에는 상계금지조항에 대응하는 위기부인 이

891) 조병현, 전게논문, 355면.

892) 일반적으로는 동행상계를 하지 않고, 할인의뢰인에게 어음환매를 청구하는 방식으로 처리한다.

893) 일본 最高裁判所 昭和 53. 5. 2. 판결은 동행상계를 은행이 자유로이 선택하여 결정할 사항으로 본다.

외에도 행위시기의 제한을 받지 않는 고의부인도 있다는[894] 점을 고려하면 형식적으로 금지조항에 해당하지 않는다고 하여 상계가 당연히 허용되지는 않고, 동행상계가 절차에 미치는 실질적 영향을 기준으로 판단하여야 한다. 즉 상계권은 채권자의 권리보전에 필요한 범위에서 행사하여야 하고, 할인의뢰인에게 충분한 환매능력이 있음에도 의뢰인의 요청에 따라 은행이 동행상계를 하면 채무자의 도산에 의한 의뢰인의 손실을 일반채권자에게 전가하는 결과가 되므로 권리남용으로 무효이다.[895]

894) 河野正憲, "同行相殺と割引依頼人の不當利得", 「倒産判例百選(第4版)」, 有斐閣, 2006, 125頁.

895) 加藤哲夫, 前揭 「破産法」, 216頁.

Ⅷ

P·A·R·T

회생계획과 가치의 분배

1 계획의 성립

가. 유형 및 내용

(1) 유형

제출권자가 채무자의 재건을 위하여 채권자와 주주의 권리를 변경하고 회사의 조직을 재편하는 회생계획안을 제출하여 관계인집회에서 가결되고 법원의 인가를 받으면 절차의 기본규범인 회생계획이 성립한다. 회생계획은 기업재건을 목표로 하지만, 회사를 재건할 수 없는 때에는 청산을 내용으로 하는 계획을 작성하기도 한다. 따라서 회생계획은 재건형과 청산형으로 구분할 수 있다.

① 계속기업가치가 청산가치보다 크다고 평가되었을 때에는 채무자의 재건을 꾀한다. 회생파산법이 예시하는 방법은 채무자의 존속 · 주식교환 · 주식이전 · 합병 · 분할 · 분할합병 · 신회사 설립 · 영업양도 등이다. (회생파산법 제220조)

이때 회생채권 · 회생담보권을 분할 변제하는 자금은 사업을 계속하여 장래에 얻는 사업수익으로 조달하는 경우(수익변제)가 대표적이지만, 수익변제 대신에 비영업용 자산을 매각한 자금을 변제재원으로 충당하는 방법 또는 DES(Debt Equity Swap, 출자전환)를 병용하기도 한다.

DES는 금융기관의 대출채권을 채무자의 주식으로 전환하는 사실상의 금융지원이다. 채무자에게는 채권포기와 자본증가의 효과가 생기고, 채권자는 주주로서 경영에 참가하여 재건에 성공하면 채권액 이상으로 수익을 실현할 수도 있다. 금융기관은 원칙적으로 다른 회사의 의결권 있는 주식 15%를 초과하여 소유할 수 없으나, 기업구조조정을 위하여 필요하면 이에 구애되지 않는다. (은행법 제37조) 일본에서는 DES

를 활용하려고 발행주식 총수의 50%까지 DES를 허용하고, 은행의 주식보유비율 제한을 철폐하였다.[896] 그러나 DES는 수익을 올릴 가능성이 작고, 기업의 도덕적 해이를 부추기며, 대상기업을 선정할 때 형평성 시비가 생길 우려도 있다.[897]

② 청산가치가 계속기업가치보다 크다고 평가되었을 때 파산절차로 바로 이행하지 않고 회생절차 안에서 채무자 회사를 실질적으로 해체할 수도 있다. 이는 원래 파산절차에 의하여 처리할 사항을 회생절차에서 처리하고자 하는 것이다.[898] 이미 절차가 상당히 진행된 경우에는 회생절차를 폐지하고 파산절차로 이행하면 오히려 절차가 장기화하여 채권자에게 불이익하므로 신속한 사건처리를 위하여 사용된다. 법원은 청산형 계획안 작성을 허가한 때에도 이를 결의에 부치기 전에는 언제든지 그 허가를 취소할 수 있다. 청산형은 영업양도를 하여 그 대금으로 회생채권 · 회생담보권을 변제하는 방식과 영업양도를 하지 않고 청산하는 방식으로 나누어진다. (회생파산법 제222조)

첫째, 영업양도를 하는 방식이다. 종전부터 시행하던 사업(그 가운데 채산이 맞는 부문만 양도하는 경우가 잦다.)을 영업양도하고, 양수자로부터 지급받은 양도대금을 배당재원으로 하여 배당을 마치면 회사를 청산하는 방법이다. 즉 영업양도에 따라 유기적 · 조직적 일체로서의 사업은 양수회사로 인계되고, 채무자는 청산되는 형태이다.

둘째, 영업양도를 하지 않는 방식이다. 절차개시 후 사업이 예상대로 전개되지 않고, 영업양도도 여의치 않아 청산형 계획을 작성하는 경우이다. 그러나 이때에는 회생절차를 이용할 필요가 없으므로 바로 파산절차로 이행하는 쪽이 편리하다. 회생절차는 기업존속과 재건을 목적

896) 太田一郎, 「始動! 企業再生プロジェクト」, 金融財政事情研究会, 2003, 12-13面.

897) 외환위기 직후인 1998. 11. 기아자동차 매각과정에서 채권금융기관이 4조8,694억 원의 부채를 탕감하고, 2조5,200억 원을 출자전환한 사례가 있다.

898) 임채홍, 백창훈, 「회사정리법 하」, 한국사법행정학회, 2002, 146면.

으로 하는 절차이므로 그 안에서 순수한 해체 · 청산을 시행하려면 진행에 여러 가지로 어려움이 생기기 때문이다.[899)]

(2) 필수적 내용

회생계획에 필수적으로 정하여야 하는 사항은 다음과 같다. (제193조 제1항)

① 회생채권자 · 회생담보권자 · 주주(지분권자)의 권리의 전부 또는 일부 변경이다. 권리변경에는 전부 또는 일부면제 · 기한유예 · 제삼자에 의한 채무인수 · 담보제공이 포함된다. 권리변경을 할 때에는 변경되는 권리를 명시하고, 변경 후의 권리내용을 정하여야 하며, 회생계획에 의하여 권리에 영향을 받지 않는 자가 있는 때에는 그 권리를 명시하여야 한다. (제194조) 인가결정이 확정되면 변경된 권리와 변경되지 않은 권리의 내용이 기재된 회생채권자표와 회생담보권자표는 확정판결과 같은 효력이 있고, 채무자에 대하여 집행할 수 있다. (제255조)

또 회생계획에 의하여 채무를 부담하거나 채무의 기한을 유예하는 경우 그 기한은 담보가 있는 때에는 담보물의 존속기간을 넘지 못하고, 담보가 없거나 존속기간을 판정할 수 없는 때에는 10년을 넘지 못한다. 그러나 사채를 발행하는 경우에는 기간제한을 받지 않는다. (제195조)

다만, 절차개시 전의 벌금 · 과료 · 형사소송비용 · 추징금 · 과태료는 회생계획에서 권리에 영향을 미치는 내용을 정하지 못한다. (제139조)

② 공익채권의 변제이다. 공익채권은 회생절차에 의하지 않고 수시로 지급하지만(제180조), 그 액수를 명확히 함이 회생계획의 내용과 수행가능성을 판단하는 데 도움이 되므로 필수적 기재사항으로 하였다. 그런데 회생파산법은 장래 변제할 공익채권만 아니라 이미 지급한 부

899) 예컨대 사실상 배당표에 해당하는 청산계획안을 마련하여 관계인집회를 개최하였는데 계획안이 부결되면 다시 파산절차로 이행하여야 하므로 진행이 오히려 지연된다.

분도 계획에 명시하라고 요구한다. (제199조) 채무자는 법원의 사전허가를 받아 공익채권을 변제하는데 이미 지급한 내용까지 기재할 필요가 있는지는 의문이다. 우리나라도 일본처럼 앞으로 변제할 공익채권 명세만 기재하도록 법을 개정하여 계획안 작성자의 부담을 덜어주어야 한다.

③ 변제자금의 조달방법이다. 자금조달은 일반적으로 영업활동 · 자산매각 · 신규차입 · 증자를 통하여 이루어지는데 절차 진행 중에 신규차입이나 증자를 하기는 어려우므로 영업활동과 자산매각이 주된 조달방법이 될 수밖에 없다. 실무상 조사보고서의 추정손익계산서를 인용하여 영업활동을 통한 자금 조달방법을 설명하기도 하는데 자금조달이야말로 회생계획의 핵심부분이므로 단순한 회계적 예측만으로는 부족하다. 절차 진행 과정에서 이미 채무자에 대하여 과감한 구조조정을 시행하였거나, 비영업용 자산을 매각하여 상당한 변제자금을 확보한 경우가 아니라면 실질적 · 구체적 조달방법을 제시하여야 한다. 만약 회계적 예측만을 조달방법으로 기재한 경우에는 현실적으로 발생한 지급불능을 막연한 사업계획으로 호도하려는 데 불과하므로 위법한 계획안이 된다. (제243조 제1항 제1호) 회사정리법 시대에 제삼자 관리인도 채권자의 동의를 얻는데 급급하여 매출이나 비용의 규모를 비현실적으로 포장하여 마치 많은 재원을 조달할 수 있는 것처럼 사업계획을 부풀리는 사례가 적지 않았는데[900] 채무자가 관리인 업무를 맡는 회생파산법하에서는 그러한 경향이 더 심해질 것이므로 자금조달방법은 현실성이 있어야 한다. 회생계획이 회생파산법의 다른 모든 조건을 충족하여도 변제자금이 조달되지 않는다면 헛된 말장난에 그치기 때문이다.

또 회생계획 기간이 종료할 무렵에 신규자금을 차입하는 내용이 있을 때에는 차입 상대방 · 금액 · 이율 · 반환방법이 특정되어야 하고, 차

900) 서울중앙지방법원 파산부 실무연구회, 전게 「회생사건실무 상」, 559면.

입금액이 적정수준을 초과하면 안 된다.[901]

④ 회생계획에서 예상한 액을 넘는 수익금의 용도이다. 실무상 공익채권 변제 · 운전자금 · 회생담보권과 회생채권 변제에 사용한다고 추상적으로 기재하는 사례가 많다. 초과수익금의 규모가 크지 않은 때에는 상관없지만, 영업환경의 급격한 호전이나 M&A로 막대한 수익금이 생기면 위와 같은 조항에 따라 처리할 수 없고 회생계획을 변경할 필요가 생긴다. 따라서 추상적 기재를 피하고 금액 또는 비율을 명시하여 어느 정도까지 회생계획 변경 없이 처리하는지 명시하여야 한다. 예상을 넘는 수익금의 용도기재는 채권자의 구체적 청구권을 발생시키지는 않고 기본방침을 제시하는 정책적 · 프로그램적 조항에 불과하다는 견해가 있으나,[902] 회생계획은 회사가 얻을 수 있는 수익금을 예상하여 그 범위에서 채권을 변제하겠다는 내용일 뿐 변제예정액을 초과하는 금액을 임의사용할 권한을 채무자에게 부여하는 취지는 아니므로 위 견해에 찬성할 수 없다.

⑤ 알고 있는 개시 후 기타채권이다. 절차개시 후 채권은 회생계획에 의한 권리변경 대상이 되지 않지만, 그 내용을 기재하여 채권자에게 정보를 제공하려는 취지이다. 따라서 기재 여부를 불문하고 개시 후 채권에는 계획인가에 기한 면책의 효력이 발생하지 않는다.[903]

(3) 임의적 내용

회생계획에 임의적으로 포함할 수 있는 사항은 ① 영업이나 재산의 양도 · 출자나 임대 · 경영의 위임 ② 정관 변경 ③ 이사 · 대표이사 변경 ④ 자본 감소 ⑤ 신주 · 사채 발행 ⑥ 주식의 포괄적 교환 및 이전 · 합병 · 분할 · 분할합병 ⑦ 해산 ⑧ 신회사 설립 ⑨ 그 밖에 회생을 위하

901) 임채홍, 백창훈, 전게서, 226면.
902) 전게서, 228면.
903) 伊藤眞, 前揭書, 767頁.

여 필요한 사항이다. (제193조 제2항)

정관 변경과 관련하여 대법원은 정리계획에서 정관변경에 관하여 '정관변경의 필요성이 있을 때에는 관리인이 법원의 허가를 받아 변경한다.'라고 규정하고 있더라도, 원 정리계획상 고려대상이 아니었던 제삼자의 인수 · 합병에 의한 절차 진행 및 종결을 위한 정관변경은 계획의 기본적인 구도가 변경되는 결과를 가져오므로 정리계획 변경절차에 의하지 않는 법원의 허가결정만으로는 허용되지 않는다고 판시하였다.[904] 그러나 관리인이 정관에 규정된 수권자본금 한도 내에서 장래에 제삼자 배정방식의 신주발행을 계획하고 있는 정리계획에 따라 신규자금을 유치할 목적으로 법원의 허가를 받아 신주를 발행하는 경우에는 기존 주주들이 정리계획에 의하여 감수하기로 예정한 불이익이 구체적으로 현실화되는 데 불과하므로 정리계획 변경절차를 거칠 필요가 없다.[905] 또 회생계획 인가 전에는 절차의 기본적인 구도에 변경을 가져오지 않는 한 법원의 허가를 받으면 정관을 변경할 수 있다. (제55조 제2항) 채권자의 권리에 큰 영향을 미치지 않는 사항까지 회생계획에 따라 변경할 필요는 없기 때문이다. 정관의 절대적 기재사항 중 목적 · 상호 · 본점 소재지 · 공고방법 등이 이에 해당한다. (상법 제289조 제1항)

또 자본 감소와 관련하여 절차개시 당시 채무자가 채무초과 상태이면 회생계획에서 발행주식의 2분의 1 이상을 소각하거나 2주 이상을 1주로 병합하여야 하고, 이사의 중대한 책임이 있는 행위로 회생원인이 발생한 때에는 그에 상당한 영향력을 행사한 주주의 주식은 3분의 2 이상을 소각하거나 3주 이상을 1주로 병합하여야 한다. (제205조 제3항, 제4항) 이와 관련하여 대법원은 회사정리법 제221조 제4항(회생파산법 제205조 제4항에 해당한다.)의 취지는 중대한 책임 있는 행위로 절차개시

904) 대법원 2005. 6. 15. 자 2004그84 결정.
905) 대법원 2008. 5. 9. 자 2007그127 결정.

원인을 발생하게 한 이사에게 상당한 영향력을 행사한 부실경영 주주로부터 징벌적 의미에서 회사의 지배권을 박탈하고자 주식 3분의 2 이상을 소각함으로써 부채초과기업에 대한 제삼자 인수를 촉진하려는 데 있고, 같은 취지에서 부실경영 주주의 주식 100%를 무상소각하는 정리계획이 적법하다고 판시하였다.[906]

(4) 회생파산법 개정안

2011. 11. 4 정부에서 발의하여 국회에 계류 중인 회생파산법 일부개정안에는 회생절차에서 주주 · 지분권자의 권리를 보호하려는 부분이 포함되어 있다. 개정이유는 다음과 같다.

현재는 회생계획에서 자본 감소를 정할 때 위와 같이 발행주식의 2분의 1 또는 3분의 2 이상을 소각하는 동시에 그 주주의 신주 인수를 금지하고 있어 회사의 주주나 지배주주가 적극적으로 회생절차를 활용하는 데 장애가 된다. 따라서 주식 강제소각 및 신주 인수금지 규정을 삭제하되, 부실경영에 책임이 있는 특수관계인이 보유한 주식을 불이익하게 취급할 수 있는 근거규정은 존치하였다. 이는 지배주주의 지배권 상실 우려로 말미암은 절차신청 기피를 방지하여 신속한 신청을 유도하고, 지배주주에 의한 신규자금이 유입될 수 있는 기초를 마련하려는 취지이다.

개정안은 회생파산법 제205조 제2항을 '② 제1항에 따른 자본감소는 다음 각 호의 사항을 참작하여 정하여야 한다. 1. 채무자의 자산 및 부채와 수익능력 2. 제206조에서 규정하는 신주발행에 관한 사항'으로 고치고, 제3항을 삭제하며, 제4항 중 '주식의 3분의 2 이상을 소각하거나 3주 이상을 1주로 병합하는 방법으로 자본을 감소할 것을 정하여야 한다.'를 '주식을 다른 주주보다 불이익한 방법으로 소각하거나 병합할

---

906) 대법원 2004. 6. 18. 2001그132 결정.

것을 정할 수 있다.'로 바꾸고, 제5항을 삭제하며, 제6항 중 '제1항 내지 제4항 및 제5항 본문의 규정'을 '제1항, 제2항 및 제4항'으로 고치는 내용이다.

개정안에 찬성한다. 회생회사는 회사 또는 업종마다 그 부도원인이나 경영환경이 다르므로 일률적으로 의무적 주식소각 비율을 정하면 구체적 사안에 맞는 합리적 처리가 어려워지기 때문이다.[907]

나. 제출 · 결의 · 인가

(1) 제출

법원은 채무자의 계속기업가치가 청산가치보다 크다고 평가된 때에는 제1회 관계인집회 기일 또는 그 후 지체 없이 채무자에게 계획안 제출을 명하여야 한다. (제220조 제1항) 채무자는 법원이 정한 기간 안에 계획안을 작성하여 제출하여야 하고, 회생채권자 · 회생담보권자 · 주주(지분권자)도 계획안을 제출할 수 있다. (제221조) 미국 연방도산법은 절차개시 후 120일 동안은 DIP에게만 계획안 제출권을 부여하나 (exclusive period, 연방도산법 제1121조 b항), 우리나라에서는 모든 권리자가 제출권을 가진다.[908] 법원은 계획안이 제출되면 노동조합의 의견을 들어야 한다. (제227조)

계획안 제출자는 계획안 심리를 위한 관계인집회 기일 또는 서면결의에 부치는 결정이 있는 날까지 법원의 허가를 받아 이를 수정할 수 있고(제228조), 법원은 이해관계인의 신청 또는 직권으로 제출자에게

907) 회생사건 실무에서는 청산배당률보다 조금 낮은 수준으로 기존주식을 소각하는 방법으로 채권자와 주주 사이의 균형을 꾀하고 있다.

908) 채무자 이외의 다른 권리자는 회사의 영업 또는 회계자료를 입수하기 어렵고 특히 장래 영업계획을 세울 수 없어 실제로는 회생계획안을 작성하지 못하므로 제출권은 구호에 그친다. 중요한 것은 형식적 제출권이 아니라 절차의 구체적 진행상황 · 조사보고의 기초자료 · 영업과 회계자료 · 합리적 사업계획을 입수할 권한이다.

계획안 수정을 명할 수 있다. (제229조 제1항) 또 법원은 계획안이 법률 규정에 위반하거나, 공정 · 형평하지 않거나, 수행 불가능한 때에는 관계인집회의 심리 또는 결의에 부치지 않을 수 있다. (제231조)

(2) 결의

계획안 의결권을 가진 자는 채권신고를 거쳐 의결권을 인정받은 회생채권자 · 회생담보권자 · 주주이다. 이때 회생계획으로 권리에 영향을 받지 않는 자 · 벌금 또는 조세채권자 · 절차개시 후 이자 채권자 · 절차개시 후 불이행으로 말미암은 손해배상금과 위약금채권자 · 절차참가비용 채권자 · 부당한 이익을 얻을 목적으로 권리를 취득한 자 · 권리보호조항으로 보호되는 자에게는 의결권이 없다. 또 절차개시 당시 채무자 회사의 부채총액이 자산총액을 초과하는 때에는 주주에게 의결권이 없다. (제146조 제3항) 채무자가 계획인가 전에 법원 허가를 받아 회생채권 · 회생담보권을 변제한 때에는 그 한도에서 채권이 소멸하므로 의결권도 그만큼 감액된다.[909] 이해관계인은 의결권에 관하여 이의를 할 수 있고, 법원이 의결권 유무와 의결권 행사금액을 결정하는데 이 결정은 언제든지 변경할 수 있다. (제187조, 제188조)

계획안 결의는 조별로 하고, 모든 조에서 가결되어야 가결된 것으로 본다. 이때 조라 함은 계획안 결의를 목적으로 권리자로 구성되는 의결단위를 말한다. 조 분류를 단순하게 하면 획일적 처리가 가능한 장점은 있으나 소수자 권리보호가 어려워지고, 조 분류를 복잡하게 하면 여러 부류의 권리자를 사정에 맞게 보호할 수 있으나 현실적으로 계획안 가결이 어려워지는 부작용이 있다.[910] 조는 ① 회생담보권자 ② 우선권 있는 회생채권자 ③ 회생채권자 ④ 잔여재산 분배에 우선권 있는 주주

909) 대법원 2000. 1. 5. 99그35 결정.

910) 김형두, "통합도산법상 회생절차에서의 회생계획안의 심리 및 결의", 「통합도산법」, 법문사, 2006, 338면.

⑤ 주주로 분류하되 권리의 성질과 이해관계를 고려하여 2개 이상의 조를 하나로 분류하거나 하나의 조를 2개 이상으로 분류할 수 있다. 다만, 회생담보권자 · 회생채권자 · 주주는 각기 다른 조로 분류하여야 한다. (제236조) 이때 강제인가를 위하여 일부러 찬성 조를 만들어내려고 부자연스러운 조 편성을 하는 것은 허용되지 않는다. 담보부족 무담보채권과 일반 무담보채권을 하나의 조로 분류하면 담보부족 채권의 액수가 커서 부결되므로 별개 조로 분류하여 일반 무담보채권자 조에서는 가결되게 한 때가 이에 해당한다.[911]

계획안 제출자는 회생채권자 · 회생담보권자 · 주주(지분권자)에게 불리한 영향을 주지 않는 때에 한하여 결의를 위한 관계인집회에서 법원 허가를 받아 계획안을 변경할 수 있다. (제234조)

결의의 대상은 회생계획안 전체이고 개개의 조항에 대하여 결의하는 것은 아니지만, 의결권은 통일하지 않고 행사할 수 있다. (제189조) 대리인이 의결권을 행사할 때에도 불통일 행사가 가능하다. 다만, 결의사무를 원활히 진행하고자 불통일 행사를 하려는 자는 관계인집회 7일 전까지 법원에 그 취지를 서면으로 신고하여야 한다. 가결요건은 회생채권자 조는 의결권 총액의 3분의 2 이상의 동의 · 회생담보권자 조는 의결권 총액의 4분의 3 이상(청산을 내용으로 하는 계획안은 5분의 4 이상)의 동의 · 주주(지분권자) 조는 2분의 1 이상의 동의가 필요하다. (제237조) 법원은 계획안을 서면결의에 부칠 수 있다. (제240조)

(3) 인가

관계인집회에서 회생계획안을 가결한 때에는 법원은 인가 여부를 결정하여야 한다. 채무자 · 조사위원 · 회생채권자 · 회생담보권자 · 주주(지분권자) · 회생을 위하여 채무를 부담하거나 담보를 제공한 자 · 채무

911) 高木 新二郎, 前揭書, 356頁.

자의 업무를 감독하는 행정청·법무부장관·금융위원회는 인가 여부에 관하여 의견을 진술할 수 있다. (제242조) 계획인가의 요건은 법률규정에 적합할 것[912)]·공정하고 형평에 맞으며 수행 가능할 것·결의를 성실하고 공정한 방법으로 하였을 것[913)]·청산가치가 보장될 것 등이다. 회생절차가 법률에 위반되어도 가벼운 하자이면 위반 정도, 채무자의 현황을 고려하여 인가결정을 할 수 있다. (제243조) 인가 또는 불인가결정에 대해서는 즉시항고할 수 있으나, 인가결정에 대한 항고는 회생계획 수행에 영향을 미치지 않는다. (제247조)

계획안에 관하여 동의하지 않은 조가 있는 때에도 법원은 회생계획안을 변경하여 그 조의 회생채권자·회생담보권자·주주(지분권자)의 권리보호조항을 정하고 인가할 수 있다. (제244조 제1항) 채무자 회사의 회생가능성이 있는데도 일부 조가 무리한 요구를 하면서 계획안에 끝까지 반대할 때 강제인가(cram down)를 하는 제도이다.[914)]

인가결정이 있으면 회생채권자·회생담보권자·주주(지분권자)의 권리는 회생계획에 따라 변경되고(제252조 제1항), 회생계획이나 회생파산법으로 인정된 권리를 제외하고는 채무자는 모든 회생채권과 회생담보권에 관하여 책임을 면하며, 주주(지분권자)의 권리와 채무자 재산상의 모든 담보권은 소멸한다. (제251조) 회생계획에 정하여진 회생채권자·회생담보권자의 권리는 확정된 회생채권·회생담보권을 가진 자에게

---

912) 대법원 2005. 6. 15. 2004그84 결정은 정리회사의 수권자본의 수를 2배로 증가시키고 신주인수권을 사실상 박탈하는 정리계획변경은 주주에게 불리한 영향을 미치므로 주주 조의 결의를 거치지 아니한 법원의 정리계획변경결정은 위법하다고 판단하였다.

913) 대법원 1992. 6. 15. 92그10 결정은 직원의 부주의로 정리채권자 갑에 대한 송달을 빠뜨려 갑이 관계인집회에서 의결권을 행사하지 못한 채 계획안이 가결·인가된 경우 정리채권 총액 중 88.08%에 해당하는 채권자들이 출석하여 전원이 찬성함으로써 가결요건인 3분의 2를 훨씬 웃도는 비율로 가결되었다면 위 절차상의 하자는 그 결의가 성실·공정한 방법으로 이루어지지 않았다고 볼 정도로 중대하지는 않다고 판단하였다.

914) 福岡 眞之介, 前揭書, 294頁은 미국에서 강제인가 제도는 채권자 설득수단으로 사용되므로 재건계획이 실제로 강제인가되는 사례는 많지 않고, 반대 조의 찬성을 얻어낼 수 있도록 계획안이 수정되는 것이 일반적이라고 한다.

만 인정되나, 회생계획에 의하여 인정된 주주(지분권자)의 권리는 주식(출자지분)신고를 하지 않은 주주(지분권자)에게도 인정된다. (제253조, 제254조) 회생계획으로 인정된 권리를 회생채권자표 · 회생담보권자표에 기재하면 인가결정이 확정된 때 확정판결과 같은 효력이 있다. (제255조 제1항) 또 인가결정이 있으면 중지한 파산절차 · 강제집행 · 가압류 · 가처분 · 담보권 실행을 위한 경매절차는 소급하여 그 효력을 잃는다. (제256조 제1항)

회생계획이 인가되면 채무자는 지체 없이 계획을 수행하여야 한다. (제257조 제1항) 법원은 채무자 · 회생채권자 · 회생담보권자 · 주주(지분권자) · 회생을 위하여 채무를 부담하거나 담보를 제공하는 자 · 신회사에 계획수행에 필요한 명령을 할 수 있다. (제258조 제1항)

(4) 회생파산법 개정안

2011. 11. 4. 정부에서 발의하여 국회에 계류 중인 회생파산법 일부 개정안에는 강제인가(cram down) 요건을 개선하려는 부분이 포함되어 있다. 개정이유는 다음과 같다.

현재는 회생담보권자조 · 회생채권자조 등 조마다 '공정하고 형평에 맞는 차등 원칙'에 따라 회생계획을 수립하여 가치를 배분하고, 계획안에 부동의한 조가 있는 경우에도 법원이 '공정하고 형평에 맞는 권리보호조항'을 정하고 강제인가할 수 있게 되어 있으나, 권리보호조항의 내용이 추상적이어서 권리의 우선순위 · 보호 정도 · 강제인가 여부에 관한 예측가능성이 떨어지는 문제가 있다. 따라서 회생담보권자조 · 회생채권자조 · 주주조가 동의하지 않는 경우를 나누어 각각의 권리를 보호하는 구체적인 방법을 규정하고 계획안이 이를 충족하면 법원은 의무적으로 강제인가를 하도록 하였다. 계획안에 대하여 부동의한 조가 있는 경우에 강제인가의 기준을 명확히 하여 그 예측가능성과 절차의 법적 안정성을 높이고, 선순위 투자자의 이익을 최대한 보장하여 기업의 신규투자 유치를 도우려는 취지이다.

개정안은 회생파산법 제244조를 다음과 같이 바꾸는 내용이다.

제244조(동의하지 아니하는 조가 있는 경우의 인가)

① 회생계획안에 관하여 법정의 액 또는 수 이상의 의결권을 가진 자의 동의를 받지 못한 조가 있는 때에도 회생계획에 따라 권리의 변경이 있는 권리자의 조 중 하나 이상의 조가 동의하고 회생계획안이 다음 각 호의 요건을 모두 충족하는 경우에는 회생계획안 제출자의 신청에 따라 법원은 회생계획인가의 결정을 하여야 한다.

1. 제243조 제1항 각 호의 요건을 모두 갖추었을 것
2. 동의하지 아니한 조의 권리자를 제2항에 따라 보호할 것

② 제1항에 따라 회생계획인가의 결정을 받으려는 경우에는 다음 각 호의 구분에 따라 회생계획안에 동의하지 아니한 조의 권리를 보호하여야 한다.

1. 회생담보권자조가 동의하지 아니한 경우
   가. 회생담보권자의 담보권이 존속되도록 하면서 회생담보권자에게 변제하는 금액의 현재가치(회생계획인가일을 기준으로 산정한다. 이하 이 조에서 같다.)가 회생담보권의 금액보다 작지 아니한 금액을 변제하는 방법
   나. 회생담보권의 목적인 재산을 공정한 절차에 따라 매각하고 그 매각대금에서 매각비용을 공제한 잔금으로 회생담보권을 변제하는 방법. 다만, 그 변제에 의하여 회생담보권의 금액이 전부 변제되지 아니하는 때에는 변제되지 아니한 부분에 해당하는 회생담보권을 회생채권

보다 불리하지 아니한 방법으로 변제하여야 한다.

다. 그 밖에 가목 및 나목의 방법에 준하여 회생담보권자에게 회생담보권의 금액을 전부 변제하는 방법. 다만, 변제하는 금액의 현재가치가 회생담보권의 금액보다 작지 아니하여야 한다.

2. 회생채권자조가 동의하지 아니한 경우

가. 회생계획에 따라 회생채권의 금액 전부를 회생채권자에게 변제하는 방법. 다만, 회생계획에 따라 변제하는 금액의 현재가치가 회생채권의 금액보다 작지 아니하여야 한다.

나. 회생채권자보다 후순위인 권리자에게 변제하지 아니하거나 그 밖의 방법으로 권리를 인정하지 아니하는 방법

3. 주주 · 지분권자조가 동의하지 아니한 경우

가. 다른 주주 · 지분권자보다 잔여재산의 분배에 관하여 우선적 내용의 권리를 갖는 주주 · 지분권자에 대하여 그 권리를 인정하는 방법

나. 가목의 주주 · 지분권자보다 후순위인 권리자에 대하여 재산상의 권리를 인정하지 아니하는 방법

다. 다른 권리자보다 후순위인 주주 · 지분권자에 대하여 그 권리의 가액에 상당하는 내용의 재산상의 권리를 인정하는 방법

③ 회생계획에서 주주 · 지분권자의 권리를 인정하지 아니한 경우에도 그 주주 · 지분권자 또는 그 주주 · 지분권자보다 후순위인 자는 새로이 출연하는 재산의 범위에서 주식 또는 지분을 취득할 수 있다.

개정안에 찬성한다. 회생절차의 가치분배 기준에 대해서는 그동안 논란이 있었는데 이를 절대우선 원칙[915]이라고 명확히 밝힌 조치는 그 의의가 크다. 다만, 절대우선의 원칙을 올바로 적용하려면 기업의 가치가 제대로 평가되어야 하므로 공정하고 실질적인 가치평가를 이끌어낼 보완조치가 앞으로 필요하다. 또 법원 직권으로는 권리보호조항을 정하지 못하게 함으로써 기본적으로 이해관계인이 절차를 주도하도록 보장하고, 법원은 그 과정에서 공정한 심판의 역할만 맡게 한 점도 타당하다.[916]

---

915) 그 내용은 '절대우선의 원칙(absolute priority rule)'에서 후술한다.
916) 김성용, 전게 "주제발표문", 17-18면.

2 가치평가와 분배기준

파산절차에서는 채무자의 재산을 현실적으로 환가하여 그 대금을 배당하므로 가치평가가 필요 없지만, 회생절차에서는 기업을 해체 · 청산하지 않고 영업활동을 계속하게 하여 장래에 창출되는 수익을 회생계획에 따라 분배하므로 기업가치를 반드시 평가하여야 한다. 이때 담보권도 그 목적물을 환가하지 않고, 이를 영업활동에 사용하게 하면서 평가액을 분배하므로 담보 목적물의 가치평가 또한 필요하다. 회생계획에 따라 가치를 구체적으로 분배하는 과정에서는 청산가치의 보장 · 절대우선의 원칙 · 평등의 원칙 등이 그 기준이 된다.

가. 가치평가

(1) 필요성

회생절차에서 계획안이 인가되어 채권감면이나 출자전환이 시행되어도 재무 건전성이 일시적으로 향상될 뿐이고 기업가치가 높아지지는 않는다. 따라서 채무자 회사가 채권자의 지원을 받으려면 기업가치의 분석을 통하여 재건의 합리성을 설명할 필요가 있다. 기업의 가치평가는 절차상 중요한 위치를 차지하는데 특히 계속기업가치(going concern value)의 산정은 계획안의 협상과 인가에 결정적 영향을 미친다. 계획안에 대한 협상은 강제인가(cram down) 가능성을 배경으로 진행되는데 채무자에게 강제인가를 추진할 권한이 있다는 사실 자체가 강력한 협상무기가 된다.[917] 이때 채권자가 강제인가 가능성을 판단하는 데에도

917) Richard A. Posner, 「Economic Analysis of Law」, Aspen Publishers, 2003, at 421에 의하면 강제인가는 ① 재건계획안 의결에 채권자 전원일치의 찬성이 필요하다면 각 채권자가 특별대우를 요구하면서 절차 진행을 방해할 위험성이 있고(free-rider problem)

계속기업가치에 관한 자료가 필요하다. 만약 계속기업가치를 알 수 없다면 채권자는 채무자와 협상할 때 분배할 파이의 크기는 물론 각자가 분배받을 부분의 가치도 알 수 없다. 특히 계획안이 채권자에게 신회사(재건 후 회사)의 주식을 분배하는 내용인 때에는 계속기업가치를 모르면 분배받을 주식의 가치를 파악할 수 없다.[918] 또 청산가치가 계속기업가치보다 크다고 평가되면 채권자로부터 기업재건에 대한 협력을 얻을 수 없으므로 회생절차의 진행 자체가 어려워져[919] 청산으로 이행하게 된다.[920] 이때 담보권자는 견실한 가치평가를 바라지만, 무담보채권자는 낙관적 평가를 바라므로 가치평가를 둘러싸고 채권자 사이에 다툼이 생길 수도 있다.[921]

그 밖에도 계속기업가치와 청산가치는 ① 법원이 사업계속을 내용으로 하는 계획안 제출을 명하느냐 아니면 청산을 내용으로 하는 계획안 작성을 허가하느냐를 결정하는 데 필요하고(제220조, 제222조) ② 계획안의 변제방법이 청산가치를 보장하는지를 판단하는 데 필요하며(제243조 제1항 제4호) ③ 주주에게 의결권이 있는지를 판단하는 데에도 필요하다. (제146조 제3항은 절차개시 당시 채무자의 부채총액이 자산총액을 초과하면 주주의 의결권을 박탈하는데 이때 자산총액은 청산가치를 의미한다.)

또 회생절차에서는 담보채권액 가운데 담보 목적물 가액까지는 담보권이 되고, 이를 초과하는 부분은 무담보채권이 되므로(제141조 제4항) 목적물의 가치평가가 필요하다. 그 밖에 반대하는 조가 있어도 법원이 권리보호조항을 정하고 계획안을 강제인가할 때 담보권자에게 목적물

② 기업재건이 총채권자에게 이익이 될 때에도 일부 채권자에게는 불리할 수 있다는 점을 고려하여 만들어진 제도라고 한다.

918) Scarberry, Klee, Newton, Nickles, supra note 25, at 683.

919) 청산가치가 계속기업가치보다 큰 때에도 회생절차 개시신청이 기각되지는 않지만, 관계인집회에서 계획안에 대하여 채권자의 동의를 받기 어려워진다.

920) 法的整理實務硏究會, 前揭書, 261頁.

921) 高木 新二郎, 前揭書, 389頁.

을 공정한 거래가격 이상으로 매각하여 매각비용을 뺀 잔금을 변제하거나, 공정한 거래가격을 지급하려면(제244조 제1항) 가치평가가 필요하다. 이는 담보권자의 이익에 직접적 영향을 미치고, 무담보채권자에게도 간접적 영향을 미친다.[922)]

(2) 평가주체

회생절차가 개시되면 채무자는 재산의 가액을 평가하고 재산목록과 대차대조표를 작성하는데(제90-91조) 법원은 정확하고 객관적인 조사를 위하여 회계법인을 조사위원으로 선임할 수 있다. (제87조) 조사위원은 채무자 재산의 가액평가 이외에도 계속기업가치와 청산가치를 조사하지만, 채무자가 제시하는 자료에 의존하여 직무를 수행하므로 시각이 아무래도 채무자 쪽에 기울어지기 쉽다. 또 조사위원은 법원에 진행상황을 수시 보고하면서 업무지침을 받으므로 보고 방향을 법원의 관점에 맞추려는 경향도 있다. 가치평가는 채무자와 조사위원의 직무이지만, 그 내용에 법적 구속력이 부여되지 않기 때문에 법원은 보고 내용과 다르게 가치를 평가할 수도 있다.

회생파산법은 채무자와 조사위원으로 하여금 가치평가를 하도록 명하면서도 평가 내용의 절차상 효력에 대해서는 침묵하고 있고, 평가와 관련한 법원의 역할도 구체적으로 명시하지 않았다. 또 채무자와 조사위원의 평가내용이 다를 때 어떻게 처리하는지에 대한 규정도 없다. 따라서 잘못된 가치평가로 절차에 치명적 장애가 일어났을 때 누가 책임을 지는지도 불분명하다. 만약 조사위원의 평가에 일정한 확정력이 부여된다면 그 범위에서 조사위원이 책임을 지겠지만, 별다른 구속력이

---

922) 무담보채권자는 계속기업가치를 높이 평가할수록 담보권자의 몫을 제외한 나머지 부분이 커지므로(무담보채권자가 나머지 부분을 차지하게 된다.) 낙관적 평가를 바라지만, 담보 목적물 가치는 낮게 평가할수록 재단에서 담보권자에게 지급할 금액이 적어지므로 견실한 평가를 바란다.

인정되지 않고 법원이 조사보고와 다르게 독자적으로 판단할 수 있다면 책임을 물을 수 없다. 그렇다고 해서 현재의 시스템이 법원의 주도적 책임하에 가치평가를 하도록 구성되어 있다고 보기도 어렵다.[923] 예컨대 사회적 관심이 집중된 기업도산 사건에서 청산가치가 계속기업가치보다 크다는 조사보고가 제출되었을 때 법원이 이를 무시하고 회생절차를 계속 진행할 수 있을지는 의문이다.

또 전문적 훈련을 받지 않은 법관이 복잡한 예측을 전제로 하는 기업가치를 결정하려는 데 문제가 있다. 가치평가는 장래의 경제상태 · 제품가격 · 생산비용을 추측하여 결론을 내리는 과정이므로 할인율과 경제여건의 변동 이외에도 특정산업이나 특정기업에 대한 지식과 감각이 요구되기 때문이다. 예컨대 메릴린치(Merrill Lynch)는 내년의 국민총생산(GNP) 성장률을 2%로 예상하였는데 골드만삭스(Goldman Sachs)는 보다 낙관적으로 3%로 예상하였다고 가정하자. 이때 메릴린치의 석유분석담당자가 내년도 석유가격을 배럴당 15달러로 예측하고, 골드만삭스는 20달러로 예측하였다면 골드만삭스의 고객은 메릴린치의 고객으로부터 석유를 구매하게 된다. 이처럼 시장경제에서는 더 높은 가격을 제시하는 자가 자원을 소유하고, 자신의 판단으로 말미암은 손익을 부담하므로 예측의 당부를 이론적으로 따질 필요가 없다. 가치평가 과정의 문제점은 스스로 자금을 투자하지 않는 법원이 결정권을 행사하므

923) 구체적 예를 들면 동아건설은 부도 직후인 2000. 11. 회사정리절차가 개시되었다가 삼일회계법인이 청산가치가 계속기업가치보다 크다고 조사보고하자 2001. 5. 파산선고를 받았다. 그 후 파산절차가 진행되던 중 채권단이 M&A를 추진하기로 하여 2007. 1. 다시 회생절차가 개시되어 프라임그룹에 6,780억 원에 회사를 매각하고 2008. 3. 회생절차가 종결되었다. 즉 시장에서는 6년 가까이 해체 · 청산작업이 진행된 회사를 계속기업으로서 가치가 있다고 평가하였다. 돌이켜 보면 최초의 회사정리절차가 진행될 당시 동아건설이라는 회사의 이름(brand)은 특히 중동지역에서 돈으로 환산할 수 없는 압도적 영향력을 가지고 있었다. 회계법인이 기업가치를 평가할 때 이점을 반영하였는지는 의문이다. 동아건설 사건은 현재의 기업가치 산정방식의 한계를 보여주는 사례이다. 즉 청산가치가 계속기업가치보다 크다고 할지라도 채권자가 회생절차의 진행을 원할 때가 있다는 사실이다.

로 절차에서 실수를 저지르거나 비재정적 요소를 고려할 위험성이 존재한다는 데 있다.[924)]

(3) 평가시기와 기준시점

회생파산법은 기업가치를 평가하는 시기에 대하여 별다른 규정을 두고 있지 않으나(제87조), 실무에서는 개시결정과 동시에 회계법인을 조사위원으로 선임한다.[925)] 조사위원은 제1회 관계인집회에서 절차를 계속 진행함이 적정한지 의견을 진술하는데(제99조) 이는 결국 기업의 청산가치와 계속기업가치 가운데 어느 쪽이 크냐는 판단과 직결된다. 회생절차가 개시되더라도 조사위원이 계속기업가치가 청산가치보다 크다는 조사보고를 제출하여야만 절차가 계속 진행될 수 있다. 그런데 1999년 이전의 구회사정리법 시대에는 정리절차의 개시신청이 있으면 법원은 조사위원으로 하여금 청산가치와 계속기업가치를 조사하게 한 다음 개시결정 여부를 판단하였다. 지금은 제도가 바뀌었지만, 아직도 경영 일선에서는 어떤 기업에 대하여 회생절차가 개시되면 앞으로 기업이 계속 운영되리라고 믿고 거래하는 경우가 흔하다. 개시결정에 따라 채권자가 채무자와의 법률관계를 다시 조정하였는데(법률 규정과 관계없이 절차개시 후에는 종전의 계약조건을 재조정하는 사례가 많다.) 만약 조사위원의 보고에 따라 절차가 폐지된다면 채권자는 종전 거래관계의 중단에 덧붙여 절차개시 이후 갱신된 관계마저 거듭 중단됨으로 말미암아 이중의 피해를 보게 된다.[926)] 이러한 일을 막으려면 개시신청이

924) Mark J. Roe, 「Bankruptcy and Corporate Reorganization」, Foundation Press, 2007, at 20.

925) '평가시기와 기준시점'은 김주학, "회생기업의 가치평가", 「도산법연구 제1권 제2호」, 도산법연구회, 2010, 5-6면을 인용하였다.

926) 개시결정으로부터 일정한 기간이 지난 다음 갑자기 절차가 폐지되면 제삼자 관리인은 더욱 난처한 처지에 빠진다. 채무자 회사의 전대표이사는 관리인이 경영권을 탈취하였다고 생각하고 교묘한 방법으로 절차 진행을 방해하므로(방해는 분명히 존재하지만, 법률적으로 대응하기에는 대부분 증거가 불충분하다.) 관리인은 회사가 존속한다는 점을 강

있으면 즉시 조사위원을 선임하여 짧은 기간 안에 기업가치를 평가하게 한 다음 절차개시 여부를 결정함이 바람직하다. 집중적으로 조사한다면 2주 정도에 조사보고가 충분히 가능하다. 채권자는 회생파산법의 규정과는 상관없이 절차개시 결정이 있으면 절차가 앞으로 계속 진행된다고 믿기 때문에 그 신뢰를 보호한다는 측면에서 제도 개선이 필요하다.

가치평가의 기준시점은 절차개시 당시(제90조, 제91조)이다. 계속기업가치는 어차피 장래에 채무자가 창출할 수 있는 이익을 기초로 하므로 기준시점이 특별히 문제 되지 않지만, 청산가치의 기준시점은 주의를 요한다. 만약 채무자가 방만한 경영을 계속한 결과 도산에 이르게 되었다면 인원감축 · 경비절감 · 경쟁력 없는 분야 포기 등의 일반적 기준에 따라 경영함이 올바른 해결책이 되고, 이때에는 청산가치의 기준시점이 절차 진행에 별다른 장애가 되지 않는다. 그러나 청산가치를 산정할 때 절차개시 당시라는 기준시점을 고수할 수 없는 사건도 있다. 예컨대 채무자의 경영에는 큰 문제가 없었는데 외부에서 작전세력[927]이 침투하여 경영환경을 송두리째 흔들어 놓은 결과 기업이 도산에 이르렀다면 달리 대처하여야 한다. 작전세력이 건실한 중소기업을 흔드는 전형적 수법은 ① 정상적인 사업가로 위장하고 기업을 인수하여 ② 채무자 회사로부터 빼낼 수 있는 자금은 최대한 인출한 다음 ③ 별도로 설립한 외부의 법인에 기존 영업망과 상표권을 이전하고 ④ 이 과정에

조하면서 기존 거래처와 거래를 계속할 수밖에 없기 때문이다. 게다가 회사의 경리관계자는 전대표이사의 심복이므로 조사보고를 위한 자료제출 역시 그들이 제어하게 되어 관리인은 조사위원의 회계적 판단에도 큰 영향을 미치기 어렵다.

927) 주가를 인위적으로 올리거나 내리거나 혹은 고정하는 행위를 주가조작 혹은 시세조작이라고 하는데 이러한 시세조작 행위를 하는 일단의 사람들을 작전세력이라고 부른다. (이 정의는 http://terms.naver.com에서 인용하였다.) 코스닥 주위에서 활동하는 작전세력은 다음과 같은 기업을 주목표로 삼는다고 한다. ① 규모가 그다지 크지 않은 중소기업(인수자금을 쉽고 빠르게 조달하여야 하므로) ② 저명한 상표를 보유하고 탄탄한 영업망을 갖춘 회사(상표권과 영업망을 함께 빼돌리면 부채가 없는 새로운 회사 설립이 가능하므로) ③ 신용을 담보로 금융시장에서 자금융통이 가능한 업체(기업인수에 들어간 돈을 빨리 회수할 수 있으므로) 등이다.

서 발생한 모든 채무를 채무자에게 부담시켜 고의 부도를 내는 순서로 진행된다. 이러한 사안에서 채권자가 작전세력에 대항하여 개시신청을 한 때에는 이미 경영환경이 악화할 대로 악화하여 관리인은 새로운 회사를 설립하는 것과 마찬가지로[928] 여러 가지 신규투자를 할 필요가 생긴다. 그렇게 되면 절차개시 시점을 기준으로 한 청산가치보다 절차개시 이후의 청산가치가 크게 떨어지게 된다. 이때는 청산가치를 개시결정 시점과 회사가 최소한의 영업력을 갖추게 된 시점의 두 가지로 나누어 산정하여 각자를 절차 진행의 기준으로 삼는 편이 합리적이다. 영업력을 회복하는 데 투자된 비용은 짧은 기간에 회수하기 어려우므로 청산가치 보장의 원칙(best interest rule)을 적용할 때 공제되어야 하기 때문이다.

(4) 계속기업가치(going concern value)

(가) 평가방법

계속기업가치는 기업이 계속 존속한다고 가정한 가치이고, 청산가치는 계속기업으로 존속하지 않는다고 가정한 가치이다. 계속기업가치는 시장가격과는 다르다. 시장가격은 금전으로 실현 가능한 가치이고, 금전을 그만큼 지급할 준비가 된 사람이 결정하는 가격이므로 언제나 시장에서 재산과 교환할 수 있다. 반면에 계속기업가치는 가상적 가치에 불과하여 실제로 금전으로 교환될 수 없다. 계속기업가치는 투자할 생각이 없는 사람의 평가이므로 객관적으로 확인하거나 검증할 수 없고, 언제나 의견 또는 소신의 영역에 머무른다. 또 가치평가와 관련하여 상위 권리자는 가능한 한 견실한 평가를 바라고, 하위 권리자는 낙관적 기준을 채택하자고 주장한다.[929]

928) 실제로는 작전세력이 구축해 놓은 여러 장애요인과 싸워나가야 하기 때문에 신규법인을 설립하기보다 훨씬 어렵다.

929) 高木 新二郎, 前揭書, 394頁은 미국 연방도산법의 제11장 재건절차에서 이해관계

기업가치의 평가방법은 ① 순자산방식(asset approach) ② 비교방식(market multiple approach) ③ 수익방식(income approach)의 세 가지가 있다. ① 순자산방식은 일정시점의 회사 대차대조표상 자산에서 부채를 뺀 차액인 순자산 가치에 따라 주식가치를 평가하는 방법이다. 장부상 순자산을 그대로 사용하는 장부가 순자산방식과 자산·부채를 시가로 평가한 순자산을 사용하는 시가 순자산방식이 있다. 순자산방식은 유형자산이 많은 기업에 적합하고, 청산가치를 산정할 때 특히 유용하다.[930] 이 방식은 일정한 시점의 대차대조표에 기하여 가치를 평가하므로 다른 방식과 비교하면 객관성이 뛰어나지만, 정태적 가치를 산정하기 때문에 장래 영향을 가미한 계속기업가치는 산정할 수 없다. 또 도산기업은 채무초과 상태이므로 시가 순자산이 마이너스로 평가될 때가 대다수라는 점도 문제이다. ② 비교방식은 구매자가 재산을 취득할 때에는 같은 기능의 대체재를 취득하는 비용 이상은 지급하지 않는다는 가정에 근거하여 기업가치를 산정한다. 1980년 이전에는 미국의 거의 모든 도산사건에서 이 방식이 사용되었고 지금도 많이 쓰이지만, 1980년대 이후로는 수익방식이 주로 사용된다.[931] 이 방식은 수익방식과 마찬가지로 유형재산 여부를 불문하고, 개별재산의 가치산정이나 일체로서의 기업가치 산정에 모두 사용될 수 있다.[932] 비교방식의 구체적 가치산정 방법은 몇 가지가 있으나, 공개회사 비교법(guideline publicly traded company method)이 대표적인데 이는 평가대상인 회사와 같은 업종의 공개회사와 유사업종·규모의 공개회사를 추출한 다음 그 회사의 평균지표와 비교하여 평가대상 회사의 가치를 상대적으로 산정하는

인 각자가 의뢰한 전문가가 감정증인(expert witness)으로 심문기일에서 다른 의견을 개진하여 법원이 판단에 어려움을 겪는다고 한다.

930) Scarberry, Klee, Newton, Nickles, supra note 25, at 722.

931) Mark J. Roe, 「Bankruptcy and Corporate Reorganization」, supra note 924, at 77.

932) Scarberry, Klee, Newton, Nickles, supra note 25, at 710.

방법이다. 기업의 장래가치를 가미한 공개회사의 주가를 사용하므로 계속기업가치 산정이 쉬운 장점이 있으나, 평가대상의 사업 내용에 따라서는 비교대상의 숫자가 충분하지 않은 때가 있다는 점이 단점이다. ③ 수익방식은 장래 회사가 획득할 것으로 기대되는 이익과 현금흐름(cash flow)에 기하여 기업가치를 산정하는 방법이다. 여러 가지 전제조건에 기하여 불확실한 장래를 예측하므로 평가자의 주관적 판단이 개입될 위험성이 있지만, 사업계속을 전제로 장래의 영향을 가미하는 동태적 가치라는 점에서 가장 적합한 방식이다. 수익방식 중에서도 할인현재가치법(DCF-Discounted Cash Flow)이 실무상 널리 이용된다. 이 방식은 기업의 장래예측에 기한 연도별 FCF(free cash flow)를 산정하여 이를 현재가치로 할인한 금액의 총계를 기업가치로 본다.[933] 할인현재가치법에 따라 채무자의 가치를 평가할 때 FCF의 산정방법은 일반기업과 크게 다르지 않지만, 할인율 산정에는 주의가 필요하다. 도산기업은 과대한 채무를 지므로 금리가 높게 책정되어야 하지만, 통상적으로 금융기관은 담보가치를 기준으로 금리를 낮게 책정하기 때문이다. 담보가치가 100% 이상이라면 낮은 금리라도 상관없지만, 담보가치가 하락하고 나서도 저금리라면 문제이므로 사안에 맞게 적절한 할인율을 산정하여야 한다.

이처럼 평가방법은 각자 장단점을 가지므로 평가목적과 평가대상 기업의 특성을 고려하여 하나의 방법에만 의존하지 말고, 그 상황에 적합한 복수의 방법을 조합하여 가치를 산정하는 편이 좋다.[934]

933) FCF의 총계에서 현재가치를 구하려고 사용되는 것이 할인율이므로 DCF는 FCF와 할인율이라는 두 가지 요소로 성립한다. 여기에서 FCF는 기업이 투자자와 금융기관에 배분할 수 있는 현금흐름을 말하고, 손익계산서 · 대차대조표 · 자금회전을 점검하는 지표이다. 또 할인율은 채권자와 주주가 기업자금을 제공하고 그 보상으로 기대하는 수익률을 말한다.

934) 法的整理實務硏究會, 前揭書, 248-249頁.

(나) 대안

미국에는 계속기업가치가 불확정개념이고, 확립된 평가기준도 없으므로 이를 근거로 절차를 진행할 수는 없다고 주장하면서 대안을 제시하는 학자들이 있다. 이하에서 대표적 견해 세 가지를 소개한다.

① 잭슨(Thomas H. Jackson)은 재건절차에서 계속기업가치의 평가액이 부당하게 높아지는 경향이 있으므로 연방도산법 제11장 절차를 폐지하고, 대체안으로 채무자를 계속기업으로 제삼자에게 일괄경매하여 그 환가대금을 채권자의 일반 실체법상 우선순위에 따라 배당하자고 제안하였다.[935)]

이는 회사를 M&A로 매각하면 우리나라에서도 얼마든지 활용할 수 있는 대안으로 재건절차를 둘러싼 법률관계를 일거에 명쾌하게 해결하는 장점이 있다. 기업 매수자로서는 구회사의 채무는 관리인(관재인)으로 하여금 매각대금으로 변제하게 하고, 자신은 인력과 자산만 계속기업으로 인수하는 점이 매력이다. 다만, 회사정리법 시대에는 제삼자를 관리인으로 선임하였으므로 M&A 추진에 큰 장애가 없었으나,[936)] 지금은 채무자가 관리인 업무를 맡으므로 현실적으로 기업매각이 성사되기는 어렵다.

② 로우(Mark J. Roe)는 구회사(채무자)에 대한 채권과 주식을 모두 소멸시키고 신회사(재건 후 회사) 주식으로 대체하는 절차를 제안한다. 만약 시장에서 신회사 주식을 거래할 수 있다면 시장이 법원보다 더욱 정확하고 신속하게 기업가치를 결정하므로 법원이 가치평가에 관여할 필

935) 잭슨의 제안은 '재건절차 폐지론'에서 전술하였다.

936) 실제로는 제삼자 관리인에게도 뜻밖에 M&A는 쉽지 않다. 지배주주가 바뀌면 간부급 직원은 교체되는 경우가 대부분이고, 부장 이하 중간간부도 경영진이 바뀌면 해고된다는 두려움을 갖고 있기 때문이다. 특히 작전세력 등의 불순한 집단이 개입하면 일반직원에까지 이러한 두려움을 확산시킬 수 있다. 이런저런 이유로 직원들이 은근히 M&A 추진을 방해하면 성사가 어려워진다. 따라서 M&A와 관련하여 제도적으로 고용을 사전에 보장할 필요가 있고, 절차 진행에 공이 큰 직원에게는 어떤 형태로든 보상도 이루어져야 한다.

요가 없다. 이때 신회사의 재무구조는 자본(주식)만으로 구성되고 구회사에 대한 채권은 소멸한다. 또 채무자 회사의 계속기업가치는 신회사가 발행한 주식의 일부, 예컨대 10%를 공개시장에서 현실적으로 매각하여 그 가격으로부터 산출한다. 이렇게 산출된 계속기업가치를 기준으로 남은 90%의 주식이 10% 주식의 매각대금과 함께 절대우선 원칙에 따라 구채권자와 구주주에게 배당되어 주식교체가 이루어진다. 로우는 자신의 대체안에 따르면 연방도산법 제11장의 재산평가와 교섭에 드는 비용을 회피할 수 있다고 강조하면서 신회사는 100% 자본이라는 재무구조를 가지므로 제2의 도산도 예방한다고 설명한다.[937)]

로우의 대안을 그대로 시행하려면 주식의 일부매각이 가능하여야 하는데 우리나라에는 도산기업에 대한 사회적 편견이 심하고, 10%는 회사 경영에 지배력을 행사하기에는 너무 작은 비율이므로 매각이 쉽지 않다. 또 구사주 측에서 10%를 취득하면서 주식가격을 실제가치보다 높게 조작할 우려도 있다. 따라서 주식 51%를 매각한 대금과 나머지 주식 49%를 절대우선의 원칙에 따라 배당한다면 우리나라에서도 로우의 대안을 활용할 수 있다.[938)]

③ 벱척(Lucian A. Bebchuk)은 재건절차에서 하위채권자와 주주에게 일정한 옵션(option)을 부여하는 방식을 제안한다. 예컨대 상위채권자(담보권자)의 조원이 100명 · 각자의 채권액이 1달러, 하위채권자(무담보채권자)의 조원도 100명 · 각자 채권액이 1달러, 주주도 100명 · 각자 보유하는 주식 수가 1주라고 가정한다. 이때 각 주주는 2달러를 지급하고 신회사(재건 후 회사) 주식 총수의 100분의 1을 취득하든지, 아니면 2

937) Mark J. Roe, "Bankruptcy and Debt: A New Model for Corporate Reorganization", 「83 Columbia Law Review」, Directors of the Columbia Law Revision Association, 1983, at 559.

938) 채무자가 절차를 진행하는 한, 잭슨의 대안과 마찬가지로 로우의 대안도 현실적으로 시행하기는 어렵다.

달러를 지급하지 않고 구회사 주식을 상실하는 내용의 옵션을 가진다. 이 옵션은 제삼자에게 양도할 수 있다. 만약 옵션이 모두 행사되어 200달러가 불입되면 이 돈은 상위채권과 하위채권의 변제에 충당되어 구회사의 채권은 전액 상환되고, 신회사는 주주의 소유로 귀속된다. 주주가 옵션을 행사하지 않으면 하위채권자가 옵션을 행사하는데 그 내용은 1달러를 지급하고 신회사 주식 총수의 100분의 1을 취득하든지, 1달러를 지급하지 않고 채권을 상실하는 것이다. 하위채권자의 옵션도 양도 가능하다. 만약 일정기간 안에 옵션이 모두 행사되면 불입된 100달러로 상위채권을 전액 변제하고, 신회사는 하위채권자의 소유가 된다. 상위채권자는 자신의 채권이 변제되지 않으면 신회사 주식 총수의 100분의 1을 각자 취득하고 신회사를 소유한다. 벱척의 대체안은 계속기업가치의 평가를 주주와 하위채권자(옵션 취득자) 각자의 주관적 판단에 맡긴다. 즉 주주(또는 그 옵션을 취득한 자)는 계속기업가치가 상위·하위채권자의 채권총액보다 크다고 평가하면 옵션을 행사하여 신회사의 소유권을 취득한다. 마찬가지로 하위채권자(또는 그 옵션을 취득한 자)도 계속기업가치가 상위채권자의 채권총액보다 크다고 판단하면 옵션을 행사한다. 벱척은 자신의 대체안에 따르면 제11장 절차의 재산평가와 교섭에 드는 비용을 회피할 수 있다고 설명한다.[939)]

벱척의 대안은 시장경제 원리에 가장 충실한 독창적 모델이다. 특히 도산기업이 채무초과 상태에 있을 때에는 주주의 권리를 배려하지 않아도 되므로(회생파산법 제146조 제3항은 절차개시 당시 회사가 채무초과이면 관계인집회에서 주주에게 의결권을 부여하지 않는다.) 담보권자와 무담보채권자만 남게 되는데 이때 무담보채권자가 담보채권액을 부담할만한 자력이 있다면 위 대안을 시행할 수 있다. 그러나 담보채권액은 큰데

---

939) Lucian A. Bebchuk, "A New Approach to Corporate Reorganizations", 「101 Harvard Law Review」, Harvard Law Review Association, 1988, at 785-786.

무담보채권자의 자력은 충분하지 않다면 대안 시행이 불가능한 단점이 있다. 상위채권을 변제할 자력이 없는 하위채권자에게 옵션을 강요하면 보상 없이 하위채권자의 권리를 박탈하는 결과가 되기 때문이다. 따라서 벱척의 대안을 실무에 적용하려면 하위채권자나 주주에게 충분한 자력이 있어야 한다는 전제조건이 요구되지만, 도산기업의 이상적 처리방향을 제시한 데에 큰 의미가 있다.

(5) 청산가치(liquidation value)

청산가치라 함은 일정 시점에 기업을 청산한다고 가정하였을 때의 기업가치이다. 청산가치와 비슷한 개념인 처분가치는 일정한 시점에서 기업이 소유하는 자산을 시장에서 처분하였다고 가정한 가치(매각대금 − 처분비용)이다. 그러나 장기적으로 기업을 매각하려는 경우와 가능한 한 조기에 매각하려는 경우는 매각대금이 달라지고, 급매할 때에는 아무래도 투매 형식이 되기 때문에 평가액이 하락한다. 청산가치는 후자의 개념에 가까우므로 자산의 장부가격을 크게 밑도는 금액밖에 얻을 수 없다.

이는 반드시 재산을 강제매각한 대가를 의미하지는 않고, 질서정연한 청산을 통하여 얻을 수 있는 금액을 산정하면 된다. 그렇지만, 청산가치는 계속기업가치보다 상당히 낮은 것이 사실이고, 예컨대 재고품의 청산가치는 정상가격의 10분의 1 이하까지 떨어지는 사례도 있다.[940] 청산으로 회수되는 총금액을 산정하려면 재단에 남아있는 모든 재산의 시장가격을 평가하여야 하는데 거래처로부터 재고품에 관한 가격정보를 얻기도 하고, 같은 업종의 회사 경험을 통하여 재산가격을 합리적으로 산정하기도 한다. 이때 평가대상에는 채무자가 현재 점유하

940) 제품은 그 자체의 품질도 중요하지만, 장차 사후관리(after-sales service)를 차질 없이 받는 일도 중요하므로 같은 재고품이라도 제조회사가 도산하였다고 하면 시장가격이 급락한다.

는 물건 이외에 채무자가 숨긴 재산 · 부인대상 재산 · 반환된 상품이 포함된다.[941] 청산가치를 산정할 때에는 총회수금액에서 청산절차에 소요되는 경비, 즉 절차비용 · 우선채권액 · 부인권 행사비용 · 관재인 보수를 공제한다. 따라서 기업의 청산가치는 비용을 제외한 순수한 배당가능액을 말한다.

(6) 담보 목적물

회생절차에서 담보 목적물의 가치를 평가할 때에는 당사자가 수긍하는 평가방법을 선택하여야 한다.[942] 회생파산법 제90조는 채무자에게 절차개시 당시의 재산 가액을 평가할 의무를 부과하지만, 기업회생 사건에서는 예외 없이 조사위원이 선임되므로 실제로는 채무자가 아니라 조사위원이 재산 가액을 평가한다.

이와 관련하여 미국 연방도산법 제506조는 담보 목적물의 가치는 평가의 목적 · 계획된 처분방법과 사용방법을 고려하고,[943] 채권자의 권리에 영향을 미치는 처분 · 사용 또는 계획안에 대한 심문과 관련하여 결정하도록 규정한다. 그 구체적 기준에 대하여 종래 하급심 판례가 세 가지로 나누어졌다.[944] ① 공정한 시장가격(fair market value) 또는 소매가격이라는 견해이다. 계획된 처분방법과 사용방법을 고려하면 소매가격(가정적 매각비용은 포함하지 않는다.)을 지급하여야 한다는 취지이

941) 福岡 眞之介, 前揭書, 161頁.

942) 반면에 파산절차에서는 목적물이 실제로 매각되므로 가치평가가 필요 없고, 담보권(별제권)을 실행하여 회수하지 못한 채권이 파산채권으로 될 뿐이다. (회생파산법 제413조) 이는 회생절차에서 목적물의 가치평가 결과에 따라 담보부채권이 담보권과 무담보채권으로 구분되는 점과 다르다.

943) 高木 新二郎, 前揭書, 206-207頁은 연방도산법 제11장 재건절차에서 담보채권액은 절차개시로부터 종결에 이르기까지 일정액으로 확정되지 않고 그때마다 변하므로 모든 장면에서 단일한 확정 담보채권액은 존재하지 않는다고 설명한다. 담보물 평가는 일시적(temporal)인 데 불과하고, 담보채권액은 움직이는 표적(moving target)이며, 하나의 목적을 위한 평가는 나중의 평가에 기판력(res judicata)을 가지지 않는다.

944) 田頭章一, 前揭「企業倒産處理法の理論的課題」, 79-80頁.

다. ② 도매가격(wholesale price)이라는 견해이다. 담보권의 가치는 채권자가 목적물을 환취하여 매각함으로써 얻는 가액인데 일반적으로 담보권자는 목적물 매매를 업으로 하지 않으므로 도매가격이 목적물의 가치라고 한다. ③ 중간가격설이다. 도산절차가 존재하지 않는다면 담보채권자는 목적물을 환취하여 매각할 수밖에 없어 낮은 대가를 취득하고, 채무자는 높은 대가를 지급하더라도 목적물을 다시 취득하여야 한다. 따라서 중간가격을 설정하면 쌍방에 유리하다는 견해이다.[945)]

1997년 미국 도산법 조사위원회(National Bankruptcy Review Commission)[946)]는 담보 목적물 평가방법을 제안하였다. 동산은 도매가격을 평가액으로 하고, 부동산은 공정한 시장가격에서 가정적 매각비용(hypothetical costs of sale)을 공제한 가격을 평가액으로 정하자는 내용이다. 위원회는 절차에 따라 기준이 변경되면 거래에 혼란을 가져오므로 평가기준이 미리 확정되어야 한다고 강조하였다. 우선 동산은 가령 도매시장이 존재하지 않는 때에도 도매가격을 쉽게 발견할 수 있고, 도매가격은 채무자와 채권자 사이의 대립하는 이익을 절충한다고 한다. 즉 도매가격은 낮은 평가액(담보실행가치)과 높은 평가액(소매가격)의 중간에 있고, 이해관계인에게 예상외의 이익을 주지 않으므로 절차가 전략적으로 사용되는 일을 방지한다고 설명한다. 또 평가액이 높아지면 채무자가 목적물을 유지할 수 없어 담보권이 실행되고 결국 낮은 가격으로 매각되지만, 도매가격에 의하면 채무자가 목적물을 손쉽게 이용할 수 있는 장점이 있다고 한다. 한편, 부동산에는 도매가격이 존재하

945) 高木 新二郎, 前揭書, 208頁은 위 세 가지 외에도 최유효 이용가격(best use value) · 재조달가격(replacement value) · 경매(forced sale)가격 등이 평가기준으로 사용된다고 한다.

946) 현재의 경제여건이 연방도산법이 제정된 1978년과는 많이 달라졌으므로 도산법을 전반적으로 손질할 필요가 생겼다고 보고 1994년 입법 · 행정 · 사법부에서 지명한 2년 임기의 위원 9명으로 구성된 도산법 조사위원회가 출범하였다. 위원회는 도산제도 전반에 걸친 조사를 마치고 1997. 10. 보고서를 제출하였다. 재분배론을 주장하는 워런(Elizabeth Warren)과 로퍼키(Lynn M. LoPucki)도 위원회 활동에 관여하였다.

지 않으므로 위 기준을 채택하였는데 이는 실질적으로 동산의 도매가격과 같은 기준(공정한 시장가격과 청산가치의 중간)이라고 설명한다.[947]

회사정리법 시대의 판결이지만, 대법원은 정리회사 관리인은 회사재산을 평가하여 재산목록과 대차대조표를 작성하여야 하는데 평가기준은 회사의 유지 · 갱생 즉 기업의 계속을 전제로 평가한 계속기업가치이고 기업의 해체 · 처분을 전제로 한 청산가치가 아니므로 개개재산의 처분가액을 기준으로 할 것이 아니라고 판시하였다.[948] 평가와 관련하여 회생파산법 제94조는 일반적으로 공정 · 타당한 회계관행에 따르라고 요구하지만, 그 구체적 기준은 명시하지 않았다. 대법원 판결이 요구하는 대로 계속기업가치를 기준으로 담보 목적물 가액을 평가하려면 기업 전체의 계속기업가치를 산정한 다음 이를 다시 개별재산에 분배하는 과정을 거쳐야 하는 어려움이 있다. 따라서 미국 도산법 조사위원회의 제안을 참고하여 명확한 평가기준을 확립할 필요가 있다.

나. 분배기준

(1) 청산가치의 보장(best interest rule)

회생절차는 법정 다수의 동의가 있으면 소수가 반대하여도 그 의사를 무시하고 회생계획의 구속력을 반대 채권자에게까지 미치게 하므로 다수결에 의하여 소수채권자의 권리가 침해될 우려가 있다. 이때 소수채권자의 최소한의 권리를 보장하는 기준이 청산가치의 보장이고, 그 내용은 회생계획안의 변제방법이 채무자의 사업을 청산할 때 각 채권자에게 변제하는 것, 즉 청산가치보다 불리하지 않아야 한다는 원칙이다. (제243조 제1항 제4호) 청산가치의 보장은 미국 구연방도산법에서 유래하였는데 미국의 판례는 재건절차에서 분배받을 이익이 청산절차의

947) 田頭章一, 前掲「企業倒産處理法の理論的課題」, 87-88頁.

948) 대법원 1991. 5. 28. 90마954 결정.

배당보다 적으면 채권자의 최대이익(best interest)에 반한다고 선언하였다.[949] 물론 개별채권자가 동의하면 배당이 청산가치보다 적어도 상관없지만, 다수결에 의하여 청산가치를 밑도는 배당을 강요할 수는 없다. 이때 소수채권자 보호는 청산가치를 기준으로 하여 판단하고, 계속기업가치를 평가할 필요는 없다.[950]

대법원은 회사정리법 시대에 권리보호조항은 권리의 실질적 가치를 보장하기 위한 것으로서 재산권의 본질적 내용훼손을 방지하려면 최소한 권리자가 회사재산에 대하여 가지는 청산가치가 보장되어야 하고, 이때 청산가치는 해당 기업이 파산적 청산을 통하여 해체·소멸되는 경우에 기업을 구성하는 개별재산을 분리하여 처분할 때를 가정한 처분금액이라고 결정하였다.[951] 그러나 기업을 청산할 때에는 재산을 개별적(piecemeal)으로 매각하기도 하지만, 집합물(in blocks) 또는 일체(as a unit)로서 매각하기도 하므로 청산가치를 굳이 개별재산의 분리처분 금액으로 한정할 이유는 없다.[952] 채권자 보호의 관점에서 기업재산을 집합물이나 일체로서 매각하는 것을 가정한 금액을 청산가치로 보고, 그것이 불가능할 때에만 분리처분 금액을 청산가치로 보아야 한다. 청산가치를 낮게 해석하면 소수채권자에게 귀속되어야 할 가치가 그만큼 다른 이해관계인에게 이전하기 때문이다.

또 청산가치를 보장할 때 회생계획안이 연불 방식이면 이자를 붙여야 하는데 연불에 의한 변제총액이 청산가치와 동등하여도 중간이자를

949) 이진만, "정리계획인가의 요건인 공정·형평의 의미와 청산가치의 보장", 「대법원 판례해설 60호」, 법원도서관, 2006, 543면. 이 논문은 법원도서관의 법고을 LX DVD 2011에서 참조하였다.

950) 다만, 청산가치와 비교 대상이 되는 것은 회생계획에 따른 변제예정금액을 할인율에 따라 현재가치로 환산한 금액이다.

951) 대법원 2005. 11. 14. 2004그31 결정.

952) 오수근, 전게 「도산법의 이해」, 227-228면은 ① 회생절차가 성공하면 이해관계인에게 계속기업가치를 분배하므로 권리보호조항도 청산가치가 아니라 계속기업가치를 보장하여야 하고 ② 기업을 청산할 때 자산을 반드시 분리처분하지는 않으므로 청산가치를 자산의 분리처분 금액으로 볼 수는 없다고 위 대법원 결정을 비판한다.

공제하면 현재가치(present value)가 더 적어지기 때문이다. 중간이자의 이율을 산정할 때에는 그 기업이 융자를 받을 때 지급하는 시장금리를 기준으로 한다. 법원 실무는 채무자의 주거래은행이 평균적 위험도를 가지는 기업에 대출할 때(담보대출 또는 무담보대출로 구분한다.) 적용하는 시장이자율(market interest rate)을 기준으로 하되, 조사보고서의 계속기업가치 할인율을 상한으로 한다.[953)]

이때 먼저 기한이 도래하는 이자를 비교적 적게 변제하고, 몇 년 후 기한이 도래하는 이자는 많이 변제하는 사례가 있다. 그렇게 하면 발생이자의 전부 또는 일부의 지급이 시작되지 않은 시기에는 변제기를 연기하는 대가가 현실적으로 지급되지 않고 명목채권액만 증가한다. 특히 담보채권에는 발생이자 지급이 연기되는 시기에 목적물로 담보되지 않는 부분이 발생하고, 일시적이지만 무담보 부분이 증가한다. 이러한 변제방법을 소극적 할부상환(negative amortization)이라고 하는데 그 자체가 도산법에 위반한다고 보지는 않고, 사안에 따라 판단하는 것이 미국 하급심 판례의 대세이다.[954)] 이러한 계획안이 제출되면 우리나라에서도 마찬가지로 처리할 수밖에 없지만, 계획안의 수행가능성을 높이려면 소극적 할부상환 방법을 사용하기보다는 차라리 발생이자 일부를 면제받는 편이 바람직하다.

(2) 절대우선의 원칙(absolute priority rule)

(가) 개념

절대우선의 원칙은 미국 구연방도산법에 재건절차가 규정되기 전 형평법상의 수익관리인 제도(equity receivership)를 이용하여 철도회사를 재건하는 과정에서 판례를 통하여 형성된 원칙이다. 도산한 철도회사

953) 서울중앙지방법원 파산부 실무연구회, 전게 「회생사건실무 상」, 553면.
954) 高木 新二郎, 前揭書, 384頁.

의 자산을 해체하여 환가 · 청산하여도 일반채권은 물론 담보채권마저 회수할 수 없게 되므로[955] 수익관리인으로 하여금 회사를 관리하면서 조업을 계속하게 하였다. 이때 계속기업가치(going concern value)를 유지하면서 기업을 매각하는 방법으로 저당권(mortgage) 실행절차(foreclosure)가 이용되었고, 사채권자가 예치한 사채권을 대가로 채권자위원회가 구회사(도산한 철도회사)를 매수하여 채권자에게 신회사(재건 후 회사)의 사채권과 주식을 분배하였다.[956] 그런데 상위채권자의 권리가 분배과정에서 실질적으로 감축될 때가 잦았고, 구주주(또는 구경영진)는 여전히 일정한 이익을 보유하는데도 무담보채권자는 배당에서 제외되거나 매우 작은 배당금을 받았다. 절대우선의 원칙은 이처럼 약한 처지에 있는 채권자를 보호하려는 목적에서 형성되었다.[957]

일찍이 20세기 초에 미국 연방대법원은 북태평양철도회사(Northern Pacific Railway) 사건에서 수익관리인 제도를 이용하여 기업을 재건할 때에는 확립된 원칙(fixed principle)인 공정 · 형평의 원칙(fair and equitable rule)에 따라 가치를 분배하여야 한다고 선언하였다. 연방대법원은 재건계획에서 아무런 가치를 분배받지 못한 무담보채권자는 구주주와의 관계에서 신회사로 이전된 재산에 대하여 우선권을 주장할 수 있다고 판시하였다.[958] 이는 주주의 자본 투자금은 채무변제를 목적으로 하고, 회사 재산은 회사 채무의 변제를 위한 일종의 신탁적 기금이므로 사적 계약에서나 사법절차에서나 주주를 채권자보다 우선하여 보호할 수 없다는 취지이다.[959] 연방대법원은 구연방도산법 시대에 로

---

955) 뜯어낸 철로와 철도부지를 제각기 매각한다고 가정하면 철도회사의 해체 · 청산이 얼마나 심각한 가치하락을 가져오는지 알 수 있다.

956) 加藤哲夫, 前揭「企業倒産處理法制における基本的諸相」, 13-15頁.

957) Douglas G. Baird and Thomas H. Jackson, "Bargaining after the Fall and the Contours of the Absolute Priority Rule", 「55 University of Chicago Law Review」, University of Chicago, 1988, at 739-740.

958) 福岡 眞之介, 前揭書, 297頁은 절대우선의 원칙은 실무상 주주는 채권자가 변제받은 다음에 변제받을 수 있다는 형태로 나타난다고 설명한다.

스앤젤레스제재회사(Los Angels Lumber Products) 사건에서 기업이 채무초과인 때에는 채권자가 회사재산에 대한 완전한 우선권(full right of priority against the corporate assets)을 가지고, 가치분배의 순서는 ① 담보채권자 ② 무담보채권자 ③ 주주라는 절대우선의 원칙(rule of full or absolute priority)에 입각하여야 함을 재확인하였다. 다만, 절대우선원칙을 적용한다고 해서 무담보채권자에게 현금을 지급하는 조건으로만 주주가 신회사에 참여할 수 있는 것은 아니고, 신사채 또는 우선주를 분배하여도 상관없다고 하였다. 또 구주주가 금전 또는 금전적 가치(money or money's worth)를 가지는 새로운 출연(fresh contribution)을 한 때에는 신회사에 참가할 수 있지만, 구주주가 업계에 영향력이 있다는 이유 또는 구주주가 영업을 계속하면 채권자에게 이득이 된다는 이유는 신주식을 부여할 근거가 되지 않는다고 판시하였다.[960] 즉 절대우선의 원칙은 우선순위가 다른 권리자가 있을 때 상위권리자가 충분하고 완전한 보상을 받기 전에는 하위권리자는 보상받지 못한다는 내용으로 무담보채권자는 담보권자가 100% 변제받아야 변제받을 수 있고, 주주는 무담보채권자가 100% 변제받아야 보상받을 수 있다는 원칙이다.

또 명문규정은 없지만, 반대한 조를 불공정하게 차별하는 계획안은 공정 · 형평의 원칙에 반한다. 같은 종류의 조는 동등하게 취급하여야 하므로, 예컨대 담보부족채권을 일반 무담보채권보다 일부러 불리하게 취급함은 허용되지 않는다. 반대한 조의 상위 조가 채권액보다 많은 가치를 분배받는 계획안도 후순위 조(계획안에 반대한 조)를 부당하게 차별하므로 공정 · 형평의 원칙에 반한다.[961]

959) Northern Pacific Railway Company v. Boyd, 228 U. S. 482, 504 (1913).

960) Case v. Los Angels Lumber Products Co., Ltd., 308 U. S. 106, 116-117, 122 (1939).

961) 高木 新二郎, 前揭書, 390頁.

(나) 절대우선 원칙의 수정

절대우선 원칙은 가치평가와 불가분의 관계에 있는데 상위채권자의 채권을 변제하고 남는 가치가 있어야 하위채권자와 주주가 배당에 참가할 수 있기 때문이다. 그렇지만, 객관적이고 확실한 평가기준이 존재하지 않고 평가 자체가 교양있는 추측(educated guess)에 불과하므로 가치평가 과정에서 절대우선 원칙을 우회할 여지가 얼마든지 있다. 예컨대 채무초과인 회사에서는 주주가 배당에 참가할 수 없지만, 가치평가에 사용되는 할인율을 조금 변경하면 회사가 채무초과 상태에서 벗어나므로 주주에 대한 배당이 가능해진다. 의사결정권자(법원 또는 채권자)가 재건절차에 참가시키기를 원하는 자와 그렇지 않은 자를 분류한 다음 알맞은 할인율을 선택하여 원하는 결론을 조작할 수도 있다.[962)]

또 절대우선의 원칙을 모든 경우에 엄격히 적용하면 대주주인 경영자가 신회사에서 계속하여 경영을 맡아야 사업의 유지 · 존속이 가능한 때에도 이를 배제하여야 하는 폐단이 나타난다. 이와 관련하여 삼자거래의 측면에서 기업 전체에 우선권을 가지는 상위채권자가 중간에 있는 하위채권자를 무시하고 구주주를 신회사에 참가시킬 수 있느냐는 논의가 있다. 구주주의 새로운 출연을 조건으로 도산기업의 실질적 소유자인 상위채권자(또는 외부의 매수자)가 구주주와 재산을 공동소유하는 것은 정당한 담보권 실행이라는 취지이다.[963)]

현행 연방도산법은 절대우선의 원칙을 구법 시대보다 후퇴시켜 이를 일반적으로 적용하지는 않고, 법원이 재건계획안을 강제인가할 때 계획안을 반대한 무담보채권자와 주주의 조에만 절대우선을 적용하도록

962) Mark J. Roe, 「Bankruptcy and Corporate Reorganization」, supra note 924, at 98은 일반적으로 법원은 절차 진행 과정에서 논쟁을 봉쇄할 수 있는 가치평가를 선호한다고 한다.

963) Douglas G. Baird and Thomas H. Jackson, supra note 957, at 746. 구주주가 새로운 출연을 하고 그 범위에서 신회사에 참여한다면 우리나라에서도 특별히 문제 될 점은 없다.

하였다.[964] 절대우선 원칙을 엄격히 적용하면 후순위 조에는 아무런 가치도 분배되지 않지만, 실무상으로는 서로 타협하여 후순위 권리자에게도 가치를 어느 정도 분배하고(give up) 그 조의 찬성을 얻어 절차를 원활하게 진행한다. 또 특정한 조에서 계획안에 강경하게 반대할 때에는 강제인가를 하면 후순위 권리자는 아무런 가치도 분배받을 수 없다는 점을 설명하여 양보를 얻어내기도 한다. 1980년대에 미국에서 재건절차를 조사한 결과로는 사건 중 상당수가 절대우선 원칙에서 이탈하여 주주에게 이익을 배당하였다고 한다. 특히 법원이 주주위원회를 설치한 때에는 거의 모든 사건에서 주식 가치의 7-8% 정도를 배당받았다고 한다.[965]

(다) 절대우선과 상대우선

회생계획에는 회생담보권 · 일반 우선권 있는 회생채권 · 일반 회생채권 · 잔여재산 분배에 우선권 있는 주주권 · 일반 주주권이라는 순위를 고려하여 조건에 공정 · 형평한 차등을 두어야 한다.(회생파산법 제217조 제1항) 이를 절대우선의 의미로 해석하면 상위권리자가 완전한 보상을 받아야 하위권리자가 분배받을 수 있고, 상대우선(relative priority rule)의 의미로 해석하면 상위권리자에게 상대적으로 우월한 보상을 하면 비록 그것이 완전한 보상이 아니더라도 하위권리자에게 가치 일부를 분배할 수 있다. 그러나 법은 공정 · 형평의 의미가 절대우선이냐 상대우선이냐는 명시하지 않았다.

이와 관련하여 상대우선설은 위 조항이 '권리의 순위에 따라'라는 용어를 사용하지 않고 '권리의 순위를 고려하여'라는 표현을 사용한 것은 절대우선을 배제하는 취지이고, 회생절차에는 화해적 요소가 있으므로

---

964) 高木 新二郎, 前揭書, 389頁.

965) Mark J. Roe, 「Bankruptcy and Corporate Reorganization」, supra note 924, at 120.

권리자 사이의 상호 양보가 필요하며, 또 청산가치가 보장되는 한 이해관계인 사이에 합의된 분배원칙을 존중하여야 한다는[966] 점을 그 근거로 든다.[967] 회사정리법 시대의 판결이지만, 대법원도 공정 · 형평의 원칙은 후순위 권리자를 선순위 권리자보다 우대하지 않아야 함을 의미하므로 정리채권자의 권리를 감축하면서 주주의 권리를 감축하지 않는 계획안은 허용되지 않는다고 판시하면서 상대우선의 원칙을 전제로 하였다.[968]

그러나 일반 실체법상 담보권자는 무담보채권자 또는 주주보다 우선하여 권리를 행사할 수 있고 하위권리자는 담보권 실행 후 남은 가치가 있으면 그에 대하여 권리를 행사할 수 있을 뿐이므로 절차가 개시되었다고 해서 상위권리자가 하위권리자에게 그 권리의 일부를 양보할 이유는 없다. 하위권리자가 절차개시 전에 채무자의 책임재산으로 변제받을 수 없었다면 절차개시 후에도 변제받지 못하는 것이 당연하기 때문이다. 또 상대우선설은 계속기업가치에서 청산가치를 뺀 부분[969]은 절대우선에 따르지 않고 융통성 있게 분배할 수 있다고 주장한다. 그렇지만, 이 가치(=계속기업가치−청산가치) 자체가 실재하지 않는 가상적 개념(fictional concept)이라는 데 근본적 문제가 있다. 가령 장래에 평가자의 예측대로 가치가 실현된다고 하여도 이는 실질적 기업소유자(residual owner)[970]인 상위권리자가 권리 행사를 자제한 결과일 뿐 하

966) 오수근, 전게 「도산법의 이해」, 221면.

967) 오영준, 전게논문, 266−267면은 미국 연방파산법은 채권자와 주주 사이의 폭넓은 협상을 장려하려고 타협의 산물인 재건계획안이 채권자와 주주 조에서 모두 가결되면 계획안의 공정 · 형평 여부를 인가요건에서 제외하는데 회생파산법은 모든 조에서 가결이 되어도 여전히 법원이 인가요건의 하나로 심사하게 한 점이 문제라고 지적한다. 이는 채권자와 주주가 지배주주의 지배권을 보장해주는 합의를 하여도 일부 채권자가 반대하면 인가를 받을 수 없게 하므로 회생파산법은 절대우선보다 더 경직된 상대우선을 취하여 이해관계인의 협상으로 회사의 지배구조를 결정할 기회를 원천적으로 봉쇄한다고 비판한다.

968) 대법원 2004. 12. 10. 2002그121 결정.

969) 이를 계속기업잉여(going concern surplus)라고 한다.

970) 정상적 기업에서는 주주가 소유자로서 기업과 관련한 결정권을 가지지만, 도산기

위권리자는 가치창출에 이바지한 바가 없으므로 이를 분배받을 근거도 없다. 따라서 우리 도산절차에서도 절대우선 원칙이 가치분배의 기준이 되어야 한다.

(라) 회생파산법 개정안

2011. 11. 4. 정부에서 발의하여 국회에 계류 중인 회생파산법 일부 개정안에는 절대우선의 원칙을 도입하는 부분이 포함되어 있다. 개정안은 법원이 회생계획안을 강제인가할 때 회생채권자조가 부동의한 경우 '회생채권자보다 후순위인 권리자에게 변제하지 아니하거나 그 밖의 방법으로 권리를 인정하지 아니하는 방법'을 권리보호 방법의 하나로 정하였고(개정안 제244조 제2항 제2호 나목), 주주 · 지분권자조가 부동의한 경우에는 '가목의 주주 · 지분권자보다 후순위인 권리자에 대하여 재산상의 권리를 인정하지 아니하는 방법'을 권리보호 방법의 하나로 정하여(제3호 나목) 절대우선을 수용하였다. 이는 재건계획안을 강제인가할 때 계획안에 반대한 무담보채권자와 주주의 조에만 절대우선을 적용한 미국 연방도산법을 참고한 입법이다.

개정안에 찬성한다. 도산법이 일반 실체법에 의한 채권의 우선순위를 변경할 수는 없기 때문이다.

(3) 평등의 원칙

회생계획의 권리변경 조건은 같은 성질의 권리자 사이에는 평등하여야 한다. (제218조 제1항) 금전채권의 평등은 변제율과 변제기간에 비추어 권리자가 받는 경제적 이익이 같음을 의미한다. 비금전채권은 급부의 재산적 가치를 기준으로 하여 판단한다. 또 채무자가 자신 또는 제삼자 명의로 회생계획에 의하지 않고 일부 회생채권자 · 회생담보권

업에서는 통상 상위채권자(담보권자)가 실질적 소유자가 된다. 만약 상위채권자의 채권을 변제하고도 남는 재산이 있다면 그 범위에서 하위채권자도 실질적 소유자가 될 수 있다.

자 · 주주(지분권자)에게 특별한 이익을 주는 행위는 무효이다. (제219조) 이는 관계인집회에서 계획안을 가결하게 할 목적으로 의결권 액수가 큰 채권자 또는 우호적인 채권자를 우대하는 내용의 계획안이 작성되는 폐해를 막아 계획안을 반대하는 채권자를 보호하려는 원칙이다.[971]

실무상 소액 상거래채권은 사회적 약자를 보호한다는 취지에서 금융기관채권보다 우대하고, 보증채권[972]이나 이자채권은 불리하게 대우하는 경우가 잦다. 여기에서 평등은 같은 성질의 권리를 획일적으로 취급하는 형식적 평등이 아니라 공정 · 형평의 관념에 반하지 않는 실질적 평등으로 형평의 관념에 반하지 않으면 정리채권이나 정리담보권을 더욱 세분하여 차등을 둘 수 있다.

판례가 평등 원칙에 위반하지 않았다고 한 사례는 ① 부실경영 책임이 있어 정리회사에 대하여 손해배상책임을 부담하고 감소한 자본을 보충할 지위에 있는 부실경영 주주가 가진 정리채권 및 구상권을 면제시키고 장차 대위변제에 따라 취득할 구상권도 면제시킴으로써 부실경영 주주의 정리채권 행사나 정리채권의 출자전환을 원천적으로 배제한 경우[973] ② 보증인인 회사에 대하여 정리절차가 개시된 때 비록 그것이 연대보증채권이라고 하더라도 그 채권에 대하여 다른 정리채권과 차등을 두어 불리한 변제조건을 정한 경우[974]이다.

판례가 평등 원칙에 위반하였다고 인정한 사례는 ① 요트건조계약의 불이행으로 말미암은 손해배상채권은 6차년도부터 19차년도까지 무이자로 원금만 분할 변제하면서 위 채권과 함께 기타 일반정리채권으로 분류한 리스채권은 준비연도 말에 전액 변제하고, 일반상거래 채권은

971) 전병서, 전게서, 467면.

972) 임채홍, 백창훈, 전게서, 198면은 보증채권을 불리하게 대우하는 것은 도산 실무의 관행으로서 금융권에서도 받아들이는 원칙이라고 한다.

973) 대법원 2004. 6. 18. 2001그132 결정.

974) 대법원 2004. 12. 10. 2002그121 결정.

준비연도부터 2차년도까지 전액 변제하며, 일반상거래 채권자 가운데에는 요트건조 관련 채권액보다 고액채권자가 상당수 있는 경우[975] ② 다른 금융기관 정리담보권자들에는 발생이자율을 연 7%로 하면서 정리담보권자 중 하나인 한국산업은행에는 그 이율을 연 10%로 하고, 다른 금융기관은 2008년부터 10년간 원리금을 분할 변제받되, 사업용 부지에 대해서는 그 지상에 아파트를 건축하여 분양수입금에서 우선하여 해당 금융기관의 정리담보권을 상환하며 상환을 받은 금융기관은 정리회사에 추가자금을 대출하는 반면에 한국산업은행이 담보권을 가지는 청주공장은 5년 이내에 매각하여 그 매각대금으로 정리담보권을 우선 변제하게 한 경우[976] ③ 다른 상거래채권(주채권)은 늦어도 2차년도까지 원금을 전액 변제하기로 하면서 보증채권은 전액 면제하게 한 경우[977]가 있다.

다만, 평등원칙에는 다음과 같은 예외가 있다.

① 불이익을 받는 자의 동의가 있는 때 변제율을 낮추는 등의 불평등한 대우가 허용됨은 당연하다. 예컨대 모회사의 경영자가 채권자인 때 그의 동의를 얻으면 불이익하게 대우할 수 있다.

② 채권이 소액인 회생채권자 · 회생담보권자 · 절차개시 후의 이자 · 절차개시 후의 불이행으로 말미암은 손해배상금과 위약금 · 절차참가의 비용이다.

그 가운데 소액채권자는 다른 채권보다 변제율과 변제기간을 유리하게 취급하여 전액을 변제하거나 면제 후의 금액을 일괄지급한다. 이는 의결권자의 숫자를 줄여 절차비용을 절감하거나 또는 계획안 가결을 쉽게 하여 사업계속에 지장이 없게 하려는 취지이다. 인가결정 전에 소

975) 대법원 1992. 6. 15. 92그10 결정.
976) 대법원 1998. 8. 28. 98그11 결정.
977) 대법원 2000. 1. 5. 99그35 결정.

액채권을 변제하는(제132조 제1항) 행위도 같은 목적을 가진다.

나머지 절차개시 후의 이자 · 불이행으로 말미암은 손해배상금과 위약금 · 절차참가비용은 다른 채권과 비교하면 후순위로 취급되고 의결권도 행사하지 못하므로(제191조 제3호) 불이익한 대우를 할 수 있다.

③ 같은 종류의 권리자 사이에 차등을 두어도 형평을 해하지 않는 때이다. (제218조 제1항 제3호) 권리의 성질과 발생원인을 고려할 때 그 권리자를 다른 권리자보다 유리하게 또는 불리하게 취급하는 편이 오히려 합리적일 때를 말한다. 유리하게 대우하는 사례는 생명 · 신체의 피해 또는 산업재해에 의한 손해배상채권의 변제율을 다른 채권보다 높이거나[978] 변제기를 앞당기는 경우이고, 반대로 불리하게 대우하는 사례는 동의 없이 모회사와 내부자의 채권 변제율을 낮추거나 면제하는 경우이다. 또 절차신청 전의 사적정리 단계에서 주요채권자와 합의하여 채무자에게 사업회생을 위한 자금을 제공한 자는 다른 채권자보다 유리하게 취급할 수 있다.

④ 채무자의 임원, 계열회사 등 특수관계자의 채무자에 대한 금전소비대차로 말미암은 청구권 · 채무자가 특수관계자를 위하여 무상으로 보증한 때 보증채무에 대한 청구권 · 특수관계자가 보증한 때 보증채무로 말미암은 구상권은 다른 채권보다 불이익하게 취급할 수 있다. (제218조 제2항)

(4) 외국 배당분의 공제

채무자를 공통으로 하는 국내도산절차와 외국도산절차가 있을 때에는 외국도산절차 또는 채무자의 국외재산으로부터 변제받은 채권자는

978) 서울중앙지방법원 파산부 실무연구회, 전게 「회생사건실무 상」, 549면은 일반 정리채권 변제율은 15%이었으나 산업재해에 의한 손해배상은 50%를 변제한 사례를 소개한다. 그렇지만, 산업재해를 당한 피해자는 전형적인 비자발적 채권자(involuntary creditor)이므로 100%를 변제함이 바람직하다.

국내도산절차에서 그와 같은 조 · 같은 순위에 속하는 다른 채권자가 같은 비율의 변제를 받을 때까지 국내도산절차에서 배당 또는 변제를 받을 수 없다.[979] (제642조)

다. 가치평가 참여권과 계획안 작성권의 보장

(1) 당사자의 가치평가 과정 참여방안

기업가치(또는 담보 목적물 가치)는 한번 평가되면 담보채권액 결정 · 회생가능성 유무의 판단(계속기업가치와 청산가치 비교) · 계획안 작성과 심의 · 인가에 이르기까지 절차 진행에 결정적 영향을 미친다. 이처럼 가치평가는 회생절차의 핵심에 있는데도 회생파산법은 당사자가 평가 과정에 참여할 길을 열어놓지 않았다. 미국에서는 재건절차에서 강제인가(cram down)를 할 때에는 심리기일을 열어 담보채권자와 무담보채권자로 하여금 각자의 처지를 대변하는 전문가를 감정증인(expert witness)으로 세우게 허용하고 가치평가에 관한 주장 · 입증을 충분히 하게 한 다음 법원이 최종적으로 결론을 내린다.[980] 회생파산법은 비록 실질적인 의미는 없다고 하더라도 채무자에게는 절차개시 당시의 재산가액을 평가하도록 하였으나(제90조),[981] 채권자 측에는 회생담보권자가 담보채권 액수의 산정과 관련하여 채무자의 목적물 가치평가에 동의하지 않을 때 회생담보권 조사확정재판을 신청할 수 있도록 하고(제170조), 채권자협의회로 하여금 조사위원의 선임 · 해임에 관한 의견을 제시하도록 한[982] 이외에는 달리 가치평가에 관여할 수단을 마련하지

979) 이 제도는 채권자 사이의 공평한 배당을 추구하는 영미법의 'hochpot rule'의 영향을 받았다.

980) 高木 新二郎, 前掲書, 394頁.

981) 실무상 가액평가는 조사보고의 중요 내용이 되므로 가령 채무자 측 의견이 조사위원과 다를 때에도 거의 수용되지 않는다.

982) 회생파산법의 채권자협의회와는 달리 연방도산법의 채권자위원회는 채무자의 자산 · 부채 · 재정상태 · 영업계속 가망성 등을 조사할 수 있는데 필요하면 회계사를 고용하

않았다.

현재의 시스템으로는 채권자 또는 채무자가 가치평가 결과에 만족하지 못하면 평가내용을 토대로 내려진 결정(예컨대 회생계획 인가결정 · 불인가결정)에 불복하여 항고심 심리과정에서 그 문제를 거론할 수밖에 없다. 그러나 그렇게 되면 사후약방문(死後藥方文)이 될 우려가 있으므로 조사위원의 조사과정에 처음부터 채권자 · 채무자가 적극적으로 참여하도록 하여 쌍방이 수긍할 수 있는 객관적 결과를 도출하여야 한다. 조사과정을 단계별로 쌍방에게 공개하여[983] 자료를 제출하거나 반박할 기회를 부여하고, 최종 조사보고에 조사위원의 판단에 덧붙여 당사자의 의견을 상세히 기재하게 하는 방법이 사용될 수 있다. 회생절차는 행정적 성격이 짙으므로 일반재판처럼 사후에 상소 기회를 보장하는 정도로는 충분하지 않고 진행 과정에서 당사자의 의사를 충분히 반영하여야 한다.[984] 그 밖에 가치평가와 관련한 결정에 대해서는 즉시항고를 허용하는 방안도 입법론으로 고려할 수 있다.

(2) 회생계획안 작성권의 실질적 보장

실무에서는 조사보고가 법원에 일단 제출되고 나면 조사위원이 예측한 채무자의 계속기업가치가 절차의 절대적 규범이 되어버린다. 아무런 확정력도 발생하지 않는 회계적 판단이 법원 · 채무자 · 채권자 등 모든 관계자를 사실상 구속한다. 채무자가 회생계획안을 작성할 때에도 조사보고서에 기재된 추정손익 · 추정자금수지 · 계속기업가치를 변경할 수 없고, 계획안의 내용을 그 숫자에 맞추어야 하므로 계획안 작

여 조사한다. (연방도산법 제1103조 c항)

983) 자료를 공개하는 단계는 ① 실사를 시작할 때 채무자가 자료를 제출하는 단계 ② 조사결과를 반영하여 조사위원이 재무제표를 수정하는 단계 ③ 법원에 조사보고서를 제출하는 단계의 세 단계로 구분할 수 있다.

984) 당사자의 조사과정 참여는 회생파산법하에서도 가능하다. 조사위원의 업무처리와 관련한 대법원규칙을 정비하면 된다. 다만, 그 중요성을 생각하면 법 개정을 통하여 채권자의 참여권을 명문으로 보장하는 편이 더욱 바람직하다.

성권은 있으나 마나 한 형식적 구호에 그친다. 실질적으로 보면 조사위원이 직접 회생계획을 작성한다고 해도 지나친 말이 아니다.[985] 따라서 독일 신도산법과 같이 기업의 구체적 사정에 알맞게 틀에 얽매이지 않고 자유로운 회생계획안을 작성하기는 매우 어렵다. 우리나라 회생절차에서 업종 · 규모 · 도산원인 · 영업전망 · 경제상황 등과 상관없이 천편일률적(千篇一律的)인 계획안이 등장하는 이유도 바로 여기에 있다. 도산기업에 회생절차를 허용한 취지를 살리려면 합리적 근거를 제시할 때에는[986] 회생계획안을 조사위원의 보고 내용과 다르게 작성 · 제출할 수도 있도록 보장하여야 한다. 도산기업에 회생 기회를 부여할지는 궁극적으로 조사위원이 아닌 채권자가 판단할 몫이기 때문이다.

보다 근본적으로는 청산가치와 계속기업가치라는 가상적 개념[987]과 절차 진행을 직결시키지 않는 유연한 사고방식이 요청된다. 예컨대 어떤 기업에 계속하여 물품을 납품하는 다수의 협력업체(채권자)가 존재하고 이들이 가장 중요하게 여기는 경제적 가치가 거래관계의 유지라고 한다면 이때에는 청산가치나 계속기업가치는 절차 진행을 좌우할 결정적 요소가 되지 않는다. 왜냐하면, 채권자에게는 배당률의 높고 낮음보다는 채무자의 영업 계속이 더 중요하기 때문이다. 또 택시회사나 콘도미니엄회사 등이 도산하면 그 특성상 파산선고를 할 수 없고,[988]

985) 현재의 실무 관행대로 하려면 차라리 조사위원에게 직접 회생계획안을 작성 · 제출하도록 하는 편이 간편하다. 채무자가 계획안을 제출하면 법원은 조사위원으로 하여금 수행가능성을 검토하게 하는데 이는 조사보고서 내용과 계획안의 수치가 일치하는지를 확인하는 과정에 불과하기 때문이다. 따라서 채무자가 조사위원의 견해와 다른 내용으로 계획안을 작성하는 일은 사실상 불가능하다.

986) 이는 결국 계속기업가치에 관한 조사위원의 예측이 틀렸고, 채무자의 산정방식이 옳다는 주장의 입증 문제가 된다. 그런데 조사위원이 의견을 제출하고 나면 다른 회계법인은 그와 다른 의견을 좀처럼 내려고 하지 않기 때문에 법원에서 기회를 주더라도 현실적으로는 입증이 어렵다.

987) 계속기업가치가 가상적 개념이라는 점은 전술하였지만, 청산가치 또한 여러 가지의 가정을 전제로 하는 개념이라는 사실은 마찬가지이다.

988) 여객자동차운수사업법 제6조 제2호, 관광진흥법 제7조 제1항 제2호에 따르면 파산자는 그 사업을 계속할 수 없기 때문이다.

회생절차에 따라 법률관계를 정리할 수밖에 없으므로 이때에도 청산가치나 계속기업가치는 문제가 되지 않는다. 회생절차는 개별적 채권회수 금지라는 제한을 통하여 기업재건을 이루려는 절차이므로 회계법인의 막연한 추측보다는 실질적 권리자인 채권자의 의사가 더욱 존중되어야 한다. 이제는 회생절차가 '계속기업가치의 독재'로부터 벗어나 '채권자의 자치'로 탈바꿈할 때가 되었다.[989]

---

989) 이 문단은 김주학, 전게 "회생기업의 가치평가", 21면에서 인용하였다.

3 절차의 종료

가. 회생절차

회생계획에 따른 변제가 시작되고 계획수행에 지장이 없으면 법원은 신청 또는 직권으로 회생절차 종결결정을 한다. (제283조 제1항) 계획수행에 지장이 있는 경우는 ① 회생계획에 따른 변제가 제대로 이행되지 못하고 앞으로도 변제 지체가 예상될 때 ② 영업실적이 회생계획의 예정된 수준에 현저히 미달하고 가까운 장래에 회복될 전망이 없을 때 ③ 회생계획의 자산매각계획을 실현하지 못하여 자금수급에 현저한 지장이 있을 때 ④ 공익채권이 과다하게 증가하여 계획수행에 지장이 있을 때 ⑤ 노동쟁의 기타 채무자 내부의 분규나 이해관계인의 불합리한 간섭으로 사업운영에 차질이 생긴 때 등이다.[990] 종결결정은 즉시항고가 허용되지 않는다.

회생절차의 폐지사유는 ① 제1회 관계인집회 전에 청산가치가 계속기업가치보다 명백히 큰 것으로 평가될 때 ② 기간 안에 계획안 제출이 없거나 계획안이 관계인집회의 심리 또는 결의에 부칠만한 것이 아닐 때[991] ③ 계획안이 부결되거나 기간 안에 가결되지 않은 때 ④ 서면결의에서 계획안이 가결되지 않은 때 ⑤ 계획안 제출명령 후 청산가치가 계속기업가치보다 크다는 것이 명백히 밝혀진 때 ⑥ 채무자가 회생계획을 수행할 수 없음이 명백한 때 ⑦ 채무자가 채무를 완제할 수 있음이 명백한 때이다. (제285-288조) 폐지는 절차개시 후 그 목적을 달성하

990) 서울중앙지방법원 파산부 실무연구회, 전게 「회생사건실무 하」, 236-237면.

991) 대법원 1982. 9. 30. 자 82마585 결정은 관계인집회의 심리 또는 결의에 부칠만한 것이 아닐 때라 함은 계획안 내용이 법률 규정에 합치되지 아니하거나, 공정 · 형평성을 결여하거나, 수행 불가능한 경우 또는 관계인집회에서 가결될 가능성이 없는 경우를 의미한다고 판시하였다.

지 못한 채 법원에 의하여 절차가 단절되는 경우로서[992] 폐지결정은 즉시항고가 가능하다.

회생절차가 종결 또는 폐지되면 절차개시로 말미암은 재산관리처분권의 이전과 개별적 권리행사의 금지라는 두 가지 효과도 당연히 소멸한다. 그러나 관리인 업무를 담당하는 채무자와 절차개시 전의 채무자는 같은 사람이므로 관리처분권의 복귀는 관념상의 것에 불과하고, 절차종결 또는 폐지 후에는 법원 간섭 없이 채무자가 독자적으로 회사경영을 할 수 있다는 점이 실질적으로 달라진다. 채권자는 개별적 권리행사 금지에서 완전히 풀리지만, 회생절차에서 감축된 권리는 부활하지 않는다.

파산선고를 받지 않은 채무자에 대하여 회생계획 인가 후 폐지결정이 확정된 때 채무자에게 파산원인이 있으면 법원은 직권으로 파산선고를 하여야 한다. 또 파산선고를 받지 않은 채무자에 대하여 ① 회생절차 개시신청의 기각결정 ② 계획인가 전 폐지결정 ③ 불인가결정 가운데 어느 하나가 확정된 때 채무자에게 파산원인이 있으면 법원은 신청 또는 직권으로 파산선고를 할 수 있다. 파산선고를 받은 채무자에 대하여 ① 회생절차 개시신청의 기각결정 ② 계획인가 전 폐지결정 ③ 불인가결정 가운데 어느 하나가 확정된 때에는 중지되었던 파산절차가 속행된다. (제6조, 제7조)

나. 파산절차

파산재단 소속재산을 환가하여 재단이 현금화되면 관재인은 이를 채권자에게 안분배당한다. 배당은 배당하기에 적당한 금전이 있을 때마다 시행하는 중간배당(제505조), 모든 재산의 환가를 마치고 시행하는

992) 임채홍, 백창훈, 전게서, 417면.

최후배당(제520조), 최후배당액 통지 후 또는 종결결정 후 새로 배당에 충당할 재산이 발견된 때 시행하는 추가배당(제531조)의 세 가지로 나누어진다.

최후배당이 종료하면 관재인은 계산보고서를 법원에 제출하고, 채권자집회에서 이의가 없으면 계산보고가 승인되어 관재인의 책임이 해제된다. (제365조) 법원은 계산보고를 위한 채권자집회가 종료하면 파산종결 결정을 한다. (제530조) 종결결정이 공고되면 파산절차는 종료하고 절차개시로 말미암은 재산관리처분권의 이전과 개별적 권리행사의 금지라는 두 가지 효과도 당연히 소멸한다.

종결 이외의 파산 종료사유인 폐지에는 ① 신고한 파산채권자[993] 전원의 동의를 얻거나 동의하지 않는 채권자에 대하여 담보를 제공하는 폐지(동의에 의한 폐지, 제538조) ② 파산재단으로 절차비용을 충당하기 부족할 때 파산선고와 동시에 하는 폐지(동시폐지, 제317조) ③ 파산선고 후 파산재단으로 절차비용을 충당하기 부족할 때 하는 폐지(이시폐지, 제545조)가 있다.

993) 加藤哲夫, 前揭「破産法」, 360頁은 부족액이 파산채권으로 인정되는 경우 이외에는 별제권자의 동의를 얻을 필요는 없다고 한다.

참고문헌

〈데이터베이스〉

법고을 LX DVD 2011, 법원도서관.

〈웹사이트〉

http://u-lib.nanet.go.kr:8080
http://web2.westlaw.com
http://www.dbpia.co.kr
http://ecos.bok.or.kr
http://kosis.kr

〈국내단행본〉

김주학, 「파산절차상의 부인권」, 부산대학교 석사학위논문, 2007.
김철수, 「헌법학신론」, 박영사, 2002.
남효순, 김재형 공편, 「도산법강의」, 법문사, 2005.
남효순, 김재형 공편, 「통합도산법」, 법문사, 2006.
법무부, 「채무자 회생 및 파산에 관한 법률 개정 공청회 자료」, 2011.
법원도서관, 「파산법의 제문제 상」, 1999.
법원도서관, 「파산법의 제문제 하」, 1999.
법원도서관, 「회사정리법 · 화의법상의 제문제」, 2000.
서울중앙지방법원 파산부 실무연구회, 「법인파산실무(제3판)」, 박영사, 2011.
서울중앙지방법원 파산부 실무연구회, 「회생사건실무 상(제3판)」, 박영사, 2011.

서울중앙지방법원 파산부 실무연구회, 「회생사건실무 하(제3판)」, 박영사, 2011.

신봉근, 「유동집합동산의 양도담보에 관한 연구」, 전북대학교 박사학위논문, 2004.

오수근, 「도산법개혁」, 두솔, 2007.

오수근, 「도산법의 이해」, 이화여자대학교 출판부, 2008.

윤영신, 「미국의 도산법」, 한국법제연구원, 1998.

윤영신, 「사채권자보호에 관한 연구-주주와 사채권자의 이익충돌을 중심으로-」, 서울대학교 박사학위논문, 1997.

이상영, 「외국파산법」, 동국대학교 출판부, 2007.

이태희 · 임홍근, 「법률영어사전」, 법문사, 2007.

임채홍, 백창훈, 「회사정리법 하」, 한국사법행정학회, 2002.

전병서, 「도산법(제2판)」, 법문사, 2007.

최성근, 「프랑스의 도산법」, 한국법제연구원, 1998.

〈영미단행본〉

Adler, Barry E., 「Foundations of Bankruptcy Law」, Foundation Press, 2005.

Easterbrook, Frank H. and Daniel R. Fischel, 「The Economic Structure of Corporate Law」, Harvard University Press, 1991.

Eisenberg, Theodore, 「Bankruptcy and Debtor-Creditor Law(Third Edition)」, Foundation Press, 2004.

Epstein, Markell, Nickles, Perris, 「Bankruptcy: 21st Century Debtor-Creditor Law(2nd Ed.)」, Thomson/West, 2006.

Finch, Vanessa, 「Corporate Insolvency Law」, Cambridge University Press, 2002.

Flessner, Kortmann, McBryde, ed., 「Principles of European Insolvency Law」, Kluwer Legal Publishers, 2003.

Frey, Martin A., Phyllis H. Frey, Sidney K. Swinson, 「Introduction to

Bankruptcy Law(Fifth Edition)」, Thomson, 2006.

Jackson, Thomas H., 「The Logic and Limits of Bankruptcy Law」, Harvard University Press, 1986.

Posner, Richard A., 「Economic Analysis of Law」, Aspen Publishers, 2003.

Roe, Mark J., 「Bankruptcy and Corporate Reorganization」, Foundation Press, 2007.

Scarberry, Klee, Newton, Nickles, 「Business Reorganization in Bankruptcy」, Thomson/West, 2006.

〈일본단행본〉

三上威彦, 「ドイツ倒産法改正の軌跡」, 成文堂, 1995.

高木 新二郎, 「アメリカ連邦倒産法」, 商事法務研究會, 1996.

木川裕一郎, 「ドイツ倒産法研究序說」, 成文堂, 1999.

青山善充, 伊藤眞, 松下淳一 編, 「倒産判例百選(第3版)」, 有斐閣, 2002.

水元宏典, 「倒産法における一般實體法の規制原理」, 有斐閣, 2002.

中島弘雅, 田頭章一 編, 「英米倒産法キーワード」, 弘文堂, 2003.

太田一郎, 「始動! 企業再生プロジェクト」, 金融財政事情研究会, 2003.

伊藤眞, 西岡清一郎, 挑尾重明 編, 「新しい會社更生法」, 有斐閣, 2004.

法的整理實務研究會, 「企業再生のための法的整理の實務」, 金融財政事情研究會, 2004.

小梁吉章, 「フランス倒産法」, 信山社, 2005.

全國倒産處理辯護士ネットワーク 編, 「論点解說 新破産法 上」, 金融財政事情研究會, 2005.

田頭章一, 「企業倒産處理法の理論的課題」, 有斐閣, 2005.

森田修, 「初期融資者の優越の法理」, 商事法務, 2005.

山本和彦, 「倒産處理法入門(第2版)」, 有斐閣, 2005.

青山善充, 伊藤眞, 松下淳一 編, 「倒産判例百選(第4版)」, 有斐閣, 2006.

加藤哲夫, 「破産法(第四版補正版)」, 弘文堂, 2006.

櫻井孝一, 加藤哲夫, 西口 元 編,「倒産處理法制の理論と實務」, 經濟法令研究會, 2006.

宗田親彦,「破産法概說(新訂第三版)」, 慶應義塾大學出版會株式會社, 2006.

伊藤眞,「破産法 · 民事再生法」, 有斐閣, 2007.

伊藤眞, 松下淳一, 山本和彦 編,「新破産法の基本構造と實務」, 有斐閣, 2007.

加藤哲夫,「企業倒産處理法制における基本的諸相」, 成文堂, 2007.

全國倒産處理辯護士ネットワーク 編,「倒産手續と擔保權」, 金融財政事情研究會, 2007.

吉野正三朗,「ドイツ倒産法入門」, 成文堂, 2007.

福岡 眞之介,「アメリカ連邦倒産法概說」, 商事法務, 2008.

〈국내논문〉

강선명, "미국 파산절차 실무",「법조 572호」, 법조협회, 2004.

강선명, "회사정리절차에서 공인회계사의 역할과 지위",「공인회계사 97호」, 한국공인회계사회, 2001.

고원석, "할부계약에 있어서 매수인의 도산과 매도인의 권리 —소유권유보부매매의 경우를 중심으로—",「재판자료 제64집」, 법원도서관, 1994.

김경욱, "독일 도산법제의 동향과 시사점",「비교사법 제9권 4호」, 한국비교사법학회, 2002.

김성용, "미국 파산법상의 부인권 개관-우리 법과의 비교를 더하여-",「법조 507호」, 법조협회, 1998.

김재형, "관리인제도의 개선방안에 관한 검토-미국의 DIP 제도의 수용문제-",「BFL 9호」, 서울대학교 금융법센터, 2005.

김재형, "동산담보제도의 새로운 전개 - 집합동산 양도담보와 그 개선방향을 중심으로",「BFL 5호」, 서울대학교 금융법센터, 2004.

김재형, "통합 도산법안의 주요쟁점",「비교사법 제10권 1호」, 한국비교사법학회, 2003.

김재형, "회사정리법, 화의법, 파산법의 개정내용과 장래의 과제",「한국법학원보 제78호」, 한국법학원, 1998.

김주학, “미국 연방관재관 제도의 도입논의에 대한 실무적 검토”, 「선진상사법률연구 제50호」, 법무부, 2010.

김주학, “회생기업의 가치평가”, 「도산법연구 제1권 제2호」, 도산법연구회, 2010.

김형두, “담보권의 실행행위에 대한 관리인의 부인권”, 「민사판례연구 26권」, 박영사, 2004.

서태환, “쌍무계약에 있어서 민법 제536조 제2항 소정의 불안의 항변권의 인정요건”, 「대법원판례해설 51호」, 법원도서관, 2005.

석광현, “채무자 회생 및 파산에 관한 법률(이른바 통합도산법)에 따른 국제도산법”, 「국제거래법연구 제15집 제2호」, 법영사, 2006.

오영준, “집합채권양도담보와 도산절차의 개시”, 「사법논집 43집」, 법원도서관, 2006.

이상영, “유럽 기업회생법제의 특색과 시사점”, 「비교사법 제14권 2호」, 한국비교사법학회, 2007.

이연갑, “리스계약과 도산절차”, 「민사판례연구 28권」, 박영사, 2006.

이정구, “집합물에 대한 양도담보”, 「대법원판례해설 11호」, 법원도서관, 1988.

이진만, “정리계획인가의 요건인 공정 · 형평의 의미와 청산가치의 보장”, 「대법원판례해설 60호」, 법원도서관, 2006.

임건면, “쌍무계약에 있어서의 동시이행의 항변권과 불안의 항변권”, 「비교사법 제4권 1호」, 한국비교사법학회, 1997.

임종헌, “일본 파산법상의 부인권에 관한 연구”, 「외국사법연수논집 12권」, 법원행정처, 1994.

임채웅, “담보권의 임의적 실행행위와 부인권에 관한 연구-대법원 2003. 2. 28. 선고 2000다50275 판결을 중심으로-”, 「BFL 1호」, 서울대학교 금융법센터, 2003.

정혁진, “금융기관 파산의 특성-예금자보호법을 중심으로”, 「BFL 7호」, 서울대학교 금융법센터, 2004.

최성근, “기업도산절차의 일원화에 관한 시론적 연구”, 「상사법연구 21권 1

호」, 한국상사법학회, 2002.
최성근, "기업도산절차상 채권자협의회의 기능 및 역할", 「비교사법 제11권 1호」, 한국비교사법학회, 2003.

〈영미논문〉

Adler, Barry E., "Bankruptcy and Risk Allocation", 「77 Cornell Law Review」, Cornell University, 1992.
Baird, Douglas G., "Loss Distribution, Forum Shopping, and Bankruptcy: A Reply to Warren", 「54 University of Chicago Law Review」, University of Chicago, 1987.
Baird, Douglas G. and Jackson, Thomas H., "Bargaining after the Fall and the Contours of the Absolute Priority Rule", 「55 University of Chicago Law Review」. University of Chicago, 1988.
Balz, Manfred, "Market Conformity of Insolvency Proceedings: Policy Issues of the German Insolvency Law", 「23 Brooklyn Journal of International Law」, Brooklyn Law School, 1997.
Bebchuk, Lucian A., "A New Approach to Corporate Reorganizations", 「101 Harvard Law Review」, Harvard Law Review Association, 1988.
Bebchuk, Lucian A. and Fried, Jesse M., "The Uneasy Case for the Priority of Secured Claims in Bankruptcy", 「105 Yale Law Journal」, Yale Law Journal Company, 1996.
Bebchuk, Lucian A. and Fried, Jesse M., "The Uneasy Case for the Priority of Secured Claims in Bankruptcy: Further Thoughts and a Reply to Critics", 「82 Cornell Law Review」, Cornell University, 1997.
Buckley, F. H., "The American Stay", 「3 Southern California Interdisciplinary Law Journal」, University of Southern California, 1994.
Carlson, David Gray, "Philosophy in Bankruptcy", 「85 Michigan Law Review」, Michigan Law Review Association, 1987.
Frost, Christopfer W., "Bankruptcy Redistributive Policies and the Limits

of the Judicial Process", 「74 North Carolina Law Review」, North Carolina Law Review Association, 1995.

Fuller, Lon L., "The Forms and Limits of Adjudication", 「92 Harvard Law Review」, Harvard Law Review Association, 1978.

Gross, Karen, "Taking Community Interests into Account in Bankruptcy: an Essay", 「72 Washington University Law Quarterly」, Washington University, 1994.

Hudson, John, "The Case against Secured Lending", 「15 International Review of Law & Economics」, Elsevier Science Inc., 1995.

Jackson, Thomas H., "Bankruptcy, nonbankruptcy entitlements, and the creditors' bargain", 「91 Yale Law Journal」, Yale Law Journal Company, 1982.

Jackson, Thomas H. and Kronman, Anthony T., "Secured Financing and Priorities among Creditors", 「88 Yale Law Journal」, Yale Law Journal Company, 1979.

Jackson, Thomas H. and Scott, Robert E., "On the Nature of Bankruptcy: an Essay on Bankruptcy Sharing and the Creditors' Bargain", 「75 Virginia Law Review」, Virginia Law Review Association, 1989.

Korobkin, Donald R., "Contractarianism and the Normative Foundations of Bankruptcy Law", 「71 Texas Law Review」, University of Texas at Austin, 1993.

Korobkin, Donald R., "Rehabilitating Values: A Jurisprudence of Bankruptcy", 「91 Columbia Law Review」, Directors of the Columbia Law Revision Association, 1991.

Lopucki, Lynn M., "The Unsecured Creditor's Bargain", 「80 Virginia Law Review」, Virginia Law Review Association, 1994.

Newborn, Mary Josephine, "The New Rawlsian Theory of Bankruptcy Ethics", 「16 Cardozo Law Review」, Yeshiva University, 1994.

Roe, Mark J., "Bankruptcy and Debt: a new Model for Corporate Reorganization", 「83 Columbia Law Review」, Directors of the

Columbia Law Revision Association, 1983.

Schermer, Hon. Barry S., "Response to Professor Gross: Taking the Interests of the Community into Account in Bankruptcy–A Modern Day Tale of Belling the Cat", 「72 Washington University Law Quarterly」, Washington University, 1994.

Warren, Elizabeth, "Bankruptcy Policy", 「54 University of Chicago Law Review」, University of Chicago, 1987.

〈일본논문〉

飯島敬子, "集合債權譲渡擔保契約の否認", 「判例タイムズ 1108号」, 判例タイムズ社, 2003.

찾아보기

ㄱ

ㅈ

기타

저자소개

■ **김주학**

1977년 서울대 법대를 졸업하였고, 1992년에는 Fordham Law School에서 수학하였으며, 2009년 '도산채권자의 보호'를 주제로 박사학위를 취득하였다.

국방부 법무관 · 검사 · 고등검찰관을 역임하였고, 1997년에 나라를 덮친 외환위기 이후 기업도산 분야를 담당하기 시작하여 서륭산업(골판지 제조공장) · 대창택시 · 제주서라벌관광(관광호텔) · 금화냉동 · 올아이원(베비라 유아복) 등의 법정관리인을 맡아 M&A를 통해 기업회생에 모두 성공하였다. 그 밖에 화의 정리위원 · 화의관재인으로서 경남버스 · 송월타올 · 삼협개발 · 세명공업 · 해성기업 등이 화의절차에 모두 성공하게 하였으며, 파산관재인으로서 금성플랜트 · 한국상호신용금고 · 신세계상호신용금고 · 남도상호신용금고 · 삼익캐피탈 · 청진파이낸스 · 자유건설 · 자유종합건설 · 한국콘도 · 삼산 등을 청산하였다.

겸임교수를 맡아 로스쿨에서 강의도 하고 있다.

기업도산법 [제2판]

2009년 8월 18일 초 판 발행
2012년 4월 30일 제2판 발행

저 자 김 주 학
발행인 배 효 선
발행처 도서출판 法 文 社

주 소 413-756 경기도 파주시 문발동 526-3
등 록 1957. 12. 12 / 제2-76호 (윤)
TEL 031) 955-6500~6 FAX 031) 955-6525
e-mail (영업): bms@bobmunsa.co.kr
(편집): edit66@bobmunsa.co.kr
홈페이지 http://www.bobmunsa.co.kr

조 판 법 문 사 전 산 실

정가 23,000원 ISBN 978-89-18-08616-3